파이썬 인 프랙티스
디자인 패턴, 동시성, 네트워킹, 성능 최적화, GUI 제작기법

파이썬 인 프랙티스
디자인 패턴, 동시성, 네트워킹, 성능 최적화, GUI 제작기법

지은이 마크 서머필드
옮긴이 서형국, 오현석

펴낸이 박찬규 | **엮은이** 이대엽 | **디자인** 북누리 | **표지디자인** 아로와 & 아로와나

펴낸곳 위키북스 | **전화** 031-955-3658, 3659 | **팩스** 031-955-3660
주소 경기도 파주시 교하읍 문발로 115 세종출판벤처타운 311호

가격 28,000 | **페이지** 356 | **책규격** 188 x 240

초판 발행 2014년 09월 03일
ISBN 978-89-98139-65-0(13000)

등록번호 제406-2006-000036호 | **등록일자** 2006년 05월 19일
홈페이지 wikibook.co.kr | **전자우편** wikibook@wikibook.co.kr

Authorized translation from the English language edition, entitled PYTHON IN PRACTICE: CREATE BETTER PROGRAMS USING CONCURRENCY, LIBRARIES, AND PATTERNS, 1st Edition, 9780321905635 by SUMMERFIELD, MARK, published by Pearson Education, Inc, publishing as Addison-Wesley Professional, Copyright © 2014

All rights reserved. No part of this book may be reproduced or transmitted in any form or by any means, electronic or mechanical, including photocopying, recording or by any information storage retrieval system, without permission from Pearson Education, Inc, KOREAN language edition published by WIKIBOOKS PUBLISHING CO., Copyright © 2014

이 책의 한국어판 저작권은 저작권자와의 독점 계약으로 위키북스가 소유합니다.
신 저작권법에 의해 한국 내에서 보호를 받는 저작물이므로 무단 전재와 복제를 금합니다.

이 책의 내용에 대한 추가 지원과 문의는 위키북스 출판사 홈페이지 wikibook.co.kr이나
이메일 wikibook@wikibook.co.kr을 이용해 주세요.

이 도서의 국립중앙도서관 출판시도서목록 CIP는
e-CIP 홈페이지 http://www.nl.go.kr/cip.php에서 이용하실 수 있습니다.
CIP제어번호 CIP2014024307

파이썬 인 프랙티스

Python in Practice
Create Better Programs
Using Concurrency, Libraries,
and Patterns

디자인 패턴,
동시성,
네트워킹,
성능 최적화,
GUI 제작 기법

Addison
Wesley

위키북스

목·차

1장

파이썬 생성 디자인 패턴

1.1 추상 팩터리 패턴 ··· 20
1.1.1 고전적인 추상 팩터리 ··· 21
1.1.2 더 파이썬다운 추상 팩터리 ··· 25

1.2 빌더 패턴 ··· 27
1.3 팩터리 메서드 패턴 ··· 34
1.4 프로토타입 패턴 ··· 43
1.5 싱글턴 패턴 ··· 44

2장

파이썬 구조 디자인 패턴

2.1 어댑터 패턴 ··· 46
2.2 브리지 패턴 ··· 52
2.3 컴포지트 패턴 ··· 59
2.3.1 전통적인 조합/비조합 계층구조 ··· 61
2.3.2 (비)조합 객체를 위한 단일 클래스 ··· 65

목·차

2.4 데코레이터 패턴 ·········· 68
    2.4.1 함수 및 메서드 데코레이터 ·········· 69
    2.4.2 클래스 데코레이터 ·········· 75
        2.4.2.1 데코레이터로 프로퍼티 추가하기 ·········· 79
        2.4.2.2 클래스 데코레이터를 상속 대신 활용하기 ·········· 81

2.5 파사드 패턴 ·········· 82

2.6 플라이웨이트 패턴 ·········· 88

2.7 프록시 패턴 ·········· 92

3장
파이썬 행위 디자인 패턴

3.1 책임 사슬 패턴 ·········· 97
    3.1.1 일반적인 사슬 ·········· 98
    3.1.2 코루틴 기반 사슬 ·········· 100

3.2 커맨드 패턴 ·········· 104

3.3 인터프리터 패턴 ·········· 109
    3.3.1 eval()을 이용한 식 계산 ·········· 110
    3.3.2 exec()를 이용한 코드 실행 ·········· 114
    3.3.3 자식 프로세스를 활용한 코드 실행 ·········· 117

목 · 차

3.4 반복자 패턴 · 122

3.4.1 시퀀스 프로토콜 반복자 · 122

3.4.2 인자가 두 개인 iter() 함수 반복자 · 123

3.4.3 이터레이터 프로토콜 반복자 · 125

3.5 조정자 패턴 · 128

3.5.1 일반적인 조정자 · 129

3.5.2 코루틴 기반 조정자 · 133

3.6 메멘토 패턴 · 136

3.7 관찰자 패턴 · 136

3.8 상태 패턴 · 142

3.8.1 상태에 따라 메서드의 동작 방식 변경하기 · 145

3.8.2 상태에 따라 호출되는 메서드 변경하기 · 146

3.9 전략 패턴 · 148

3.10 템플릿 메서드 패턴 · 151

3.11 비지터 패턴 · 155

3.12 사례 분석: Image 패키지 · 156

3.12.1 제네릭 Image 모듈 · 158

3.12.2 Xpm 모듈 · 169

3.12.3 PNG 모듈 · 172

4장

파이썬 고수준 동시성

4.1 CPU 위주의 동시성 ··· **179**
- 4.1.1 큐와 다중 프로세스 활용 ·· 181
- 4.1.2 퓨처와 다중 프로세스의 활용 ·· 188

4.2 I/O 위주의 동시성 ··· **191**
- 4.2.1 큐와 스레드의 활용 ·· 193
- 4.2.2 퓨처와 스레드의 활용 ·· 199

4.3 사례 분석: 동시성 GUI 애플리케이션 ·· **202**
- 4.3.1 GUI 만들기 ··· 204
- 4.3.2 ImageScale 작업자 모듈 ·· 213
- 4.3.3 GUI가 진행상황을 처리하는 방법 ··· 215
- 4.3.4 GUI가 종료를 처리하는 방법 ·· 217

목·차

5장
파이썬 확장하기

5.1 ctypes를 활용한 C 라이브러리 접근 ·· 221

5.2 싸이썬 활용 ·· 230

    5.2.1 싸이썬을 활용한 C 라이브러리 접근 ·· 230

    5.2.2 싸이썬 모듈을 활용한 프로그램 속도 향상 ·· 237

5.3 사례 분석: Image 패키지의 성능 향상 ·· 243

6장
파이썬 고수준 네트워킹　248

6.1 XML-RPC 애플리케이션 ·· 249

    6.1.1 데이터 래퍼 ·· 250

    6.1.2 XML-RPC 서버 ·· 254

    6.1.3 XML-RPC 클라이언트 ·· 257

        6.1.3.1 콘솔 XML-RPC 클라이언트 ·· 257

        6.1.3.2 GUI XML-RPC 클라이언트 ·· 261

6.2 RPyC 애플리케이션 ·· 267

6.2.1 스레드 안전한 데이터 래퍼 ·· 268
6.2.1.1 스레드 안전한 딕셔너리 ·· 270
6.2.1.2 검침 값 딕셔너리 하위 클래스 ··································· 273

6.2.2 RPyC 서버 ·· 274
6.2.3 RPyC 클라이언트 ··· 277
6.2.3.1 콘솔 RPyC 클라이언트 ·· 277
6.2.3.2 GUI RPyC 클라이언트 ··· 278

7장

파이썬과 Tkinter를 활용한 GUI

7.1 Tkinter 소개 ·· 284
7.2 대화창 만들기 ··· 287

7.2.1 대화창 스타일 애플리케이션 만들기 - 환율 변환 프로그램 ········· 289
7.2.1.1 main() 함수 ·· 290
7.2.1.2 Main.Window 클래스 ··· 291

7.2.2 애플리케이션 대화창 만들기 ··· 297
7.2.2.1 모달 대화창 만들기 ··· 298
7.2.2.2 모드리스 대화창 만들기 ··· 304

목·차

7.3 메인 창 애플리케이션 만들기 ··· 308
    7.3.1 메인 창 만들기 ·· 310
    7.3.2 메뉴 만들기 ·· 312
        7.3.2.1 파일 메뉴 만들기 ·· 313
        7.3.2.2 도움말 메뉴 만들기 ·· 315
    7.3.3 상태 막대와 표시기 만들기 ··· 315

8장

파이썬 OpenGL 3차원 그래픽

8.1 원근투영 장면 ··· 321
    8.1.1 PyOpenGL로 원기둥 만들기 ·· 321
    8.1.2 pyglet으로 원기둥 만들기 ··· 327

8.2 정사투영(Orthographic) 게임 ··· 330
    8.2.1 보드 장면 그리기 ·· 333
    8.2.2 객체 선택 처리하기 ··· 335
    8.2.3 사용자와 상호작용하기 ·· 338

맺음말 ··· 342
참고도서 ·· 344

추·천·의·글

저는 15년 동안 파이썬을 사용해 다양한 분야의 응용 프로그램을 개발해 왔습니다. 그러는 동안 파이썬 개발자 커뮤니티가 성숙하고 크게 성장하는 모습을 지켜봤습니다. 처음에는 업무와 관련된 프로젝트에 파이썬을 활용하려면 직장 상사에게 '판촉 활동'과도 같은 설득을 해야 했습니다. 오늘날 파이썬 프로그래머는 인력 시장에서도 그 지위가 확고합니다. 파이썬 관련 컨퍼런스에 가보면 지역이나 단일 국가/국제 컨퍼런스를 가리지 않고 많은 참석자를 만날 수 있습니다. OpenStack과 같은 프로젝트는 이 프로그래밍 언어를 새로운 장으로 인도하고 있는 동시에 새로운 재능이 있는 이들을 커뮤니티로 끌어들이고 있습니다. 견고하고 성장하고 있는 커뮤니티가 있기 때문에, 파이썬 서적에 대한 선택의 여지는 예전보다 더 넓고 풍부해졌습니다.

마크 서머필드는 파이썬 커뮤니티에서 Qt와 파이썬에 대한 기술 저작 활동으로 유명한 분입니다. 또 다른 마크의 책인 'Programming in Python 3'는 제 파이썬 학습 추천 도서 목록 중 맨 앞에 있습니다. 저는 애틀란타 주 조지아의 파이썬 사용자 그룹의 담당자로, 자주 추천 도서 목록을 부탁받곤 합니다. 이 새 책도 제 목록에 곧 올라갈 것 같지만, 추천 대상자는 조금 다릅니다.

대부분의 프로그래밍 서적은 양 극단, 즉 언어에 대한 기본적인 소개서(즉, 일반적인 내용)이거나 특화된 주제(웹 개발, GUI 응용프로그램, 바이오인포매틱스 등)에 대한 전문서 가운데 한쪽에 치우칠 때가 많습니다. 제가 The Python Standard Library by Example을 집필할 때, 저는 양 극단(전문 분야 프로그래머와 언어 제너럴리스트)에 있되 그 간극을 좁혀보고자 하는 독자들에게 호소력 있는 책을 쓰고 싶었습니다. 파이썬에 친숙하지만 특정 응용 분야에만 머무르지 않고 다양한 프로그래밍 능력을 쌓고자 하는 모든 분에게 말이지요. 마크의 책에 대한 추천을 부탁받았을 때, 저는 그 책이 이러한 독자를 위한 책임을 깨닫고 매우 기뻤습니다.

참으로 오랜만에 특정 프레임워크나 라이브러리에 종속되지 않으면서도 제가 수행하는 프로젝트에 즉시 적용할 수 있는 아이디어를 책에서 만날 수 있었습니다. 지난 몇 년 동안 저는

추·천·의·글

OpenStack 클라우드 서비스 계측용 시스템을 개발했습니다. 우리 팀은 결제를 위해 수집한 데이터가 리포팅과 모니터링 같은 다른 목적에 유용하다는 사실을 알게 됐습니다. 그래서 이 데이터에 여러 단계의 변환 파이프라인을 거쳐서 만든 결과물 샘플을 시스템의 여러 소비자에게 보내도록 설계했습니다. 저는 이러한 파이프라인을 위한 코드 개발이 완료될 즈음 이 책에 대한 검토에 합류했습니다. 3장 초고의 처음 몇 절을 읽고 난 후, 그 파이프라인의 구현이 필요 이상으로 복잡하다는 것을 깨달았습니다. 마크가 보여준 병행 체인 기법은 훨씬 간결하고 이해하기 쉬웠기 때문에, 저는 다음 출시 주기에 맞춰 설계 변경을 수행하는 작업을 즉시 계획에 추가했습니다.

이 책에는 앞의 예와 같이 여러분의 기술을 향상시킬 수 있는 유용한 충고와 예제가 가득합니다. 저와 같은 제너럴리스트는 이전에 접해 보지 못한 흥미로운 도구를 새로 접할 수 있을 것입니다. 여러분이 개발 경험이 많든 입문자 단계에서 벗어나 발전하기를 원하는 분이든 관계없이 이 책은 다양한 관점에서 문제를 바라보고 더 효율적으로 문제를 해결할 수 있는 기법을 발견하는 데 도움이 될 겁니다.

덕 헬먼
DreamHost 수석 개발자
2013년 5월

서·문

이 책은 파이썬에 대한 더 넓고 깊은 지식을 얻어 개발 프로그램의 품질, 신뢰성, 속도, 유지 보수성, 사용성을 개선하고자 하는 파이썬 프로그래머를 주 대상으로 한다. 이 책을 통해 더 나은 파이썬 프로그래밍에 도움되는 다양하고 실용적인 예제와 아이디어를 제시할 것이다.

이 책은 네 가지 주요 주제를 다룬다. 그것은 우아한 코드를 위한 디자인 패턴, 동시성(concurrency)과 컴파일 된 파이썬(Cython)을 활용한 처리 속도 개선, 고급 네트워킹, 그리고 그래픽 처리다.

디자인 패턴('Design Patterns: Elements of Reusable Object-Oriented Software', 자세한 내용은 참고 문헌을 참조)은 1995년에 출간된 오래된 책이지만, 요즘도 여전히 객체 지향 프로그래밍 기법 전반에 영향력을 끼치고 있다. 이 책에서는 그 책에서 다룬 모든 디자인 패턴을 파이썬 관점에서 살펴보고, 쓸모 있는 파이썬 예제를 제공하며, 일부는 왜 파이썬 프로그래머에게 적절하지 않은지 설명하고자 한다. 1장에서 3장에 걸쳐 디자인 패턴을 살펴보겠다.

파이썬의 전역 인터프리터 락(GIL, Global Interpreter Lock)은 파이썬 코드가 동시에 여러 프로세서 코어에서 실행되는 것을 방지하는 역할을 한다.[1] 이로 인해 파이썬이 스레드나 멀티 코어 하드웨어의 이점을 살릴 수 없다는 오해가 생겼다. CPU 중심 코드를 실행할 때, multiprocessing 모듈을 사용해 동시성을 확보할 수 있고, 이때는 GIL의 제약 없이 가용 코어를 모두 활용할 수 있다. 이때 우리가 기대하는 바인 속도 개선도 쉽게 달성할 수 있다(이때의 성능 개선 폭은 개략적으로 코어의 개수와 비례한다). I/O 중심 코드를 실행할 때에도 마찬가지로 multiprocessing 모듈을 사용할 수 있다. 대신 threading이나 concurrent.futures 모듈을 사용할 수도 있다. 만약 I/O 중심 동시성을 위해 스레드를 사용한다면, GIL의 과부하 정도는 네트워크 지연 정도에 달려 있기 때문에 실무에서는 큰 문제가 되지 않을 것이다.

---

[1] (대부분의 파이썬 프로그래머가 사용하는 표준 구현체인) CPython에 이러한 제약이 따른다. 다른 파이썬 구현체는 이러한 제약이 없다. 대표적인 사례로 (Java에 구현된 파이썬인) Jython이 있다.

서·문

불행하게도 동시성에 대한 저수준 또는 중간 수준의 접근법은 (어떤 프로그래밍 언어에서도) 오류가 발생할 가능성을 품고 있다. 명시적인 락을 사용하지 않음으로써 이러한 문제를 방지할 수 있으며, 이를 위해 파이썬에서 제공하는 고수준 queue와 multiprocessing 모듈, 또는 concurrent.futures 모듈을 사용한다. 4장에서는 이러한 고수준 동시성을 활용해 어떻게 눈에 띄는 성능 향상을 얻을 수 있는지 살펴보겠다.

가끔 C, C++이나 다른 컴파일러 기반의 언어를 사용하는 프로그래머에게는 또 다른 오해가 있다. 파이썬은 느리다는 것이다. 물론 파이썬을 컴파일러 기반의 언어와 비교하면 느리기는 하지만, 요즈음 하드웨어 위에서는 대부분 응용프로그램에 충분한 처리 속도를 보장한다. 파이썬 코드가 필요한 만큼 빠르지 않은 경우에도, 여전히 파이썬으로 프로그래밍한다는 이점을 누리는 동시에 코드가 더 빠르게 수행되도록 할 수도 있다.

장시간 운영되는 프로그램의 속도 개선을 위해 PyPy 인터프리터(pypy.org)를 활용할 수 있다. PyPy에는 눈에 띄는 처리 속도 개선을 얻을 수 있는 JIT(Just-In-Time) 컴파일러가 포함돼 있다. 성능 개선을 위한 또 다른 방법으로 컴파일된 C만큼 빠르게 수행될 수 있는 코드를 활용할 수도 있다. CPU 중심 처리의 경우 이를 통해 가뿐하게 100배 이상의 성능 개선 효과를 얻을 수 있다. C와 같은 처리 속도를 보장하기 위한 가장 간단한 방법은 이미 내부가 C로 작성된 파이썬 모듈을 사용하는 것이다. 예를 들어 표준 라이브러리의 array 모듈이나 외부 모듈인 numpy를 사용하면 믿을 수 없을 만큼 빠르면서도 메모리를 효율적으로 활용하는 배열 처리 기능을 활용할 수 있다(게다가 numpy는 다차원 배열도 활용할 수 있다). 또 다른 방법으로 표준 라이브러리의 cProfile 모듈을 사용해 프로파일링한 다음, 병목 구간이 어디인지 찾고, 속도에 치명적인 영향을 주는 코드를 싸이썬(Cython)으로 대체해 작성할 수 있다. 싸이썬은 처리속도를 극대화하기 위해 순수 C로 컴파일하는 개선된 파이썬 구문을 제공한다.

서·문

물론 때때로 필요한 기능이 C나 C++ 라이브러리, 또는 C 호출 관례를 따르는 다른 언어로 작성한 라이브러리 형태로만 쓸 수 있는 경우도 있다. 이러한 경우 보통은 그 라이브러리에 대한 접근을 제공하는 외부 파이썬 모듈이 있을 것이며, 이는 파이썬 패키지 색인(PyPI: pypi.python.org)에서 찾아볼 수 있다. 드물게 이러한 모듈이 없을 수도 있으나, C 라이브러리 기능에 접근하는 데 표준 라이브러리의 ctypes 모듈을 활용할 수 있다. 마찬가지로 외부 라이브러리인 싸이썬 패키지도 활용 가능하다. 기존 C 라이브러리를 활용하면 개발 속도를 현저하게 단축할 수 있을 뿐 아니라 매우 빠른 수행 속도도 덤으로 얻을 수 있다. ctypes와 싸이썬 모두 5장에서 다룬다.

파이썬 표준 라이브러리는 저수준 socket 모듈부터 중간 수준 socketserver 모듈, 그리고 고수준의 xmlrpclib 모듈까지 다양한 네트워크 모듈을 제공한다. 저수준과 중간 수준의 네트워크 모듈은 다른 언어로 작성한 코드를 포팅하는 데 의미 있는 모듈이다. 하지만 처음 파이썬으로 개발할 때부터 고수준 모듈을 활용함으로써 저수준의 세부 구현사항을 피하고 요구사항에만 집중할 수 있다. 이를 위해 6장에서 우리는 표준 라이브러리의 xmlrpclib 모듈과 강력하고 사용이 편리한 별도 라이브러리인 RPyC 모듈을 어떻게 활용하는지 살펴볼 것이다.

모든 프로그램은 어떤 형태이든 사용자 인터페이스를 제공하여 수행할 역할을 사용자가 결정할 수 있게 해준다. 파이썬 프로그램은 argparse 모듈을 활용해 명령행 사용자 인터페이스를 제공하거나, 터미널 사용자 인터페이스를 제공할 수도 있다(Unix에서는 urwid를 활용한다. excess.org/urwid를 참고). 또한 매우 다양한 웹 프레임워크를 제공한다. 경량 bottle(bottlepy.org)부터 중량의 Django(www.djangoproject.com), Pyramid(www.pylonsproject.org) 등을 지원하며, 이들은 모두 웹 인터페이스를 제공하는 응용프로그램을 작성하는 데 활용할 수 있다. 물론 파이썬으로 GUI(그래픽 사용자 인터페이스, Graphic User Interface) 응용프로그램을 작성할 수도 있다.

서·문

GUI 응용프로그램은 이제 죽었다는 말도 있지만, 실제론 아직도 건재하다. 사실 사용자는 웹보다 GUI 응용프로그램을 선호하는 것처럼 보인다. 예를 들면 최근 스마트폰이 매우 인기를 얻게 됐지만, 사용자는 자주 사용하는 기능에 있어 웹 브라우저와 웹 페이지보다는 해당 목적을 위해 만든 '앱'을 여전히 선호한다. 다양한 외부 패키지를 활용해 파이썬 GUI 프로그램을 작성할 수도 있지만, 7장에서는 파이썬 표준 라이브러리에 제공된 Tkinter를 활용해 어떻게 현대식 GUI 응용프로그램을 작성하는지 살펴보겠다.

노트북과 스마트폰을 포함한 대부분의 현대 컴퓨터는 강력한 그래픽 기능을 탑재하고 있고, 때때로 이는 인상적인 2D 및 3D 그래픽 성능을 보이는 별도의 GPU(그래픽 처리 장치, Graphics Processing Unit)를 통해서 제공된다. 대부분 GPU는 OpenGL API를 지원하며, 파이썬 프로그래머는 별도 패키지를 통해 이 API에 접근할 수 있다. 8장에서는 3D 그래픽에 OpenGL을 어떻게 활용하는지 살펴보겠다.

이 책을 통해 성능이 좋고 유지보수가 편리하면서 사용하기도 편리한 더 나은 파이썬 응용프로그램을 작성하는 방법을 보여주고자 했다. 이 책에서는 독자가 파이썬 프로그래밍에 대한 사전 지식이 있다고 가정하며, 파이썬 문서나 파이썬 3 프로그래밍(Programming in Python 3, Second Edition, 참고 문헌을 보라)과 같은 다른 책을 통해 파이썬을 배운 독자가 한 번쯤 의지할 수 있는 책이 됐으면 한다. 우리는 독자들이 파이썬 프로그래밍 기술을 한 단계 더 발전시킬 수 있도록 아이디어와 영감, 그리고 실용적 기법을 제공하고자 한다.

책에 있는 모든 예제는 파이썬 3.3(가능하다면 3.2와 3.1에서도)을 활용해 리눅스, (가능한 대부분의 예제의 경우) 맥 OS X과 윈도우에서 테스트했다. 모든 예제 파일은 이 책의 웹사이트인 www.qtrac.eu/pipbook.html에서 내려받을 수 있으며, 향후 모든 파이썬 3.X 버전에서도 동작하게 관리할 것이다. 또 위키북스 홈페이지인 www.wikibook.co.kr/python-in-practice 에서도 내려받을 수 있다.

감·사·의·글

제 다른 모든 책과 마찬가지로 이 책은 다른 분들의 충고, 도움, 격려에 크게 빚졌습니다. 그분들 모두에게 감사드립니다.

닉 코플런(Nick Coghlan)은 2005년 이래 파이썬 핵심 개발자였으며, 많은 건설적 비판을 해주었고 동시에 그에 대한 대안과 더 나은 방법을 보여주기 위해 수많은 아이디어와 코드를 제시해 주었습니다. 이 책 전체에 걸쳐 닉의 도움은 너무나 값졌고, 특히 책 초반 몇 장을 개선하는 데 도움이 됐습니다.

더그 헬먼(Doug Hellmann)은 경험이 많은 파이썬 개발자이자 저자로서, 처음 이 책을 기획하는 과정과 이 책 본문의 전반에 걸쳐 많은 유용한 의견을 주었습니다. 또한 더그는 친절하게도 이 책에 대한 추천의 말까지 남겨줬습니다.

제 친구인 재스민 블란쳇(Jasmin Blanchette)과 트렌튼 슐츠(Trenton Shulz)는 모두 경험 많은 프로그래머이지만 파이썬 지식에 있어 서로 매우 다른 면이 있어 이 책이 의도한 다양한 독자를 이상적으로 대표한다고 볼 수 있습니다. 재스민과 트렌튼의 피드백 덕분에 본문과 예제가 더 나아지고 명확해졌습니다.

제 담당 편집자인 데브라 윌리엄스(Debra Williams)에게 감사를 표합니다. 이번에도 마찬가지로 책을 출간하는 과정에서 많은 실질적인 도움을 주었습니다.

마찬가지로 출판 과정을 잘 관리하는 데 애쓴 엘리자베스 라이언(Elizabeth Ryan)에게도, 훌륭하게 교정을 봐준 안나 V. 파픽(Anna V. Popick)에게도 감사드립니다.

언제나처럼 사랑과 지지를 보내준 제 아내인 앤드리아(Andrea)에게도 감사를 표합니다.

역·자·서·문

처음에 가볍게 훑어볼 때 그리 길지 않아 보였던 책이었기에 빠르게 내놓을 수 있으리라 생각했지만, 의외로 오랜 기간 씨름하다 그 결과물을 내놓게 되었습니다.

이 책은 파이썬 프로그래밍의 몇 가지 주제에 대해서 쉽게 접하기 어려운 귀한 정보를 다루고 있습니다. 다만 친절한 자습서보다는 아이디어와 기법을 약간은 함축적으로 건네드린다는 점을 기억해 주시고, 저희의 다리 놓기가 조금이나마 도움되기를 바랍니다.

번역할 때는 다리를 놓는다는 마음으로 임하지만, 마칠 때마다 다리가 잘 놓였는지 두려운 마음이 듭니다. 무엇보다도 이 책을 번역하는 데 기울인 저희의 노력이 이 책을 택하신 여러분께 '사소하지만 도움이 되는' 것이 되기를 기원합니다. 나름 살펴보았지만, 저희의 역량이 닿지 않아 벌어진 실수에 대해서는 큰 불편을 겪지 않으시기를 바라며 미리 양해 말씀 함께 드립니다.

다른 한편으로 저자가 밝힌 지금 미국에서의 파이썬 위상에 비교한다면, 우리나라 상황은 거기에 아직 미치지 못함이 안타깝습니다. 저 자신도 업무에 파이썬을 활용하기 위해서는 아직은 경영진에게 세일즈를 해야 하는 상황이니까요(데이터 마사징 용도로 '몰래' 쓰는 것이 아니라면요). 저희의 부족한 결과물을 통해 그 저변이 넓어지고 깊어지는 데 조금이나마 기여가 되었으면 하는 마음입니다.

역·자·서·문

적도 건너편 호주에서 저보다 더 많이 이 책을 위해 헌신한 오랜 벗이기도 한 오현석 군에게 감사와 위로를 함께 전하며, 무엇보다도 이 귀한 책을 소개해 주시고 번역할 기회를 주신 위키북스 박찬규 대표님께 적잖은 인내의 시간에 대한 죄송함과 함께 감사의 인사를 전합니다. 저희의 졸역을 매끄럽게 다듬어주신 위키북스의 여러분들께도 감사드립니다.

개인적으로는 그만큼 집안일에 열심을 다하지 못해 많이 힘들었을 아내 혜연에게 미안한 마음을 전하고, 딸 지효랑도 이제는 더 놀아주겠노라 다짐합니다. 마지막으로, 이 좋은 책을 접하게 해 주셔서 지경을 넓혀주신 주님께 감사 기도를 드립니다.

2014.8.20. 역자를 대표하여 서형국 배상

1장
파이썬 생성 디자인 패턴

생성 디자인 패턴은 객체를 생성하는 방법에 대한 패턴이다. 보통 객체를 생성할 때 생성자를 활용한다(즉, 인자를 대입해 클래스 객체를 호출한다). 하지만 객체가 생성되는 방법을 유연하게 할 때가 있다. 이때 생성 디자인 패턴이 아주 유용하다.

파이썬 프로그래머 입장에서 이러한 패턴 중 일부는 서로 꽤 비슷하고, 앞으로 살펴보겠지만 그 중 일부는 전혀 필요하지 않다. 디자인 패턴은 처음에 C++ 언어를 위해 고안됐고, 그 중 일부는 C++ 언어의 제약을 해결하기 위한 것이었기 때문에 그렇다. 파이썬은 그러한 제약이 없다.

1.1 추상 팩터리 패턴

추상 팩터리(Abstract Factory) 패턴은 여러 객체로 구성된 복합 객체를 만들어야 하는데, 포함된 객체가 모두 특별한 한 '계통'일 때 사용할 수 있다.

예를 들어, GUI 시스템에서 MacWidgetFactory, XfceWidgetFactory, WindowsWidgetFactory라는 세 개의 구상 하위 클래스 팩터리(concrete subclass factory)가 있는 추상 위젯 팩터리가 있다고 하자. 세 구상 팩터리 모두 동일한 객체를 생성하는 메서드(make_button(), make_spinbox() 등)를 제공하지만 각 메서드가 만들어내는 위젯은 플랫폼에 따라 다른 스타일을 띠어야 한다. 이러한 메서드를 활용하면 팩터리 인스턴스를 인자로 받아 해당 인자에 따라 맥 OS X이나 Xfce, 윈도우 등의 룩앤필을 지닌 대화상자를 만드는 제네릭 함수(create_dialog())를 만들 수 있다.

1.1.1 고전적인 추상 팩터리

추상 팩터리 패턴의 예를 살펴보기 위해 간단한 다이어그램을 만드는 프로그램을 살펴보자. 여기서는 두 가지 팩터리를 사용할 것이다. 하나는 일반 텍스트를 만들고, 다른 하나는 SVG(Scalable Vector Graphics)를 만든다. 각각의 실행 결과는 그림 1.1에서 볼 수 있다. 이 프로그램의 첫 번째 버전인 diagram.py는 이러한 패턴의 가장 순수한 형태를 보여준다. 두 번째 버전인 diagram2.py는 파이썬의 특별한 이점을 활용해 코드가 더 짧고 간결해졌다. 두 버전 모두 같은 결과물을 얻을 수 있다.[1]

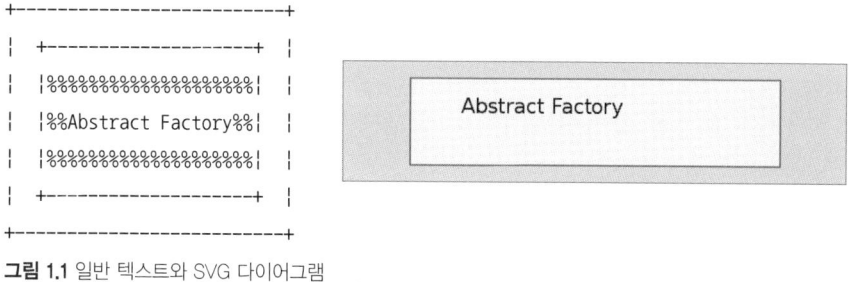

그림 1.1 일반 텍스트와 SVG 다이어그램

두 버전의 코드에서 모두 동일한 부분부터 살펴보자. 먼저 main() 함수다.

```
def main():
    ...
    txtDiagram = create_diagram(DiagramFactory()) ❶
    txtDiagram.save(textFilename)

    svgDiagram = create_diagram(SvgDiagramFactory()) ❷
    svgDiagram.save(svgFilename)
```

위의 코드에는 없지만 파일명을 두 개 만들었다. 다음으로 기본값인 일반 텍스트 팩터리를 활용해 다이어그램을 생성한 다음 저장한다(❶). 그런 다음 SVG 팩터리를 활용해 똑같은 다이어그램을 생성하고 저장한다(❷).

---

1 책의 모든 예제 코드는 다음 URL에서 내려받을 수 있다. www.qtrac.eu/pipbook.html

```python
def create_diagram(factory):
    diagram = factory.make_diagram(30, 7)
    rectangle = factory.make_rectangle(4, 1, 22, 5, "yellow")
    text = factory.make_text(7, 3, "Abstract Factory")
    diagram.add(rectangle)
    diagram.add(text)
    return diagram
```

이 함수는 다이어그램 팩터리만을 인자로 받아 이를 활용해 요청받은 다이어그램을 생성한다. 다이어그램 팩터리 인터페이스를 지원하는 한 어떤 종류의 팩터리를 인자로 받든 관계 없다. make_...() 메서드는 조금 후에 살펴보겠다.

팩터리를 어떻게 활용하는지 살펴봤으니 이제 팩터리 자체를 살펴보자. 다음은 일반 텍스트 다이어그램 팩터리의 코드다(이 클래스는 팩터리 기반 클래스이기도 하다).

```python
class DiagramFactory:
    def make_diagram(self, width, height):
        return Diagram(width, height)
    
    def make_rectangle(self, x, y, width, height, fill="white", stroke="black"):
        return Rectangle(x, y, width, height, fill, stroke)
    
    def make_text(self, x, y, text, fontsize=12):
        return Text(x, y, text, fontsize)
```

패턴 이름에 "추상"이란 단어가 포함돼 있음에도 한 클래스가 인터페이스(즉, "추상화")를 지원하는 기반 클래스이자 그 자체로 구상 클래스인 경우는 흔히 접할 수 있다. 여기서는 DiagramFactory에서 이러한 접근법을 따랐다.

다음은 SVG 다이어그램 팩터리 코드의 일부다.

```python
class SvgDiagramFactory(DiagramFactory):
    def make_diagram(self, width, height):
        return SvgDiagram(width, height)
    ...
```

DiagramFactory의 make_diagram()과의 유일한 차이점은 DiagramFactory.make_diagram() 메서드는 Diagram 객체를 반환하는 반면 SvgDiagramFactory.make_diagram() 메서드는 SvgDiagram 객체를 반환한다는 것뿐이다. 이는 위 코드에는 나오지 않는 다른 두 메서드에 대해서도 동일하다.

잠시 후, 각 클래스가 동일한 인터페이스를 제공하긴 하지만(Diagram과 SvgDiagram 모두 동일한 메서드를 가지고 있음) 일반 텍스트 버전의 Diagram, Rectangle, Text 클래스 구현은 SVG 버전의 SvgDiagram, SvgRectangle, SvgText 구현과는 근본적으로 다르다는 것을 보게 될 것이다. 이는 서로 다른 계열의 클래스(즉, Rectangle과 SvgText)를 혼합할 수 없음을 의미하고 이것이 팩터리 클래스에 자동적으로 적용되는 제약사항이다.

일반 텍스트 다이어그램 객체는 내부 데이터를 공백, +, -, |으로 구성된 한 글자짜리 문자열 리스트로 가지고 있다. 이것들은 일반 텍스트 Rectangle과 Text, 그리고 전체 다이어그램에서 그것들을 지정된 위치에 맞춰(필요한 만큼 오른쪽이나 아래로 움직여서) 대체할 한 글자 문자열 리스트이다.

```
class Text:
    def __init__(self, x, y, text, fontsize):
        self.x = x
        self.y = y
        self.rows = [list(text)]
```

이 코드는 전체 Text 클래스다. 일반 텍스트이므로 fontsize는 무시한다.

```
class Diagram:
    ...
    def add(self, component):
        for y, row in enumerate(component.rows):
            for x, char in enumerate(row):
                self.diagram[y + component.y][x + component.x] = char
```

이 코드는 Diagram.add() 메서드다. 이 메서드를 Rectangle이나 Text 객체를 인자 (component)로 전달해서 호출하면 component 값의 문자열 리스트(component.rows)의

모든 문자를 순회하면서 다이어그램에서 해당 위치의 문자를 대체한다. 여기에 나오지는 않지만 Diagram.__init__() 메서드는 Diagram(width, height)를 호출할 때 self.diagram이 공백 문자로 이뤄진(인자로 전달된 width와 height 만큼) 문자열 리스트가 되도록 초기화한다.

```
SVG_TEXT = """<text x="{x}" y="{y}" text-anchor="left" \
font-family="sans-serif" font-size="{fontsize}">{text}</text>"""

SVG_SCALE = 20

class SvgText:

    def __init__(self, x, y, text, fontsize):
        x *= SVG_SCALE
        y *= SVG_SCALE
        fontsize *= SVG_SCALE // 10
        self.svg = SVG_TEXT.format(**locals())
```

이 코드는 전체 SvgText 클래스와 이 클래스에 있는 두 가지 제약사항을 보여준다[2]. 덧붙여 말하자면 **locals()를 활용해 SVG_TEXT.format(x=x, y=y, text=text, fontsize=fontsize)라고 작성하는 수고를 덜 수 있다. 파이썬 3.2부터는 이를 SVG_TEXT.format_map(locals())라고 작성할 수도 있는데, str.format_map() 메서드가 맵을 풀어 주기 때문이다(§1.2의 "시퀀스와 맵 풀기" 참고).

```
class SvgDiagram:
    ...
    def add(self, component):
        self.diagram.append(component.svg)
```

SvgDiagram 클래스에서 각 인스턴스는 self.diagram에 문자열 리스트를 가지고 있으며, 리스트의 원소는 각각 SVG 텍스트 조각이다. 이로 인해 새로운 컴포넌트(이를테면, SvgRectangle이나 SvgText 타입의)를 추가하는 작업이 아주 수월해진다.

---

[2] 예제의 SVG 결과물은 다소 투박하지만 디자인 패턴 예제로 쓰기에는 충분하다. 외부 SVG 모듈은 pypi.python.org의 파이썬 패키지 색인(PyPI, Python Package Index)에서 구할 수 있다.

1.1.2 더 파이썬다운 추상 팩터리

DiagramFactory와 하위 클래스인 SvgDiagramFactory, 그리고 이것들이 활용하는 클래스(Diagram, SvgDiagram 등)는 모두 완벽하게 동작하는 디자인 패턴의 예다.

그럼에도 이 구현에는 몇 가지 미흡한 점이 있다. 첫째, 어느 팩터리든 상태 정보를 가지고 있을 필요가 없으므로 실제 팩터리 인스턴스를 생성할 필요가 없다. 둘째, SvgDiagramFactory 코드는 DiagramFactory 코드와 거의 동일하고, 유일한 차이는 Text 대신 SvgText 인스턴스를 돌려준다는 것뿐이므로 불필요한 중복이 있는 듯하다. 셋째, 최상위 네임스페이스에 모든 클래스가 모여 있다(DiagramFactory, Diagram, Rectangle, Text 및 이에 대응하는 SVG 쪽 클래스 모두). 그렇지만 우리는 단지 두 개의 팩터리에만 접근하면 된다. 게다가 이름의 충돌을 피하기 위해 SVG 클래스 이름에 접두어를 붙여야만 했는데(Rectangle이라고 쓰는 대신 SvgRectangle이라고 씀) 다소 지저분해 보인다(이름 충돌을 피하기 위해 각각을 별도 모듈에 넣을 수도 있다. 그러나 이 방법도 코드 중복 문제는 해결하지 못한다).

이번 절에서는 이러한 미흡한 부분들을 모두 해결할 것이다(관련 코드는 diagram2.py이다).

가장 먼저 변경할 것은 Diagram, Rectangle, Text 클래스를 DiagramFactory 클래스의 내부 클래스로 만드는 것이다. 이렇게 하면 이러한 클래스에 DiagramFactory.Diagram과 같은 식으로 접근할 수 있다. SVG 관련 클래스도 같은 방법으로 SvgDiagramFactory 클래스의 내부 클래스로 내장할 수 있다. 그런데 더는 클래스 이름 충돌이 없으므로 SvgDiagramFactory.Diagram과 같이 이름을 동일하게 만들 수 있다. 마찬가지로 각 클래스에 필요한 상수 값도 내장할 수 있다. 이제 최상위 네임스페이스에는 main(), create_diagram(), DiagramFactory, SvgDiagramFactory만 남는다.

```
class DiagramFactory:

    @classmethod
    def make_diagram(Class, width, height):
        return Class.Diagram(width, height)

    @classmethod
    def make_rectangle(Class, x, y, width, height, fill="white",
            stroke="black"):
        return Class.Rectangle(x, y, width, height, fill, stroke)
```

```
    @classmethod
    def make_text(Class, x, y, text, fontsize=12):
        return Class.Text(x, y, text, fontsize)
    ...
```

위 코드는 새 DiagramFactory 클래스의 시작 부분이다. make_...() 메서드는 이제 모두 클래스 메서드다. 이는 이 메서드를 호출할 때 (일반 메서드에 self가 전달되는 것과 달리) 첫 번째 인자로 클래스 정보를 전달한다는 것을 의미한다. 따라서 DiagramFactory.make_text()를 호출하면 DiagramFactory가 Class 값으로 전달되어 DiagramFactory.Text 객체가 생성되어 반환된다.

이러한 변화 때문에 DiagramFactory를 상속한 하위 클래스인 SvgDiagramFactory에는 더는 make_...() 메서드가 필요하지 않다. 예를 들어, SvgDiagramFactory.make_rectangle()을 호출한다면 SvgDiagramFactory에는 이 메서드가 없으므로 기반 클래스의 DiagramFactory. make_rectangle() 메서드를 대신 호출하며, 이때 Class 값에는 SvgDiagramFactory가 전달된다. 이를 통해 SvgDiagramFactory.Rectangle 객체가 생성되어 반환된다.

```
def main():
    ...
    txtDiagram = create_diagram(DiagramFactory)
    txtDiagram.save(textFilename)

    svgDiagram = create_diagram(SvgDiagramFactory)
    svgDiagram.save(svgFilename)
```

이처럼 팩터리 인스턴스를 생성하지 않기 때문에 main() 함수도 간결해진다.

나머지 코드는 이전과 거의 동일하다. 핵심적인 변경사항은 이제 상수값과 팩터리가 아닌 클래스들이 모두 팩터리 안에 내장됐으므로 앞으로 이것들을 사용하려면 팩터리 이름을 붙여야 한다는 것이다.

```
class SvgDiagramFactory(DiagramFactory):
    ...
    class Text:
        def __init__(self, x, y, text, fontsize):
            x *= SvgDiagramFactory.SVG_SCALE
```

```
        y *= SvgDiagramFactory.SVG_SCALE
        fontsize *= SvgDiagramFactory.SVG_SCALE // 10
        self.svg = SvgDiagramFactory.SVG_TEXT.format(**locals())
```

위 코드는 SvgDiagramFactory에 내장된 Text 클래스다(diagram1.py의 SvgText 클래스에 해당한다). 여기서 내부 상수에 어떻게 접근하는지 확인할 수 있다.

1.2 빌더 패턴

빌더 패턴(Builder Pattern)은 다른 객체를 조합한 복합 객체(complex object)를 생성하기 위해 고안됐다는 점에서 추상 팩터리 패턴과 비슷하다. 빌더 패턴은 복합 객체를 구축하는 메서드를 제공할뿐더러 전체 복합 객체 자체의 표현을 보유한다는 점에서 팩터리와 구별된다.

이 패턴은 복합 객체가 하나 또는 여러 개의 더 간단한 객체로부터 만들어진다는 점에서 추상 팩터리 패턴과 동일한 조합 방법을 제공한다. 그러나 이 패턴은 특히 복합 객체의 표현을 조합 알고리즘과 별도로 유지해야 할 때 적합하다.

여기서는 폼 생성 프로그램 예제를 통해 빌더 패턴을 살펴보겠다. 이 프로그램은 HTML을 활용한 웹 폼이나 파이썬과 Tkinter를 활용한 GUI 폼을 생성한다. 두 폼 모두 겉으로는 동작하는 것처럼 보이며, 텍스트 입력도 지원한다. 하지만 버튼은 실제 동작하지 않는다[3]. 그림 1.2에서 두 폼을 볼 수 있다. 소스코드는 formbuilder.py다.

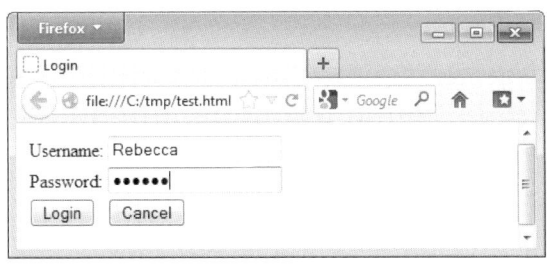 

그림 1.2 윈도우에서 본 HTML과 Tkinter 폼

---

[3] 모든 예제는 실제 활용도와 학습의 적합성 사이에 적절한 균형이 필요하다. 그 결과 이번 경우와 같이 일부 예제 코드는 기본 기능만 구현했다.

각 폼을 만드는 데 필요한 코드를 살펴보자. 먼저 다음은 최상위 코드다.

```python
htmlForm = create_login_form(HtmlFormBuilder())
with open(htmlFilename, "w", encoding="utf-8") as file:
    file.write(htmlForm)

tkForm = create_login_form(TkFormBuilder())
with open(tkFilename, "w", encoding="utf-8") as file:
    file.write(tkForm)
```

각 폼을 생성한 다음 적절한 파일에 저장한다. 두 경우 모두 동일한 생성 함수(create_login_form())에 적절한 빌더 객체를 인자로 전달해 호출한다.

```python
def create_login_form(builder):
    builder.add_title("Login")
    builder.add_label("Username", 0, 0, target="username")
    builder.add_entry("username", 0, 1)
    builder.add_label("Password", 1, 0, target="password")
    builder.add_entry("password", 1, 1, kind="password")
    builder.add_button("Login", 2, 0)
    builder.add_button("Cancel", 2, 1)
    return builder.form()
```

이 함수는 임의의 HTML이나 Tkinter 폼(또는 알맞은 빌더가 있다면 어떤 종류의 폼이든)을 생성할 수 있다. builder.add_title() 메서드는 폼에 제목을 넣는 데 사용된다. 다른 모든 메서드는 폼의 행과 열에 위젯을 추가하는 데 사용된다.

HtmlFormBuilder와 TkFormBuilder 모두 추상 기반 클래스인 AbstractFormBuilder를 상속한다.

```python
class AbstractFormBuilder(metaclass=abc.ABCMeta):

    @abc.abstractmethod
    def add_title(self, title):
        self.title = title

    @abc.abstractmethod
```

```
    def form(self):
        pass

    @abc.abstractmethod
    def add_label(self, text, row, column, **kwargs):
        pass
    ...
```

이 클래스를 상속하는 클래스는 추상 메서드를 모두 구현해야 한다. add_entry()와 add_button() 추상 메서드는 기본적으로 add_label() 메서드와 같은 형태라서 생략했다. 참고로 AbstractFormBuilder는 abc.ABCMeta의 메타클래스를 받아 abc 모듈의 @abstractmethod 데코레이터를 사용한다(데코레이터에 관한 더 자세한 사항은 §2.4에서 확인할 수 있다).

> **시퀀스와 맵 풀기**
>
> 풀기(unpacking)는 시퀀스 또는 맵 안에 있는 모든 항목을 개별적으로 추출하는 것을 말한다. 시퀀스 풀기에 대한 가장 간단한 활용 사례로 처음 몇 개의 항목을 추출하고, 나머지를 한꺼번에 추출하는 방법을 들 수 있다.
>
> ```
> first, second, *rest = sequence
> ```
>
> 위에서 sequence에 최소 세 개의 항목이 있다고 가정하면 first=sequence[0], second=sequence[1]이며, rest=sequence[2:]가 된다.
>
> 아마도 풀기가 가장 흔히 사용되는 경우는 함수 호출일 것이다. 어떤 함수가 정해진 개수의 위치 인자나 특별한 키워드 인자를 받게 하고 싶다면 다음과 같이 시퀀스/맵 풀기를 활용할 수 있다.
>
> ```
> args = (600, 900)
> kwargs = dict(copies=2, collate=False)
> print_setup(*args, **kwargs)
> ```
>
> print_setup() 함수는 두 개의 위치 인자(width와 height)가 필요하며, 키워드 인자(copies와 collate)를 두 개까지 받을 수 있다. 이 값들을 각각 전달하는 대신 args 튜플과 kwargs 딕셔너리를 생성한 다음 시퀀스 풀기(*args)와 맵 풀기(**kwargs)를 활용해 인자를 전달했다. 이는 print_setup(600, 900, copies=2, collate=False)라는 코드와 같다.
>
> 함수 호출에 대한 다른 사례로 개수 제한 없이 위치 인자나 키워드 인자, 또는 두 가지 모두를 받을 수 있는 함수를 만들 수 있다. 다음 예제를 보자.

```
def print_args(*args, **kwargs):
    print(args.__class__.__name__, args,
          kwargs.__class__.__name__, kwargs)
print_args() # 출력: tuple () dict {}
print_args(1, 2, 3, a="A") # 출력: tuple (1, 2, 3) dict {'a': 'A'}
```

print_args() 함수는 임의 개수의 위치 인자 또는 키워드 인자를 받을 수 있다. 함수 안에서 args는 튜플이고 kwargs는 딕셔너리다. print_args() 안에서 다른 함수를 호출할 때 이 인자를 다시 전달하고 싶다면 function(*args, **kwargs)와 같은 식으로 풀기를 활용할 수도 있다. 맵 풀기의 또 다른 예로는 str.format() 메서드 호출을 들 수 있다. 이를테면, key=value 인자를 직접 입력하는 대신 s.format(**locals())와 같이 호출할 수 있다(§ 1.1.1의 SvgText.__init__() 참고).

어떤 클래스에 abc.ABCMeta의 메타클래스를 전달하면 해당 클래스의 인스턴스를 만들 수 없기 때문에 추상 기반 클래스로만 사용해야 한다. 이는 C++나 자바에서 이식된 코드에 특히 유의미하다. 다만 실행 시 약간의 비용이 더 든다. 반면 대다수의 파이썬 프로그래머는 문제가 될 수 있는 더 안일한 방법을 활용한다. 즉, 메타클라스를 활용하지 않고 해당 클래스를 추상 기반 클래스로 사용해야 한다고 문서화 한다.

```
class HtmlFormBuilder(AbstractFormBuilder):

    def __init__(self):
        self.title = "HtmlFormBuilder"
        self.items = {}


    def add_title(self, title):
        super().add_title(escape(title))
    def add_label(self, text, row, column, **kwargs):
        self.items[(row, column)] = ('<td><label for="{}">{}:</label></td>'
                .format(kwargs["target"], escape(text)))

    def add_entry(self, variable, row, column, **kwargs):
        html = """<td><input name="{}" type="{}" /></td>""".format(
                variable, kwargs.get("kind", "text"))
        self.items[(row, column)] = html

    ...
```

위 코드는 HtmlFormBuilder 클래스가 시작되는 부분이다. 폼이 제목 없이 생성되는 경우에 대비해 title의 기본값을 제공한다. row, column으로 이뤄진 튜플을 키, 위젯의 HTML을 값으로 하는 items 딕셔너리에 모든 위젯을 저장한다.

add_title() 메서드는 추상 메서드이므로 재구현(reimplement)해야 한다. 그러나 원래의 추상 메서드에도 구현 코드가 있기 때문에 그 메서드를 호출해 처리한다. 이때 제목을 html.escape() 함수를 활용해 전처리한다(파이썬 3.2나 이전 버전에서는 xml.sax.saxutil.escape() 함수를 사용).

add_button() 메서드(여기에 싣지는 않았다)는 구조적으로 다른 add_...() 메서드와 비슷하다.

```python
def form(self):
    html = ["<!doctype html>\n<html><head><title>{}</title></head>"
            "<body>".format(self.title), '<form><table border="0">']
    thisRow = None
    for key, value in sorted(self.items.items()):
        row, column = key
        if thisRow is None:
            html.append("  <tr>")
        elif thisRow != row:
            html.append("  </tr>\n  <tr>")
        thisRow = row
        html.append("    " + value)
    html.append("  </tr>\n</table></form></body></html>")
    return "\n".join(html)
```

HtmlFormBuilder.form() 메서드는 HTML 페이지를 생성한다. 페이지는 〈form〉 안에 〈table〉이 있고, 그 안에 여러 행과 열에 걸쳐 위젯이 들어있다. 모든 부분을 html 리스트에 더한 다음, 이 리스트를 하나의 문자열로 반환한다(사람이 읽기 쉽게 개행문자를 줄마다 추가했다).

```python
class TkFormBuilder(AbstractFormBuilder):

    def __init__(self):
        self.title = "TkFormBuilder"
        self.statements = []
```

```python
    def add_title(self, title):
        super().add_title(title)

    def add_label(self, text, row, column, **kwargs):
        name = self._canonicalize(text)
        create = """self.{}Label = ttk.Label(self, text="{}:")""".format(name, text)
        layout = """self.{}Label.grid(row={}, column={}, sticky=tk.W, \
padx="0.75m", pady="0.75m")""".format(name, row, column)
        self.statements.extend((create, layout))

    ...
    def form(self):
        return TkFormBuilder.TEMPLATE.format(title=self.title,
                name=self._canonicalize(self.title, False),
                statements= "\n            ".join(self.statements))
```

위 코드는 TkFormBuilder 클래스의 일부다. 폼의 위젯을 파이썬 문장(즉, 파이썬 코드 문자열)의 리스트로 저장한다. 위젯마다 두 문장이 필요하다.

add_label() 메서드의 구조를 add_entry()와 add_button()에도 똑같이 활용한다(그래서 따로 싣지 않았다). 메서드는 먼저 위젯의 정식 명칭을 가져온 다음, 문자열 두 개를 만든다. 첫 번째는 위젯을 생성하는 create이고, 다음은 위젯을 폼에 배치하는 layout이다. 마지막으로 이 메서드는 이 두 문자열을 문장 리스트에 추가한다.

form() 메서드는 매우 간단하다. 제목과 위젯 관련 문장들이 매개변수로 전달된 TEMPLATE 문자열을 반환한다.

```
    TEMPLATE = """#!/usr/bin/env python3
import tkinter as tk
import tkinter.ttk as ttk

class {name}Form(tk.Toplevel):     ❶

    def __init__(self, master):
        super().__init__(master)
        self.withdraw() # 표시할 준비가 될 때까지 숨긴다
        self.title("{title}")      ❷
        {statements}               ❸
```

```
        self.bind("<Escape>", lambda *args: self.destroy())
        self.deiconify() # 위젯이 만들어져 배치된 다음에 폼을 표시
        if self.winfo_viewable():
            self.transient(master)
        self.wait_visibility()
        self.grab_set()
        self.wait_window(self)
if __name__ == "__main__":
    application = tk.Tk()
    window = {name}Form(application)  ❹
    application.protocol("WM_DELETE_WINDOW", application.quit)
    application.mainloop()
"""
```

이 폼은 제목 값에 따라 클래스 이름이 정해진다(title이 Login이라면 LoginForm이 된다. ❶, ❹ 참고). 먼저 윈도우의 제목을 설정하고(❷에서 "Login"이 된다), 다음으로 폼의 모든 위젯을 생성하고 배치하는 모든 문장이 온다(❸).

이 템플릿을 활용해 생성되는 파이썬 코드는 그 자체로도 실행할 수 있는데, 바로 맨 끝의 if __name__ 블록 때문이다.

```
    def _canonicalize(self, text, startLower=True):
        text = re.sub(r"\W+", "", text)
        if text[0].isdigit():
            return "_" + text
        return text if not startLower else text[0].lower() + text[1:]
```

이 절을 마무리하기 위해 _canonicalize() 메서드의 코드를 실었다. 추가로 설명하자면 이 함수는 호출될 때마다 새로운 정규식을 생성하는 것처럼 보인다. 하지만 실제로 파이썬은 이미 컴파일된 정규식에 대해 상당히 큰 캐시를 내부적으로 유지한다. 따라서 두 번째 이후 호출부터는 정규식을 계속 새로 생성하는 대신 캐시에 있는 것을 참조한다[4].

---

4 이 책에서는 독자가 정규식과 파이썬의 re 모듈에 대한 기본 지식이 있다고 가정한다. 정규식에 대한 학습이 필요한 독자는 저자의 다른 책인 "Programming in Python 3, Second Edition"의 정규식 관련 장(13. Regular Expressions)을 www.qtrac.eu/py3book.html에서 무료로 내려받을 수 있다.

1.3 팩터리 메서드 패턴

팩터리 메서드(Factory Method) 패턴은 객체 생성을 요청할 때 하위 클래스가 인스턴스화할 클래스를 지정할 수 있게끔 고안된 패턴이다. 이 자체로도 쓸모가 있지만 생성하려는 클래스가 어떤 것인지 모를 때도 활용할 수 있다(가령 생성 클래스가 파일 입력이나 사용자 입력에 따라 달라져야 하는 경우).

이번 절에서는 체커판이나 체스판과 같은 게임판을 생성하는 데 활용할 수 있는 프로그램을 살펴보겠다. 이 프로그램의 실행 결과는 그림 1.3과 같으며, 소스코드의 네 가지 다른 버전을 gameboard1.py, …, gameboard4.py라는 파일로 확인할 수 있다[5].

그림 1.3 리눅스 콘솔에서 본 체커와 체스 게임판

여기서는 특정 게임판을 생성하는 하위 클래스의 바탕이 되는 추상 보드 클래스를 만들겠다. 각 보드 하위 클래스는 말을 초기 배치에 맞게 초기화한다. 또한 게임에 따라 각 말이 자체 클래스를 갖게 하고 싶다(예를 들면, 체커의 BlackDraught, WhiteDraught나 체스의 BlackChessBishop, WhiteChessKnight 등이 있다). 그런데 WhiteChecker 대신 WhiteDraught과 같이 해당 글자의 유니코드 명칭과 클래스 이름이 일치하게 했다.

---

[5] 안타깝게도 윈도우 콘솔의 UTF-8 지원은 부족한 점이 있다. 그래서 코드페이지 65001을 사용하더라도 다양한 글자를 제대로 표시할 수 없다. 따라서 윈도우에서는 실행 결과를 임시 파일로 저장해서 살펴봐야 한다. 표준 윈도우 고정폭 글꼴 가운데 어떤 것도 체커나 체스 말을 표시할 수 없으나 대부분의 가변폭 글꼴은 표시할 수 있다. 무료 오픈소스 글꼴인 DejaVu Sans에서는 이를 모두 표시할 수 있다(dejavu-fonts.org를 참고).

게임판을 인스턴스화하고 출력하는 최상위 코드부터 살펴보자. 그런 다음 보드 클래스와 말에 대한 클래스 일부를 살펴보되, 하드코딩된 클래스부터 시작하겠다. 그다음 하드코딩도 피하고, 크기도 조금 줄인 변형된 코드를 살펴본다.

```python
def main():
    checkers = CheckersBoard()
    print(checkers)

    chess = ChessBoard()
    print(chess)
```

이 함수는 프로그램 모든 버전에서 동일하다. 각 게임판을 생성하고 콘솔에 출력한다. 이때 AbstractBoard의 __str__() 메서드를 사용해 게임판 내부 표현을 문자열로 변환한다.

```python
BLACK, WHITE = ("BLACK", "WHITE")

class AbstractBoard:

    def __init__(self, rows, columns):
        self.board = [[None for _ in range(columns)] for _ in range(rows)]
        self.populate_board()

    def populate_board(self):
        raise NotImplementedError()

    def __str__(self):
        squares = []
        for y, row in enumerate(self.board):
            for x, piece in enumerate(row):
                square = console(piece, BLACK if (y + x) % 2 else WHITE)
                squares.append(square)
            squares.append("\n")
        return "".join(squares)
```

상수 BLACK과 WHITE는 각 사각형의 배경색을 지정한다. 나중에 변경된 버전에서는 각 말의 색깔을 지정할 때도 사용한다. 이 클래스는 gameboard1.py에 있는 것이지만 다른 버전에서도 동일하다.

BLACK, WHITE = range(2)처럼 상수를 설정하는 것이 파이썬 관례에 더 가깝다. 그러나 오류 메시지를 보고 디버깅할 때는 문자열을 사용하는 편이 더 유용하다. 또한 파이썬은 문자열을 똑똑하게 인터닝(interning)해서 동등성 검사를 하기 때문에 이 코드는 정수를 사용하는 것만큼 빠르게 동작할 것이다.

게임판은 한 글자로 된 문자열 리스트로 표현되며, 말이 없는 칸은 None이다. console() 함수(예제에 싣지는 않았지만 소스코드에는 있는)는 배경색 위에 배치할 말이 담긴 문자열을 반환한다(유닉스 시스템에서는 이 문자열에 배경색을 넣기 위한 이스케이프 코드가 포함돼 있다).

§1.2의 AbstractFormBuilder와 마찬가지로 AbstractBoard 클래스에 abc.ABCMeta 메타클래스를 전달해 추상 클래스로 만들 수도 있다. 그러나 여기서는 하위 클래스가 재구현해야 하는 메서드에 대해 NotImplementedError를 발생시키는 방식을 택했다.

```python
class CheckersBoard(AbstractBoard):

    def __init__(self):
        super().__init__(10, 10)

    def populate_board(self):
        for x in range(0, 9, 2):
            for row in range(4):
                column = x + ((row + 1) % 2)
                self.board[row][column] = BlackDraught()
                self.board[row + 6][column] = WhiteDraught()
```

이 하위 클래스에서는 10 x 10 국제 규격 체커판을 생성한다. 이 클래스의 populate_borad() 메서드는 하드코딩된 클래스를 활용하기 때문에 팩터리 메서드가 아니다(이 메서드를 여기에 실은 이유는 이 메서드를 어떻게 팩터리 메서드로 만들지 보여주기 위해서다).

```python
class ChessBoard(AbstractBoard):

    def __init__(self):
        super().__init__(8, 8)

    def populate_board(self):
        self.board[0][0] = BlackChessRook()
        self.board[0][1] = BlackChessKnight()
```

```
        ...
        self.board[7][7] = WhiteChessRook()
        for column in range(8):
            self.board[1][column] = BlackChessPawn()
            self.board[6][column] = WhiteChessPawn()
```

CheckersBoard와 마찬가지로 위의 ChessBoard의 populate_board() 메서드도 팩터리 메서드가 아니지만, 마찬가지로 어떻게 체스판을 만드는지 보여주기 위해 여기에 실었다.

```
class Piece(str):

    __slots__ = ()
```

이 클래스는 말에 대한 기반 클래스다. str 변수만 사용할 수도 있겠지만 그렇게 하면 어떤 객체가 말인지 판단할 수 없을 것이다(isinstance(x, Piece) 같은 코드를 활용해). 아울러 __slots__ = ()를 사용해 인스턴스가 어떤 데이터도 가질 수 없도록 보장한다(이와 관련된 내용은 §2.6에서 자세히 살펴보겠다).

```
class BlackDraught(Piece):

    __slots__ = ()

    def __new__(Class):
        return super().__new__(Class, "\N{black draughts man}")

class WhiteChessKing(Piece):

    __slots__ = ()

    def __new__(Class):
        return super().__new__(Class, "\N{white chess king}")
```

이 두 클래스에서 모든 말 클래스가 공통적으로 활용하는 패턴을 볼 수 있다. 각 말은 변경 불가능한 Piece의 하위 클래스(자체가 str의 하위 클래스이기도 한)이며, 각 말을 표현하는 유니코드 글자가 담긴 1글자짜리 문자열로 초기화된다. 이러한 소규모 하위 클래스가 모두 14개 있으며, 각각은 클래스 이름과 담긴 글자에서만 차이를 보인다. 이러한 중복에 가까운 부분을 모두 제거할 수 있다면 더 좋을 것이다.

```python
    def populate_board(self):
        for x in range(0, 9, 2):
            for y in range(4):
                column = x + ((y + 1) % 2)
                for row, color in ((y, "black"), (y + 6, "white")):
                    self.board[row][column] = create_piece("draught", color)
```

이 새로운 CheckersBoard.populate_board() 메서드(gameboard2.py에서 가져온)는 팩토리 메서드이며, 하드코딩된 클래스 대신 새로운 create_piece() 팩토리 함수를 활용한다. create_piece() 함수는 인자에 따라 적절한 타입의 객체(예: BlackDraught나 WhiteDraught 같은)를 반환한다. 여기에 싣지는 않았지만 비슷하게 색깔과 말 이름도 인자로 전달받고 create_piece() 함수를 활용하는 ChessBoard.populate_board() 메서드도 있다.

```python
def create_piece(kind, color):
    if kind == "draught":
        return eval("{}{}()".format(color.title(), kind.title()))
    return eval("{}Chess{}()".format(color.title(), kind.title()))
```

이 팩토리 함수는 내장 함수인 eval()을 활용해 클래스 인스턴스를 생성한다. 예를 들어, 인자가 "knight"와 "black"이라면 eval()을 통해 "BlackChessKnight()"가 될 것이다. 원하는 대로 완벽하게 잘 돌아가기는 하지만 eval()을 통해 어떤 것이든 생성할 수 있다는 위험성이 있다. 내장 함수 type()을 활용한 해결책을 조만간 살펴보겠다.

```python
for code in itertools.chain((0x26C0, 0x26C2), range(0x2654, 0x2660)):
    char = chr(code)
    name = unicodedata.name(char).title().replace(" ", "")
    if name.endswith("sMan"):
        name = name[:-4]
    exec("""\
class {}(Piece):

    __slots__ = ()

    def __new__(Class):
        return super().__new__(Class, "{}")""".format(name, char))
```

14개의 매우 유사한 클래스에 대한 코드를 작성하는 대신 여기서는 단 한 블록의 코드로 필요한 클래스를 모두 생성한다.

itertools.chain() 함수는 하나 이상의 이터러블(iterable)을 받아 전체를 순회할 수 있는 단일 이터러블을 반환한다. 여기서는 두 개의 이터러블을 전달했는데, 먼저 검은색과 하얀색 체커 말의 유니코드 포인트에 대한 2-튜플을, 다음으로 검은색과 하얀색 체스 말에 대한 range 객체(사실상 제너레이터에 해당하는)를 넘겼다.

각 유니코드 포인트에 대해 한 글자로 된 문자열(예: ♞)을 생성해 이 문자의 유니코드 명칭에 따라 클래스 이름을 생성한다("black chess knight"는 BlackChessKnight가 된다). 글자와 명칭을 알면 exec()를 활용해 필요한 클래스를 생성할 수 있다. 모든 클래스를 각각 생성하는 데 백여 줄이 필요한 데 비해 이 코드 블록은 단 열두 줄 내외에 불과하다.

안타깝게도 exec()를 사용하는 것은 eval()을 사용하는 것보다 잠재적인 위험이 더 크다. 따라서 더 나은 방법을 찾아야 한다.

```
DRAUGHT, PAWN, ROOK, KNIGHT, BISHOP, KING, QUEEN = ("DRAUGHT", "PAWN", "ROOK", "KNIGHT"
        "BISHOP", "KING", "QUEEN")
class CheckersBoard(AbstractBoard):
    ...
    def populate_board(self):
        for x in range(0, 9, 2):
            for y in range(4):
                column = x + ((y + 1) % 2)
                for row, color in ((y, BLACK), (y + 6, WHITE)):
                    self.board[row][column] = self.create_piece(DRAUGHT, color)
```

이 CheckersBoard.pupulate_board() 메서드는 gameboard3.py에서 발췌했다. 잘못 입력하기 쉬운 문자열 리터럴 대신 상수 값을 사용해 말과 색깔을 지정한다는 점이 이전 버전과 다르다. 그리고 각 말을 생성하기 위해 새로운 create_piece() 팩터리를 활용한다.

다른 방법으로 CheckersBoard.pupulate_board()를 구현한 결과를 gameboard4.py에서 확인할 수 있다(여기에 싣지는 않았다). 이 버전에서는 리스트 내장(List Comprehension)과 한 쌍의 itertools 함수를 교묘히 조합해 활용했다.

```
class AbstractBoard:

    __classForPiece = {(DRAUGHT, BLACK): BlackDraught,
            (PAWN, BLACK): BlackChessPawn,
            ...
            (QUEEN, WHITE): WhiteChessQueen}
    ...
    def create_piece(self, kind, color):
        return AbstractBoard.__classForPiece[kind, color]()
```

위의 create_piece() 팩터리는(gameboard3.py에도 있는 코드이다.) CheckersBoard와 ChessBoard 클래스가 상속하는 AbstractBoard의 메서드다. 두 상수를 받아 이 값을 가지고 키가 (말 종류, 색깔)이고 값은 클래스 객체인 2-튜플인 정적 딕셔너리를 조회한다. 이렇게 찾은 값(클래스)을 바로 호출해서(() 호출 연산자를 활용해) 나오는 말에 대한 인스턴스를 반환한다.

딕셔너리에 저장되는 클래스는 각각 별도로 코드를 만들거나(gameboard1.py의 경우), 좀 위험하지만 동적으로 생성할 수도 있다(gameboard2.py의 경우). 그러나 gameboard3.py와 같이 eval()이나 exec()를 활용하지 않고 안전하게 동적으로 생성할 수도 있다.

```
for code in itertools.chain((0x26C0, 0x26C2), range(0x2654, 0x2660)):
    char = chr(code)
    name = unicodedata.name(char).title().replace(" ", "")
    if name.endswith("sMan"):
        name = name[:-4]
    new = make_new_method(char)
    Class = type(name, (Piece,), dict(__slots__=(), __new__=new))
    setattr(sys.modules[__name__], name, Class) # 더 잘 할 수 있다!
```

위의 코드는 앞에서 본 14개의 말에 대한 하위 클래스를 생성하는 코드와 전체적으로 같은 구조다. 이번에는 eval()이나 exec()를 활용하는 대신 더 안전한 방법을 택했다.

일단 글자와 그에 대한 명칭을 가지고 있다면 make_new_method()를 호출해 새로운 함수(new()라는)를 생성할 수 있다. 다음으로 내장 함수인 type()을 활용해 새로운 클래스를 생성한다. 이렇게 클래스를 생성하려면 클래스 타입과, 기반 클래스들에 대한 튜플(여기서는 Piece 하나만 넘겼다), 클래스 애트리뷰트에 대한 딕셔너리를 전달해야 한다. 여기서는 (클래스가 불필요한 비공개 애트리뷰트인 __dict__를 갖지 않도록) 빈 튜플을 __slots__ 애트리뷰트에 설정하고, 방금 생성한 new() 함수를 __new__ 메서드로 설정했다.

마지막으로 현재 모듈(sys.modules[__name__])에 새로 생성한 클래스(Class)를 name이라는 애트리뷰트로 추가하기 위해 내장 함수인 setattr()를 호출한다. gameboard4.py에서는 이 코드의 마지막 줄을 아래와 같이 더 나은 방법으로 작성했다.

```
globals()[name] = Class
```

전역변수가 저장된 딕셔너리의 참조를 얻어서 name에 있는 값이 키이고 새로 생성한 Class가 값인 새 아이템을 추가한다. 이 코드는 gameboard3.py에 있는 setattr()를 사용한 줄과 똑같이 동작한다.

```
def make_new_method(char): # 매번 새로운 메서드를 만들기 위해 필요하다
    def new(Class): # super()나 super(Piece, Class)를 호출할 수 없다
        return Piece.__new__(Class, char)
    return new
```

이 함수는 new() 함수(클래스의 __new__() 메서드가 될)를 생성한다. 여기서 super()는 활용할 수 없다. new() 함수가 생성될 때는 super() 함수가 접근할 클래스가 아직 없기 때문이다. 앞에서 본 Piece 클래스에서는 __new__() 메서드가 없었지만 기반 클래스(str)에는 있기 때문에 그 메서드가 호출될 수 있었다.

또한 이전 코드 블록에서 본 new = make_new_method(char) 줄과 방금 본 make_new_method() 함수는 생략할 수 있다. make_new_function()을 호출하던 부분을 아래와 같이 고치면 된다.

```
new = (lambda char: lambda Class: Piece.__new__(Class, char))(char)
new.__name__ = "__new__"
```

여기서는 함수를 반환하는 함수를 만든 다음, new() 함수를 반환하기 위해 char 타입을 인자로 바로 호출한다(이 코드는 gameboard4.py에서 사용되고 있다).

모든 lambda 함수에는 'lambda'라는 이름이 붙기 때문에 디버깅할 때 구분하기 어렵다. 그래서 여기서는 함수를 생성한 다음 명시적으로 함수명을 지정했다.

```
def populate_board(self):
    for row, color in ((0, BLACK), (7, WHITE)):
        for columns, kind in (((0, 7), ROOK), ((1, 6), KNIGHT),
                ((2, 5), BISHOP), ((3,), QUEEN), ((4,), KING)):
            for column in columns:
                self.board[row][column] = self.create_piece(kind, color)
    for column in range(8):
        for row, color in ((1, BLACK), (6, WHITE)):
            self.board[row][column] = self.create_piece(PAWN, color)
```

위 코드는 gameboard3.py의(그리고 gameboard4.py에서도 사용되는) ChessBoard.populate_board() 메서드다. 이 메서드는 색깔과 말 종류에 대한 상수에 의존한다(하드코딩하는 대신 파일이나 메뉴 옵션에서 값을 가져올 수 있다면 더 좋을 것이다). gameboard3.py 버전에서는 전에 살펴본 create_piece() 팩터리를 활용한다. 반면 gameboard4.py에서는 create_piece()의 최종 코드를 활용한다.

```
def create_piece(kind, color):
    color = "White" if color == WHITE else "Black"
    name = {DRAUGHT: "Draught", PAWN: "ChessPawn", ROOK: "ChessRook",
            KNIGHT: "ChessKnight", BISHOP: "ChessBishop",
            KING: "ChessKing", QUEEN: "ChessQueen"}[kind]
    return globals()[color + name]()
```

위 코드가 gameboard4.py의 create_piece() 팩터리 함수다. 여기서 사용되는 상수값은 gameboard3.py와 모두 같지만 클래스 객체의 딕셔너리 대신 내장 함수인 globals()를 통해 얻은 딕셔너리에서 해당 클래스를 동적으로 찾는다. 이렇게 얻은 클래스 객체를 바로 호출해서 원하는 말 인스턴스를 얻는다.

1.4 프로토타입 패턴

프로토타입(Prototype) 패턴은 원래 객체를 복제한 새로운 객체를 만들고, 그 복제본을 변경해 사용하는 패턴이다.

바로 앞 절에서 이미 살펴봤듯이 파이썬은 새로운 객체를 생성하는 다양한 방법을 지원한다. 그 중에는 심지어 객체의 타입(그나마도 그 타입의 이름만)을 오직 런타임에 알 수 있는 경우에 사용할 수 있는 방법도 있다.

```python
class Point:

    __slots__ = ("x", "y")

    def __init__(self, x, y):
        self.x = x
        self.y = y
```

위와 같은 Point 클래스가 있을 경우 새로운 객체를 만드는 7가지 방법은 아래와 같다.

```python
def make_object(Class, *args, **kwargs):
    return Class(*args, **kwargs)

point1 = Point(1, 2)
point2 = eval("{}({}, {})".format("Point", 2, 4)) # 위험함
point3 = getattr(sys.modules[__name__], "Point")(3, 6)
point4 = globals()["Point"](4, 8)
point5 = make_object(Point, 5, 10)
point6 = copy.deepcopy(point5)
point6.x = 6
point6.y = 12
point7 = point1.__class__(7, 14) # point1부터 point6까지 어떤 것이든 사용 가능
```

point1은 관례적으로(그리고 정적으로) Point 클래스 객체를 생성자로 활용[6]해 생성했다. 다른 객체는 모두 동적으로 생성했는데, point2, point3, point4는 클래스 이름을 매개변수로 전달했다.

---

[6] 엄밀하게 말하자면 __init__() 메서드는 초기화 함수이고 __new__() 메서드가 생성자다. 하지만 대부분의 경우 __init__()를 사용하고 __new__()를 사용하는 경우는 드물다. 따라서 이 책에서는 이 둘을 모두 "생성자"라 부르겠다.

point3(그리고 point4)을 생성하는 코드에서 분명히 알 수 있듯이 point2처럼 위험한 eval()을 사용해 인스턴스를 만들 필요가 없다. point4를 생성하는 방법은 point3과 같지만 파이썬 내장 함수인 globals()를 통해 더 깔끔한 문법으로 처리한다. point5는 클래스 객체와 필요한 인자를 받는 제네릭 함수인 make_object()를 활용해 생성했다. point6는 고전적인 프로토타입 접근법을 통해 생성했다. 먼저 기존 객체를 복제하고, 복제된 객체를 초기화하거나 애트리뷰트를 재설정한다. point7은 point1의 클래스 객체에 새 인자를 적용해 생성했다.

point6에서 볼 수 있듯이 파이썬은 copy.deepcopy() 함수를 활용한 프로토타입 패턴을 지원한다. 그러나 point7을 살펴보면 파이썬에는 프로토타입 패턴보다 더 나은 대안이 있음을 알 수 있다. 파이썬에서는 어떤 객체의 클래스 객체에 접근할 수 있기 때문에 기존 객체를 복제한 다음 복제본을 수정하는 대신 클래스 객체를 통해 객체 복제보다 더 효율적으로 새로운 객체를 만들 수 있다.

1.5 싱글턴 패턴

싱글턴(Singleton) 패턴은 프로그램 전체에서 어떤 클래스의 인스턴스가 오직 하나만 필요할 때 활용한다.

일부 객체 지향 언어에서는 싱글턴을 생성할 때 놀라울 정도의 트릭이 필요하지만 파이썬에서는 그렇지 않다. "파이썬 쿡북(Python Cookbook)"[7]을 살펴보면 어떤 클래스든 상속해서 싱글턴으로 만들 수 있는, 활용하기 간편한 Singleton 클래스를 볼 수 있다. 그리고 약간 다른 방법으로 동일한 결과를 얻을 수 있는 Borg 클래스도 있다.

그러나 파이썬에서 가장 쉽게 싱글턴을 만드는 방법은 비공개 변수에 저장되어 공개된 함수를 통해서만 접근할 수 있는 전역 상태를 지닌 모듈을 생성하는 것이다. 그 예로 289쪽에 있는 §7.2.1의 currency 예제를 살펴보자. 우리는 환율에 대한 딕셔너리(키로는 통화이름, 값으로는 환율)를 반환하는 함수가 필요하다. 이 함수를 여러 번 호출할 수도 있겠지만 대부분의 경우 이 값을 단 한번만(호출할 때마다가 아니고) 가져오고자 한다. 싱글턴 패턴을 활용하면 그렇게 할 수 있다.

---

[7] http://code.activestate.com/recipes/langs/python/

```
_URL = "http://www.bankofcanada.ca/stats/assets/csv/fx-seven-day.csv"
def get(refresh=False):
    if refresh:
        get.rates = {}
    if get.rates:
        return get.rates
    with urllib.request.urlopen(_URL) as file:
        for line in file:
            line = line.rstrip().decode("utf-8")
            if not line or line.startswith(("#", "Date")):
                continue
            name, currency, *rest = re.split(r"\s*,\s*", line)
            key = "{} ({})".format(name, currency)
            try:
                get.rates[key] = float(rest[-1])
            except ValueError as err:
                print("error {}: {}".format(err, line))
    return get.rates
get.rates = {}
```

위 코드는 currency/Rates.py 모듈의 일부다(import 구문은 생략했다). rates 딕셔너리를 Rates.get() 함수의 애트리뷰트로 생성했는데, 이것은 비공개 애트리뷰트에 해당한다. 공개 함수인 get()은 처음 호출되면(또는 refresh=True로 호출되면) 환율을 다운로드한다. 그렇지 않은 경우, 가장 최근에 다운로드한 환율 딕셔너리를 반환한다. 클래스를 만들 필요가 없이 싱글턴 데이터 값(즉 rates)을 갖게 된 셈이다. 필요하면 다른 싱글턴 값도 쉽게 추가할 수 있다.

모든 생성 디자인 패턴은 파이썬으로 간단히 구현할 수 있다. 싱글턴 패턴은 모듈을 활용해 직접적으로 구현할 수 있고, 프로토타입 패턴은 클래스 객체에 대한 동적 접근을 제공하는 파이썬에서는 필요하지 않다(물론 copy 모듈을 활용해 구현할 수는 있다). 파이썬에 가장 유용한 디자인 패턴은 팩터리와 빌더 패턴이며, 이를 구현하는 데는 여러 가지 방법이 있다. 일단 기본이 되는 객체를 생성한 다음, 다른 객체를 조합하거나 변경해 더 복합적인 객체를 생성해야 할 때가 많은데, 다음 장에서 이를 어떻게 할 수 있는지 살펴보겠다.

2장

파이썬 구조 디자인 패턴

구조 디자인 패턴은 주로 어떻게 기존 객체를 조합해 새로운 더 큰 객체를 만드는가에 대한 패턴이다. 구조 디자인 패턴의 세 가지 주요 주제는 인터페이스 맞추기, 기능 추가, 객체 컬렉션 처리다.

2.1 어댑터 패턴

어댑터 패턴은 인터페이스를 맞춰서 한 객체가 호환되지 않은 인터페이스를 가진 다른 객체를 활용할 수 있게 하되, 어떤 클래스도 변경하지 않는 기법이다. 이를테면, 원래 의도한 상황이 아닌 곳에서 변경 불가능한 클래스를 활용하고 싶을 때 유용하다.

제목, 본문, 그리기용 인스턴스를 가지고 페이지를 그려주는 간단한 Page 클래스가 있다고 해보자 (이 절의 모든 예제 코드는 render1.py에서 확인할 수 있다).

```
class Page:

    def __init__(self, title, renderer):
        if not isinstance(renderer, Renderer):
            raise TypeError("Expected object of type Renderer, got {}".
                    format(type(renderer).__name__))
        self.title = title
```

```python
        self.renderer = renderer
        self.paragraphs = []

    def add_paragraph(self, paragraph):
        self.paragraphs.append(paragraph)

    def render(self):
        self.renderer.header(self.title)
        for paragraph in self.paragraphs:
            self.renderer.paragraph(paragraph)
        self.renderer.footer()
```

Page 클래스는 그리기용 클래스가 페이지 그리기 인터페이스로 header(str), paragraph(str), footer() 세 메서드를 제공하는 한, 실제 클래스가 무엇인지는 알지도 못하고, 신경 쓰지도 않는다.

이때 전달된 그리기 객체가 Renderer 인스턴스임을 보장하고 싶다. 간단하지만 문제가 있는 해결책은 assert isinstance(renderer, Renderer)라고 하는 것이다. 이 방법에는 두 가지 약점이 있다. 첫째, 더 명확한 TypeError 대신 AssertionError가 발생한다. 둘째, 프로그램을 -O(optimize, 최적화) 옵션을 주고 실행하면 assert 구문이 무시되기 때문에 render() 메서드에서 AttributeError 오류가 발생한다. 위 코드의 if not isinstance(…) 구문은 올바른 TypeError를 발생시키고, -O 옵션과도 상관없이 동작한다.

이 방법의 분명한 문제점 하나는 모든 그리기 객체를 Renderer의 하위 클래스로 만들어야만 할 것 같다는 점이다. C++라면 분명히 그렇다. 파이썬에서도 마찬가지로 그와 같은 기반 클래스를 둘 수 있다. 그러나 파이썬의 abc(Abstract Base Class, 추상 기반 클래스) 모듈이 대안이 될 수 있다. abc는 추상 기반 클래스가 제공하는 인터페이스 점검 기능에 덕 타이핑(duck typing)[1]의 유연함을 결합했다. 이는 특정한 인터페이스를 만족한다는 것(즉, 특정 API를 제공)이 보장되지만 특정 기반 클래스의 하위 클래스일 필요는 없는 객체를 생성할 수 있다는 의미이다.

---

1 (옮긴이) 객체 지향 언어의 동적 타이핑의 한 종류로서, 클래스 상속이나 인터페이스로 자료형을 구분하는 대신 객체의 변수 및 메서드의 집합이 객체의 타입을 결정하는 것을 말한다. 즉, 어떤 자료형에 걸맞는 변수와 메서드를 지니고 있다면 객체를 해당 타입이라 간주하는 것이다. 이 용어는 다음과 같은 오리 검사(Duck Test)에서 유래했다.
"어떤 새가 오리처럼 걷고, 헤엄치고, 꽥꽥거린다면 나는 그 새를 오리라고 부를 것이다."
자세한 내용은 위키백과의 http://ko.wikipedia.org/wiki/덕_타이핑을 참고한다.

```
class Renderer(metaclass=abc.ABCMeta):

    @classmethod
    def __subclasshook__(Class, Subclass):
        if Class is Renderer:
            attributes = collections.ChainMap(*(Superclass.__dict__
                for Superclass in Subclass.__mro__))
            methods = ("header", "paragraph", "footer")
            if all(method in attributes for method in methods):
                return True
        return NotImplemented
```

여기서는 Renderer 클래스의 __subclasshook__() 특수 메서드를 재구현했다. 이 메서드는 내장 함수인 isinstance()가 활용하며, 첫 번째 인자로 전달된 객체가 두 번째 인자로 전달된 클래스(또는 클래스 튜플 가운데 어느 하나)의 상위 클래스인지 판단한다.

이 코드는 다소 교묘하며, collections.ChainMap() 클래스를 활용하기 때문에 파이썬 3.3용 코드에 해당한다[2]. 다음에 이 코드에 대해 설명하겠지만 모든 골치 아픈 일은 이 책의 예제에 포함된 @Qtrac.has_methods 클래스 데코레이터가 담당하고, 굳이 여기서 깊이 있게 이해할 필요는 없다(has_methods는 §2.2에서 다룬다).

__subclasshook__() 특수 메서드는 호출 대상 클래스(Class)가 Renderer인지 검사하면서 시작하고, 만약 그렇지 않다면 NotImplemented를 반환한다. 이는 Renderer의 하위 클래스가 __subclasshook__ 행위를 상속하지 않는다는 의미다. 이렇게 하는 이유는 추상 기반 클래스를 상속하는 목적은 행위를 상속하는 데 있지 않고, 조건을 덧붙여 인터페이스를 더 세분화하는 데 있기 때문이다. 원한다면 하위 클래스에서 정의한 __subclasshook__() 안에서 Renderer.__subclasshook__()을 명시적으로 호출해서 Renderer의 행위를 상속할 수 있다[3].

이 함수가 True나 False를 반환하면 추상 기반 클래스 쪽에서 코드 실행이 멈추고 bool 값을 반환한다. 만약 NotImplemented를 반환하면 일반적인 상속 기능(하위 클래스, 명시적으로 등록된 클래스의 하위 클래스, 하위 클래스의 하위 클래스 등)이 동작한다.

---

2 render1.py 예제 및 render2.py에서 활용하는 Qtrac.py 모듈에는 파이썬 3.3에서만 동작하는 코드를 비롯해 파이썬 3.x 버전에서 호환되는 코드가 포함돼 있다.

3 (옮긴이) 어떤 추상 기반 클래스를 상속한 클래스를 만든다는 것은 원래의 클래스에 또 다른 함수를 추가해서 더 상세한(즉, 제약이 더 심해진) 인터페이스를 만들겠다는 뜻이다. 예를 들어 eat()이라는 메서드만 있으면 되는 Animal이라는 추상 기반 클래스가 있다고 하자. 누군가 이를 상속받아 fly()도 지원하는 FlyingAnimal이라는 추상 기반 클래스를 만든다면, eat()과 fly()를 모두 지원하는 객체만 FlyingAnimal의 인스턴스로 인정할 수 있다. 만약 FlyingAnimal이 Animal의 __subclasshook__을 이어받으면, fly()를 지원하지 않는 객체도 FlyingAnimal의 인스턴스가 될 수 있다.

if문의 조건이 만족되면 Subclass가 상속한 모든 클래스(자기 자신도 포함됨)를 __mro__() 특수 메서드[4]를 통해 순회해 각 클래스의 비공개 딕셔너리(__dict__)에 접근한다. 이 for 문을 시퀀스 풀기(* 연산자)를 활용해 즉시 풀어서 딕셔너리로 이뤄진 튜플을 collections.ChainMap() 함수에 전달한다. 이 함수는 임의 개수의 맵(dict이나 그와 비슷한)을 인자로 받아 모든 맵을 합친 것 같은 단일 맵 뷰를 반환한다. 그런 다음 검사 대상 메서드의 이름으로 구성된 튜플을 생성한다. 마지막으로, 모든 메서드가 attributes 맵에 있는지 살펴본다. attributes 맵의 키는 Subclass 또는 모든 Superclass에 있는 모든 메서드나 애트리뷰트의 이름이다. 모든 메서드가 맵에 있다면 True를 반환한다.

참고로 이 함수에서는 하위 클래스(또는 기반 클래스 가운데 아무거나)에 필요한 메서드와 같은 이름의 애트리뷰트가 있는지만 검사한다. 그래서 메서드 대신 애트리뷰트가 매칭될 수도 있다. 메서드만 확실하게 매칭하고 싶다면 method in attributes에 and callable(method)를 추가해 검사할 수도 있다. 그러나 실제로 이렇게까지 할 필요가 없으며 큰 문제가 되지 않는다.

인터페이스 검사를 제공하기 위해 __subclasshook__()를 포함한 클래스를 생성하는 것은 매우 유용하다. 하지만 기반 클래스와 지원 메서드만 차이 나는데도 십여 줄의 코드를 작성해야 한다는 것은 피해야 할 코드 중복으로 볼 수 있다. 다음 절(§2.2)에서는 한두 줄의 특별한 코드를 사용해 인터페이스 검사 클래스를 생성할 수 있는 클래스 데코레이터를 만들겠다(예제에는 이 데코레이터를 활용하는 render2.py가 포함돼 있다).

```
class TextRenderer:

    def __init__(self, width=80, file=sys.stdout):
        self.width = width
        self.file = file
        self.previous = False

    def header(self, title):
        self.file.write("{0:^{2}}\n{1:^{2}}\n".format(title,
                "=" * len(title), self.width))
```

위 코드는 페이지 그리기 인터페이스를 지원하는 간단한 클래스의 시작 부분이다.

header() 메서드는 지정된 폭만큼 중앙에 제목을 출력하고, 다음 줄에는 제목 아래에 = 글자를 출력한다.

---

[4] (옮긴이) __mro__()의 mro는 메서드 해석 순서(Method Resolution Order)의 약자로, 어떤 객체의 메서드를 호출하면 이 순서에 따라 차례대로 메서드가 존재하는지를 검사한다.

```python
    def paragraph(self, text):
        if self.previous:
            self.file.write("\n")
        self.file.write(textwrap.fill(text, self.width))
        self.file.write("\n")
        self.previous = True

    def footer(self):
        pass
```

paragraph() 메서드는 파이썬 표준 라이브러리의 texwrap 모듈을 활용해 지정된 줄 폭에 맞춰 줄바꿈한 단락을 출력한다. 부울 값인 self.previous를 활용해 단락 사이를 한 줄 띈다. footer() 메서드는 아무것도 하지 않지만 인터페이스의 일부이므로 반드시 있어야 한다.

```python
class HtmlWriter:

    def __init__(self, file=sys.stdout):
        self.file = file

    def header(self):
        self.file.write("<!doctype html>\n<html>\n")

    def title(self, title):
        self.file.write("<head><title>{}</title></head>\n".format( escape(title)))

    def start_body(self):
        self.file.write("<body>\n")

    def body(self, text):
        self.file.write("<p>{}</p>\n".format(escape(text)))

    def end_body(self):
        self.file.write("</body>\n")

    def footer(self):
        self.file.write("</html>\n")
```

HtmlWriter 클래스에서는 간단한 HTML 페이지를 출력한다. 아울러 html.escape()(파이썬 3.2나 이전 버전에서는 xml.sax.saxutil.escape()) 함수를 사용해 HTML 특수 문자를 별도로 처리했다.

이 클래스에 header()와 footer() 메서드가 있기는 하지만 페이지 그리기 인터페이스에 약속된 행동과는 다르게 동작한다. 따라서 TextRenderer와는 달리 Page 인스턴스에 페이지 출력을 위해 HtmlWriter를 직접 전달할 수는 없다.

해결책 중 하나는 HtmlWriter를 상속한 클래스에 페이지 그리기 인터페이스 메서드를 추가하는 것이다. 하지만 안타깝게도 이 방법은 다소 취약한 방법이다. 결과 클래스에 HtmlWriter의 메서드와 페이지 그리기 인터페이스의 메서드가 섞여 있기 때문이다. 더 나은 해결책은 어댑터를 만드는 것이다. 어댑터는 우리가 사용해야 하는 클래스를 내부에 가지고 있는 클래스로, 필요한 인터페이스를 제공하고 내부의 클래스와 외부 인터페이스 사이를 중계하는 데 필요한 작업을 처리한다. 어댑터 클래스가 어떻게 들어맞는지를 그림 2.1에서 살펴볼 수 있다.

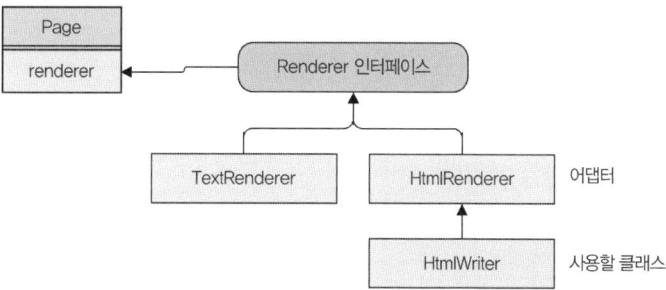

그림 2.1 맥락에 따른 페이지 그리기 어댑터

```
class HtmlRenderer:

    def __init__(self, htmlWriter):
        self.htmlWriter = htmlWriter

    def header(self, title):
        self.htmlWriter.header()
        self.htmlWriter.title(title)
        self.htmlWriter.start_body()

    def paragraph(self, text):
        self.htmlWriter.body(text)

    def footer(self):
        self.htmlWriter.end_body()
        self.htmlWriter.footer()
```

어댑터 클래스의 코드다. 이 클래스의 객체를 생성할 때 HtmlWriter 타입의 htmlWriter를 얻고, 이에 대한 페이지 그리기 인터페이스 메서드를 제공한다. 실제 작업은 합성된 HtmlWriter 객체에 위임하기 때문에 HtmlRender 클래스는 기존 HtmlWriter 클래스에 새로운 인터페이스를 제공하는 래퍼(wrapper)에 불과하다.

```
textPage = Page(title, TextRenderer(22))
textPage.add_paragraph(paragraph1)
textPage.add_paragraph(paragraph2)
textPage.render()

htmlPage = Page(title, HtmlRenderer(HtmlWriter(file)))
htmlPage.add_paragraph(paragraph1)
htmlPage.add_paragraph(paragraph2)
htmlPage.render()
```

위 코드에서는 Page 클래스 인스턴스를 각 그리기 객체를 가지고 생성하는 법을 볼 수 있다. TextRenderer에는 줄당 22자의 폭을 주었다. HtmlRenderer가 사용하는 HtmlWriter에는 결과를 출력할 인자로 기본 sys.stdout을 재정의한 이미 열린 파일 객체(이 객체를 생성하는 과정은 별도로 싣지 않았다)를 전달했다.

2.2 브리지 패턴

브리지(Bridge) 패턴은 추상화(인터페이스 또는 알고리즘)와 구체적인 구현을 별도로 구분해야 하는 상황에서 활용된다.

브리지 패턴을 활용하지 않은 접근법으로는 하나 이상의 추상 기반 클래스를 만들고, 각 기반 클래스마다 둘 이상의 구체적인 구현 클래스를 제공하는 방법이 있다. 그러나 브리지 패턴을 활용하는 경우에는 두 개의 독립적인 클래스 계층을 둔다. 그 두 계층은 기능(인터페이스와 고수준 알고리즘)을 정의하는 "추상" 클래스 계층과, 추상적 기능이 결국 실행할 구현 코드를 제공하는 "구상" 클래스 계층이다. "추상" 클래스는 구상 클래스의 인스턴스 가운데 하나와 합성되고, 이 인스턴스는 추상적 인터페이스와 구체적 기능 사이의 '다리' 역할을 한다.

앞 절에서 살펴본 어댑터 패턴에서 HtmlRenderer 클래스는 브리지 패턴을 활용했다고도 할 수 있다. 그리기 기능을 제공하기 위해 HtmlWriter를 합성했기 때문이다.

이번 절의 예제로는 특정 알고리즘을 활용해 막대 그래프를 그리는 클래스를 생성하되, 실제 그래프를 그리는 기능은 다른 클래스가 담당하게 한다고 하자. 다음은 이러한 기능을 제공하며 브리지 패턴을 활용하는 프로그램인 barchart1.py다.

```
class BarCharter:

    def __init__(self, renderer):
        if not isinstance(renderer, BarRenderer):
            raise TypeError("Expected object of type BarRenderer, got {}".
                    format(type(renderer).__name__))
        self.__renderer = renderer

    def render(self, caption, pairs):
        maximum = max(value for _, value in pairs)
        self.__renderer.initialize(len(pairs), maximum)
        self.__renderer.draw_caption(caption)
        for name, value in pairs:
            self.__renderer.draw_bar(name, value)
        self.__renderer.finalize()
```

BarCharter 클래스에 막대 그래프를 그리는 알고리즘을 구현하되(render() 메서드에), 그리기 자체는 이를 위해 구현한 객체에 의존한다. 이 객체는 특별한 막대 그래프 그리기 인터페이스를 따라야 한다. 이 인터페이스에 필요한 메서드로는 initialize(int, int), draw_caption(str), draw_bar(str, int), finalize()가 있다.

이전 절과 마찬가지로 isinstance() 테스트를 활용해 전달된 renderer 객체가 우리가 필요로 하는 인터페이스를 지원하는지 확인하는 동시에 그리기 클래스가 어떤 특별한 기반 클래스를 상속하지는 않아도 되게 할 것이다. 그러나 이번 인터페이스 검사 클래스는 앞에서처럼 10줄 정도의 클래스를 생성하는 대신 단 두 줄의 코드로 생성했다.

```
@Qtrac.has_methods("initialize", "draw_caption", "draw_bar", "finalize")
class BarRenderer(metaclass=abc.ABCMeta): pass
```

이 코드는 abc 모듈과 함께 동작하는 데 필요한 메타클래스를 가진 BarRenderer 클래스를 생성한다. 이 클래스는 Qtrac.has_methods() 함수에 전달되고, 이 함수는 클래스 데코레이터를 반환한다. 데코레이터는 __subclasshook__() 클래스 메서드를 클래스에 추가한다. 그리고 이 새로운 메서드는 BarRenderer가 isinstance() 호출의 인자로 전달될 때마다 지정된 메서드가 있는지 검사한다(클래스 데코레이터에 익숙하지 않은 독자는 §2.4, 그 중에서도 §2.4.2를 미리 읽어보는 편이 도움될 것이다).

```python
def has_methods(*methods):
    def decorator(Base):
        def __subclasshook__(Class, Subclass):
            if Class is Base:
                attributes = collections.ChainMap(*(Superclass.__dict__
                        for Superclass in Subclass.__mro__))
                if all(method in attributes for method in methods):
                    return True
            return NotImplemented
        Base.__subclasshook__ = classmethod(__subclasshook__)
        return Base
    return decorator
```

Qtrac.py 모듈의 has_methods() 함수는 필요한 메서드를 포착해 클래스 데코레이터 함수를 생성한 다음 이 함수를 반환한다. 데코레이터 자체는 __subclasshook__() 함수를 생성한 다음, 이를 내장 함수인 classmethod()를 통해 기반 클래스에 클래스 메서드로 추가한다. __subclasshook__() 함수는 본질적으로 앞 절(§2.1)에서 논의한 바와 같다. 다만, 이번에는 기반 클래스를 하드코딩하는 대신 데코레이션 대상 클래스(Base)를 사용하고, 하드코딩한 메서드 이름 집합 대신 데코레이터에 전달된 메서드 이름들(methods)을 사용한다.

제네릭 추상 기반 클래스를 상속하는 식으로 동일한 메서드 검사 기능을 수행하는 것도 가능하다. 다음 예제를 보자.

```python
class BarRenderer(Qtrac.Requirer):
    required_methods = {"initialize", "draw_caption", "draw_bar",
            "finalize"}
```

이 코드는 barchart3.py의 일부다. 위에 싣지는 않았지만 Qtrac.py에 있는 Qtrac.Requirer 클래스는 @has_methods 클래스 데코레이터를 통해 동일한 검사 기능을 수행하는 추상 기반 클래스다.

```
def main():
    pairs = (("Mon", 16), ("Tue", 17), ("Wed", 19), ("Thu", 22),
            ("Fri", 24), ("Sat", 21), ("Sun", 19))
    textBarCharter = BarCharter(TextBarRenderer())
    textBarCharter.render("Forecast 6/8", pairs)
    imageBarCharter = BarCharter(ImageBarRenderer())
    imageBarCharter.render("Forecast 6/8", pairs)
```

이 main() 함수에서는 출력할 데이터를 설정한 다음 각각 다른 구현 방법을 활용하는 두 종류의 막대 그래프 그리기 객체를 생성한 이후 이를 활용해 막대 그래프를 그린다. 출력 결과는 그림 2.2에서 확인할 수 있으며, 인터페이스 및 클래스 간의 관계는 그림 2.3에서 볼 수 있다.

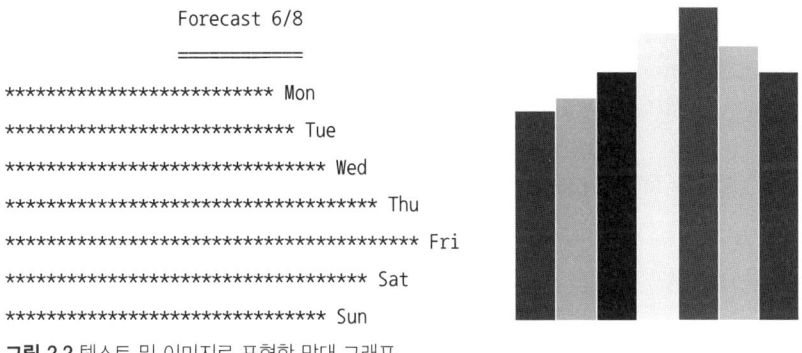

그림 2.2 텍스트 및 이미지로 표현한 막대 그래프

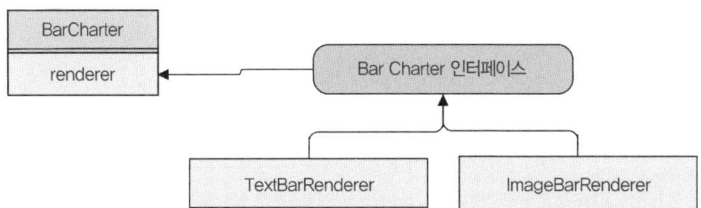

그림 2.3 막대 그래프 그리기 인터페이스 및 클래스

```python
class TextBarRenderer:

    def __init__(self, scaleFactor=40):
        self.scaleFactor = scaleFactor

    def initialize(self, bars, maximum):
        assert bars > 0 and maximum > 0
        self.scale = self.scaleFactor / maximum

    def draw_caption(self, caption):
        print("{0:^{2}}\n{1:^{2}}".format(caption, "=" * len(caption), self.scaleFactor))
    def draw_bar(self, name, value):
        print("{} {}".format("*" * int(value * self.scale), name))

    def finalize(self):
        pass
```

이 클래스에서는 텍스트로 sys.stdout에 출력하는 막대 그래프 그리기 인터페이스를 구현한다. 당연히 출력 파일명을 사용자가 지정할 수 있게 하거나, 유닉스 계열 시스템에서는 유니코드의 박스 그리기 문자나 색을 활용해 더 보기 좋게 만드는 것도 어렵지 않을 것이다.

참고로 TextBarRenderer의 finalize() 메서드에서는 아무것도 하지 않는다. 하지만 막대 그래프 그리기 인터페이스를 만족하려면 반드시 있어야 한다.

"건전지 포함" 정책[5]에 따라 파이썬의 표준 라이브러리의 범위는 매우 넓지만 놀랍게도 중요한 것 하나가 빠져 있다. 즉, 표준 비트맵/벡터 이미지 입출력 패키지가 없다. 이를 해결하는 방법 중 하나는 외부 라이브러리를 활용하는 것이다. Pillow[6]처럼 여러 포맷을 지원하는 라이브러리나 특정 이미지 형식을 지원하는 라이브러리, 또는 GUI 툴킷 라이브러리도 고려해 볼 수 있다. 아니면 직접 이미지 처리 라이브러리를 만들 수도 있다. 이 주제에 대해서는 나중에 살펴보겠다(§3.12를 참조하라). GIF 이미지만으로도 충분하다면(Tk/Tcl 8.6을 활용할 수 있는 시스템의 파이썬에서는 PNG도 지원한다), Tkinter를 활용할 수도 있다.[7]

---

5 (옮긴이) "건전지 포함"(Batteries Included) 정책은 파이썬 언어의 모토 가운데 하나다. 많은 장난감이 '건전지 불포함'(Batteries not Included)여서 바로 가지고 놀 수 없는 것과 반대로, 파이썬은 배포판을 설치하기만 하면 바로 활용할 수 있는 풍부한 라이브러리와 통합 개발 환경을 함께 제공한다는 것이다. 한글 위키 백과의 '파이썬' 항목에서 '라이브러리' 섹션을 참고하라.
6 http://github.com/python-imaging/Pillow
7 Tkinter에서의 이미지 처리는 메인(즉 GUI) 스레드에서 수행해야만 한다는 점에 유의한다. 병렬 이미지 처리를 하려면 다른 방법을 살펴봐야 하는데, 이에 대해서는 나중에 살펴보겠다(§4.1 참고).

barchart1.py에서 ImageBarRenderer 클래스는 cyImage 모듈을 활용한다(없는 경우 Image 모듈로 대체한다). 차이가 그다지 문제되지 않는다면 이를 Image 모듈로 참조할 것이다. 이 모듈들은 책의 예제 파일에 포함돼 있고, 다음 장에서 더 자세히 살펴보겠다(§3.12에서는 Image를, §5.2.2에서는 cyImage를 다룬다). 완벽을 기하기 위해 cyImage나 Image 대신 Tkinter 모듈을 쓰는 barchart2.py도 제공한다(단, 이 책에서는 이에 대해 다루지 않는다).

ImageBarRenderer는 TextBarRender보다 코드가 복잡하기 때문에 정적 데이터와 각 메서드를 차례대로 하나씩 살펴보자.

```
class ImageBarRenderer:
    COLORS = [Image.color_for_name(name) for name in ("red", "green",
              "blue", "yellow", "magenta", "cyan")]
```

Image 모듈은 픽셀 하나를 알파(투명도), 빨강, 초록, 파랑의 네 가지 색상 요소로 인코딩한 부호 없는 32비트 정수로 표현한다. 이 모듈은 색 이름을 받아 그에 해당하는 부호 없는 정수값을 반환하는 Image.color_for_name() 메서드를 제공한다. 이때 색 이름으로는 X11의 rgb.txt에 있는 이름(예: "sienna")이나 HTML 스타일 이름(예:"#A0522D") 중 하나를 쓸 수 있다.

위 코드에서는 막대 그래프의 막대에 쓰일 색 리스트를 만들었다.

```
def __init__(self, stepHeight=10, barWidth=30, barGap=2):
    self.stepHeight = stepHeight
    self.barWidth = barWidth
    self.barGap = barGap
```

이 메서드를 통해 사용자가 원하는 대로 몇 가지 값을 설정할 수 있으며, 이에 따라 막대 그래프의 모양이 바뀐다.

```
def initialize(self, bars, maximum):
    assert bars > 0 and maximum > 0
    self.index = 0
```

```
        color = Image.color_for_name("white")
        self.image = Image.Image(bars * (self.barWidth + self.barGap),
                maximum * self.stepHeight, background=color)
```

이 메서드(그리고 다음에 설명할 메서드들)는 막대 그래프 그리기 인터페이스의 일부이므로 반드시 있어야 한다. 여기서는 크기가 막대 개수, 폭과 최대 높이에 비례하고, 기본 색은 흰색인 새 이미지를 생성한다.

self.index 변수는 0부터 시작해 몇 번째 막대를 그려야 할지 파악하는 데 활용한다.

```
    def draw_caption(self, caption):
        self.filename = os.path.join(tempfile.gettempdir(),
                re.sub(r"\W+", "_", caption) + ".xpm")
```

Image 모듈은 텍스트 그리기를 지원하지 않으므로 caption 값은 이미지 파일명으로 사용한다.

Image 모듈에서는 기본적으로 두 가지 이미지 형식을 지원한다. XBM(.xbm) 형식은 단색 이미지에 사용되고, XPM(.xmp) 형식은 컬러 이미지에 사용된다(PyPNG[8] 모듈을 설치했다면 Image 모듈이 PNG(.png) 형식도 지원할 것이다). 여기서는 컬러 이미지를 출력하기 위해 XPM 형식을 선택했는데, 예제의 막대 그래프는 색상이 있고 XMP은 Image 모듈에서 항상 지원되기 때문이다.

```
    def draw_bar(self, name, value):
        color = ImageBarRenderer.COLORS[self.index %
                len(ImageBarRenderer.COLORS)]
        width, height = self.image.size
        x0 = self.index * (self.barWidth + self.barGap)
        x1 = x0 + self.barWidth
        y0 = height - (value * self.stepHeight)
        y1 = height - 1
        self.image.rectangle(x0, y0, x1, y1, fill=color)
        self.index += 1
```

---

[8] https://pypi.python.org/pypi/pypng

이 메서드는 사용할 색을 COLORS에서 선택한다(이때 COLORS의 길이보다 막대 개수가 더 많다면 한 바퀴 돌아 처음부터 색을 가져온다). 다음으로 현재 (self.index) 막대의 좌표(왼쪽 상단과 오른쪽 하단)를 계산하고 self.image 인스턴스(Image.Image 타입의)에게 지정된 좌표에 사각형을 color의 색으로 채워서 그리도록 요청한다. 그다음 인덱스를 하나 증가시켜 다음 막대를 그리게 한다.

```
def finalize(self):
    self.image.save(self.filename)
    print("wrote", self.filename)
```

여기서는 간단히 이미지를 저장하고 그 사실을 사용자에게 콘솔 메시지로 알려줬다.

분명 TextBarRenderer와 ImageBarRenderer의 구현 방법은 서로 극단적으로 다르다. 그렇지만 두 클래스 모두 브리지를 사용해 BarCharter 클래스에 실제 막대 그래프 그리기 기능을 제공할 수 있다.

2.3 컴포지트 패턴

컴포지트(Composite) 패턴은 계층구조에서 어떤 객체가 다른 객체를 포함하는지(계층구조의 일부로) 여부와 상관없이 구조 내 모든 객체의 동일한 처리 방법을 제공하기 위해 고안된 패턴이다. 이러한 객체를 '조합체(composite object)'라고 부르기도 한다. 고전적인 접근법에서는 조합체 내의 각 객체 및 객체 컬렉션이 모두 동일한 기반 클래스를 가진다. 조합 및 비조합 객체는 모두 같은 핵심 메서드를 공유한다. 하지만 조합 객체는 자식 객체를 추가, 제거, 순회하기 위한 메서드를 추가로 포함한다.

이 패턴은 잉크스케이프(Inkscape) 같은 그래픽 프로그램에서 객체의 그룹을 설정하거나 해제하는 기능을 지원하는 데 흔히 사용된다. 이러한 경우 이 패턴은 매우 유용하다. 왜냐하면 그룹을 설정하거나 해제하기 위해 사용자가 구성 요소를 선택할 때 선택 요소 중 일부는 단일 항목(예: 사각형)이지만 나머지는 조합된 것(예: 여러 다른 도형을 조합한 얼굴 이미지)일 수도 있기 때문이다.

실례를 살펴보기 위해 비조합 항목과 일부 조합 항목을 생성하고, 이 모두를 출력하는 main() 함수를 살펴보자. 다음은 stationary1.py에 있는 코드이며, 실행 결과는 바로 다음 박스와 같다.

```
def main():
    pencil = SimpleItem("Pencil", 0.40)
    ruler = SimpleItem("Ruler", 1.60)
    eraser = SimpleItem("Eraser", 0.20)
    pencilSet = CompositeItem("Pencil Set", pencil, ruler, eraser)
    box = SimpleItem("Box", 1.00)
    boxedPencilSet = CompositeItem("Boxed Pencil Set", box, pencilSet)
    boxedPencilSet.add(pencil)
    for item in (pencil, ruler, eraser, pencilSet, boxedPencilSet):
        item.print()
```

```
$0.40 Pencil
$1.60 Ruler
$0.20 Eraser
$2.20 Pencil Set
     $0.40 Pencil
     $1.60 Ruler
     $0.20 Eraser
$3.60 Boxed Pencil Set
     $1.00 Box
     $2.20 Pencil Set
          $0.40 Pencil
          $1.60 Ruler
          $0.20 Eraser
     $0.40 Pencil
```

각 SimpleItem에는 이름과 가격이 있다. 각 CompositeItem은 이름과 임의 개수의 SimpleItem이나 CompositeItem을 포함하고 있다. 따라서 조합 항목은 무제한으로 중첩될 수 있다. 조합 항목의 가격은 포함된 항목 가격의 총합이다.

이 예제에서 연필 세트는 연필, 자, 지우개로 구성된다. 포장된 연필 세트는 먼저 포장 상자를 만들고 그 안에 연필 세트를 넣은 다음, 추가로 연필 하나를 더 넣는다. 포장된 연필 세트의 구조는 그림 2.4에서 확인할 수 있다.

여기서는 컴포지트 패턴을 구현하는 두 가지 방법을 살펴보겠다. 하나는 전통적인 접근법이고, 다른 하나는 조합 및 비조합 객체를 모두 표현하는 단일 클래스를 활용하는 방법이다.

2.3.1 전통적인 조합/비조합 계층구조

전통적인 접근법은 모든 종류의 항목에 조합 여부에 상관없이 공통의 추상 기반 클래스를 제공하고, 조합체에 대해서는 추가적인 추상 기반 클래스를 제공하는 것이다. 클래스 구조는 그림 2.5와 같다. 기반 클래스인 AbstractItem부터 살펴보자.

```
class AbstractItem(metaclass=abc.ABCMeta):
    @abc.abstractproperty
    def composite(self):
        pass

    def __iter__(self):
        return iter([])
```

이 클래스에서 파생될 하위 클래스가 자신이 복합 객체인지 여부를 알려주게 하고 싶다. 또한 모든 하위 클래스가 순회 가능하게 만들 것이다. 이때 기본 동작은 빈 시퀀스에 대한 반복자를 돌려주는 것이다.

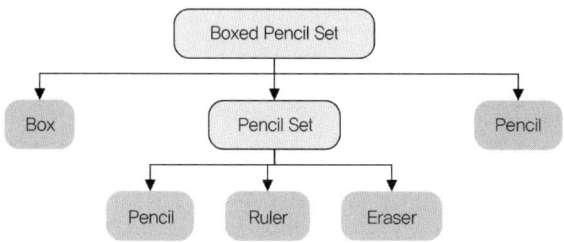

그림 2.4 조합 및 비조합 객체의 계층구조

AbstractItem 클래스에는 추상 메서드나 프로퍼티가 적어도 하나는 포함돼 있기 때문에 AbstractItem 클래스의 객체는 생성할 수 없다(아울러 파이썬 3.3부터는 @abstractproperty def method(...): ... 대신 @property @abstractmethod def method(...): ...라고 해도 된다).

```
class SimpleItem(AbstractItem):

    def __init__(self, name, price=0.00):
        self.name = name
        self.price = price

    @property
    def composite(self):
        return False
```

위 코드는 비조합 항목에 대한 SimpleItem 클래스다. 이 예제에서 SimpleItem에는 name과 price 애트리뷰트가 있다.

SimpleItem은 AbstractItem을 상속하므로 모든 추상 애트리뷰트나 메서드를 재구현해야 한다. 이 예제에서는 composite 애트리뷰트만 구현하면 된다. AbstractItem의 __iter__() 메서드는 추상 메서드가 아니므로 여기서 재구현할 필요가 없고 기반 클래스의 메서드를 그대로 가져와 빈 시퀀스에 대한 이터레이터를 반환하면 된다. SimpleItem은 비조합 객체이지만 SimpleItem이나 CompositeItem 모두 같은 방식으로 다룰 수 있으므로(적어도 순회할 때는) 이러한 방법이 적절하다. 예를 들면, 이러한 객체를 섞어서 itertools.chain() 함수에 전달할 수 있다.

```
    def print(self, indent="", file=sys.stdout):
        print("{}${:.2f} {}".format(indent, self.price, self.name), file=file)
```

조합 및 비조합 객체 항목을 출력하는 print() 메서드이며, 포함된 항목을 계층구조 내에서의 단계에 따라 들여쓰기한다.

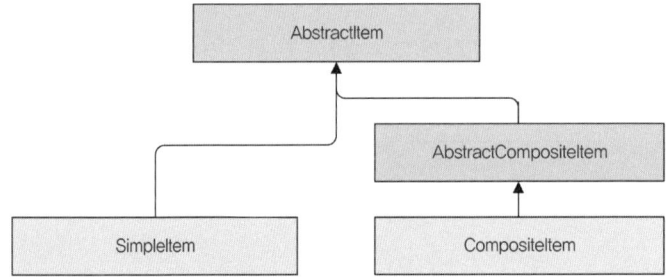

그림 2.5 조합 및 비조합 클래스의 계층구조

```python
class AbstractCompositeItem(AbstractItem):
    def __init__(self, *items):
        self.children = []
        if items:
            self.add(*items)
```

이 클래스는 CompositeItem의 기반 클래스 역할을 하며, 조합 객체에 대한 추가, 제거, 순회 기능을 제공한다. AbstractCompositeItem의 인스턴스를 직접 만들 수는 없다. 왜냐하면 추상 애트리뷰트인 composite를 상속했지만 이를 구현하지는 않았기 때문이다.

```python
    def add(self, first, *items):
        self.children.append(first)
        if items:
            self.children.extend(items)
```

이 메서드는 하나 이상의 항목(SimpleItem과 CompositeItem 모두 가능)을 받아 이것들을 조합 객체의 자식 목록에 추가한다. first 인자를 생략하고 *items만 사용할 수는 없다. 이렇게 만들 경우 빈 리스트를 추가할 수 있게 되어, 여기서는 큰 위험이 없지만 사용자 코드에 논리 오류가 남을 여지가 있기 때문이다(*items와 같은 풀기 방법에 대해 더 자세히 살펴보려면 §1.2의 "시퀀스와 맵 풀기"를 참고). 한 가지 더 말하자면 순환 참조를 막기 위한, 즉 조합 항목에 자기 자신을 추가하는 등의 문제를 막기 위한 조치는 여기서 취하지 않았다.

나중에(§2.3.2) 이 메서드를 단 한 줄의 코드로 구현할 것이다.

```python
    def remove(self, item):
        self.children.remove(item)
```

항목을 제거할 때 한 번에 하나만 제거하는 간단한 접근법을 취했다. 물론 제거한 항목이 조합 항목이라면 해당 항목을 제거하는 것은 그 자식 또는 자손 항목을 모두 제거하는 셈이 된다.

```python
    def __iter__(self):
        return iter(self.children)
```

특수 메서드인 __iter__()를 재구현하면 조합 객체의 자식 항목을 for 루프, (리스트) 내장 구문, 제너레이터 등에서 순회할 수 있다. 대부분의 경우 메서드 본문을 for item in self.children: yield item 이라고 쓸 수도 있지만 self.children은 시퀀스(리스트)이기 때문에 그러한 경우에 대한 내장 함수 iter()를 활용할 수 있다.

```python
class CompositeItem(AbstractCompositeItem):

    def __init__(self, name, *items):
        super().__init__(*items)
        self.name = name

    @property
    def composite(self):
        return True
```

이 클래스는 실제 조합 항목을 나타낸 것이다. 자신의 name 애트리뷰트를 가지고 있지만 조합(자식 항목의 추가, 제거, 순회 등)과 관련된 모든 처리 코드는 기반 클래스에 있다. 기반 클래스의 추상 애트리뷰트인 composite를 구현했기 때문에 CompositeItem의 인스턴스를 생성할 수 있다. 이 밖에 다른 추상 애트리뷰트나 메서드는 없다.

```python
    @property
    def price(self):
        return sum(item.price for item in self)
```

이 읽기 전용 애트리뷰트는 약간 미묘하다. 여기서는 조합 항목의 가격을 모든 자식 항목 가격의 합계로 누적해서 계산하기 위해 내장 함수 sum()의 인자로 제너레이터 표현식을 전달했다. 이때 자식 항목에 조합 항목이 있다면 마찬가지로 그 아래 자식 가격의 합계를 재귀적으로 누적한다.

for item in self 표현식은 실제로는 iter(self)를 호출해서 self에 대한 이터레이터를 얻는다. 그 결과로 __iter__() 특수 메서드를 호출하며, 이 메서드는 self.children에 대한 이터레이터를 반환한다.

```python
    def print(self, indent="", file=sys.stdout):
        print("{}${:.2f} {}".format(indent, self.price, self.name), file=file)
```

```
    for child in self:
        child.print(indent + "    ")
```

여기서 다시 간편한 print() 메서드를 제공했다. 유감스럽게도 첫 문장은 SimpleItem.print() 메서드 본문을 복사했을 뿐이다.

이 예제의 SimpleItem과 CompositeItem은 모두 대부분의 사례에서 그대로 활용할 수 있다. 하지만 더 계층구조를 다듬을 필요가 있다면 이 클래스나 해당 추상 기반 클래스를 상속한 클래스를 활용할 수도 있다.

여기서 AbstractItem, SimpleItem, AbstractCompositeItem, CompositeItem 클래스는 모두 완벽하게 잘 동작한다. 그러나 필요 이상으로 코드가 길고, 비조합 클래스에는 없는 add()나 remove() 같은 메서드가 조합 클래스에 있기 때문에 단일 인터페이스를 사용하는 것도 아니다. 이러한 문제는 다음 절에서 해결하겠다.

2.3.2 (비)조합 객체를 위한 단일 클래스

앞 절에 있는 네 개의 클래스(추상 클래스 둘, 구상 클래스 둘)에는 해줘야 할 게 많다. 그리고 조합 클래스에서만 add()와 remove() 메서드를 제공하기 때문에 완벽한 공통 인터페이스도 제공하지 않는 셈이다. 약간의 추가 비용(비조합 항목마다 빈 리스트 애트리뷰트 하나, 조합 항목마다 float값 하나와 같은)을 감수할 수 있다면 조합 및 비조합 항목을 표현하는 단일 클래스를 활용할 수 있다. 이렇게 하면 인터페이스가 완벽히 동일해진다는 이점을 얻을 수 있는데, 조합 항목이 아닌 어떤 항목이든 add()와 remove() 메서드를 호출해 예상한 결과를 얻을 수 있기 때문이다.

이번 절에서는 다른 클래스를 필요로 하지 않는, 조합 및 비조합 항목 모두를 위한 새로운 Item 클래스를 만들겠다. 이번 절에서 인용할 코드는 stationery2.py에 있다.

```
class Item:
    def __init__(self, name, *items, price=0.00):
        self.name = name
        self.price = price
        self.children = []
        if items:
            self.add(*items)
```

__init__() 메서드의 인자가 다소 복잡해 보인다. 그러나 잠시 후 살펴보겠지만 항목을 생성하는 데 Item()을 직접 호출할 것이 아니기 때문에 괜찮다.

각 항목에는 이름이 필요하다. 각 항목은 가격이 붙어 있으며, 기본값(0.00)을 갖는다. 또 모든 항목은 0개 이상의 자식 항목(*items)을 가질 수 있으며, 이 값은 self.children에 저장된다. 이때 비조합 항목은 빈 리스트를 갖는다.

```
@classmethod
def create(Class, name, price):
    return Item(name, price=price)

@classmethod
def compose(Class, name, *items):
    return Item(name, *items)
```

클래스 객체를 호출해서 항목을 생성하는 대신 더 깔끔하게 인자를 취해 Item을 반환하는 두 종류의 팩터리 클래스 메서드를 제공했다. 그래서 이제 SimpleItem("Ruler", 1.60)이나 CompositeItem("Pencil Set", pencil, ruler, eraser)처럼 작성하는 대신 Item.create("Ruler", 1.60)나 Item.compose("Pencil Set", pencil, ruler, eraser)라고 작성할 수 있다. 물론 이제 모든 항목은 모두 같은 Item 타입이다. 당연히 사용자가 원한다면 Item()을 직접 활용할 수도 있다. 예를 들면, Item("Ruler", price=1.60)과 Item("Pencil Set", pencil, ruler, eraser)처럼 말이다.

```
def make_item(name, price):
    return Item(name, price=price)

def make_composite(name, *items):
    return Item(name, *items)
```

클래스 메서드 같은 역할을 하는 두 팩터리 함수를 제공한다. 이런 함수는 모듈을 활용할 때 편리하다. 예를 들어 Item 클래스가 Item.py 모듈에 있다면 Item.Item.create("Ruler", 1.60)을 Item.make_item("Ruler", 1.60)으로 고칠 수 있다.

```python
@property
def composite(self):
    return bool(self.children)
```

이 프로퍼티는 앞의 것과는 다른데, 어떤 항목이 조합 항목이거나 조합 항목이 아닐 수도 있기 때문이다. Item 클래스에서 조합 항목은 self.children 리스트가 비어 있지 않은 것이다.

```python
def add(self, first, *items):
    self.children.extend(itertools.chain((first,), items))
```

add() 메서드를 이전과는 약간 다르게 더 효율적인 방식으로 작성했다. itertools.chain() 함수는 임의 개수의 이터러블을 받아, 함수에 전달된 모든 이터러블을 연결한 것과 같은 역할을 하는 하나의 이터러블을 반환한다.

이 메서드는 조합 여부에 관계없이 어떤 항목에서도 호출할 수 있다. 비조합 항목에서 이 함수를 호출하면 해당 항목이 조합 항목이 된다.

비조합 항목을 조합 항목으로 변경할 때의 미묘한 부작용 하나는 항목 자신의 가격이 감춰진다는 점이다. 조합 항목의 가격은 자식 항목 가격의 합계이기 때문이다. 물론 설계 관점에 따라 다른 결정(자신의 가격 값을 유지하는 것과 같은)도 가능하다.

```python
def remove(self, item):
    self.children.remove(item)
```

조합 항목의 마지막 자식 항목을 삭제하면 해당 항목은 이제 비조합 항목이 된다. 그런데 조금 미묘한 부분은 이제 이 항목의 가격은 자식 항목 가격(이제는 존재하지 않는)의 합계가 아닌 비공개 self.__price 애트리뷰트의 값이 된다는 점이다. 이러한 상황에 대응하기 위해 __init__() 메서드에서 모든 항목에 가격 기본값을 설정한다.

```python
def __iter__(self):
    return iter(self.children)
```

이 메서드는 조합 항목이라면 자식에 대한 이터레이터를, 비조합 항목이라면 빈 시퀀스를 반환한다.

```python
@property
def price(self):
    return (sum(item.price for item in self) if self.children else self._price)
@price.setter
def price(self, price):
    self._price = price
```

price 프로퍼티는 조합 항목이든(자식 항목 가격의 합계), 비조합 항목이든(항목 가격) 모두 잘 동작해야 한다.

```python
def print(self, indent="", file=sys.stdout):
    print("{}${:.2f} {}".format(indent, self.price, self.name), file=file)
    for child in self:
        child.print(indent + "    ")
```

마찬가지로 이 메서드도 조합이나 비조합 항목에 대해 모두 잘 동작해야 한다. 비록 앞 절의 CompositeItem.print() 메서드와 동일하지만 말이다. 비조합 항목을 방문할 때 빈 시퀀스에 대한 이터레이터를 반환하기 때문에 항목의 자식을 방문할 때 무한 재귀 호출이 일어나지 않는다.

파이썬의 유연함 덕분에 조합 및 비조합 클래스를 생성하는 일은 매우 간단하다. 메모리 부담을 최소화하기 위해 각각 별도의 클래스로 만들거나 완전히 동일한 인터페이스를 제공하기 위해 단일 클래스로 만드는 것 모두 간단하다.

다음 장에서 커맨드 패턴(§3.2)을 살펴볼 때 컴포지트 패턴의 또 다른 변형을 보게 될 것이다.

2.4 데코레이터 패턴

일반적으로 데코레이터(decorator)는 어떤 함수를 인자로 받아 원래 함수와 이름은 같지만 기능은 더 향상된 함수를 반환하는 함수를 말한다. 데코레이터는 프레임워크(예: 웹 프레임워크)에서 프레임워크와 개발자가 필요로 하는 기능을 편하게 통합하는 데 사용되곤 한다.

데코레이터 패턴은 아주 유용하다. 그래서 파이썬에는 이를 지원하는 기능이 내장돼 있다. 파이썬에서 데코레이터는 함수나 메서드에 모두 적용할 수 있다. 더 나아가 클래스에 대한 데코레이터도 만들 수 있다. 이 경우 클래스를 유일한 인자로 받아 새로운 기능이 추가된 이름이 같은 새 클래스를 반환한다. 때로는 상속 대신 클래스 데코레이터를 사용할 수도 있다.

파이썬의 내장 property() 함수는 데코레이터로 사용할 수 있다. 바로 앞 절인 §2.3.2에서 그러한 예를 살펴봤다(composite과 price 프로퍼티). 파이썬의 표준 라이브러리에도 몇몇 데코레이터가 들어 있다. 예를 들어, @functools.total_ordering 클래스 데코레이터는 __eq__()과 __lt__() 특수 메서드(각각 ==, <를 제공)를 구현한 클래스에 적용할 수 있다. total_ordering 데코레이터를 적용하면 클래스의 이름은 같지만 해당 클래스에서 모든 다른 비교 연산자(<, <=, ==, !=, =>, >)를 활용할 수 있다.

데코레이터는 한 함수, 메서드, 클래스만을 인자로 받을 수 있다. 따라서 이론적으로는 데코레이터를 매개변수화할 수 없다. 하지만 실제로는 이것이 그리 큰 제약은 되지 못한다. 나중에 보겠지만 데코레이터 함수를 반환하는 데코레이터 팩터리를 만들 수 있고, 이 팩터리는 매개변수를 받을 수 있다. 이 데코레이터 팩터리로 만든 데코레이터를 다시 함수, 메서드, 클래스 등에 적용할 수 있다.

2.4.1 함수 및 메서드 데코레이터

모든 함수(그리고 메서드) 데코레이터는 구조가 같다. 우선 래퍼 함수를 만든다(이 책에서는 항상 wrapper()라는 이름을 쓰겠다). 그리고 래퍼 함수 안에서는 반드시 원래의 함수를 호출해야 한다. 래퍼 안에서는 함수를 호출하기 전에 원하는 전처리를 수행할 수 있고, 호출 결과를 받아 후처리를 할 수도 있으며, 원래 함수가 반환한 값을 그대로 반환하거나 변경된 값을 반환하거나, 원한다면 어떤 값이든 반환할 수 있다. 그리고 이렇게 변화된 함수는 원래 함수와 똑같은 이름으로 원래 함수를 대체한다.

데코레이터를 함수, 메서드, 클래스에 적용하려면 @("at"기호)을 def나 class와 같은 들여쓰기 수준으로 입력한 다음, 데코레이터의 이름을 적으면 된다. 데코레이터를 계속 둘러싸는 것도 가능하다. 그렇게 하면 데코레이터가 적용된 함수에 다시 데코레이터를 적용하고, 그런 과정을 반복하게 된다. 이 같은 구조를 그림 2.6에서 확인할 수 있으며, 잠시 후에 관련 예제를 볼 수 있다.

```
@float_args_and_return
def mean(first, second, *rest):
    numbers = (first, second) + rest
    return sum(numbers) / len(numbers)
```

위 코드에서 @float_args_and_return 데코레이터(구현은 조금 뒤에 볼 수 있다)를 사용해 mean() 함수를 변경했다. 데코레이션되기 전의 mean() 함수는 둘 이상의 수를 받아 평균을 float으로 돌려준다. 데코레이션된 mean()(원본을 대체했으므로 이를 mean()이라 부르겠다)에서는 어떤 종류의 인자든 두 개 이상 받아 float으로 변환해 평균을 계산한다. 데코레이션하기 전이라면 mean(5, "6", "7.5")은 TypeError를 반환할 것이다. 왜냐하면 int에 str을 더할 수는 없기 때문이다. 하지만 float("6")이나 float("7")이 제대로 된 수를 반환하기 때문에 데코레이션된 버전에서는 잘 동작한다.

그런데 데코레이터 문법은 단지 편의 문법(syntactic sugar)에 불과하다. 위 코드를 다음과 같이 작성할 수도 있다.

```
def mean(first, second, *rest):
    numbers = (first, second) + rest
    return sum(numbers) / len(numbers)
mean = float_args_and_return(mean)
```

여기서는 데코레이터 없이 함수를 만든 다음, 데코레이터를 직접 호출하는 방식으로 데코레이션된 버전을 만들었다. 데코레이터를 사용하는 것은 아주 편리하지만 때때로 직접 호출해야 하는 경우도 있다. 이번 절의 마지막 부분에서 내장 @property 데코레이터를 ensure() 함수 안에서 직접 호출하는 예를 보여주겠다. 또한 has_methods() 함수에서 @classmethod 데코레이터를 직접 호출한 예를 §2.2에서 살펴봤다.

```
def float_args_and_return(function):
    def wrapper(*args, **kwargs):
        args = [float(arg) for arg in args]
        return float(function(*args, **kwargs))
    return wrapper
```

함수 데코레이터인 float_args_and_return 함수는 어떤 함수를 유일한 인자로 받는다. 래퍼 함수는 *args와 *kwargs를 받는 것이 일반적이다(§1.1.1의 "시퀀스와 맵 풀기" 참고). 인자에 대한 제약사항은 원래의(래핑 이전의) 함수가 처리한다. 따라서 모든 인자가 전달되게 만들기만 하면 된다.

이 예제의 래퍼 함수는 위치에 따른 인자를 부동소수점 수 리스트로 만든다. 그런 다음 원래의 함수를 변경된 *args로 호출하고, 결과를 받아 float로 변환해 반환한다.

데코레이터 함수 전체의 결과값으로는 바로 이 래퍼 함수를 돌려주면 된다.

그런데 아쉽게도 반환된 함수의 __name__ 애트리뷰트는 원래 함수의 이름이 아니고 "wrapper"가 된다. 또한 문서화 문자열(docstring)도 없어진다(심지어 원래의 함수에 문서화 문자열이 있었더라도 그렇다). 따라서 위와 같이 바꾼 것은 완벽하지는 않다. 이러한 문제를 해결하기 위해 파이썬 표준 라이브러리에는 @functools.wrap 데코레이터가 들어있다. 이것은 데코레이터 안에 있는 래퍼 함수에서 사용할 수 있고, 래핑된 함수의 __name__과 __doc__이 원래 함수의 내용을 유지할 수 있게 해준다.

```
def float_args_and_return(function):
    @functools.wraps(function)
    def wrapper(*args, **kwargs):
        args = [float(arg) for arg in args]
        return float(function(*args, **kwargs))
    return wrapper
```

위 코드는 새로운 데코레이터다. 이 버전은 @functools.wraps 데코레이터를 사용해 wrapper() 함수에 전달된 함수(예: "mean")의 __name__ 애트리뷰트와 문서화 문자열이 래핑된 함수에 설정되게 한다(여기서는 원래 함수에도 문서화 문자열은 없다). 항상 @functools.wraps를 사용하는 것이 좋다. 그렇게 해야 오류를 추적할 때 래핑된 함수의 이름이 제대로 표시되며(그렇지 않다면 모든 래핑된 함수가 "wrapper"로 표시된다), 원본 함수의 문서화 문자열도 볼 수 있다.

```
@statically_typed(str, str, return_type=str)
def make_tagged(text, tag):
    return "<{0}>{1}</{0}>".format(tag, escape(text))

@statically_typed(str, int, str) # 어떤 반환 타입이든 받아들일 수 있음
def repeat(what, count, separator):
    return ((what + separator) * count)[:-len(separator)]
```

statically_typed() 함수는 make_tagged()와 repeat() 함수를 데코레이션할 때 사용했으며, 데코레이터 팩터리, 즉 데코레이터를 만드는 함수다. statically_typed()는 함수나 메서드 또는 클래스를 유일한 인자로 받지 않기 때문에 데코레이터는 아니다. 하지만 여기서는 데코레이터를 매개변수화할 필요가 있다. 데코레이션되는 함수가 받아들일 수 있는 위치 기반 인자의 자료형과 개수를 지정하고 싶고, 그러한 특성을 함수마다 다르게 적용하고 싶기 때문이다(원한다면 반환 타입도 지정할 수 있다). 따라서 statically_typed() 함수를 만들어 원하는 매개변수(위치 기반 매개변수로 받게 되는 타입이나 키워드 변수로 받는 반환 타입)를 받고, 데코레이터를 반환한다.

파이썬이 코드 상에서 @statically_typed(...)를 만나면 인자를 statically_typed() 함수에 전달한다. 그런 다음 반환받은 데코레이터를 다시 다음에 오는 함수(여기서는 make_tagged()와 repeat())에 적용한다.

데코레이터 팩터리를 만드는 것에도 패턴이 있다. 먼저 데코레이터 함수를 만들어야 한다. 그 함수의 내부에서는 래퍼 함수를 만든다. 래퍼는 앞에서 데코레이터의 래퍼를 만드는 것과 같다. 보통 래퍼의 마지막 부분에서는 원래 함수의 결과값(필요 시 변경하거나 새 값으로 대체된)이 반환된다. 그리고 데코레이터 함수의 끝에서는 래퍼가 반환된다. 마지막으로 데코레이터 팩터리 함수 끝에서 데코레이터 함수를 반환한다.

```
def statically_typed(*types, return_type=None):   # 데코레이터 팩터리
    def decorator(function):                       # 팩터리가 반환할 데코레이터 함수
        @functools.wraps(function)
        def wrapper(*args, **kwargs):              # 데코레이터가 반환할 래퍼 함수
            if len(args) > len(types):
                raise ValueError("too many arguments")
            elif len(args) < len(types):
                raise ValueError("too few arguments")
```

```
            for i, (arg, type_) in enumerate(zip(args, types)):
                if not isinstance(arg, type_):
                    raise ValueError("argument {} must be of type {}"
                        .format(i, type_.__name__))
            result = function(*args, **kwargs)
            if (return_type is not None and
                not isinstance(result, return_type)):
                raise ValueError("return value must be of type {}".format(
                    return_type.__name__))
            return result
        return wrapper      # 데코레이터는 래퍼 함수를 반환해야 함
    return decorator        # 데코레이터 팩토리는 데코레이터 함수를 반환해야 함
```

여기서 먼저 데코레이터 함수를 만들었다. 함수의 이름을 decorator()로 지정하긴 했지만 이름은 중요하지 않다. 데코레이터 함수 내부에서는 앞에서와 마찬가지로 래퍼를 만들었다. 이 경우 래퍼가 조금 복잡한데, 이는 위치 기반 인자의 자료형과 개수를 원래의 함수를 호출하기 전에 검사하고, 특정 반환 자료형이 명시돼 있다면 반환 자료형도 검사한다. 그 다음 결과를 반환한다.

래퍼가 만들어지고 나면 데코레이터는 해당 래퍼를 반환한다. 그런 다음 마지막에 데코레이터 자체를 반환한다. 예를 들어, 소스코드에 @statically_typed(str, int, str)라는 구문이 있다면 파이썬은 statically_typed() 함수를 호출할 것이다. 그러면 만들어진 decorator() 함수가 반환되고, 이 함수에는 statically_typed()에 전달된 인자의 정보가 저장돼 있다. 이제, 다시 @로 돌아와서 파이썬은 @statically_typed(str, int, str) 구문 다음에 오는 함수(def로 정의했거나 다른 데코레이터에서 반환하는 데코레이션된 함수)를 유일한 인자로 decorator()에 전달한다. 여기서는 다음에 오는 함수가 repeat()였다. 따라서 repeat가 decorator()에 유일한 인자로 전달된다. 이제 decorator()는 저장된 자료형 정보(앞에서 statically_typed()를 호출할 때 지정된 int, int, str 정보)에 따른 새로운 wrapper() 함수를 만들고 반환한다. 이 래퍼 함수는 원래의 repeat() 함수를 대체한다.

참고로 statically_typed() 함수를 통해 생성된 decorator() 함수가 호출될 때 만들어진 wrapper() 함수는 그 함수를 둘러싼 주변 환경(여기서는 types 튜플과 return_type 키워드 인자)을 저장해 둔다. 이와 같은 방식으로 어떤 함수나 메서드가 환경을 저장하는 것을 클로저라고 부른다. 파이썬이 클로저를 지원하기 때문에 매개변수화한 팩토리 함수, 데코레이터, 데코레이터 팩토리를 만들 수 있다.

인자 또는 함수의 반환값에 대한 정적 자료형 검증을 강제하도록 데코레이터를 활용하면 정적 타이핑 언어(C, C++, 자바 같은)에서 파이썬으로 넘어온 프로그래머에게는 매력적일 수도 있으나, 이는 컴파일러를 활용하는 언어에서는 발생하지 않던 실행 시 성능 저하를 가져오게 된다. 게다가 동적 타이핑 언어를 쓰고 있는데도 자료형 검증을 한다는 것은 파이썬답지 않은 것 같기도 하지만, 그만큼 파이썬이 얼마나 유연한지 보여주는 것이기도 하다(그리고 실제로 컴파일 시의 정적 타이핑을 원한다면 Cython을 활용할 수 있으며, 앞으로 살펴볼 예정이다. §5.2 참조). 아마 더 유용한 점은 매개변수 검증일 것이고, 이에 대해서는 다음 절에서 살펴보겠다.

익숙해지는 데 시간이 걸리기는 하겠지만, 데코레이터 작성 패턴은 간단한 편이다. 매개변수화되지 않은 함수나 메서드의 데코레이터는 간단하게 래퍼를 생성하고 돌려주는 데코레이터 함수를 생성하면 된다. 이러한 패턴은 앞의 @float_args_and_return 데코레이터에서 살펴봤고, 다음으로 @Web.ensure_logged_in 데코레이터에서 매개변수화된 데코레이터를 살펴보자. 매개변수화된 데코레이터는 statically_typed() 함수에서 사용했던 패턴과 같이 데코레이터를 생성하는 (그런 다음 래퍼를 생성하는) 데코레이터 팩터리를 만들면 된다.

```
@application.post("/mailinglists/add")
@Web.ensure_logged_in
def person_add_submit(username):
    name = bottle.request.forms.get("name")
    try:
        id = Data.MailingLists.add(name)
        bottle.redirect("/mailinglists/view")
    except Data.Sql.Error as err:
        return bottle.mako_template("error", url="/mailinglists/add",
                text="Add Mailinglist", message=str(err))
```

이 코드는 메일 목록을 관리하는 웹 애플리케이션에서 가져왔으며, 경량 웹 프레임워크인 bottle(bottlepy.org)을 활용했다. 프레임워크에서 지원하는 @application.post 데코레이터는 함수와 URL을 연관시키는데 사용한다. 이 예제에서는 사용자가 로그인해 있을 때에만 mailinglist/add 페이지에 접근할 수 있고, 로그인한 상태가 아니라면 login 페이지로 이동하게 하고 싶다. 웹 페이지를 생성하는 모든 함수마다 사용자가 로그인했는지 검사하는 똑같은 코드를 넣는 대신, 이러한 일을 처리하는 @Web.ensure_logged_in 데코레이터를 생성해서 이러한 기능이 필요한 어떤 함수든 로그인 관련 코드에 신경 쓰지 않게 했다.

```
def ensure_logged_in(function):
    @functools.wraps(function)
    def wrapper(*args, **kwargs):
        username = bottle.request.get_cookie(COOKIE,
                secret=secret(bottle.request))
        if username is not None:
            kwargs["username"] = username
            return function(*args, **kwargs)
        bottle.redirect("/login")
    return wrapper
```

사용자가 웹 사이트에 로그인할 때, login 페이지에 있는 코드는 사용자 계정명과 암호를 검증하고 유효하다면 사용자 브라우저에 해당 세션동안 유효한 쿠키를 생성한다.

사용자가 접근하려는 페이지와 연계된 함수(예: mailinglists/add 페이지의 person_add_submit())에 @ensure_logged_in 데코레이터가 설정돼 있다면 위의 코드에 있는 wrapper() 함수가 호출된다. 래퍼는 먼저 쿠키로부터 사용자 계정명을 조회한다. 조회에 실패한다면 사용자가 로그인하지 않은 상태이므로 웹 애플리케이션의 login 페이지로 이동시킨다. 그러나 사용자가 로그인한 상태라면 키워드 인자에 사용자 계정명을 추가하고 호출 결과를 원래 함수에 반환한다. 즉 원래 함수를 호출한 시점에 사용자가 유효하게 로그인해 있음을 안전하게 가정할 수 있으므로 사용자 계정명에 대한 권한을 얻을 수 있게 한 것이다.

2.4.2 클래스 데코레이터

읽기 및 쓰기 프로퍼티가 아주 많은 클래스를 사용할 일이 자주 있다. 그러한 클래스에는 비슷비슷한 게터와 세터 코드가 많이 포함돼 있기 마련이다. 예를 들어, 어떤 책에 대해 title, ISBN, price, quantity 값을 저장하는 Book 클래스가 있다고 하자. 이러한 경우 @property 데코레이터를 4개 써야 할 것이다. 그런데 이것들은 모두 기본적으로 동일한 코드(예: @property def title(self): return title)다. 또한 값 검증 기능이 들어간 세터 메서드도 4개 필요하다. 이때 price와 quantity를 검증하는 코드는 실제로 허용되는 최댓값과 최솟값만 다를 뿐 코드는 완전히 동일할 것이다. 이런 클래스가 많다면 중복에 가까운 코드가 엄청나게 늘어날 수밖에 없다.

다행히 파이썬의 클래스 데코레이터를 사용하면 이런 중복을 없앨 수 있다. 앞(§2.2)에서 클래스 데코레이터를 사용해 매번 열 줄 정도 되는 코드를 반복할 필요 없이 인터페이스 검사용 클래스를 만들 수 있었다. 여기서는 다른 예로 네 개의 프로퍼티(완전한 검증 코드가 포함된)가 들어있는 Book 클래스를 보겠다(Book 클래스에는 계산된 결과를 제공하는 읽기 전용 프로퍼티도 포함돼 있다).

```python
@ensure("title", is_non_empty_str)
@ensure("isbn", is_valid_isbn)
@ensure("price", is_in_range(1, 10000))
@ensure("quantity", is_in_range(0, 1000000))
class Book:

    def __init__(self, title, isbn, price, quantity):
        self.title = title
        self.isbn = isbn
        self.price = price
        self.quantity = quantity

    @property
    def value(self):
        return self.price * self.quantity
```

self.title, self.isbn 등은 모두 프로퍼티다. 따라서 __init__()에서 이러한 프로퍼티를 초기화하면 프로퍼티 세터에 지정된 대로 검증이 이뤄진다. 하지만 직접 이러한 프로퍼티의 게터와 세터를 만드는 코드를 작성하는 대신 클래스 데코레이터를 4번 사용해서 모든 기능을 제공한다 기능을 제공한다.

ensure() 함수는 인자를 두 개(프로퍼티 이름과 검증 함수) 받아 클래스 데코레이터를 만든다. 이렇게 만들어진 클래스 데코레이터는 바로 뒤에 오는 클래스에 적용된다.

따라서 여기서는 아무 데코레이션도 안 된 Book이 만들어지고, 그 바로 앞의 ensure() 호출(quantity에 대한)이 만들어낸 데코레이터가 Book에 적용된다. 그 결과로 만들어지는 클래스에는 quantity 프로퍼티가 들어가 있다. 다시 다음(price)번 ensure() 호출이 만들어낸 데코레이터가 클래스(quantity가 있는)에 적용되면 이제 Book 클래스에는 quantity와 price가 포함된다. 이 과정은 두 번 더 반복되며, 최종적으로는 4가지 프로퍼티를 모두 포함한 Book 클래스가 만들어진다.

설명으로 보면 이런 과정이 코드의 뒤에서 앞으로 진행되는 것처럼 보일 것이다. 하지만 실제로는 다음과 같은 과정을 거친다.

```
ensure("title", is_non_empty_str)(          # 의사코드(pseudo code)임
    ensure("isbn", is_valid_isbn)(
        ensure("price", is_in_range(1, 10000))(
            ensure("quantity", is_in_range(0, 1000000))(class Book: ...))))
```

class Book 문장이 맨 먼저 실행돼야 한다. 해당 문장이 만들어내는 결과 클래스 객체가 ensure() 호출("quantity"가 인자인)에 인자로 제공돼야 한다. 그러면 그 결과값은 다시 그 앞의 ensure()에 인자로 전달되고, 이런 과정이 계속된다.

참고로 price와 quantity는 같은 검증 함수를 사용한다. 다만 매개변수만 달라진다. 실제로 is_in_range() 함수는 주어진 최솟값과 최댓값을 적용한 새로운 is_in_range() 함수를 만들어낸다.

잠시 후 보겠지만 ensure()가 반환하는 클래스 데코레이터는 프로퍼티를 클래스에 추가한다. 이 프로퍼티의 세터는 검증 함수를 호출하며, 이때 프로퍼티 이름과 그 프로퍼티에 들어갈 새로운 값을 인자로 전달한다. 검증 함수는 해당 값이 올바른 경우 어떤 조작도 가해서는 안 된다. 반면 값이 올바르지 않은 경우에는 예외(예: ValueError)를 발생시킬 것이다. ensure()의 구현을 살펴보기 전에 몇 가지 검증 함수를 살펴보자.

```python
def is_non_empty_str(name, value):
    if not isinstance(value, str):
        raise ValueError("{} must be of type str".format(name))
    if not bool(value):
        raise ValueError("{} may not be empty".format(name))
```

이 검증 함수는 Book의 title 프로퍼티 검증에 사용되며, 제목이 비어있는지 검사한다. ValueError에서 볼 수 있듯이 프로퍼티의 이름은 오류 메시지를 표시할 때 유용하게 쓸 수 있다.

```python
def is_in_range(minimum=None, maximum=None):
    assert minimum is not None or maximum is not None
    def is_in_range(name, value):
        if not isinstance(value, numbers.Number):
```

```
            raise ValueError("{} must be a number".format(name))
        if minimum is not None and value < minimum:
            raise ValueError("{} {} is too small".format(name, value))
        if maximum is not None and value > maximum:
            raise ValueError("{} {} is too big".format(name, value))
    return is_in_range
```

이 함수는 입력 값이 수(이를 위해 numbers.Number를 사용한다)인지 여부와 값이 제한 범위 안에 들어있는지 검사하는 검증 함수를 만들고, 그 함수를 반환한다.

```
def ensure(name, validate, doc=None):
    def decorator(Class):
        privateName = "__" + name
        def getter(self):
            return getattr(self, privateName)
        def setter(self, value):
            validate(name, value)
            setattr(self, privateName, value)
        setattr(Class, name, property(getter, setter, doc=doc))
        return Class
    return decorator
```

ensure() 함수는 프로퍼티 이름, 검증 함수, 그리고 선택적으로 docstring(인라인 도움말 문자열)을 받는다. 따라서 특정 클래스를 대상으로 ensure()가 반환하는 클래스 데코레이터를 사용하면 대상 클래스에는 새로운 프로퍼티가 추가된다.

decorator() 함수의 유일한 인자는 클래스다. decorator() 함수는 먼저 클래스 외부에서 접근할 수 없는 이름을 만든다. 프로퍼티의 값은 이 이름으로 된 애트리뷰트에 저장한다(따라서 Book 예제에서 self.title 프로퍼티의 값은 전용 self.__title 애트리뷰트에 저장한다). 그런 다음 해당 애트리뷰트에 저장된 값을 반환하는 게터 함수(getter())를 만든다. 내장 함수 getattr()은 객체와 애트리뷰트 이름을 인자로 받아 애트리뷰트의 값을 반환하며, 값이 없으면 AttributeError를 반환한다. 세터(setter()) 함수는 저장된 validate() 함수를 호출하고 애트리뷰트를 새로운 값으로 변경한다(예외가 발생하지 않았다는 가정하에). 내장 함수 setattr()은 객체와 애트리뷰트 이름, 그리고 값을 받아 객체에 해당 애트리뷰트를 설정한다. 만약 이름에 해당하는 애트리뷰트가 객체에 없다면 새로 하나 만든다.

이렇게 setter()와 getter()를 만든 다음, 프로퍼티 이름으로 데코레이션 대상 클래스에 새 애트리뷰트를 만든다. 이때 프로퍼티 이름(외부로 노출된)으로 내장 setattr() 함수를 사용한다. 내장 property() 함수는 게터, 세터(선택적), docstring(인라인 도움말 문자열)을 받아 프로퍼티를 반환하며, 이 프로퍼티는 앞에서 본 것처럼 메서드 데코레이터로 사용할 수 있다. 이렇게 변경된 클래스는 decorator() 함수가 반환하며, decorator() 함수 자체는 ensure() 클래스 데코레이터 팩터리 함수가 반환한다.

2.4.2.1 데코레이터로 프로퍼티 추가하기

앞의 예에서는 @ensure 클래스 데코레이터를 사용해 검증이 필요한 애트리뷰트를 만들어야 했다. 이런 식으로 데코레이터를 여러 개 겹쳐서 사용하는 것을 좋아하지 않는 사람도 있다. 그런 사람들은 데코레이터는 하나만 사용하고, 클래스의 몸체 안에 애트리뷰트를 넣어 가독성을 높이는 쪽을 더 선호한다.

```
@do_ensure
class Book:

    title = Ensure(is_non_empty_str)
    isbn = Ensure(is_valid_isbn)
    price = Ensure(is_in_range(1, 10000))
    quantity = Ensure(is_in_range(0, 1000000))

    def __init__(self, title, isbn, price, quantity):
        self.title = title
        self.isbn = isbn
        self.price = price
        self.quantity = quantity

    @property
    def value(self):
        return self.price * self.quantity
```

위 코드는 @do_ensure 클래스 데코레이터와 Ensure 인스턴스를 함께 사용하는 새로운 Book 클래스다. 각 Ensure는 검증 함수를 저장하며, @do_ensure 클래스 데코레이터는 각 Ensure 인스턴스를 같은 이름의 프로퍼티로 바꿔치기한다. 물론 여기서 검증 함수(is_non_empty_str() 등)는 앞에서 본 것과 동일하다.

```python
class Ensure:

    def __init__(self, validate, doc=None):
        self.validate = validate
        self.doc = doc
```

이 클래스는 프로퍼티의 세터에서 사용될 검증 함수와 문서화 문자열(docstring)을 담아두는 데 사용된다. 예를 들어, Book 클래스의 title 애트리뷰트는 Ensure 인스턴스로 돼 있다. 하지만 일단 Book 클래스가 만들어지고 나면 @do_ensure 데코레이터가 모든 Ensure를 프로퍼티로 바꿔치기한다. 따라서 title 애트리뷰트는 결국 마지막에는 title 프로퍼티가 된다(이때 title의 세터는 Ensure 인스턴스에 저장돼 있던 검증 함수를 사용한다).

```python
def do_ensure(Class):
    def make_property(name, attribute):
        privateName = "__" + name
        def getter(self):
            return getattr(self, privateName)
        def setter(self, value):
            attribute.validate(name, value)
            setattr(self, privateName, value)
        return property(getter, setter, doc=attribute.doc)
    for name, attribute in Class.__dict__.items():
        if isinstance(attribute, Ensure):
            setattr(Class, name, make_property(name, attribute))
    return Class
```

이 클래스 데코레이터는 세 부분으로 구성돼 있다. 첫 부분에서는 중첩된 함수(make_property())를 정의한다. 이 함수는 이름(예: "title")과 Ensure 타입의 애트리뷰트를 받아 전용 애트리뷰트(예: "__title")에 값을 저장하는 새로운 프로퍼티를 만들고 반환한다. 아울러 해당 프로퍼티의 세터에 접근하는 경우 검증 함수를 호출한다. 두 번째 부분에서는 클래스의 모든 애트리뷰트를 순회하면서 모든 Ensure를 새로운 프로퍼티로 바꿔치기한다. 세 번째 부분에서는 이렇게 변경된 클래스를 반환한다.

데코레이터가 호출되고 나면 데코레이션된 클래스의 모든 Ensure 애트리뷰트는 같은 이름의 프로퍼티로 바뀐다. 또한 각 프로퍼티에는 유효성 검증이 추가된다.

이론적으로는 함수가 중첩되지 않게 하고 대신 그 코드를 if isinstance() 다음에 넣을 수도 있다. 하지만 그렇게 구현하면 바인딩 시점의 문제로 제대로 동작하지 않는다. 따라서 여기서는 중첩 함수를 꼭 사용해야 한다. 데코레이터나 데코레이터 팩터리를 만드는 경우 보통 이런 식으로 별도의 함수(경우에 따라 중첩된)를 사용한다.

2.4.2.2 클래스 데코레이터를 상속 대신 활용하기

메서드나 데이터만 담긴 기반 클래스를 만들고 이 클래스를 상속해서 재사용할 때가 있다. 물론 이렇게 하면 메서드나 데이터를 여러 번 정의하지 않아도 되고 하위 클래스를 더 추가해도 잘 동작한다는 장점이 있다. 하지만 하위 클래스에서 상속받은 데이터나 메서드를 결코 변경(재정의)하지 않는 경우 같은 목적을 달성하기 위해 클래스 데코레이터를 사용할 수도 있다.

예를 들어, 여기서는 self.mediator 데이터 애트리뷰트와 on_change() 메서드를 제공하는 조정자(mediator) 클래스를 활용할 텐데(§3.5), 이 클래스는 Button과 Text에 상속되며, 이 둘은 데이터와 메서드를 사용하기는 하되 값을 변경하지는 않는다.

```python
class Mediated:

    def __init__(self):
        self.mediator = None

    def on_change(self):
        if self.mediator is not None:
            self.mediator.on_change(self)
```

위 코드는 mediator1.py에서 가져온 것이다. 이 클래스는 일반적인 클래스와 마찬가지로 class Button(Mediated): ...과 class Text(Mediated): ...를 사용해 상속된다. 하지만 하위 클래스 중 어느 것도 상속받은 on_change() 메서드를 변경하지 않는다. 따라서 이러한 경우 상속 대신 클래스 데코레이터를 쓸 수 있다.

```python
def mediated(Class):
    setattr(Class, "mediator", None)
    def on_change(self):
        if self.mediator is not None:
```

```
            self.mediator.on_change(self)
    setattr(Class, "on_change", on_change)
    return Class
```

이 코드는 mediator1d.py에서 가져온 것이다. 클래스 데코레이터는 여느 때와 같이 사용할 수 있다. 즉, @mediated class Button: …이나 @mediated class Text: … 같이 하면 된다. 데코레이션된 클래스는 상속을 사용해 만든 클래스와 동일한 동작 방식을 보여준다.

함수나 클래스 데코레이터는 아주 강력하지만 사용하기 쉬운 파이썬 기능 중 하나다. 또한 바로 앞에서 살펴본 바와 같이 클래스 데코레이터는 경우에 따라 상속을 대신할 수도 있다. 데코레이터를 만드는 것은 메타 프로그래밍의 일종이라 할 수 있는데, 메타클래스처럼 더 복잡한 메타프로그래밍 대신 클래스 데코레이터를 활용할 만한 경우가 많을 것이다.

2.5 파사드 패턴

파사드(Façade) 패턴은 인터페이스가 아주 복잡하거나 너무 저수준이라 사용하기 어려운 하위 시스템을 쉽게 사용할 수 있는 단순하고 균일한 인터페이스를 제공한다.

파이썬 표준 라이브러리에는 gzip 압축 파일, tar로 묶은 파일, zip 압축 파일을 다룰 수 있는 모듈이 포함돼 있다. 하지만 각 모듈은 인터페이스가 서로 다르다. 각 압축 파일에 들어있는 파일명을 찾아 내부 파일을 간단한 인터페이스를 통해 뽑아내고 싶다면 어떻게 해야 할까? 한 가지 방법은 단순한 고수준 인터페이스를 제공하되 실제 작업은 표준 라이브러리의 각 모듈에 위임하는 파사드를 만드는 것이다.

그림 2.7은 우리가 사용자에게 제공하고 싶은 인터페이스(filename 프로퍼티와 names(), unpack() 메서드를 제공한다)와 그에 대한 파사드를 보여준다. Archive 인터페이스는 압축 파일의 이름을 가지고 있고, 실제 그 파일을 푸는 일은 names()나 unpack() 요청을 받았을 때만 일어난다(이 코드는 Unpack.py에서 가져온 것이다).

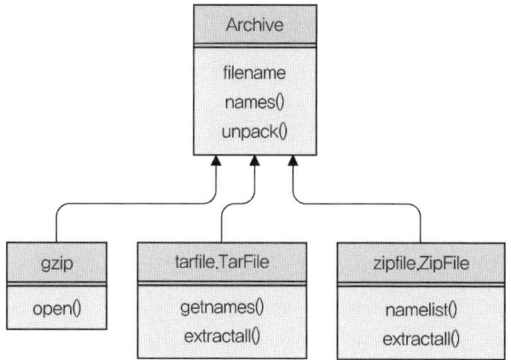

그림 2.7 Archive 파사드

```
class Archive:
    def __init__(self, filename):
        self._names = None
        self._unpack = None
        self._file = None
        self.filename = filename
```

self._names 변수에는 압축 파일에 들어있는 파일 이름의 리스트를 반환할 호출 가능 객체(callable)를 저장할 것이다. 마찬가지로 self._unpack에는 압축 파일을 현재 디렉터리에 풀 때 사용할 호출 가능 객체를 저장한다. self._file은 압축 파일을 연 경우, 그에 대한 파일 객체가 들어간다. 또한 self.filename은 압축 파일의 이름을 보관하는 읽고 쓰기가 모두 가능한 프로퍼티다.

```
    @property
    def filename(self):
        return self.__filename

    @filename.setter
    def filename(self, name):
        self.close()
        self.__filename = name
```

사용자가 파일명을 변경하면(archive.filename = newname과 같이) 현재 압축 파일은 닫힌다(열려있는 경우). 새 압축 파일을 바로 열지는 않고, Archive는 실제 필요할 때까지 압축 파일을 여는 작업을 미룬다.

```python
def close(self):
    if self._file is not None:
        self._file.close()
    self._names = self._unpack = self._file = None
```

이론적으로는 Archive 클래스를 사용하는 쪽에서 인스턴스 사용을 마치고 나면 close()를 호출해야 한다. 이 메서드는 열려있는 파일 객체를 닫고 self._names, self._unpack, self._file 변수를 None으로 설정해 사용 불가능한 상태로 만든다.

Archive 클래스는 컨텍스트 관리자이기도 하다(이와 관련된 내용은 조금 있다가 살펴보겠다). 따라서 실제로는 사용자가 with 문으로 Archive를 사용했다면 직접 close()를 호출할 필요가 없다. 다음 예제를 보자.

```python
with Archive(zipFilename) as archive:
    print(archive.names())
    archive.unpack()
```

여기서는 zip 파일에 대한 Archive를 만들고, 압축 파일 내에 있는 모든 파일 이름을 콘솔에 출력한 다음, 현재 디렉터리에 모든 파일을 푼다. 여기서 archive가 컨텍스트 관리자로 사용되기 때문에 archive가 with 문의 범위를 벗어날 때 자동으로 archive.close()가 호출된다.

```python
def __enter__(self):
    return self

def __exit__(self, exc_type, exc_value, traceback):
    self.close()
```

이 두 메서드만 있으면 Archive가 컨텍스트 관리자로 동작할 수 있다. __enter__() 메서드는 self(즉 Archive의 인스턴스)를 반환하고, 이 값은 with … as 문의 변수(위 예제에서는 archive)에 대입된다. __exit__() 메서드는 archive의 file 객체를 닫는데, None을 반환(묵시적으로)하기 때문에 파일을 닫다가 일어난 예외를 외부(즉, with문)로 전달하지는 않는다.

```
def names(self):
    if self._file is None:
        self._prepare()
    return self._names()
```

이 메서드는 압축 파일에 저장된 파일명 리스트를 반환한다. 이를 위해 이미 압축 파일이 열려있지 않은 경우 압축 파일을 열고, self._names와 self._unpack을 적당한 호출 가능 객체로 설정한다 (self._prepare()가 그와 같은 작업을 수행한다).

```
def unpack(self):
    if self._file is None:
        self._prepare()
    self._unpack()
```

이 메서드는 압축 파일에 있는 모든 파일을 푼다. 하지만 다음 코드에서 볼 수 있듯이 이름이 "안전한" 경우에만 파일을 푼다.

```
def _prepare(self):
    if self.filename.endswith((".tar.gz", ".tar.bz2", ".tar.xz", ".zip")):
        self._prepare_tarball_or_zip()
    elif self.filename.endswith(".gz"):
        self._prepare_gzip()
    else:
        raise ValueError("unreadable: {}".format(self.filename))
```

이 메서드는 준비 작업을 파일 유형에 따라 다른 메서드에게 위임한다. tar 파일이나 zip 파일의 경우 필요한 작업이 매우 비슷하기 때문에 한 메서드가 이러한 파일을 담당한다. 하지만 gzip으로 묶인 파일의 경우 처리 방식이 달라지기 때문에 별도의 메서드가 이를 처리한다.

처리 메소드에서는 호출 가능 객체를 self._names와 self._unpack 변수에 대입해야 한다. 이것들은 바로 앞에서 살펴본 names()와 unpack() 메서드 안에서 호출된다.

```python
    def _prepare_tarball_or_zip(self):
        def safe_extractall():
            unsafe = []
            for name in self.names():
                if not self.is_safe(name):
                    unsafe.append(name)
            if unsafe:
                raise ValueError("unsafe to unpack: {}".format(unsafe))
            self._file.extractall()
        if self.filename.endswith(".zip"):
            self._file = zipfile.ZipFile(self.filename)
            self._names = self._file.namelist
            self._unpack = safe_extractall
        else: # .tar.gz, .tar.bz2, .tar.xz로 끝나는 경우
            suffix = os.path.splitext(self.filename)[1]
            self._file = tarfile.open(self.filename, "r:" + suffix[1:])
            self._names = self._file.getnames
            self._unpack = safe_extractall
```

이 메서드 안에서는 먼저 중첩된 safe_extractall() 함수를 만든다. 이 함수는 아카이브에 저장된 모든 파일명을 is_safe()로 검사해서 안전하지 않은 이름이 있다면 ValueError를 발생시킨다. 모든 이름이 안전하다면 tarball.TarFile.extractall()이나 zipfile.ZipFile.extractall() 메서드를 호출한다.

압축 파일의 확장자에 따라 tarball.TarFile이나 zipfile.ZipFile를 사용해 파일을 열고 이를 self._file에 저장한다. 그런 다음 self._names를 각각에 적합한 메서드(namelist()나 getnames())로 설정하고, self._unpack은 방금 만든 safe_extractall() 함수로 설정한다. 이 함수는 클로저이기 때문에 self를 저장하고 있고, 그에 따라 self._file을 읽거나 적절한 extractall() 메서드를 호출할 수 있다 ("바인드된 메서드와 바인드되지 않은 메서드" 참고).

> **바인드된 메서드와 바인드되지 않은 메서드**
>
> 바인드된 메서드(bound method)는 이미 클래스의 인스턴스와 연관된 메서드를 말한다. update_ui() 메서드가 정의된 Form 클래스를 생각해 보자. 이제 Form 클래스 내의 메서드 중 하나에서 bound = self.update_ui라고 쓴다면 bound에는 특정 Form 인스턴스(self)와 연관된 Form.update_ui() 메서드를 표현하는 객체를 대입한 것이다. 바인드된 메서드는 bound()와 같이 직접 호출할 수 있다.

> 바인드되지 않은 메서드(언바운드 메서드, unbound method)는 아직 인스턴스와 연관되지 않은 메서드다. 예를 들어 unbound = Form.update_ui라고 쓴다면 unbound에 Form.update_ui()에 대한 객체 레퍼런스를 대입한다. 하지만 이 객체는 어느 특정 인스턴스와 연결돼 있지 않다. 따라서 호출 시 적절한 인스턴스를 첫 번째 인자로 전달해야만 한다. 예를 들어 form = Form(); unbound(form)과 같이 말이다. (엄밀히 말하자면 파이썬 3는 바인드되지 않은 메서드를 지원하지 않으며, unbound는 실제로는 내부적으로 함수 객체다. 이는 메타프로그래밍의 일부 극단적인 경우에는 차이가 날 수 있지만, 대부분의 경우에는 별 차이가 없다.)

```python
def is_safe(self, filename):
    return not (filename.startswith(("/", "\\")) or
        (len(filename) > 1 and filename[1] == ":" and
            filename[0] in string.ascii_letter) or
            re.search(r"[.][.][/\\]", filename))
```

악의적으로 만들어진 아카이브를 풀면 중요 시스템 파일을 작동하지 않거나 이상한 짓을 하는 파일로 덮어쓸 수 있다. 이를 막기 위해 절대경로나 상대경로가 포함된 파일은 열지 않는 게 좋다. 또한 압축 파일은 항상 일반 사용자 권한(root나 Administrator가 아닌)으로 여는 것이 안전하다.

이 메서드는 파일명이 ₩나 /으로 시작하거나(즉, 절대경로), ../나 ..₩를 포함하는 경우(즉, 파일이 풀릴 디렉터리 밖의 다른 곳으로 이동할 수 있는 상대경로), 또는 D:로 시작하는 경우(여기서 D는 윈도우에서 드라이브명으로 쓰일 수 있는 문자) False를 반환한다. 이를 달리 말하면 절대경로이거나 상대경로가 포함된 파일명은 안전하지 않은 것으로 간주한다는 말이다. 그 밖의 경우에 대해서는 True를 반환한다.

```python
def _prepare_gzip(self):
    self._file = gzip.open(self.filename)
    filename = self.filename[:-3]
    self._names = lambda: [filename]
    def extractall():
        with open(filename, "wb") as file:
            file.write(self._file.read())
    self._unpack = extractall
```

이 메서드는 self._file에 gzip된 파일을 열어서 연결하고, 적절한 호출 가능 객체를 self._names와 self._unpack에 대입한다. extractall()을 실행하려면 데이터를 열린 압축 파일에서 직접 읽어서 개별 파일에 써야만 한다.

파사드 패턴은 단순하고 편리한 인터페이스를 제공하고 싶을 때 아주 유용하다. 좋은 점은 구체적인 저수준 처리를 격리시킬 수 있다는 것이고, 나쁜 점은 파사드를 사용하는 경우 세밀한 처리는 포기해야 할 수도 있다는 것이다. 하지만 파사드가 하위 모듈의 기능을 없애거나 감추는 것은 아니다. 따라서 대부분의 경우 파사드 패턴을 활용할 수 있을 것이며, 더 자세하게 제어할 필요가 있다면 저수준 클래스를 직접 활용하면 된다.

파사드나 어댑터 패턴은 외형적으로는 유사하다. 차이점은 파사드는 복잡한 하위 인터페이스에 대해 더 단순한 인터페이스를 제공하는 반면, 어댑터는 다른 인터페이스(이 인터페이스가 꼭 더 복잡할 필요는 없다)를 사용해 표준화된 인터페이스를 제공한다는 것이다. 두 패턴을 함께 활용할 수도 있다. 예를 들어, 압축 파일(tar, zip, 윈도우 .cab 등)을 처리하는 인터페이스를 정의하되 각 파일 형식에 대해 어댑터를 사용하고, 그 위에 파사드를 얹는다면 사용자가 내부적으로 어떤 유형의 압축 파일을 사용하는지 신경 쓰지 않아도 된다.

2.6 플라이웨이트 패턴

비교적 작은 객체를 아주 많이 처리해야 하고, 특히 그 중 다수가 서로 중복되는 경우 플라이웨이트(Flyweight) 패턴[9]을 사용한다. 이 패턴은 각 객체를 단 한번만 유일하게 만들고, 필요할 때 이를 공유하는 방식으로 이뤄진다.

파이썬에서는 객체를 다룰 때 레퍼런스를 사용하기 때문에 자연스럽게 플라이웨이트적인 접근법을 택한다. 예를 들어, 문자열의 리스트가 아주 긴 경우(그리고 그 중 대부분이 중복된 경우) 문자열 리터럴이 아니라 문자열 레퍼런스(즉, 배열)를 저장한다면 메모리를 많이 아낄 수 있다.

```
red, green, blue = "red", "green", "blue"
x = (red, green, blue, red, green, blue, red, green)
y = ("red", "green", "blue", "red", "green", "blue", "red", "green")
```

위 코드에서 x 튜플은 8개의 객체 레퍼런스를 사용해 3개의 문자열을 저장한다. y 튜플은 8개의 객체 레퍼런스를 사용해 8개의 문자열을 저장한다. 왜냐하면 후자의 경우는 _anonymous_item0

---

9 (옮긴이) 전통적인 복싱 체급 중 플라이급이라고 부르는 것이 바로 플라이웨이트다. 현재는 미니멈급(80년대 신설), 라이트 플라이급(70년대 신설) 등이 있어서 가장 가벼운 체급은 아니지만 전통적으로 가볍다는 이미지를 갖고 있다.

= "red", ..., _anonymous_item7 = "green"; y = (_anonymous_item0, ... _anonymous_item7)을 보기 좋게 쓴 것이기 때문이다.

파이썬에서 플라이웨이트 패턴을 가장 쉽게 활용할 수 있는 방법은 아마도 각 객체를 유일한 키로 구분하는 딕셔너리를 사용하는 방식일 것이다. 예를 들어, CSS로 폰트가 지정된 수많은 HTML 페이지를 만들어야 하는 경우, 필요한 폰트를 매번 새로 만드는 대신 미리(또는 필요할 때마다) 폰트를 만들어 딕셔너리에 보관해 두고 사용할 수 있다. 이런 방식을 사용하면 각 폰트를 사용하는 횟수가 아무리 많더라도 단 한 번만 생성할 수 있다.

어떤 경우에는 다뤄야 할 객체(꼭 작은 객체일 필요는 없다)의 개수가 아주 많은데, 대부분의 객체가 서로 다를 수도 있다. 이러한 경우 메모리 사용량을 줄이기 위해 __slots__를 활용할 수 있다.

```python
class Point:
    __slots__ = ("x", "y", "z", "color")
    def __init__(self, x=0, y=0, z=0, color=None):
        self.x = x
        self.y = y
        self.z = z
        self.color = color
```

위의 Point 클래스는 3차원 점과 각 색을 저장한다. __slots__를 사용했기 때문에 각 Point에는 자체 dict(self.__dict__)가 없다. 하지만 이렇게 하면 임의의 애트리뷰트를 각 점에 추가할 수도 없게 된다(이 클래스는 pointstore1.py에서 가져온 것이다).

백만 개의 점으로 구성된 튜플을 만드는 데 2½초가 걸린 테스트 장비에서 프로그램은 183MiB의 램을 소모한다(생성 외의 다른 작업은 거의 없었다). 슬롯을 사용하지 않으면 실행 시간은 1초 정도 빨라지지만 램은 312MiB를 사용하게 된다.

기본적으로 파이썬은 속도를 위해 메모리를 희생한다. 하지만 필요에 따라 이를 뒤집어야 하는 경우도 많다.

```python
class Point:
    __slots__ = ()
    __dbm = shelve.open(os.path.join(tempfile.gettempdir(), "point.db"))
```

위 코드는 두 번째 Point 클래스의 시작 부분이다(pointstore2.py에서 가져왔다). 이 클래스는 디스크에 있는 파일에 데이터를 저장하는 DBM[10] (키-값) 데이터베이스를 사용한다. DBM에 대한 객체는 정적(즉, 클래스 수준의)인 Point.__dbm 변수에 저장된다. 모든 Point는 같은 DBM 파일을 공유한다. 먼저 사용할 DBM 파일을 연다. 기본적으로 shelve 모듈은 데이터베이스 파일이 없는 경우 해당 파일을 자동으로 만들게 돼 있다(나중에 DBM 파일이 제대로 닫히게 보장하는 방법을 살펴보겠다).

shelve 모듈은 우리가 저장한 값을 피클하고, 우리가 읽어오는 값을 언피클한다. (파이썬의 피클 형식은 근본적으로 안전하지 않다. 왜냐하면 언피클하는 과정이 임의의 파이썬 코드를 실행하는 것과 마찬가지이기 때문이다. 이런 관점에서 결코 신뢰할 수 없는 대상으로부터 가져온 데이터를 언피클하거나, 인증 없이 데이터에 접근할 수 있는 곳으로 언피클을 시도해서는 안 된다. 그러한 환경에서 언피클을 해야만 한다면 체크섬(checksum)이나 암호화 같이 스스로를 보호할 수 있는 보안 조치를 강구해야만 한다.)

```python
def __init__(self, x=0, y=0, z=0, color=None):
    self.x = x
    self.y = y
    self.z = z
    self.color = color
```

이 메서드는 pointstore1.py에 있는 메서드와 같다. 하지만 보이지 않는 곳에서 각 값은 아랫단의 DBM 파일에 저장된다.

```python
def __key(self, name):
    return "{:X}:{}".format(id(self), name)
```

이 메서드는 x, y, z와 color 애트리뷰트에 대한 키 문자열을 제공한다. 키는 인스턴스의 16진수 ID(내장 id() 함수가 돌려주는 유일한 번호)와 애트리뷰트 이름으로 돼 있다. 예를 들어, ID가 3 954 827인 Point가 있다면 x는 "3C588B:x"로 저장하고, y는 "3C588B:y"로 저장하는 식이다.

---

10 (옮긴이) 요즘은 많이 사용되지 않지만 DBM은 켄 톰슨(Ken Thompson, 데니스 리치와 함께 유닉스를 만든 사람)이 작성한 간단한 해시 기반 데이터베이스 API와 엔진이다. 관련 구현체로는 gdbm(GNU dbm)이 있다.

```
def __getattr__(self, name):
    return Point.__dbm[self.__key(name)]
```

이 메서드는 Point의 애트리뷰트에 접근할 때마다 호출된다(예: x = point.x).

DBM 데이터베이스의 키와 값은 bytes다. 다행히 파이썬의 DBM 모듈은 문자열이나 bytes 키를 모두 받을 수 있고, 문자열은 내부적으로 기본 인코딩(UTF-8)을 사용해 bytes로 변환된다. 또한 shelve 모듈을 사용한다면 (여기서는 shelve를 사용한다) 원하는 피클 가능한 값이라면 어떤 값이든 저장할 수 있다. shelve 모듈이 필요에 따라 bytes로 변환하거나 bytes로부터 변환하는 일을 담당해 준다.

따라서 여기서는 적절한 키를 얻게 되고, 키에 대응되는 값을 가져올 수 있다. 또한 shelve 모듈은 이렇게 가져온 값을 자동으로 (피클된) bytes에서 원래 자료형(예: Point의 color에 대한 int 또는 None)의 값으로 변환한다.

```
def __setattr__(self, name, value):
    Point.__dbm[self.__key(name)] = value
```

Point 애트리뷰트를 설정(예: point.y = y)할 때마다 이 메서드가 호출된다. 여기서는 적당한 키를 얻고, 값을 설정한다. 이때 값을 (피클된) bytes로 변환하는 작업은 shelve가 담당한다.

```
atexit.register(__dbm.close)
```

Point 클래스의 끝에서는 프로그램 종료 시 호출하도록 atexit.register()를 활용해 DBM의 close() 메서드를 등록한다.

테스트 장비에서는 점이 백만 개인 경우 데이터베이스를 생성하는 데 1분 정도가 걸렸다. 하지만 프로그램은 단지 29MiB의 램(추가로 361MiB의 디스크 파일)만을 썼다. 앞에서 본 첫 번째 버전의 183MiB와 비교해 보라. 물론 DBM을 채워 넣기 위해 쓴 시간이 상당히 크기는 하지만 일단 데이터 파일이 만들어지고 나면 데이터를 찾는 속도는 충분히 빠를 것이다. 왜냐하면 운영체제에서 자주 사용되는 데이터 파일을 캐시에 저장해 두기 때문이다.

2.7 프록시 패턴

프록시(Proxy) 패턴은 다른 객체를 대신할 객체가 필요한 경우 사용한다. GoF의 디자인 패턴 책에는 네 가지 활용 사례가 나온다. 첫 번째는 원격 프록시로서 멀리 떨어진 객체에 대한 로컬 프록시를 제공한다. RPyC 라이브러리가 바로 이런 경우다. RPyC를 사용하면 서버에 객체를 만들고, 클라이언트에서는 이에 대한 프록시를 만들어 사용할 수 있다(RPyC에 대해서는 §6.2에서 다루겠다). 두 번째 활용 사례는 가상화 프록시인데, 실제 사용하려면 비용이 많이 드는 객체를 대신할 경량 객체를 만들어 정말 필요한 경우에만 고비용 객체를 만들 수 있다. 이에 대해서는 이번 절에서 살펴보겠다. 세 번째는 보호 프록시로서 클라이언트의 접근 권한에 따라 다른 수준의 권한을 부여한다. 네 번째는 스마트 참조로서 "어떤 객체에 접근할 때 추가로 필요한 동작을 수행"한다. 모든 프록시에 대해 같은 방식의 코드를 활용할 수 있다. 다만 네 번째 용례는 디스크립터[11](즉, @property 데코레이터를 사용해 객체를 프로퍼티로 대체)로도 달성할 수 있다.

프록시 패턴은 단위 테스트 시에도 활용할 수 있다. 예를 들어, 항상 사용할 수 있다는 보장이 없는 자원에 접근하는 코드나 아직 완전하지 않은 개발 중인 클래스를 테스트해야 한다면 해당 자원이나 클래스에 대한 인터페이스를 제공하는 프록시를 만들되 빠진 기능을 적당히 대체할 수 있는 코드(스텁, stub)를 포함시킬 수 있다. 이런 방식은 아주 유용하기 때문에 파이썬 3.3에서는 목(mock) 객체와 빠진 메서드에 대한 스텁을 제공하기 위한 unittest.mock 라이브러리가 추가됐다(docs.python.org/py3k/library/unittest.mock.html 참고).

이번 절에서는 실제 사용되는 것은 하나밖에 없지만 여러 이미지를 미리 만들어 둬야 한다고 가정할 것이다(짐작 차원에서). 여기서는 Image 모듈이나 그와 거의 동일하지만 더 빠른 cyImage 모듈(§3.12, §5.2.2에서 다룬다)을 사용할 수 있는데, 이들 모듈은 이미지를 메모리에 만든다. 미리 만들어둔 이미지 중에서 하나만 필요하기 때문에 가벼운 이미지 프록시를 만들고, 실제 필요한 이미지가 정해지면 그때 실제 이미지를 만들 수 있다면 좋을 것이다.

Image.Image 클래스의 인터페이스는 생성자와 load(), save(), pixel(), set_pixel(), line(), rectangle(), ellipse(), size(), subsample(), scale()라는 10개의 메서드로 구성돼 있다(이 목록에는 Image.Image.color_for_name(), Image.color_for_name()과 같이 모듈 함수로 사용 가능한 정적 함수는 포함돼 있지 않다).

---

[11] 디스크립터에 대한 설명은 Programming in Python 3, Second Edition(자세한 내용은 참고 문헌을 참고)이나 docs.python.org/3/reference/datamodel.html#descriptors에 있는 온라인 문서에서 볼 수 있다.

그림 2.8 그려진 이미지

프록시 클래스에서는 Image.Image의 메서드 가운데 꼭 필요한 것만 구현하겠다. 먼저 프록시가 어떻게 사용될지 살펴보자. 다음 코드는 imageproxy1.py에서 가져왔으며, 만들어진 이미지는 그림 2.8에서 볼 수 있다.

```
YELLOW, CYAN, BLUE, RED, BLACK = (Image.color_for_name(color)
    for color in ("yellow", "cyan", "blue", "red", "black"))
```

먼저 이미지 모듈의 color_for_name() 함수를 활용해 색 상수를 몇 가지 정의한다.

```
image = ImageProxy(Image.Image, 300, 60)
image.rectangle(0, 0, 299, 59, fill=YELLOW)
image.ellipse(0, 0, 299, 59, fill=CYAN)
image.ellipse(60, 20, 120, 40, BLUE, RED)
image.ellipse(180, 20, 240, 40, BLUE, RED)
image.rectangle(180, 32, 240, 41, fill=CYAN)
image.line(181, 32, 239, 32, BLUE)
image.line(140, 50, 160, 50, BLACK)
image.save(filename)
```

이제 이미지 프록시를 만든다. 이때 사용할 이미지 클래스를 프록시에 전달한다. 그런 다음 그림을 프록시 위에 그린다. 마지막에 결과 이미지를 저장한다. 이 코드는 ImageProxy()가 아닌 Image.Image()로 생성한 이미지와 마찬가지로 잘 동작할 것이다. 하지만 이미지 프록시를 사용했기 때문에 실제로는 save() 메서드로 저장하기 전까지는 이미지를 생성하지는 않는다. 따라서 저장 전에 이미지를 생성하는 데 들어간 비용(메모리나 처리 시간 면에서)은 아주 작다. 그리고 저장하지 않고 이미지를 버리더라도 낭비되는 것은 그리 많지 않다. 이를 메모리도 많이 소모(width x height 만큼 색을 담는 배열을 만들어야 한다)하고 마지막에 이미지를 버린다 해도 처리 비용(사각형을 채우거나 어떤 픽셀에 값이 지정됐는지 계산하는 등)도 많이 드는 Image.Image를 사용한 경우와 비교해 보자.

```python
class ImageProxy:

    def __init__(self, ImageClass, width=None, height=None, filename=None):
        assert (width is not None and height is not None) or \ filename is not None
        self.Image = ImageClass
        self.commands = []
        if filename is not None:
            self.load(filename)
        else:
            self.commands = [(self.Image, width, height)]

    def load(self, filename):
        self.commands = [(self.Image, None, None, filename)]
```

이 ImageProxy 클래스는 Image.Image를 대신한다(물론 Image 인터페이스를 지원하기만 한다면 ImageClass로 전달되는 어떤 클래스든 이를 대신할 수 있다). 물론 사용하는 쪽에서 이 프록시가 제공하는 인터페이스만으로 충분한 경우에만 대체 가능하다. ImageProxy는 이미지를 저장하지 않는 대신 커맨드의 리스트를 저장한다. 각 커맨드는 튜플로서, 첫 원소는 호출돼야 할 함수 또는 바인드되지 않은 메서드이고, 튜플의 나머지 원소는 그 함수나 메서드를 호출할 때 전달해야 할 인자다.

ImageProxy를 생성할 때 너비와 높이를 입력하거나(새 이미지를 만들기 위해) 파일명을 전달해야 한다. 파일명을 전달하면 ImageProxy.load() 호출을 통해 커맨드가 만들어진다. 이 커맨드에는 Image.Image() 생성자와 그 인자인 None(너비), None(높이), filename이 들어간다. 참고로 나중에 다시 ImageProxy.load()를 호출하면 load() 호출 이전까지의 커맨드를 모두 삭제하고, 이미지를 읽는 커맨드를 self.commands의 처음이자 유일한 커맨드로 재설정한다. 너비와 높이를 지정하면 Image.Image() 생성자를 커맨드에 저장하면서 너비와 높이 인자를 함께 저장한다.

지원하지 않는 메서드를 호출한다면(예: pixel()) 해당 메서드를 찾을 수 없을 것이며, 파이썬은 정확히 우리가 원하는 작업(AttributeError를 발생시키기)을 자동으로 수행할 것이다. 프록시에 없는 메서드를 처리하는 또 다른 방법으로는 실제 이미지를 이러한 메서드를 호출하자마자 만든 다음, 그 이후의 모든 요청을 그렇게 만들어진 실제 이미지에게 전달하는 것이다(여기에 나오지는 않지만 예제의 imageproxy2.py에서는 바로 이런 접근법을 택한다).

```python
    def set_pixel(self, x, y, color):
        self.commands.append((self.Image.set_pixel, x, y, color))
    def line(self, x0, y0, x1, y1, color):
        self.commands.append((self.Image.line, x0, y0, x1, y1, color))
    def rectangle(self, x0, y0, x1, y1, outline=None, fill=None):
        self.commands.append((self.Image.rectangle, x0, y0, x1, y1, outline, fill))
    def ellipse(self, x0, y0, x1, y1, outline=None, fill=None):
        self.commands.append((self.Image.ellipse, x0, y0, x1, y1, outline, fill))
```

Image.Image 클래스의 그리기 인터페이스는 line(), rectangle(), ellipse(), set_pixel()로 구성돼 있다. 우리가 만든 ImageProxy 클래스는 이 인터페이스를 모두 지원한다. 물론 이러한 메서드를 모두 실행하는 대신 self.commands 리스트에 커맨드와 인자를 추가하기만 한다.

```python
    def save(self, filename=None):
        command = self.commands.pop(0)
        function, *args = command
        image = function(*args)
        for command in self.commands:
            function, *args = command
            function(image, *args)
        image.save(filename)
        return image
```

어떤 이미지가 저장되는 경우에만 실제 이미지를 만들어 메모리와 처리 비용을 지불하게 된다. ImageProxy의 설계상 첫 커맨드는 항상 새로운 이미지를 만들어야(기존 파일을 읽어오거나, 너비와 높이를 가지고 새 이미지를 만들거나 함) 한다. 따라서 첫 커맨드의 반환값은 특별히 저장해야 한다. 왜냐하면 그 값이 바로 Image.Image(또는 cyImage.Image)이기 때문이다. 그다음부터는 모든 남은 커맨드를 순회하면서 순서대로 각 커맨드를 호출한다. 이때 image(첫 커맨드의 실행 결과)를 첫 번째 인자(즉, self)로 전달하는데, 각 커맨드는 바인드되지 않은 메서드이기 때문이다. 그리고 마지막으로 Image.Image.save() 메서드를 사용해 이미지를 저장한다.

Image.Image.save()는 반환값이 없다(오류 시 예외를 발생시키기는 한다). 하지만 ImageProxy에서는 이를 약간 바꿔서 추가로 처리가 필요 시 사용할 수 있게 생성된 Image.

Image를 반환하게 했다. 반환값을 무시하면 그냥 버려질 뿐이므로 이렇게 변경해도 문제가 없을 것이다(Image.Image.save()를 호출하는 쪽에서는 당연히 반환값을 무시한다). imageproxy2. py 프로그램에서는 반환값을 따로 사용하지는 않는다. 왜냐하면 이미 Image.Image의 image 프로퍼티가 있고, 거기에는 (없다면 새로 만들어진) 기존 이미지가 들어 있을 것이기 때문이다.

여기서 본 것과 같이 커맨드를 저장해 두면 다시 실행하거나 되돌릴 수 있다. 그에 대해서는 커맨드 패턴(§3.2)에서 더 자세히 다루겠다. 또한 상태 패턴(§3.8)도 참고한다.

구조 디자인 패턴은 모두 파이썬으로 구현 가능하다. 어댑터와 파사드 패턴은 클래스를 새로운 관점에서 재사용할 수 있게 만들어준다. 브리지 패턴은 어떤 클래스의 복잡한 기능을 다른 클래스에 내장시킬 수 있게 해 준다. 컴포지트 패턴을 사용하면 객체의 계층구조를 쉽게 만들 수 있다(물론 파이썬에서는 딕셔너리를 사용하는 것으로도 충분해서 사용할 일이 적기는 하지만 말이다). 데코레이터 패턴은 아주 유용하기 때문에 파이썬에서는 이를 직접적으로 지원하며, 클래스나 메서드를 확장할 때 사용하기도 한다. 객체 참조를 사용하기 때문에 파이썬 자체가 플라이웨이트 패턴의 변형을 사용한다고 볼 수 있다. 프록시 패턴을 파이썬으로 구현하는 것은 아주 쉽다. 이제 우리는 단순하거나 복잡한 객체를 만들어내는 생성 및 구조 패턴을 벗어나 각 객체나 여러 그룹의 객체가 작업을 처리하기 위해 어떻게 상호작용하는지를 다루는 영역으로 들어간다. 다음 장에서 이러한 행위 패턴에 대해 살펴보겠다.

3장

파이썬 행위 디자인 패턴

행위 패턴에서는 알고리즘과 객체 간의 상호작용을 통해 목표를 어떻게 달성하는가에 관심을 둔다. 행위 패턴은 계산 방법을 생각하고 계산을 체계화하는 강력한 방법을 제시한다. 또한 앞의 두 장에서 본 바와 같이 파이썬의 내장 문법을 활용해 이러한 패턴 중 일부를 직접적으로 지원한다.

펄 프로그래밍 언어의 잘 알려진 구호 중 하나는 "목표를 달성하는 데는 여러 가지가 있다"다. 반면 팀 피터(Tim Peter)의 "파이썬 선(禪)[1](Zen of Python)"을 보면 "목표를 달성하는 분명한 방법이 (유일하다면 더 좋다) 있기 마련이다"라는 말이 있다. 물론 다른 모든 프로그래밍 언어와 마찬가지로 파이썬에서도 목표를 달성하는 방법이 두 가지 이상일 때가 있다. 특히 (리스트) 내장(Comprehension)의 도입(내장 또는 for 루프)과 제너레이터(제너레이터 식이나 yield 명령이 포함된 함수)가 도입된 이후로는 더욱 그렇다. 또한 이번 장에서 보겠지만 파이썬이 코루틴을 지원하게 되면서 어떤 과업을 수행하는 새로운 방법이 하나 더 생겼다.

3.1 책임 사슬 패턴

책임 사슬(Chain of Responsibility) 패턴은 요청을 보내는 발신자와 그 요청을 처리하는 수신자를 분리하기 위해 고안된 패턴이다. 따라서 한 함수가 다른 함수를 직접 호출하는 대신, 첫 함수가

---

[1] "파이썬 선"을 보려면 import this를 파이썬 인터프리터에서 입력하면 된다.

일련의 수신자에게 요청을 보낸다. 요청 처리 사슬에 있는 첫 수신자는 그 요청을 처리하고 요청의 연쇄를 멈추거나(요청을 전달하지 않으면 된다), 요청을 연결 사슬의 다음 수신자에게 넘길 수 있다. 두 번째와 그 이후의 수신자들도 마찬가지로 이 같은 선택을 할 수 있다. 이러한 과정은 맨 마지막 수신자에 이를 때까지 계속된다(마지막 수신자는 전달된 요청을 무시해 버리거나 예외를 발생시킬 수 있다).

처리할 이벤트가 있는 사용자 인터페이스가 있다고 가정하자. 일부 이벤트는 사용자가 발생시키며(예: 마우스나 키보드 이벤트), 일부는 시스템이 발생시킨다(예: 타이머). 다음 두 절에서는 먼저 이벤트 처리 사슬을 만드는 일반적인 접근법을 살펴본 후 코루틴을 사용한 파이프라인 기반의 접근법을 살펴보겠다.

3.1.1 일반적인 사슬

이 절에서는 각 이벤트마다 대응하는 처리 클래스가 있는 일반적인 이벤트 처리 사슬을 살펴보겠다.

```
handler1 = TimerHandler(KeyHandler(MouseHandler(NullHandler())))
```

이 코드는 네 가지 핸들러 클래스를 각각 설정하는 방법을 보여준다. 사슬은 그림 3.1에 있다. 처리되지 않은 이벤트는 버릴 것이므로 MouseHandler의 인자로 None을 전달해도(또는 아무것도 전달하지 않아도) 무방할 것이다.

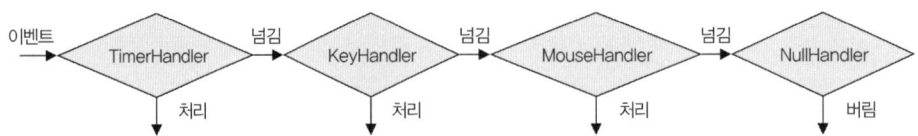

그림 3.1 이벤트 처리 사슬

각 핸들러는 자신이 처리하기로 지정한 이벤트만 처리하기 때문에 핸들러를 만드는 순서는 문제가 되지 않는다.

```
while True:
    event = Event.next()
    if event.kind == Event.TERMINATE:
        break
    handler1.handle(event)
```

이벤트는 보통 루프에서 처리한다. TERMINATE 이벤트를 받으면 루프에서 나와 애플리케이션을 중단한다. 그렇지 않은 경우에는 이벤트를 이벤트 처리 사슬에 넘긴다.

```
handler2 = DebugHandler(handler1)
```

여기서는 새 핸들러를 만들었다(다시 handler1에 할당했다면 처리가 더 쉬웠을 것이다). 이 핸들러는 처리 사슬에 들어가는 이벤트를 살펴보고 보고해야 하기 때문에 처리 사슬의 맨 앞에 있어야만 한다.

이제 루프의 핸들러 호출 부분에서 handler2.handle(event)를 호출하도록 바꾸면 어떤 이벤트가 발생했는지 살펴볼 수 있는 디버깅 출력을 볼 수 있다.

```
class NullHandler:
    def __init__(self, successor=None):
        self.__successor = successor

    def handle(self, event):
        if self.__successor is not None:
            self.__successor.handle(event)
```

이 클래스는 모든 이벤트 핸들러의 기반 클래스로서 이벤트 처리를 위한 기반구조를 제공한다. 인스턴스를 생성할 때 successor 핸들러를 지정할 경우 이 인스턴스에 이벤트가 도착하면 이벤트를 단지 successor에 전달해 주기만 한다. 만약 successor가 없다면 이벤트를 무시한다. 이것은 GUI 프로그래밍할 때 표준으로 자리 잡은 이벤트 처리 방법이다. 하지만 처리되지 않은 이벤트에 대해 로그를 남기거나 예외를 발생시키는 것도 아주 쉽게 할 수 있다(예: 서버에서 실행되는 경우).

```python
class MouseHandler(NullHandler):
    def handle(self, event):
        if event.kind == Event.MOUSE:
            print("Click:   {}".format(event))
        else:
            super().handle(event)
```

__init__() 메서드를 재정의하지 않기 때문에 상위 클래스의 생성자를 사용한다. 따라서 self.__successor 변수도 제대로 만들어질 것이다.

이 핸들러 클래스는 관심이 있는 이벤트(여기서는 Event.MOUSE)만 처리하고, 다른 이벤트는 처리 사슬의 다음에 있는 successor에 넘긴다(물론 successor가 있는 경우에만 그렇다).

KeyHandler와 TimerHandler클래스도 MouseHandler와 같은 구조다(책에 싣지는 않았지만). 이러한 클래스는 반응하는 이벤트의 종류(이를테면, Event.KEYPRESS나 Event.TIMER)와 처리 방법만 다를 뿐이다(이 예제에서는 출력하는 메시지가 달라진다).

```python
class DebugHandler(NullHandler):
    def __init__(self, successor=None, file=sys.stdout):
        super().__init__(successor)
        self.__file = file

    def handle(self, event):
        self.__file.write("*DEBUG*: {}\n".format(event))
        super().handle(event)
```

DebugHandler 클래스는 모든 이벤트를 처리하고, 이벤트 처리 사슬의 맨 앞에 있어야 한다는 점에서 나머지 클래스와는 다르다. 이 클래스는 이벤트를 보고할 파일 또는 유사 파일 객체를 받게 돼 있다. 이벤트가 도착하면 이벤트를 기록하고, 다음 핸들러에 이벤트를 넘긴다.

3.1.2 코루틴 기반 사슬

제너레이터란 return문 대신 하나 이상의 yield문을 포함한 함수나 메서드를 의미한다. yield에 도달할 때마다 yield에 지정한 값이 만들어지고 해당 함수나 메서드는 현재 상태를 보존하고 잠시 일시 정지(suspend)한다. 이 시점에서 함수는 프로세서(또는 만든 값을 받아야 하는 수신 함수)에 제어를 넘긴다. 따라서 일시 정지가 되긴 했지만 블록된 것은 아니다. 그 후 해당 함수나 메서드를 다시 호출하면 앞에서 yield했던 지점부터 실행을 재개한다. 따라서 제너레이터를 순회하거나(가령 for value in generator: 구문을 이용해), 제너레이터를 대상으로 next()를 호출하면 값을 계속 꺼내올 수 있다.

코루틴(coroutine)은 제너레이터와 똑같이 yield 문을 사용한다. 하지만 동작 방식은 다르다. 코루틴은 무한 루프를 돌며 첫 번째(또한 유일한) yield 식에서 일시 정지하고 값이 도착하길 기다린다. 외부에서 도착한 값은 코루틴의 yield 식의 값이 된다. 값을 받아서 원하는 처리를 하고 나면, 다시 루프를 돌고, yield를 만나면 새로운 값이 들어올 때까지 또 기다린다. 코루틴에 값을 전달하려면 코루틴의 send()나 throw() 메서드를 호출해야 한다.

파이썬에서 yield가 있는 함수나 메서드는 모두 제너레이터다. 하지만 @coroutine 데코레이터와 무한 루프를 사용하면 제너레이터를 코루틴으로 바꿀 수 있다(데코레이터와 @functools.wraps 데코레이터에 대해서는 이미 §2.4에서 살펴봤다).

```
def coroutine(function):
    @functools.wraps(function)
    def wrapper(*args, **kwargs):
        generator = function(*args, **kwargs)
        next(generator)
        return generator
    return wrapper
```

wrapper는 generator 함수를 한 번만 호출하고, generator변수에 함수를 저장한다. 따라서 이 generator는 실제로는 원래의 function과 그 내부의 지역 변수의 상태를 잡아둔 것이다. 그다음 wrapper는 next() 함수를 호출해 generator를 한 단계 진행시킨다(function안의 첫 번째 yield 식까지). 그 후 generator를 반환한다(이때 상태가 보존돼 있다는 점을 기억하자). 이렇게 반환한 generator는 첫 번째(또는 유일한) yield식으로부터 값을 건네받을 준비가 된 코루틴이 된다.

generator를 호출하면 아까 실행을 일시 정지한 지점(즉, 마지막으로 실행한 yield 문 다음)부터 실행을 재개한다. 이때 값을 코루틴에 전달하면(이때는 파이썬의 generator.send(value)를 사용해야 한다), 이 value를 코루틴 내부에 현재 yield 식의 결과 값으로 전달하며, 그 지점부터 실행을 재개한다.

코루틴에 값을 넘길 수도 있고, 코루틴에서 값을 받을 수도 있다. 따라서 이런 성질을 이용해 이벤트 처리 사슬과 같은 다양한 파이프라인을 만들 수 있다. 코루틴을 사용하면 파이썬의 제너레이터 문법을 사용하기 때문에 successor를 사용한 기반 구조를 만들 필요도 없어진다.

```
pipeline = key_handler(mouse_handler(timer_handler()))
```

여기서는 함수 합성을 사용해 처리 사슬(pipeline)을 만들었다. 이벤트 함수 호출은 코루틴이기 때문에 각 함수는 첫 번째(또는 유일한) yield 식까지 진행한 다음 값을 밖으로 내보내거나 외부에서 받아들일 준비가 된 상태로 실행을 일시 정지한다. 따라서 pipeline은 즉각적으로 만들어지고, 스레드는 블록되지 않는다.

널 핸들러를 정의하지 않고 사슬의 마지막 핸들러에게 아무것도 넘기지 않는다. 각 핸들러가 동작하는 방식은 나중에 전형적인 핸들러 코루틴(key_handler())을 살펴보면 이해할 수 있을 것이다.

```
while True:
    event = Event.next()
    if event.kind == Event.TERMINATE:
        break
    pipeline.send(event)
```

일반적인 방식과 마찬가지로 사슬이 이벤트를 처리할 준비가 되고 나면 루프를 사용해 이벤트를 처리한다. 이벤트 함수는 코루틴(제너레이터 함수)이기 때문에 send() 메서드를 사용할 수 있다. 따라서 처리할 이벤트가 도착할 때마다 send()를 통해 pipeline에 이벤트를 보낸다. 이 예제에서는 이벤트를 맨 처음에 key_handler() 코루틴에 전달하고, key_handler() 코루틴에서는 이벤트를 처리하거나 다음 사슬로 전달할 것이다. 앞에서와 마찬가지로 이벤트 핸들러를 호출하는 순서는 문제가 되지 않는다.

```
pipeline = debug_handler(pipeline)
```

이것이 바로 핸들러를 호출하는 순서가 문제가 되는 유일한 경우다. debug_handler() 코루틴은 발생한 이벤트를 감시하고 다음 핸들러에 넘기는 것이 목적이기 때문에 사슬의 첫 번째 핸들러여야만 한다. 이벤트 처리 사슬 pipeline을 새로 만든 다음 이벤트 루프를 시작하되, 각 이벤트를 pipeline.send(event)를 통해 해당 사슬에 전달한다.

```python
@coroutine
def key_handler(successor=None):
    while True:
        event = (yield)
        if event.kind == Event.KEYPRESS:
            print("Press:    {}".format(event))
        elif successor is not None:
            successor.send(event)
```

이 코루틴에서는 이벤트를 전달할 successor(None일 수도 있다)를 받은 다음 무한루프를 시작한다. @coroutine 데코레이터를 사용했기 때문에 key_handler()를 yield 식까지 실행한다. 따라서 사슬이 만들어진 시점에서 이 함수는 yield까지 실행된 다음에 블록되어 yield식에 값을 전달(send를 통해)하길 기다린다(물론 코루틴 함수만 블록되지 프로그램 전체가 블록되는 것은 아니다).

이 코루틴에 값이 전달되면(직접 전달되거나 처리 사슬 안의 다른 코루틴이 전달할 수 있다) 그 값은 event에 저장된다. event가 이 코루틴에서 처리해야 하는 종류(즉, Event.KEYPRESS)라면 처리(여기서는 단지 이벤트 내용을 출력하기만 한다)한 다음 더는 이벤트 처리 사슬을 따라 전달하지 않는다. 처리 대상 이벤트가 아닌 이벤트를 받았는데, successor 코루틴을 지정해 뒀다면 send()를 사용해 successor에게 이벤트를 전달한다. 만약 successor가 지정돼 있지 않다면 이벤트는 처리되지 않고 버려진다.

이벤트를 처리하거나 전달하거나 버린 다음 코루틴은 while 루프의 맨 앞으로 돌아가며 루프 안에서 yield 문을 만나면 다시 값을 전달할 때까지 기다린다.

mouse_handler()와 timer_handler() 코루틴(여기서 따로 표시하지는 않았다) 또한 key_handler()와 동일한 구조다. 단지 처리 대상 이벤트와 출력하는 메시지만 다를 뿐이다.

```python
@coroutine
def debug_handler(successor, file=sys.stdout):
    while True:
        event = (yield)
        file.write("*DEBUG*: {}\n".format(event))
        successor.send(event)
```

debug_handler()는 이벤트가 도착할 때까지 기다렸다가 이벤트가 도착하면 이벤트의 정보를 자세히 출력하고 다음 코루틴에게 이벤트를 전달한다.

코루틴과 제너레이터는 같은 명령을 활용하지만 동작 방식이 다르다. 일반적인 제너레이터의 경우 한 번에 하나씩 값을 당겨온다(예: for x in range(10):). 하지만 코루틴의 경우 send()를 활용해 한 번에 하나씩 값을 밀어넣어준다. 이러한 다재다능함 덕분에 파이썬을 이용하면 다양한 알고리즘을 아주 깔끔하고 자연스럽게 표현할 수 있다. 예를 들어, 이번 절에서 설명한 코루틴 기반 사슬은 앞에서 설명한 일반적인 사슬 구조에 비해 더 적은 코드로 구현할 수 있다.

나중에 조정자 패턴(§3.5)을 다룰 때 코루틴을 한번 더 활용할 것이다.

책임 사슬 패턴은 여기서 설명하지 않은 다른 상황에도 얼마든지 적용할 수 있다. 예를 들어, 이 패턴을 서버로 전달한 외부 요청을 처리하는 데 사용할 수도 있을 것이다.

3.2 커맨드 패턴

커맨드(Command) 패턴은 일련의 동작[2]을 객체에 넣는 데 사용된다. 커맨드를 객체로 넣어두면 나중에 순서대로 실행하기 위한 명령 목록을 구성하거나 되돌리기가 가능한 명령을 만드는 등이 가능하다. ImageProxy 예제(§2.7)에서 이미 커맨드 패턴을 본 적이 있다. 이번 절에서는 한 단계 더 나아가 되돌리기 가능한 개별 커맨드와 되돌리기 가능한 커맨드 매크로(즉, 되돌리기 가능한 커맨드가 순서대로 열거된 목록)를 어떻게 만드는지 살펴본다.

그림 3.2 격자 실행과 되돌리기

---

[2] (옮긴이) 커맨드라는 말이 명령이라는 뜻이긴 하지만, 커맨드 객체 안에는 꼭 하나의 명령만 들어가라는 법은 없다. 일련의 동작을 한 단위로 묶어서 커맨드라 부를 수 있다. 마치 여러 명령문이나 식을 묶어서 함수를 만드는 것과 비슷하다.

먼저 커맨드 패턴의 예제를 하나 살펴보고, 그 안에서 사용된 클래스(UndoableGrid와 Grid)와 실행-되돌리기 기능과 매크로 기능을 제공하는 Command 모듈에 대해 살펴보겠다

```
grid = UndoableGrid(8, 3)                              # (1) 비어있음
redLeft = grid.create_cell_command(2, 1, "red")
redRight = grid.create_cell_command(5, 0, "red")
redLeft()                                              # (2) 셀을 붉게 칠하기
redRight.do()                                          # redRight()로 호출할 수도 있음
greenLeft = grid.create_cell_command(2, 1, "lightgreen")
greenLeft()                                            # (3) 셀을 녹색으로 칠하기
rectangleLeft = grid.create_rectangle_macro(1, 1, 2, 2, "lightblue")
rectangleRight = grid.create_rectangle_macro(5, 0, 6, 1, "lightblue")
rectangleLeft()                                        # (4) 파란 사각형 만들기
rectangleRight.do()                                    # rectangleRight()로도 호출할 수 있음
rectangleLeft.undo()                                   # (5) 왼쪽 파란 사각형 되돌리기
greenLeft.undo()                                       # (6) 왼쪽 녹색 셀 되돌리기
rectangleRight.undo()                                  # (7) 오른쪽 파란 사각형 되돌리기
redLeft.undo()                                         # (8) 빨간 셀 되돌리기
redRight.undo()
```

그림 3.2는 프로그램 실행 중 8가지 서로 다른 시점에 HTML로 표현된 격자를 보여준다. 첫 번째는 격자가 만들어진 바로 다음을 보여준다(이때 격자는 비어있다). 그다음부터는 어떤 명령어나 매크로를 만들어 실행(do() 메서드를 호출함)하거나 되돌리기(undo() 메서드를 호출함)한 다음에 격자가 어떻게 변화하는지 보여준다.

```python
class Grid:

    def __init__(self, width, height):
        self.__cells = [["white" for _ in range(height)]
                        for _ in range(width)]

    def cell(self, x, y, color=None):
        if color is None:
            return self.__cells[x][y]
        self.__cells[x][y] = color

    @property
    def rows(self):
        return len(self.__cells[0])
```

```python
    @property
    def columns(self):
        return len(self.__cells)
```

이 Grid 클래스는 색 이름 리스트의 리스트를 저장하는 이미지와 비슷한 클래스다.

cell() 메서드는 게터와 세터로 사용할 수 있다. Color를 None으로 지정하면 게터이고, color에 적당한 값을 지정하면 세터다. rows와 columns는 읽기 전용이며, 그리드의 차원(행과 열 수)을 반환한다.

```python
class UndoableGrid(Grid):

    def create_cell_command(self, x, y, color):
        def undo():
            self.cell(x, y, undo.color)
        def do():
            undo.color = self.cell(x, y) # 중요함!
            self.cell(x, y, color)
        return Command.Command(do, undo, "Cell")
```

Grid가 되돌리기를 지원하도록 메서드가 두 개 추가된 하위 클래스를 만든다. 그 중 첫 번째 메서드를 여기서 볼 수 있다.

모든 커맨드는 Command.Command나 Command.Macro 타입이어야 한다. Command는 do와 undo 호출 가능 객체 및 설명을 인자로 받는다. Macro는 설명과 하나 이상의 Command.Command를 받는다.

create_cell_command() 메서드는 설정할 셀의 위치와 색을 받아서 Command.Command 클래스에 지정할 do와 undo 함수를 만든다. 두 명령 모두 주어진 셀의 색을 지정한다.

물론 do()와 undo() 함수가 만들어지는 시점에서는 do() 명령이 실행되기 직전에 셀이 어떤 색인지 알 수 없다. 따라서 undo()를 실행할 때 어떤 색으로 셀을 변경해야 할지도 알 수 없다. 이 문제는 do() 함수 내부(실제 do()를 호출할 때)에서 셀의 색(color 프로퍼티)을 가져와 undo() 함수의 애트리뷰트로 지정하는 방식으로 해결한다. 기존 색을 저장한 다음에야 셀의 색을 바꿀 수 있다. 참고로 do() 함수는 클로저라서 x, y, color뿐 아니라 방금 만들어진 undo() 함수에 대한 참조도 함께 저장하고 있기 때문에 이러한 동작이 가능하다.

do()와 undo()를 만들고 나면 이 두 함수와 간단한 설명을 포함한 새로운 Command.Command 객체를 만들어서 반환한다.

```python
def create_rectangle_macro(self, x0, y0, x1, y1, color):
    macro = Command.Macro("Rectangle")
    for x in range(x0, x1 + 1):
        for y in range(y0, y1 + 1):
            macro.add(self.create_cell_command(x, y, color))
    return macro
```

이 메서드는 UndoableGrid의 두 번째 실행-되돌리기 커맨드다. 이 메서드는 지정된 좌표에 따라 사각형을 그리는 매크로를 만든다. 각 셀을 색칠하기 위해 앞에서 본 함수(create_cell_command())로 셀 커맨드를 만들어 매크로에 추가한다. 모든 커맨드가 다 만들어지면 매크로를 반환한다.

앞으로 살펴보겠지만 커맨드와 매크로는 모두 do()와 undo() 메서드를 지원한다. 커맨드와 매크로가 제공하는 메서드가 같고, 매크로는 여러 커맨드로 이뤄져 있기 때문에 이 둘 간의 관계는 컴포지트(§2.3) 패턴의 일종이다.

```python
class Command:
    def __init__(self, do, undo, description=""):
        assert callable(do) and callable(undo)
        self.do = do
        self.undo = undo
        self.description = description

    def __call__(self):
        self.do()
```

Command.Command는 두 가지 콜백이 필요하다. 첫 번째는 "do"이고, 두 번째는 "undo"다(callable() 함수는 파이썬 3.3의 내장 함수로서, 3.3 이전 버전에서는 with: def callable(function): return isinstance(function, collections.Callable)와 같은 구문으로 같은 역할을 하는 함수를 만들 수 있다).

Command.Command는 단순히 그 객체를 호출(특수 메서드인 __call__()을 정의했기 때문에 가능하다)하거나 do() 메서드를 호출함으로써 활용할 수 있다. 이를 되돌리려면 undo() 메서드를 호출해야 한다.

```python
class Macro:
    def __init__(self, description=""):
        self.description = description
        self.__commands = []

    def add(self, command):
        if not isinstance(command, Command):
            raise TypeError("Expected object of type Command, got {}".
                    format(type(command).__name__))
        self.__commands.append(command)

    def __call__(self):
        for command in self.__commands:
            command()
    do = __call__

    def undo(self):
        for command in reversed(self.__commands):
            command.undo()
```

Command.Macro 클래스는 실행 또는 되돌리기를 해야 하는 일련의 명령을 한 동작[3]으로 다루는 데 사용된다. Command.Macro는 Command.Command와 똑같이 do()와 undo()를 제공하며, 직접 호출할 수도 있다. 이에 더해 Command.Command를 추가할 수 있는 add() 메서드도 제공한다.

매크로를 되돌리려면 각 커맨드를 역순으로 실행해야 한다. 예를 들어, 매크로를 만들고 커맨드 A, B, C를 차례로 추가했다고 하자. 이 매크로를 실행했다면(즉, do() 메서드나 해당 매크로를 호출했다면) A, B, C 커맨드를 순서대로 실행할 것이다. 따라서 undo()를 호출할 때는 C, B, A의 순서대로 각 커맨드의 undo()를 실행해야만 한다.

---

[3] 비록 하나의 동작이라고 이야기하고 있긴 하지만 동시성 측면에서 볼 때 매크로의 동작은 원자성이 보장되지 않는다. 물론 원한다면 락을 적절히 사용해 원자성을 보장할 수도 있다.

파이썬에서는 함수나 바운드된 메서드, 다른 호출 가능 객체는 일급 객체(first class object)이기 때문에 리스트나 딕셔너리 같은 자료구조에 저장하거나 함수로 전달할 수 있다. 이러한 특성 때문에 파이썬은 커맨드 패턴을 구현하기에 가장 이상적인 언어라 할 수 있다. 여기서 보여준 바와 같이 커맨드 패턴은 나중에 실행하기 위한 매크로를 만들 때 활용할 수 있을뿐더러 실행 및 되돌리기 기능 등에도 아주 멋지게 활용할 수 있다.

3.3 인터프리터 패턴

인터프리터(Interpreter) 패턴은 사용자에게 문자열이 아닌 값을 애플리케이션에 입력할 수 있는 수단을 제공하고, 사용자가 애플리케이션을 프로그래밍할 수 있게 하는 데 사용된다.

가장 기본적인 경우 애플리케이션은 사용자가(또는 다른 프로그램이) 입력한 문자열을 받아 적절히 해석(또는 실행)한다. 예를 들어, 사용자로부터 정수를 표현하는 문자열을 입력받았다고 해보자. 정수 값을 얻는 가장 쉬운(하지만 어리석은) 방법은 i = eval(userCount)를 실행하는 것이다. 사용자 입력이 "1234"와 같은 무해한 문자열이 아니라 "os.system('rmdir /s /q C:\WWWW')" 같은 문자열일 수도 있기 때문에 이런 접근법은 매우 위험하다.

일반적으로 어떤 문자열이 특정 데이터 타입의 값을 표현하고 있다면 파이썬을 활용해 쉽고 안전하게 그 값을 구할 수 있다.

```
try:
    count = int(userCount)
    when = datetime.datetime.strptime(userDate, "%Y/%m/%d").date()
except ValueError as err:
    print(err)
```

위 코드에서는 파이썬을 활용해 각각 정수(int)와 날짜(datetime.date)로 문자열을 파싱한다.

물론 때로는 문자열에서 값을 구하는 것 이상의 작업이 필요할 때도 있다. 예를 들어, 계산 기능이 포함된 애플리케이션을 개발하거나, 사용자가 애플리케이션 데이터에 적용할 코드를 작성하도록 만들어 줄 필요가 있을 수도 있다. 이 같은 요구사항을 처리하는 가장 흔한 방법은 DSL(도메인 특화 언어, Domain Specific Language)을 사용하는 것이다. 파이썬을 이용하면 별도의 도구(이를 테면 재귀 하향 파서) 없이도 DSL을 만들 수 있다. 하지만 PLY(www.dabeaz.com/ply), PyParsing(pyparsing.wikispaces.com) 등의 외부 파싱 라이브러리를 활용하면 훨씬 간편할 것이다[4].

애플리케이션 사용자를 신뢰할 수 있다면 사용자에게 파이썬 인터프리터에 접근할 수 있게 권한을 줄 수도 있다. 파이썬에 포함돼 있는 IDLE IDE(통합 개발 환경, Integrated Development Environment)이 바로 이런 일을 한다. 물론 IDLE은 코드를 별도의 프로세스로 실행하기 때문에 해당 프로세스가 잘못되어 멈추더라도 IDLE 자체는 영향을 받지 않는다.

3.3.1 eval()을 이용한 식 계산

내장 eval() 함수는 문자열을 식으로 계산해 결과를 반환한다(이때 eval에 전달하는 전역/지역 컨텍스트를 활용한다). eval() 함수만으로도 이번 절에서 살펴볼 간단한 계산기 애플리케이션(calculator.py)을 충분히 만들 수 있다. 먼저 실행 예를 살펴보자.

```
$ ./calculator.py
Enter an expression (Ctrl+D to quit): 65
A=65
ANS=65
Enter an expression (Ctrl+D to quit): 72
A=65, B=72
ANS=72
Enter an expression (Ctrl+D to quit): hypotenuse(A, B)
name 'hypotenuse' is not defined
Enter an expression (Ctrl+D to quit): hypot(A, B)
A=65, B=72, C=97.0
ANS=97.0
Enter an expression (Ctrl+D to quit): ^D
```

사용자는 직각삼각형의 두 변을 입력하고, math.hypot() 함수를 호출해(한번 실수를 한 다음) 빗변의 길이를 계산한다. 각 식이 입력되면 calculator.py 프로그램은 지금까지 만들어진 변수(사

---

4 파싱과 PLY, PyParsing의 사용법 등은 "Programming in Python 3, Second Edition"에서 다룬 바 있다. 자세한 사항은 참고 도서를 확인한다.

용자가 사용할 수 있는)와 입력된 현재 식의 계산 결과를 출력한다(사용자 입력 텍스트는 굵게 표시했다. 엔터는 따로 표시하지 않았지만 줄의 끝에 입력한 것이다. Ctrl+D는 ˆD로 표시했다).

계산기를 가능한 한 편리하게 만들기 위해 입력한 각 식을 계산한 결과를 A, B, C 순서로 변수에 저장한다. Z에 도달하면 다시 A부터 시작한다. 또한 모든 math 모듈의 함수와 상수(예: hypot(), e, pi, sin() 등)를 계산기에 임포트해서 사용자가 별도로 모듈 이름을 쓰지 않더라도 이것들을 활용할 수 있게 했다(즉, math.cos()가 아니라 cos()라고 쓰면 된다).

사용자가 계산할 수 없는 문자열을 입력하면 오류를 출력한 다음 프롬프트를 표시한다. 이때 기존 컨텍스트는 그대로 유지한다.

```python
def main():
    quit = "Ctrl+Z,Enter" if sys.platform.startswith("win") else "Ctrl+D"
    prompt = "Enter an expression ({} to quit): ".format(quit)
    current = types.SimpleNamespace(letter="A")
    globalContext = global_context()
    localContext = collections.OrderedDict()
    while True:
        try:
            expression = input(prompt)
            if expression:
                calculate(expression, globalContext, localContext, current)
        except EOFError:
            print()
            break
```

사용자 입력의 끝은 EOF(End of File)로 감지한다. 따라서 이 계산기 애플리케이션을 대화형으로 활용할 수도 있지만, 셸 파이프라인을 이용하거나, 파일로부터 리다이렉션된 입력을 활용할 수도 있다.

계산이 진행됨에 따라 각 변수(A, B등)를 업데이트하기 위해서는 현재 사용 가능한 변수의 이름을 유지해야 한다. 하지만 이를 단순히 문자열로 전달할 수는 없다. 왜냐하면 문자열은 복사만 되고 변경되지는 않기 때문이다. 전역변수를 활용하면 되겠지만 좋은 방법은 아니다. 더 나은 일반적인 방법은 current = ["A"]와 같이 원소를 하나만 가진 리스트를 만드는 것이다. 이 리스트는 변수로 전달할 수도 있고, current[0]라는 식을 사용해 값을 읽거나 쓸 수도 있다.

이 예제에서는 최근 방식인 네임스페이스를 활용한다. 작은 네임스페이스를 만들고 그 안에 유일한 애트리뷰트인 letter를 만들어 그 값을 "A"로 설정한다. 이 네임스페이스의 인스턴스인 current는 쉽게 전달할 수 있고 애트리뷰트의 값은 current.letter를 통해 읽거나 쓸 수 있다.

types.SimpleNamespace 클래스는 파이썬 3.3에 도입됐으며, 이전 버전에서는 current = type("_", (), dict(letter="A"))()과 같은 식으로 동일한 효과를 얻을 수 있다. 이렇게 하면 _라는 이름의 클래스가 만들어지고 그 클래스 안에는 초깃값이 "A"인 letter라는 애트리뷰트가 하나 생긴다. 내장 type() 함수는 인자가 하나인 경우 해당 객체의 타입을 반환하며, 클래스 이름과 기반 클래스의 튜플, 애트리뷰트의 딕셔너리를 인자로 받은 경우 새 클래스를 만들어 반환한다. 여기서는 인스턴스만 있으면 되고 클래스 자체는 필요하지 않으므로 type()을 호출한 경우 바로 해당 클래스 자체를 호출해 인스턴스를 만든다(맨 뒤의 괄호가 바로 이 호출 부분이다). 만들어진 인스턴스는 current에 저장한다.

파이썬에서는 globals() 내장 함수를 활용해 현재 전역 컨텍스트를 가져올 수 있다. 이 함수는 변경 가능한 딕셔너리를 반환한다(§1.3에서 본 바와 같이 딕셔너리에 원소를 추가할 수 있다). 또한 파이썬에서는 지역 컨텍스트를 반환하는 locals() 함수도 제공하지만 이때 반환하는 딕셔너리를 절대 변경해서는 안 된다.

우리에게 필요한 것은 math 모듈의 상수와 함수가 모두 포함된 전역 컨텍스트와 비어있는 지역 컨텍스트다. 전역 컨텍스트는 딕셔너리여야만 한다. 하지만 지역 컨텍스트는 다른 형식의 매핑 객체를 활용해도 무방하다. 여기서는 지역 컨텍스트에 대해 원소를 추가하는 순서에 따라 정렬되는 collections.OrderedDict을 활용했다.

대화식으로도 활용할 수 있게끔 EOF를 입력하면 종료하는 이벤트 루프를 만들었다. 루프 안에서 사용자 입력을 기다리는 프롬프트를 출력하고(실행을 종료하는 방법도 알려준다), 사용자가 텍스트를 입력하면 calculate() 함수를 호출해 계산한 다음 결과를 출력한다.

```python
import math

def global_context():
    globalContext = globals().copy()
    for name in dir(math):
        if not name.startswith("_"):
            globalContext[name] = getattr(math, name)
    return globalContext
```

이 도우미 함수는 프로그램의 전역 모듈, 함수, 변수를 (얕게) 복사해 저장하는 딕셔너리를 만든다. 그 후 모든 math 모듈에 있는 모든 공용 상수와 함수를 순회하면서 각 짧은 이름과 실제 math 모듈 상수나 함수에 대한 참조를 globalContext에 등록한다. 따라서 이름이 "factorial"이라면 globalContext에는 "factorial"을 키 값으로 math.factorial() 함수에 대한 참조를 등록한다. 이렇게 하면 계산기가 "factorial"이라는 이름으로 해당 함수를 활용할 수 있게 된다.

더 간단한 접근법은 from math import *를 한 다음, globals()를 바로 활용하는 것이다. 이렇게 하면 globalContext가 필요하지 않다. math 모듈의 경우라면 이렇게 해도 문제가 없을 것이다. 하지만 우리가 택한 방식을 따른다면 필요에 따라 더 세밀한 제어가 가능하다.

```python
def calculate(expression, globalContext, localContext, current):
    try:
        result = eval(expression, globalContext, localContext)
        update(localContext, result, current)
        print(", ".join(["{}={}".format(variable, value)
                for variable, value in localContext.items()]))
        print("ANS={}".format(result))
    except Exception as err:
        print(err)
```

이 함수는 파이썬에게 앞에서 만든 전역, 지역 딕셔너리를 활용해 expression 문자열을 계산하도록 요청한다. eval()이 성공해서 나온 결과값을 가지고 지역 컨텍스트를 변경한 다음 변수와 결과를 출력한다. 만약 예외가 발생하면 이를 화면에 출력한다. 지역 컨텍스트에는 collections. OrderedDict를 사용하고 있기 때문에 items() 메서드는 별도로 정렬하지 않아도 입력한 순서대로 원소를 돌려준다(일반적인 딕셔너리를 사용한다면 sorted(localContext.items())를 호출해야만 한다).

Exception을 활용해 모든 예외를 잡아내는 것은 아주 나쁜 습관이긴 하다. 하지만 여기서는 사용자가 입력한 식에서 발생할 수 있는 예외를 한정할 수 없기 때문에 이렇게 하는 것이 더 타당하다.

```python
def update(localContext, result, current):
    localContext[current.letter] = result
    current.letter = chr(ord(current.letter) + 1)
    if current.letter > "Z": # 26개까지의 변수만 지원하자
        current.letter = "A"
```

이 함수는 다음 변수의 이름을 A ... Z A ... Z ... 순서로 순환해 사용한다. 따라서 사용자가 26개의 식을 입력했다면 마지막 식의 결과를 Z에 저장하고, 그다음에 사용자가 입력한 식의 결과는 다시 A에 저장한다.

eval() 함수는 파이썬 식이라면 아무것이나 계산할 수 있다. 그래서 신뢰할 수 없는 사람이 입력한 식이라면 위험할 수 있다. 이에 대한 대안은 표준 라이브러리에 있는 더 안전하게 제약을 가한 ast.literal_eval() 함수를 활용하는 것이다.

3.3.2 exec()를 이용한 코드 실행

내장 exec() 함수를 활용해 임의의 파이썬 코드를 실행할 수도 있다. eval()과 달리 exec()는 여러 식이나 문장을 실행할 수도 있고 항상 None을 반환한다. eval()과 마찬가지로 exec()에도 딕셔너리를 활용해 전역 및 지역 컨텍스트를 전달할 수 있다. 결과는 exec()에 전달한 지역 컨텍스트에 담겨서 반환된다.

이번 절에서는 genome1.py 프로그램을 살펴보겠다. 이 프로그램에서는 genome 변수를 만들고(이 안에는 A, C, G, T 글자로 이뤄진 임의의 문자열이 들어간다), genome을 사용하는 8가지 코드를 실행할 것이다.

```
context = dict(genome=genome, target="G[AC]{2}TT", replace="TCGA")
execute(code, context)
```

위 코드는 context 딕셔너리를 만드는 방법과 사용자 프로그램 code를 지정한 context 에서 실행하는 방법을 보여준다.

```
RANSFORM, SUMMARIZE = ("TRANSFORM", "SUMMARIZE")
Code = collections.namedtuple("Code", "name code kind")
```

사용자는 위에서 지정한 "Code"라는 이름이 붙은 튜플 형태로 코드를 정의한다. 튜플은 코드를 설명하는 이름을 나타내는 name, 코드 자체(문자열)인 code, 그리고 TRANSFORM이나 SUMMARIZE 중 하나인 kind로 구성된다. 프로그램을 실행하면 사용자 코드는 결과 값을 만들어내거나 예외 객체를 만들어낼 것이다. 코드가 TRANSFORM이라는 범주라면 결과는 새로운 유전자 문자열이며, SUMMARIZE라면 결과는 숫자다. 물론 사용자가 이런 요구사항을 만족하지 않는 코드를 입력하더라도 견고하도록 프로그램을 작성할 것이다.

```python
def execute(code, context):
    try:
        exec(code.code, globals(), context)
        result = context.get("result")
        error = context.get("error")
        handle_result(code, result, error)
    except Exception as err:
        print("'{}' raised an exception: {}\n".format(code.name, err))
```

이 함수는 사용자의 코드에 대해 exec()를 호출한다. 이때 프로그램 자체의 전역 컨텍스트 및 전달한 지역 컨텍스트를 활용한다. 그 후 지역 컨텍스트에서 실행 결과인 result나 오류 객체인 error를 가져온다(사용자가 작성한 코드는 결과값이나 오류 중 하나를 반드시 만들어내야 한다). 그 후 이 두 값을 handle_result() 함수에 전달한다.

앞 절에서 다룬 eval() 예제와 마찬가지로 Exception 예외를 활용해 모든 예외를 처리했다. 그렇게 한 이유는 사용자 코드에서 발생할 수 있는 예외가 정해져 있지 않기 때문이다.

```python
def handle_result(code, result, error):
    if error is not None:
        print("'{}' error: {}".format(code.name, error))
    elif result is None:
        print("'{}' produced no result".format(code.name))
    elif code.kind == TRANSFORM:
        genome = result
        try:
            print("'{}' produced a genome of length {}".format(code.name,
                len(genome)))
        except TypeError as err:
            print("'{}' error: expected a sequence result: {}".format(
                code.name, err))
    elif code.kind == SUMMARIZE:
        print("'{}' produced a result of {}".format(code.name, result))
    print()
```

error 객체가 None이 아니라면 이를 출력한다. error가 None일 경우 result가 None인지 검사해서 만약 None이면 "produced no result"라는 메시지를 출력한다. result가 있고 코드의 종류가 TRANSFORM 이라면 result를 genome에 대입한 다음에 그 길이를 화면에 출력한다. try ... except 블록은 이 프로그램을 사용자 코드에서 발생할 수 있는 오류(예를 들어, TRANSFORM 코드가 문자열이 아닌 단일 값을 반환한 경우)로부터 보호하는 데 사용된다. result가 SUMMARIZE 범주에 해당하면 그 결과를 화면에 출력한다.

genome1.py 프로그램에는 8가지 Code 항목이 있다. 처음 두 가지(조만간 살펴볼)는 정상적인 결과를 반환하며, 세 번째 코드는 문법 오류, 네 번째 코드는 오류를 반환하며, 다섯 번째는 아무 일도 하지 않는다. 여섯 번째 코드는 kind가 잘못돼 있고, 일곱 번째 코드는 sys.exit()를 호출하며, 여덟 번째 코드는 일곱 번째 코드에서 프로그램을 종료하기 때문에 실행되지 않는다. 다음은 실행 결과다.

```
$ ./genome1.py
'Count' produced a result of 12
'Replace' produced a genome of length 2394
'Exception Test' raised an exception: invalid syntax (<string>, line 4)
'Error Test' error: 'G[AC]{2}TT' not found
'No Result Test' produced no result
'Wrong Kind Test' error: expected a sequence result: object of type 'int' has no len()
```

위 출력 결과를 보다시피 사용자 코드를 프로그램과 동일한 인터프리터 상에서 실행하기 때문에 사용자 코드가 프로그램을 종료시키거나 고장 낼 수 있다.

```
    Code("Count",
"""
import re
matches = re.findall(target, genome)
if matches:
    result = len(matches)
else:
    error = "'{}' not found".format(target)
""", SUMMARIZE)
```

이는 "Count" 코드의 예다. 이 코드는 eval()이 처리할 수 있는 간단한 식으로는 수행할 수 없는 작업을 수행한다. target과 genome 문자열은 exec()의 지역 컨텍스트에서 가져온다. 또한 바로 이 지역 컨텍스트에 만들어진 지역 변수를 저장한다(그래서 result나 error가 이 환경에 저장된다).

```
    Code("Replace",
"""
import re
result, count = re.subn(target, replace, genome)
if not count:
    error = "no '{}' replacements made".format(target)
""", TRANSFORM)
```

이 "Replace" 코드는 genome 문자열에서 정규식 target을 만족하는 문자열을 replace로 변경한다.

re.subn() 함수(그리고 regex.subn() 메서드)는 re.sub()(또는 regex.sub())와 동일한 작용을 한다. 하지만 sub() 함수(또는 메서드)는 모든 변경이 이뤄진 결과 문자열을 반환하는 반면 subn()은 변경된 문자열과 함께 변경 횟수를 반환한다.

genome1.py 프로그램의 execute()와 handle_result() 함수를 활용하거나 이해하기는 어렵지 않다. 하지만 프로그램에는 한 가지 취약한 부분이 있다. 사용자 코드가 멈추거나 sys.exit()를 호출하면 전체 프로그램이 중단된다. 다음 절에서 이 문제를 해결하는 방법을 설명하겠다.

3.3.3 자식 프로세스를 활용한 코드 실행

애플리케이션을 수정하지 않은 채로 사용자 코드를 실행할 수 있는 한 가지 방법은 별도의 프로세스로 그 코드를 실행하는 것이다. 이번 절의 genome2.py과 genome3.py 프로그램은 파이썬 인터프리터를 자식 프로세스에서 실행하고, 그 인터프리터의 표준 입력에 실행할 프로그램을 연결하고, 인터프리터의 표준 출력에서 결과를 가져오는 방법을 보여준다.

genome2.py와 genome3.py에서는 genome1.py에서 사용한 것과 동일한 8가지 코드를 활용한다. 다음은 genome2.py의 출력 결과다(genome3.py의 출력 결과도 동일하다).

```
$ ./genome2.py
'Count' produced a result of 12
'Replace' produced a genome of length 2394
'Exception Test' has an error on line 3
    if genome[i] = "A":
                 ^
SyntaxError: invalid syntax
'Error Test' error: 'G[AC]{2}TT' not found
'No Result Test' produced no result
'Wrong Kind Test' error: expected a sequence result: object of type 'int' has no len()
'Termination Test' produced no result
'Length' produced a result of 2406
```

일곱 번째 코드가 sys.exit()를 호출하더라도 genome2.py 프로그램은 "produced no result" 만 표시하고 계속 진행해 "Length" 코드를 실행한다(genome1.py에서는 sys.exit()를 호출했을 때 종료되어 출력 결과가 "...error: expected a sequence..."로 끝났다). 또한 genome2.py의 오류 보고도 개선됐다("Exception Test" 코드의 문법 오류 보고를 참고).

```python
context = dict(genome=genome, target="G[AC]{2}TT", replace="TCGA")
execute(code, context)
```

context와 사용자 코드 실행은 genome1.py과 동일하다.

```python
def execute(code, context):
    module, offset = create_module(code.code, context)
    with subprocess.Popen([sys.executable, "-"], stdin=subprocess.PIPE,
            stdout=subprocess.PIPE, stderr=subprocess.PIPE) as process:
        communicate(process, code, module, offset)
```

이 함수는 우선 사용자 코드와 지원 코드(잠시 후에 살펴볼)를 포함한 코드 문자열(module)을 만든다. offset은 사용자 코드 앞에 추가한 지원 코드가 몇 줄인지를 나타낸다. 이 값은 오류 메시지를 출력할 때 정확한 위치를 잡는 데 사용된다. 그 후 자식 프로세스를 만들어서 파이썬 인터프리터를 실행시킨다. 파이썬 인터프리터의 실행 파일 이름은 sys.executable 안에 들어 있다. 이때 지정한 "-" 인자는 표준입력(sys.stdin[5])에 전달한 코드를 실행하라는 뜻이다. 모듈 코드를 전달하는 것을 포함한 프로세스와의 상호작용은 communicate() 함수가 처리한다.

```python
def create_module(code, context):
    lines = ["import json", "result = error = None"]
    for key, value in context.items():
        lines.append("{} = {!r}".format(key, value))
    offset = len(lines) + 1
    outputLine = "\nprint(json.dumps((result, error)))"
    return "\n".join(lines) + "\n" + code + outputLine, offset
```

이 함수에서는 자식 프로세스의 파이썬 인터프리터에서 실행될 새 파이썬 모듈을 만드는 코드를 생성한다. 첫 줄에서 부모 프로그램(genome2.py)에 결과를 전달할 때 사용할 json 모듈을 임포트한다. 두 번째 줄(lines 리스트의 두 번째 원소)에서는 result와 error 변수가 자식 프로세스에서도 존재하게끔 두 변수를 초기화한다. 다음으로는 전달받은 환경에 들어있는 모든 변수를 초기화하는 코드를 추가한다. 끝으로 result와 error를 JSON 문자열로 출력한다. 따라서 자식 프로세스가 실행되면 결과나 오류가 JSON 형태로 sys.stdout에 출력된다.

```python
UTF8 = "utf-8"

def communicate(process, code, module, offset):
    stdout, stderr = process.communicate(module.encode(UTF8))
    if stderr:
        stderr = stderr.decode(UTF8).lstrip().replace(", in <module>", ":")
        stderr = re.sub(", line (\d+)",
                lambda match: str(int(match.group(1)) - offset), stderr)
        print(re.sub(r'File."[^"]+?"', "'{}' has an error on line "
                .format(code.name), stderr))
        return
    if stdout:
        result, error = json.loads(stdout.decode(UTF8))
        handle_result(code, result, error)
        return
    print("'{}' produced no result\n".format(code.name))
```

---

[5] 파이썬 3.2부터 subprocess.Popen() 함수에 컨텍스트 관리자가 지원되기 시작했다(즉, with 문 지원).

communicate() 함수는 우선 앞에서 만든 module 코드를 자식 프로세스의 파이썬 인터프리터에 전달한다. 그 후 결과가 나올 때까지 기다린다. 인터프리터가 실행을 마치면 표준 출력이나 표준 오류로 전달되는 데이터를 stdout과 stderr 변수에 저장한다. 한 가지 알아둘 것은 모든 통신이 로우 바이트(raw byte)로 이뤄진다는 사실이다. 따라서 모듈 문자열을 UTF-8로 인코딩해 전달해야만 한다.

오류가 있는 경우(즉, 예외가 발생하거나 sys.stderr 쪽으로 데이터가 들어온 경우) 오류 메시지에 있는 줄 번호(이 번호는 우리가 모듈에 추가한 코드까지 감안한 번호다)를 사용자 코드의 실제 줄 번호로 바꾼다. 그런 다음 File "〈stdin〉"과 같은 텍스트를 Code 객체의 이름으로 대체한다. 그 다음 error 텍스트를 문자열로 출력한다.

re.sub()에서는 줄 번호를 (\d+)에 매치시켜서 두 번째 인자로 전달한 lambda 함수(이름 없는 함수)를 적용해 변경한다(보통은 두 번째 인자로 문자열을 사용하지만 여기서는 추가 계산이 필요하기 때문에 함수를 전달했다). 이 lambda 함수는 숫자를 정수로 바꿔서 offset을 뺀 다음 계산한 새 줄 번호를 원래의 줄 번호를 바꾸기 위한 문자열로 반환한다. 이에 따라 모듈 앞에 몇 줄이 추가됐는지와 상관없이 오류 메시지에 있는 줄 번호를 사용자의 코드에 맞게 변경하게 해 준다.

오류가 없고 표준 출력 쪽으로 데이터가 들어왔다면 출력 바이트를 (JSON 형식일 것으로 기대하는) 문자열로 디코딩한 다음 파이썬 객체로 파싱한다. 여기서는 결과가 result와 error로 이뤄진 2-튜플이다. 그런 다음 handle_result() 함수를 호출한다(이 함수는 genome1.py, genome2.py, genome3.py에서 모두 동일하며 이미 §3.3.2에서 살펴봤다).

genome2.py의 사용자 코드는 genome1.py과 동일하다. JSON 형식으로 결과를 반환하는 것이 안전하긴 하지만 result에서 사용할 수 있는 자료형이 dict, list, float, bool, None으로 제한되며, dict이나 list 형 안에도 이 5가지 자료형의 객체만 들어갈 수 있다.

genome3.py 프로그램은 genome2.py과 거의 같지만 피클을 사용해 결과를 반환한다. 따라서 대부분의 파이썬 자료형을 사용할 수 있다.

```
def create_module(code, context):
    lines = ["import pickle", "import sys", "result = error = None"]
    for key, value in context.items():
        lines.append("{} = {!r}".format(key, value))
```

```
    offset = len(lines) + 1
    outputLine = "\nsys.stdout.buffer.write(pickle.dumps((result, error)))"
    return "\n".join(lines) + "\n" + code + outputLine, offset
```

이 함수는 genome2.py에 있는 것과 거의 비슷하다. 작은 차이점 하나는 sys를 임포트해야만 한다는 것이다. 큰 차이로는 json모듈에서는 loads()와 dumps()를 문자열에 사용했지만 pickle 모듈에서는 같은 기능의 함수를 bytes에 사용해야 한다는 점이다. 따라서 여기서는 바이트 인코딩 시 발생할 지도 모르는 오류를 막기 위해 로우 바이트를 바로 sys.stdout에 써야 한다.

```
def communicate(process, code, module, offset):
    stdout, stderr = process.communicate(module.encode(UTF8))
    ...
    if stdout:
        result, error = pickle.loads(stdout)
        handle_result(code, result, error)
        return
```

loads() 메서드를 호출하는 부분만 빼면 genome3.py의 communicate() 메서드는 genome2.py와 같은데, JSON 데이터에 대해 앞에서는 bytes를 UTF-8로 디코딩해야 했지만 여기서는 바로 bytes를 사용할 수 있다.

exec()를 활용해 사용자나 다른 프로그램이 제공하는 파이썬 코드를 실행하면 그 코드가 파이썬 인터프리터와 전체 표준 라이브러리의 모든 기능을 활용할 수 있다. 사용자 코드를 자식 프로세스에서 별도의 파이썬 인터프리터를 활용해 실행하면 예기치 못한 종료나 오류로부터 프로그램을 보호할 수 있다. 하지만 사용자 코드가 악의적인 행동을 하는 것을 막을 방법은 없다. 신뢰할 수 없는 코드를 실행하기 위해서는 파이파이 파이썬 인터프리터(pypy.org)에서 제공하는 것과 같은 샌드박스가 필요하다.

프로그램에 따라 사용자 코드가 실행을 마칠 때까지 기다리는 게 적절할 수도 있지만, 사용자 코드에 (무한 루프 같은) 버그가 있으면 "영원히" 기다려야 하는 위험을 부담해야 한다. 한 가지 가능한 해결책은 별도의 스레드에서 자식 프로세스를 만들고 메인 스레드에서 타이머를 사용하는 것이다. 타이머가 만료되면 자식 프로세스를 강제로 종료한 후 사용자에게 문제를 알릴 수 있다. 다음 장에서 동시성 프로그래밍에 관해 다루겠다.

3.4 반복자 패턴

반복자(Iterator) 패턴은 컬렉션이나 집합 객체의 내부를 드러내지 않으면서도 그 안에 있는 원소에 순차적으로 접근할 수 있는 수단을 제공한다. 이 패턴은 아주 유용하기 때문에 파이썬도 이를 지원하며, 우리가 작성하는 클래스에 특수한 메서드를 구현하기만 하면 내장 컬렉션과 구분 없이 이터레이션을 활용할 수 있게 돼 있다.

이터레이션은 시퀀스 프로토콜을 만족시키거나 내장 iter() 함수의 두 인자를 사용하거나, 이터레이터 프로토콜을 만족시키면 활용할 수 있다. 이어서 각 방법에 대해 설명하겠다.

3.4.1 시퀀스 프로토콜 반복자

우리가 만든 클래스에서 시퀀스(원소를 열거할 수 있는 성질)를 지원하면 반복자를 제공할 수 있다. 시퀀스 프로토콜을 지원한다는 말은 0부터 시작하는 정수 인덱스 값을 인자로 받아 인덱스에 따라 적절한 원소를 반환하고, 더는 이터레이션이 불가능할 때는 IndexError를 발생시키는 __getitem__() 특수 메서드를 정의하는 것을 의미한다.

```
for letter in AtoZ():
    print(letter, end="")
print()
for letter in iter(AtoZ()):
    print(letter, end="")
print()

ABCDEFGHIJKLMNOPQRSTUVWXYZ
ABCDEFGHIJKLMNOPQRSTUVWXYZ
```

방금 본 두 코드에서는 AtoZ() 객체를 만들고 해당 객체를 순회한다. 그 객체는 처음에 "A","B"부터 시작해 "Z"에 이르기까지 한 문자로 된 문자열을 반환한다. 객체를 순회할 수 있게 만드는 방법은 여러 가지가 있지만, 여기서는 조금 있다 살펴볼 __getitem__() 메서드를 정의하는 방식을 택했다.

두 번째 루프에서는 내장 iter() 함수를 활용해 AtoZ 클래스의 인스턴스로부터 반복자를 만든다. 물론 여기서는 이렇게 할 필요가 없다. 하지만 조금 있다가 보겠지만(그리고 이 책의 다른 곳에서도 보겠지만) iter()도 나름대로 활용할 곳이 있다.

```
class AtoZ:
    def __getitem__(self, index):
        if 0 <= index < 26:
            return chr(index + ord("A"))
        raise IndexError()
```

이 코드가 AtoZ 클래스의 전부다. 시퀀스 프로토콜을 만족하기 위해 __getitem__() 메서드를 구현했다. 이 클래스의 객체에 대해 순회를 계속 하다 27번째 순회에서 IndexError를 발생시킨다. for 루프 안에서 IndexError가 발생하는 경우, 예외는 버려지고 루프는 조용히 종료된다. 따라서 루프 다음에 오는 첫 문장부터 실행을 계속한다.

3.4.2 인자가 두 개인 iter() 함수 반복자

반복자를 제공하는 두 번째 방법은 내장 iter() 함수를 활용하는 것이다. 이 경우 첫 인자는 반드시 callable(함수, 바운드된 메서드, 또는 다른 호출 가능한 객체)이어야 하며, 두 번째 인자는 반드시 이터레이션의 끝을 표시하기 위한 센티널(sentinel) 값[6]이어야 한다. 이런 형식으로 이터레이션이 이뤄지는 경우, 매 이터레이션마다 전달된 호출 가능 객체를 인자 없이 호출한다. 이터레이션은 호출 가능 객체가 StopIteration 예외를 발생시키거나 센티널 값을 반환하는 경우 종료한다.

```
for president in iter(Presidents("George Bush"), None):
    print(president, end=" * ")
print()

for president in iter(Presidents("George Bush"), "George W. Bush"):
    print(president, end=" * ")
print()

George Bush * Bill Clinton * George W. Bush * Barack Obama *
George Bush * Bill Clinton *
```

Presidents()를 호출하면 Presidents 클래스의 인스턴스가 만들어진다. Presidents 안에 __call__() 특수 메서드가 정의돼 있기 때문에 이 인스턴스는 호출 가능하다. 따라서 호출 가능

---

6 (옮긴이) 예를 들어, 배열에 저장된 원소를 순차적으로 검사해야 하는 경우, 배열의 끝에 센티널 값을 넣어둘 수 있다. 그러면 루프에서 배열 인덱스가 배열의 첨자 범위를 넘었는지 일일이 검사할 필요가 없이 배열에 들어있는 값이 센티널 값과 같은지만 비교해 보면 된다.

President 객체를 만들고(내장 iter() 함수의 첫 인자의 요구 조건이 호출 가능 객체임을 기억하라), None을 두 번째 인자에 센티널 값으로 전달한다. 파이썬의 iter() 함수는 인자가 1개일 때랑 2개일 때 동작 방식이 달라지기 때문에 센티널을 None으로 지정하는 한이 있더라도 반드시 전달해야 한다.

Presidents 생성자에서는 각 대통령 이름을 반환할 호출 가능 객체를 생성한다. 이때 특정 대통령 이름을 인자로 받은 경우에는 그 대통령부터 시작하고, 그렇지 않다면 조지 워싱턴(George Washington)부터 시작한다. 위 예제에서는 조지 부시(George Bush, 아버지 부시 대통령)를 지정했다. 첫 번째 반복자에서는 센티널로 None을 사용했기 때문에 "맨 마지막까지" 이터레이션이 이뤄지고, 버락 오바마(Barack Obama)까지 표시된다. 두 번째 경우에는 대통령 이름(조지 W. 부시, George W. Bush)을 센티널로 지정했기 때문에 그 대통령 직전의 대통령까지만 이터레이션이 이뤄진다.

```python
class Presidents:
    __names = ("George Washington", "John Adams", "Thomas Jefferson",
               ...
               "Bill Clinton", "George W. Bush", "Barack Obama")

    def __init__(self, first=None):
        self.index = (-1 if first is None else
                      Presidents.__names.index(first) - 1)

    def __call__(self):
        self.index += 1
        if self.index < len(Presidents.__names):
            return Presidents.__names[self.index]
        raise StopIteration()
```

Presidents 클래스에는 정적(즉, 클래스 수준) __names 리스트에 미국 대통령의 이름을 저장한다. __init__() 메서드에서는 초기 index 값을 리스트의 첫 대통령이나 사용자가 지정한 대통령의 위치보다 하나 적은 값으로 설정한다.

__call__() 특수 메서드를 정의하는 모든 클래스는 호출 가능해진다. 그러한 클래스의 인스턴스[7]를 호출하면 실제로는 클래스에 정의된 __call__() 메서드가 호출된다.

---

[7] 함수를 일등 객체로 대접하지 않는 언어에서는 호출 가능한 객체를 펑터(functor)라고 부르기도 한다.

이 클래스의 __call__() 메서드 안에서는 리스트의 다음 위치에 있는 대통령 이름을 반환하거나 StopIteration 예외를 발생시킨다. 앞의 실행 예제에서 첫 이터레이션에서는 센티널이 None이었기 때문에 센티널과 같은 원소가 있을 수 없다(__call__()은 None을 반환하는 일이 절대로 없다). 하지만 이터레이션은 깔끔하게 끝난다. 그 이유는 모든 대통령 이름을 다 반환한 다음 StopIteration 예외를 발생시켰기 때문이다. 반면 두 번째 이터레이션에서는 호출 가능 객체가 센티널로 지정된 대통령 이름을 반환하고, 이를 받은 내장 iter() 함수가 StopIteration 예외를 발생시켜서 루프를 종료하게 만든다.

3.4.3 이터레이터 프로토콜 반복자

클래스에 반복자 기능을 추가하는 가장 쉬운 방법은 클래스에서 이터레이터 프로토콜을 구현하는 방법일 것이다. 이 프로토콜을 지원하려면 클래스에 __iter__() 특수 메서드를 구현해 이터레이터 객체를 반환하게 하면 된다. 이터레이터 객체는 반드시 자기 자신을 반환하는 __iter__() 메서드와 다음 원소를 반환하는 __next__() 메서드(다음 원소가 없다면 StopIteration예외를 발생시켜야 한다)를 구현해야 한다. 파이썬의 for 루프와 in 명령어는 내부에서 이 이터레이터 프로토콜을 사용한다. __iter__() 메서드를 구현하는 간단한 방법은 제너레이터를 만들어 반환하는 것이다. 제너레이터는 이터레이터 프로토콜을 만족시킨다(제너레이터에 대해서는 §3.1.2를 참고).

이번 절에서는 간단한 가방(bag) 클래스(다중집합(multiset)이라고도 한다)를 만든다. 가방은 집합(set)과 같지만 원소의 중복을 허용한다. 그림 3.3은 이 같은 bag의 예다.

여기서는 이 클래스를 이터레이션 가능하게 만들 것이며, 이터레이션 가능하게 만드는 세 가지 방법을 모두 보여주겠다. 특별히 언급한 경우를 제외한 모든 코드는 Bag1.py에 있다.

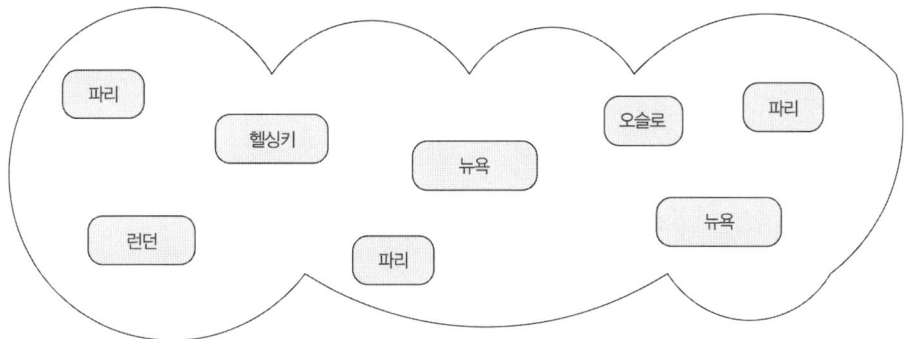

그림 3.3 가방은 중복을 허용하는 정렬되지 않은 값의 컬렉션이다.

```python
class Bag:
    def __init__(self, items=None):
        self.__bag = {}
        if items is not None:
            for item in items:
                self.add(item)
```

가방의 데이터는 전용 self.__bag 딕셔너리에 저장된다. 딕셔너리의 키는 해시 가능한 객체다(가방의 원소를 키로 쓴다). 또한 값은 각 원소의 개수다(즉, 가방 안에 해당 원소가 몇 개나 들어 있는지를 딕셔너리의 값으로 저장한다). 원한다면 가방을 생성할 때 원소를 함께 추가할 수도 있다.

```python
    def add(self, item):
        self.__bag[item] = self.__bag.get(item, 0) + 1
```

self.__bag은 collections.defaultdict이 아니므로 딕셔너리에 없는 원소의 값을 증가시키지 않도록 조심해야 한다. 잘못하면 KeyError 예외가 발생할 것이다. 여기서는 dict.get() 메서드를 활용해 딕셔너리에 있는 원소의 값을 가져온다. get(item,0)을 사용했기 때문에 만약 딕셔너리에 item이 없다면 0을 반환한다. 그리고 나서 그 값에 1을 더해 다시 딕셔너리에 item을 키로 사용해 변경 또는 추가한다.

```python
    def __delitem__(self, item):
        if self.__bag.get(item) is not None:
            self.__bag[item] -= 1
            if self.__bag[item] <= 0:
                del self.__bag[item]
        else:
            raise KeyError(str(item))
```

가방에 없는 원소를 지우려고 한다면 그 원소를 문자열로 만들어 KeyError 예외에 포함시킨 다음 예외를 발생시킨다. 반대로 가방에 원소가 이미 있다면 우선 카운터 값을 감소시킨다. 그 후 카운터가 0 이하로 줄어들었다면 해당 원소를 딕셔너리(self.__bag)에서 삭제한다.

__getitem__()이나 __setitem__() 특수 메서드는 구현할 필요가 없다. 이것들은 가방에서는 의미가 없다(가방 내 원소는 순서가 없기 때문이다). 대신 bag.add()로 원소를 추가하고, del bag[item]으로 삭제하며, bag.count(item)으로 해당 원소가 가방 안에 몇 개나 들어 있는지 검사한다.

```python
def count(self, item):
    return self.__bag.get(item, 0)
```

이 메서드는 단지 가방에 특정 원소가 몇 개나 들어있는지 반환한다. 만약 해당 원소가 없다면 0을 반환한다. 원소가 없는 경우 KeyError를 발생시키는 것도 한 가지 방법이다. 이 메서드의 몸체를 return self.__bag[item]으로 바꾸기만 하면 그렇게 할 수 있다.

```python
def __len__(self):
    return sum(count for count in self.__bag.values())
```

이 메서드는 가방 안에 든 모든 중복된 원소의 개수를 세어야 하기 때문에 약간 복잡하다. 전체 개수를 세기 위해 가방의 값(즉, 각 item의 개수)을 순회하면서 sum() 내장 함수를 활용해 전체 합을 구한다.

```python
def __contains__(self, item):
    return item in self.__bag
```

이 메서드는 특정 원소가 적어도 하나 이상 있으면 True를 반환한다(특정 항목이 가방 안에 있다면 개수는 최소한 1 이상이다). 그렇지 않으면 False를 반환한다.

지금까지 가방에서 이터레이션 지원을 제외한 모든 메서드를 살펴봤다. 먼저 Bag1.py 모듈의 Bag.__iter__() 메서드를 보자.

```python
def __iter__(self): # 이 메서드는 불필요하게 원소들을 개수만큼 복사한다
    items = []
    for item, count in self.__bag.items():
        for _ in range(count):
            items.append(item)
    return iter(items)
```

이 메서드가 이터레이션을 지원하는 첫 번째 방법이다. 먼저 원소의 리스트를 만들되, 원래 가방에 있던 원소의 개수만큼 만든다. 그 후 해당 리스트에 대한 반복자를 반환한다. 가방이 큰 경우 이 메서드에서 아주 큰 리스트를 만들게 되므로 효율적이지 않다. 따라서 더 나은 두 가지 방법을 살펴보겠다.

```python
def __iter__(self):
    for item, count in self.__bag.items():
        for _ in range(count):
            yield item
```

이 코드는 Bag2.py 모듈에서 가져왔으며 이 메서드가 해당 모듈에서 Bag1.py과 다른 유일한 부분이다.

여기서는 items를 순회하면서 각 원소와 개수를 가져와 각 항목을 개수만큼 yield한다. 메서드를 제너레이터로 만드는 고정적인 부가 비용이 아주 약간 있지만, 이 부가 비용은 원소의 개수와는 무관하며, 어떤 중간 리스트도 만들지 않는다. 따라서 이 메서드는 Bag1.py에 있는 메서드보다 훨씬 효율적이다.

```python
def __iter__(self):
    return (item for item, count in self.__bag.items()
            for _ in range(count))
```

이 예제는 Bag3.py 모듈의 Bag.__iter__() 메서드다. 이 메서드는 효율 면에서 Bag2.py와 같다. 차이는 메서드를 제너레이터로 만드는 대신 제너레이터 식을 반환하게 만들었다는 것뿐이다.

이 책의 가방 구현이 아주 잘 동작하긴 하지만 표준 라이브러리에 이미 collections.Counter라는 이름으로 가방이 구현돼 있다는 점을 기억해두자.

3.5 조정자 패턴

조정자(Mediator) 패턴은 서로 다른 객체 간의 상호작용을 캡슐화할 수 있는 객체(즉 조정자)를 만들어 활용하는 패턴이다. 이렇게 하면 직접적으로 알지 못하는 서로 다른 객체 간의 상호작용이 가능해진다. 예를 들어, 버튼 객체를 클릭하면 버튼은 그 사실을 조정자에게만 통보한다. 그다음 조정자는 버튼이 눌렸는지에 대해 관심이 있는 다른 객체에게 이 사실을 전달한다. 그림 3.4에서는 텍스트와 버튼 위젯, 그리고 관련 메서드 사이에서 작용하는 입력 폼에 대한 조정자를 확인할 수 있다.

이 패턴은 GUI 프로그래밍에서 활용도가 아주 높다. 사실 파이썬에서 사용 가능한 모든 GUI 툴킷(Tkinter, PyQt/PySide, PyGObject, wxPython 등)은 어떤 식으로든 이와 동등한 기능을 제공한다. 7장에서 Tkinter에서 조정자를 사용하는 예를 살펴볼 것이다.

이번 절에서는 조정자를 구현하는 두 가지 방법을 살펴보겠다. 첫 번째 방법은 일반적인 방식이며, 두 번째는 코루틴을 활용하는 방법이다. 두 방법 모두 가상의 사용자 인터페이스 툴킷에서 Form, Button, Text 클래스를 활용한다(이어서 각 클래스의 구현을 살펴보겠다).

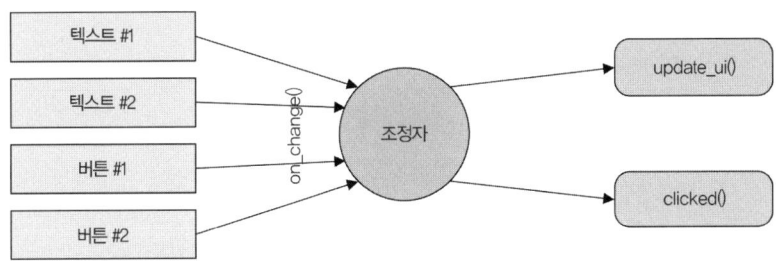

그림 3.4 입력 폼 위젯 조정자

3.5.1 일반적인 조정자

이번 절에서는 폼에 대한 조정자를 일반적인 방법으로 만든다. 이는 상호작용을 조율하는 클래스를 하나 만든다는 뜻이다. 여기서 설명한 모든 코드는 mediator1.py에 들어 있다.

```
class Form:
    def __init__(self):
        self.create_widgets()
        self.create_mediator()
```

이 책에 포함된 다른 함수나 클래스와 마찬가지로 이 메서드도 모든 작업을 다른 메서드에 위임하도록 사정없이 리팩터링해뒀다.

```
def create_widgets(self):
    self.nameText = Text()
    self.emailText = Text()
    self.okButton = Button("OK")
    self.cancelButton = Button("Cancel")
```

이 폼에는 사용자 이름과 이메일을 입력하는 두 개의 텍스트와 OK와 Cancel 버튼이 있다. 물론 실제 사용자 인터페이스라면 라벨 위젯도 있어야 하고, 위젯을 배치하는 코드도 있어야 하지만 본 예제는 조정자 패턴을 보여주기 위한 것이므로 그런 세세한 부분은 생략한다. Text와 Button 클래스는 조금 있다 보게 될 것이다.

```
def create_mediator(self):
    self.mediator = Mediator(((self.nameText, self.update_ui),
            (self.emailText, self.update_ui),
            (self.okButton, self.clicked),
            (self.cancelButton, self.clicked)))
    self.update_ui()
```

전체 폼에 대해 조정자 객체를 하나 만든다. 이 객체는 하나 이상의 위젯과 호출 가능 객체 쌍을 받는다. 이는 이 조정자가 지원해야 할 관계를 표현한다. 여기서는 모든 호출 가능 객체가 바운드된 메서드다(§2.5의 "바운드된 메서드와 바운드되지 않은 메서드"를 살펴보라). 각각은 텍스트 입력 위젯의 텍스트가 바뀌면 Form.update_ui() 메서드를 호출해야 하고, 버튼을 클릭하면 Form.clicked() 메서드를 호출해야 한다는 것을 의미한다. 조정자 객체를 생성한 다음, update_ui()를 호출해 폼을 초기화한다.

```
def update_ui(self, widget=None):
    self.okButton.enabled = (bool(self.nameText.text) and
                             bool(self.emailText.text))
```

이 메서드는 두 텍스트 위젯에 모두 텍스트가 입력돼 있는 경우에만 OK 버튼을 활성화하고 그렇지 않은 경우에는 비활성화한다. 텍스트 위젯의 내용이 변경되면 이 메서드를 반드시 호출해야 한다.

```python
    def clicked(self, widget):
        if widget == self.okButton:
            print("OK")
        elif widget == self.cancelButton:
            print("Cancel")
```

이 메서드는 버튼을 클릭했을 때 호출하는 것으로, 실제 애플리케이션이라면 단순히 버튼 텍스트를 출력하는 대신 더 흥미로운 뭔가를 해야 할 것이다.

```python
class Mediator:
    def __init__(self, widgetCallablePairs):
        self.callablesForWidget = collections.defaultdict(list)
        for widget, caller in widgetCallablePairs:
            self.callablesForWidget[widget].append(caller)
            widget.mediator = self
```

이 메서드는 Mediator 클래스의 두 메서드 중 하나다. 먼저 키가 위젯이고 값이 호출 가능 객체인 딕셔너리를 만든다. 이때 defaultdict를 활용한다. defaultdict 타입의 딕셔너리를 만들 때 사용한 호출 가능 객체는 기본값을 만들어내기 위한 것이다. 딕셔너리에 없는 원소를 참조하거나 하면 이 호출 가능 객체를 통해 새로 만들어진 값을 딕셔너리에 추가한다. 여기서는 호출했을 때 빈 리스트를 반환하는 list 객체를 전달했다. 따라서 이 딕셔너리에서 특정 위젯을 처음으로 검색하면 그 위젯을 키로 하고, 빈 리스트를 값으로 하는 새로운 항목이 딕셔너리에 들어간다. 이후에는 검색 결과로 위젯이 나오면 해당 항목의 리스트에 caller가 추가된다. 이어서 위젯의 mediator 애트리뷰트를 이 조정자(self)로 설정한다(mediator 애트리뷰트가 widget 안에 없으면 새로 생성한다).

이 메서드는 바운드된 메서드를 지정된 순서대로 추가한다. 순서가 중요하지 않다면 defaultdict의 기본값으로 list 대신 set을 활용하고, list.append() 대신 set.add()를 사용해도 된다.

```python
    def on_change(self, widget):
        callables = self.callablesForWidget.get(widget)
        if callables is not None:
            for caller in callables:
                caller(widget)
        else:
            raise AttributeError("No on_change() method registered for {}"
                    .format(widget))
```

조정된 객체(즉, 조정자에 전달된 위젯)의 상태가 변경되면 조정자의 on_change() 메서드를 호출해야만 한다. 그렇게 호출된 위의 메서드는 widget과 관련된 모든 바운드된 메서드를 찾아 호출한다.

```python
class Mediated:

    def __init__(self):
        self.mediator = None

    def on_change(self):
        if self.mediator is not None:
            self.mediator.on_change(self)
```

이 클래스는 조정을 받을 클래스가 상속하기 위한 공통 클래스다. 내부에 조정자 객체에 대한 참조인 mediator를 두고, on_change() 메서드가 호출되면 조정자의 on_change()를 호출한다. 이때 자기 자신(상태가 변화된 위젯의 self)을 인자로 전달한다.

이 기반 클래스의 메서드는 하위 클래스가 결코 변경하지 않는다. 따라서 앞에서 살펴본 클래스 데코레이터로 변경할 수 있다(§2.4.2.2).

```python
class Button(Mediated):

    def __init__(self, text=""):
        super().__init__()
        self.enabled = True
        self.text = text

    def click(self):
        if self.enabled:
            self.on_change()
```

Button 클래스는 Mediated를 상속한다. 따라서 클릭과 같은 이벤트로 인해 자신의 상태가 변화될 때 self.mediator 애트리뷰트와 on_change() 메서드를 활용해 이를 전달할 수 있다.

이 예제에서는 Button.click()을 호출하면 Button.on_change()(Mediated에서 상속받은)를 호출하며, 그 결과 조정자의 on_change() 메서드가 호출된다. 그러면 on_change() 메서드에서는 이 버튼과 연관된 다른 메서드를 호출할 것이다. 여기서는 Form.clicked() 메서드이고 이 버튼을 widget 인수로 하여 전달한다.

```python
class Text(Mediated):
    def __init__(self, text=""):
        super().__init__()
        self.__text = text

    @property
    def text(self):
        return self.__text

    @text.setter
    def text(self, text):
        if self.text != text:
            self.__text = text
            self.on_change()
```

구조적으로 Text 클래스는 Button 클래스와 동일하며, Button과 마찬가지로 Mediated를 상속한다.

어떤 위젯(버튼이나 텍스트 입력 등)이든 Mediated를 상속하고 상태 변경 시 on_change()를 호출하기만 하면 나머지 상호작용은 조정자인 Mediator 클래스가 모두 담당한다. 물론 조정자를 만들 때 위젯과 호출하고 싶은 메서드를 등록해 둬야만 한다. 이런 식으로 만들면 잠재적으로 문제가 될 수도 있는 위젯 간의 직접적인 호출이 사라지고, 위젯 사이에 더 느슨한 관계가 맺어진다.

3.5.2 코루틴 기반 조정자

조정자를 메시지를 받아(on_change()를 통해) 이를 관련 객체에게 넘기는 파이프라인으로 생각할 수도 있다. 앞에서 본 바와 같이(§3.1.2) 코루틴이 그와 같은 기능을 제공할 수 있다. 여기서 설명하는 모든 코드는 mediator2.py에 있다. 앞 절에서 다룬 mediator1.py과 같은 부분은 따로 설명하지 않았다.

이번 절에서 사용할 접근법은 앞 절에서 택한 접근법과는 다르다. 앞 절에서는 위젯과 메서드를 연관시키고, 위젯이 자신의 상태가 변경됐다는 사실을 조정자에게 통보하면 조정자가 관련 메서드를 호출했다.

여기서는 코루틴의 파이프라인을 모든 위젯의 조정자로 사용한다. 위젯의 상태가 변경되면 그 사실을 파이프라인에 통지한다. 파이프라인의 각 요소(즉, 코루틴)는 통지받은 사실에 대해 반응할지 여부를 결정한 다음 적절한 동작을 수행한다.

```
def create_mediator(self):
    self.mediator = self._update_ui_mediator(self._clicked_mediator())
    for widget in (self.nameText, self.emailText, self.okButton,
            self.cancelButton):
        widget.mediator = self.mediator
    self.mediator.send(None)
```

코루틴 버전의 경우 별도의 조정자 클래스가 필요하지 않다. 대신 코루틴의 파이프라인을 만들어야 한다. 본 예제에서는 self._update_ui_mediator()과 self._clicked_mediator()가 코루틴의 구성요소가 된다(이것들은 모두 Form의 메서드다).

파이프라인이 위치하고 나면 각 위젯의 mediator 애트리뷰트에 파이프라인을 저장한다. 그런 다음 None을 파이프라인에 흘려 보낸다. None이라는 위젯은 없기 때문에 특정 위젯과 관련된 동작은 발생하지 않을 것이다. 하지만 폼 수준의 동작(예를 들어, OK버튼을 _update_ui_mediator()에서 활성화하거나 비활성화하는 등)이 일어날 것이다.

```
@coroutine
def _update_ui_mediator(self, successor=None):
    while True:
        widget = (yield)
        self.okButton.enabled = (bool(self.nameText.text) and
                                bool(self.emailText.text))
        if successor is not None:
            successor.send(widget)
```

이 코루틴은 파이프라인의 일부다(@coroutine 데코레이터에 대해서는 §3.1.2에서 설명했다).

변경사항이 보고되면 그 위젯을 파이프라인을 따라 전달해서 이 함수의 widget변수에 yield의 결과값으로 저장한다. 여기서는 어떤 위젯이 변경됐느냐와 관계 없이 OK 버튼을 활성화/비활성화한다(결국 아무 위젯도 변경되지 않았다면 widget에 None이 전달되고, 폼은 단순히 초기화되기만 한다). 버튼의 활성화를 처리한 다음, 이 코루틴은 파이프라인의 다음 단계에 widget을 전달한다(물론 다음 단계가 없다면 전달하지 않는다).

```python
@coroutine
def _clicked_mediator(self, successor=None):
    while True:
        widget = (yield)
        if widget == self.okButton:
            print("OK")
        elif widget == self.cancelButton:
            print("Cancel")
        elif successor is not None:
            successor.send(widget)
```

이 코루틴은 OK나 Cancel 버튼 클릭만 검사한다. 이 두 버튼 중 어느 하나가 변경된 경우 이를 처리하고, 그렇지 않다면 다음 코루틴에 widget을 전달한다.

```python
class Mediated:
    def __init__(self):
        self.mediator = None
    def on_change(self):
        if self.mediator is not None:
            self.mediator.send(self)
```

Button과 Text 클래스는 mediator1.py과 같지만 on_change() 메서드를 호출하면 변경된 위젯(self)을 mediator 파이프라인에 전달하도록 Mediated 클래스를 변경했다.

앞에서 설명한 바와 같이 Mediated 클래스는 클래스 데코레이터로 바꿀 수도 있다. 이 책의 예제에는 이처럼 데코레이터로 바꾼 mediator2d.py가 포함돼 있다(§2.4.2.2).

조정자 패턴은 여러 객체 간의 다대다(many-to-many) 통신을 지원하는 멀티플렉싱을 제공하도록 변형할 수도 있다. 아울러 관찰자 패턴(§3.7)과 상태 패턴(§3.8)도 참고하기 바란다.

3.6 메멘토 패턴

메멘토(Memento) 패턴을 활용하면 캡슐화 원칙을 위배하지 않으면서 객체의 상태를 저장했다가 복구할 수 있다.

파이썬을 설치하면 바로 이 패턴을 활용할 수 있다. pickle 모듈을 활용하면 어떤 파이썬 객체든 피클/언피클할 수 있다(물론 몇 가지 제약이 있다. 예를 들어, 파일 객체는 피클할 수 없다). 파이썬은 None, bool, bytearray, byte, complex, float, int, str, dict 등을 피클할 수 있고, 다른 피클 가능한 객체(컬렉션 포함)를 포함하는 튜플이나 최상위 함수, 최상위 클래스, __dict__를 피클할 수 있는 최상위 클래스의 인스턴스(즉, 대부분의 클래스 인스턴스)를 피클할 수 있다. 또한 json 모듈로도 동일한 효과를 볼 수 있다(다만 파이썬 기본형과 딕셔너리, 리스트 등만을 지원한다). json과 pickle에 대해서는 §3.3.3에서 이미 살펴본 적이 있다.

드물긴 하지만 피클을 사용하기 어려운 경우라도 원한다면 개별적인 피클 지원 기능을 작성할 수 있다. __getstate__(), __setstate__() 특수 메서드와 __getnewargs__() 메서드를 구현하면 된다. 마찬가지로 클래스에 대한 JSON 지원이 필요하다면 json의 encoder와 decoder를 확장하는 방식으로 구현할 수 있다.

물론 원한다면 자신만의 저장 형식과 절차를 만들 수도 있다. 하지만 파이썬에서 이 패턴을 이미 잘 지원하고 있는데, 굳이 그렇게 해야 할 이유는 많지 않을 것이다.

언피클링은 기본적으로 임의의 파이썬 코드를 실행하는 것이다. 따라서 네트워크 연결이나 물리적인 디스크 등의 신뢰할 수 없는 수단을 통해 전달받은 피클은 언피클하지 않는 것이 좋다. 그러한 경우에는 JSON이 더 안전하다. 필요하다면 체크섬(md5등)이나 암호화를 활용해 피클이 중간에 변조되지 않았는지 검사할 수 있을 것이다.

3.7 관찰자 패턴

관찰자(Observer) 패턴은 한 객체의 상태가 변경되면 관련된 모든 객체가 이를 통지받을 수 있는 다대다 관계를 만들어준다. 최근 들어 이 패턴 또는 그 변형이 가장 널리 쓰이는 예를 들자면 모델/뷰/컨트롤러(Model/View/Controller, MVC) 구조를 들 수 있다. 이 구조에서 모델은 데이터를 표현하며, 하나 이상의 뷰가 이 데이터를 시각화한다. 또한 입력(사용자의 행위)과 모델 사이를 조정하는 것이 바로 컨트롤러다. 또한 모델을 변경하면 자동으로 연관된 뷰에 반영한다.

MVC 방식을 간략하게 접근하는 방법 중 가장 유명한 것으로는 모델/뷰만 사용하고 뷰가 데이터 표현과 입력 중재를 함께 담당하는 것이다. 이는 뷰와 컨트롤러를 하나로 합친 것이다. 관찰자 패턴 식으로 말하자면 이러한 경우 뷰는 모델에 대한 관찰자이고 모델은 관찰 대상이 된다.

이번 절에서는 최댓값과 최솟값을 가진 어떤 값(스크롤막대나 슬라이더 위젯, 또는 온도 감지기를 예로 들 수 있다)을 표현하는 모델을 만들겠다. 그리고 두 가지 관찰자(뷰)를 만들 것이다. 하나는 모델의 값을 변경하면 HTML을 사용해 진행 막대 형태로 출력하는 것이고, 다른 하나는 변경 이력(값과 변경된 시간)을 저장하는 것이다. 다음은 observer.py 프로그램을 실행한 예다.

```
$ ./observer.py > /tmp/observer.html
  0 2013-04-09 14:12:01.043437
  7 2013-04-09 14:12:01.043527
 23 2013-04-09 14:12:01.043587
 37 2013-04-09 14:12:01.043647
```

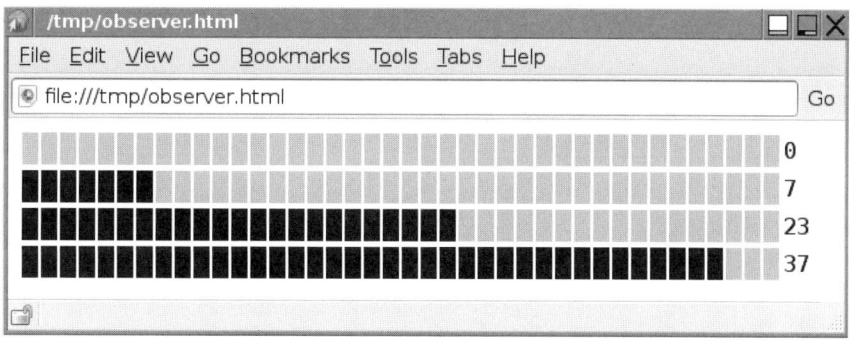

그림 3.5 모델을 변경했을 때 관찰자 예제가 출력하는 HTML

이력 정보는 sys.stderr로, HTML은 sys.stdout로 전달한다. 위 실행 예에서는 sys.stdout을 HTML 파일로 리다이렉션했다. HTML 페이지는 그림 3.5에서 볼 수 있다. 프로그램은 4개의 한 줄짜리 HTML 표를 출력한다. 첫 번째 표는 맨 처음 관찰된 빈 모델이고, 그 이후로는 각 모델의 변경된 값과 시간을 표시한다. 그림 3.6은 이 예제의 모델/뷰 구조를 보여준다.

이번 절의 예제인 observer.py에서는 관찰자를 추가 및 삭제하고 변경을 통지하는 기능을 제공하는 Observed 기반 클래스를 활용한다. SliderModel 클래스는 최댓값과 최솟값을 제공하며, Observed 클래스를 상속해서 관찰 대상이 된다. 이 모델을 관찰하는 뷰로는 HistoryView와 LiveView가 있다. 물론 이 클래스 모두 살펴볼 것이다. 하지만 여기서는 우선 각 클래스의 사용법을 보기 위해 프로그램의 main() 함수와 그림 3.5의 결과를 얻는 방법을 먼저 설명한다.

```
def main():
    historyView = HistoryView()
    liveView = LiveView()
    model = SliderModel(0, 0, 40)              # 최솟값, 현재값, 최댓값
    model.observers_add(historyView, liveView) # liveView에 출력함
    for value in (7, 23, 37):
        model.value = value                    # liveView에 출력함
    for value, timestamp in historyView.data:
        print("{:3} {}".format(value, datetime.datetime.fromtimestamp(
            timestamp)), file=sys.stderr)
```

먼저 두 가지 뷰를 만든다. 그다음에 모델의 최솟값은 0, 현재값도 0, 최댓값은 40으로 지정한다. 그 후 두 뷰를 모델의 관찰자로 추가한다. LiveView를 관찰자로 추가하면 바로 출력이 나온다. 마찬가지로 HistoryView를 관찰자로 추가하자마자 첫 번째 값과 시간을 기록한다. 그다음에 모델의 값을 세 번 변경한다. 변경할 때마다 LiveView는 한 줄짜리 HTML 테이블을 출력하고, HistoryView는 값과 시간을 기록한다.

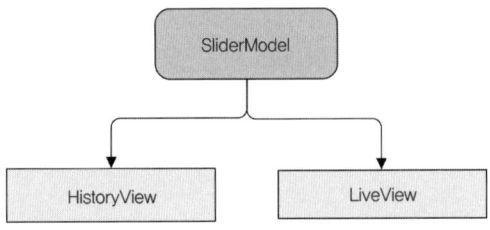

그림 3.6 모델과 두 뷰

마지막으로 전체 이력을 sys.stderr(즉, 콘솔)에 출력한다. datetime.datetime.fromtimestamp() 함수는 타임스탬프(time.time()이 반환하는 기준 시간(epoch)부터 현재까지 흘러간

초 단위 시간)를 받아 같은 시각을 표현하는 datetime.datetime 객체를 반환한다. str.format()은 알아서 datetime.datetime를 ISO-8601 형식으로 바꿔 준다.

```python
class Observed:
    def __init__(self):
        self.__observers = set()
    def observers_add(self, observer, *observers):
        for observer in itertools.chain((observer,), observers):
            self.__observers.add(observer)
            observer.update(self)
    def observer_discard(self, observer):
        self.__observers.discard(observer)
    def observers_notify(self):
        for observer in self.__observers:
            observer.update(self)
```

이 클래스는 모델과 같이 관찰 대상이 될 객체가 상속하기 위해 만들어졌다. Observed 클래스는 관찰자 객체의 목록을 관리한다. 새 객체가 추가되면 그 객체의 update() 메서드를 호출해 모델의 현재 상태로 해당 관찰자를 초기화한다. 모델은 자신의 상태를 변경할 때마다 상속받은 observers_notify() 메서드를 호출해야만 한다. 그 메서드는 모든 관찰자의 update()를 호출해서 각 관찰자(즉, 모든 뷰)가 변경 상태를 표현할 수 있게 보장한다.

observers_add() 메서드는 미묘하다. 하나 또는 여러 관찰자를 받을 수 있게 하고 싶지만 *observers를 형식 인자로 사용하면 인자 없이도 이 메서드를 호출할 수 있게 된다. 그래서 먼저 최소 한 관찰자(observer)를 요구한 다음, 필요한 경우 관찰자를 추가할 수 있게 (*observers)를 더 넣었다. 물론 튜플 합치기 기능(예: for observer in (observer,) + observers:)을 활용할 수도 있지만 여기서는 더 효율적인 itertools.chain() 함수를 활용했다. 2.3.2절에서 설명한 바와 같이 itertools.chain() 함수는 iterable을 몇 개든 받아서 그것들을 모두 합친 것과 같은 효과를 제공하는 iterable을 하나 반환한다.

```python
class SliderModel(Observed):

    def __init__(self, minimum, value, maximum):
        super().__init__()
        # 프로퍼티 세터를 만들기 전에 값을 먼저 만들어야만 한다
        self.__minimum = self.__value = self.__maximum = None
        self.minimum = minimum
        self.value = value
        self.maximum = maximum

    @property
    def value(self):
        return self.__value

    @value.setter
    def value(self, value):
        if self.__value != value:
            self.__value = value
            self.observers_notify()
    ...
```

이 클래스는 본 예제에서 사용한 모델 클래스다. Observed를 상속했기 때문에 이 클래스는 관찰자 목록(내부용이며 처음에는 비어있다)과 observers_add(), observer_discard(), observers_notify() 메서드를 활용할 수 있다. 모델의 상태가 바뀌면 observers_notify() 메서드를 호출해서 모든 관찰자가 응답할 수 있도록 해야 한다.

이 클래스에는 minimum, maximum 프로퍼티도 포함돼 있는데(자세한 사항은 생략했다) 두 프로퍼티는 구조적으로는 value 프로퍼티와 동일하다. 물론 minimum, maximum의 세터 메서드도 observers_notify()를 호출해야만 한다.

```python
class HistoryView:

    def __init__(self):
        self.data = []

    def update(self, model):
        self.data.append((model.value, time.time()))
```

이 뷰는 자기 자신 외에는 모델만을 인자로 받는 update() 메서드를 제공하기 때문에 관찰자에 해당한다. update() 메서드를 호출하면 (값, 시간) 형식의 2-튜플을 self.data 리스트에 추가한다. 따라서 모델의 변경 이력이 보존된다.

```python
class LiveView:
    def __init__(self, length=40):
        self.length = length
```

이 클래스도 또 다른 관찰자다. length는 한 줄짜리 HTML 표에서 모델의 값을 표시할 때 사용할 칸의 개수다.

```python
def update(self, model):
    tippingPoint = round(model.value * self.length /
            (model.maximum - model.minimum))
    td = '<td style="background-color: {}"> </td>'
    html = ['<table style="font-family: monospace" border="0"><tr>']
    html.extend(td.format("darkblue") * tippingPoint)
    html.extend(td.format("cyan") * (self.length - tippingPoint))
    html.append("<td>{}</td></tr></table>".format(model.value))
    print("".join(html))
```

모델을 맨 처음 관찰하거나 그 이후 변경하는 경우 이 메서드를 호출한다. 이 메서드는 한 줄짜리 HTML 표를 출력한다. 모델을 표현할 때 쓸 칸 수는 self.length에 들어있고, 빈 칸은 청록색으로, 채워진 칸은 어두운 파랑으로 칠한다. 각 셀이 몇 개씩 있어야 할지는 채워진 칸과 빈 칸 사이의 변화지점(tippingPoint)을 계산해서 결정한다.

관찰자 패턴은 GUI 프로그래밍이나 시뮬레이션, 서버 같은 여러 이벤트 처리 구조에서 널리 활용되고 있다. 이러한 활용 사례로는 데이터베이스 트리거, 장고(Django)의 시그널 시스템, Qt GUI 프레임워크의 시그널과 슬롯 메커니즘, 그리고 다양한 웹 소켓 활용법 등이 있다.

3.8 상태 패턴

상태(State) 패턴은 객체의 상태가 바뀜에 따라 동작도 바꾸기 위한 패턴이다. 즉, 모드가 있는 객체를 만든다고 생각하면 된다.

여기서는 이 디자인 패턴을 설명하기 위해 두 가지 상태를 갖는 Multiplexer(다중화기) 클래스를 만들겠다. 이 클래스의 메서드는 다중화기 인스턴스의 상태에 따라 동작이 달라진다. 다중화기가 활성 상태인 경우 "연결"을 받아들인다("연결"은 이벤트 이름과 콜백으로 구성된 쌍이다. 콜백은 호출 가능한 임의의 파이썬 객체, 즉 람다 함수, 함수, 메서드 등이 될 수 있다). 연결된 다음에는 다중화기에 이벤트를 전달할 때마다 쌍으로 묶인 콜백을 호출한다 (다중화기가 활성 상태라 가정할 때). 이 다중화기가 휴면 상태라면 같은 메서드를 호출해도 아무 일도 벌어지지 않는다.

다중화기의 사용 예를 보여주기 위해 전달받은 이벤트의 개수를 출력하고, 활성화된 다중화기에 연결을 시도하는 콜백 함수를 만들 것이다. 그 후 다중화기에 몇 가지 이벤트를 임의로 보내고, 잠시 후 각 콜백에 전달한 이벤트 개수를 화면에 출력할 것이다. 코드는 multiplexer1.py에 있으며, 다음은 한 가지 실행 예다.

```
$ ./multiplexer1.py
After 100 active events:  cars=150 vans=42 trucks=14 total=206
After 100 dormant events: cars=150 vans=42 trucks=14 total=206
After 100 active events:  cars=303 vans=83 trucks=30 total=416
```

100개의 무작위 이벤트를 보낸 다음에 다중화기를 휴면 상태로 변경한다. 그 후 다른 이벤트를 100개 더 보내면 이것들을 모두 무시한다. 그다음에 다시 다중화기를 활성화하고 이벤트를 추가로 보낸다. 이때는 이벤트와 연결된 콜백을 호출해 이벤트에 응답할 것이다.

이제 다중화기를 만드는 방법, 즉 연결을 만들고 이벤트를 전달하는 방법을 먼저 살펴보겠다. 그 후 콜백 함수를 살펴보고 이벤트 클래스를 볼 것이다. 마지막으로 다중화기 자체를 살펴본다.

```
totalCounter = Counter()
carCounter = Counter("cars")
commercialCounter = Counter("vans", "trucks")
multiplexer = Multiplexer()
for eventName, callback in (("cars", carCounter),
        ("vans", commercialCounter), ("trucks", commercialCounter)):
    multiplexer.connect(eventName, callback)
    multiplexer.connect(eventName, totalCounter)
```

먼저 카운터를 몇 개 만든다. 이 클래스의 인스턴스는 모두 호출 가능하며, 함수(즉, 콜백)가 필요한 곳에서는 어디서든 활용할 수 있다. 각각은 지정된 이름에 따라 카운터를 각각 유지한다. 이름을 지정하지 않은 경우(예: totalCounter)에는 단 하나의 카운터만 내부에 유지한다.

그 후 다중화기 객체를 하나 만든다(기본 상태는 활성화된 상태다). 그 후 콜백 함수를 이벤트에 연결한다. 관심 있는 이름은 "cars", "vans", "trucks"의 세 가지다. carCounter()는 "cars" 이벤트와 연결하고 commercialCounter()는 "vans"와 "trucks" 이벤트와 연결한다. totalCounter() 함수는 세 이벤트 모두와 연결한다.

```
for event in generate_random_events(100):
    multiplexer.send(event)
print("After 100 active events: cars={} vans={} trucks={} total={}"
        .format(carCounter.cars, commercialCounter.vans,
                commercialCounter.trucks, totalCounter.count))
```

위 코드에서는 100개의 임의의 이벤트를 발생시켜 다중화기에 전달한다. 예를 들어 이벤트가 "cars"라면 다중화기는 carCounter()와 totalCounter() 함수를 호출할 것이다. 각 함수를 호출할 때 이벤트를 유일한 인자로 제공한다. 마찬가지로 이벤트가 "vans"나 "trucks"였다면 commercialCounter()와 totalCounter() 함수를 호출한다.

```python
class Counter:
    def __init__(self, *names):
        self.anonymous = not bool(names)
        if self.anonymous:
            self.count = 0
        else:
            for name in names:
                if not name.isidentifier():
                    raise ValueError("names must be valid identifiers")
                setattr(self, name, 0)
```

이름이 없으면 이름 없는 Counter의 인스턴스를 만들고, 그 건수를 self.count에 기록한다. 그렇지 않다면 전달한 이름을 포함한 각 카운터를 내장 setattr() 함수를 통해 만든다. 예를 들어 carCounter의 인스턴스에는 self.cars 애트리뷰트를 만들고, commercialCounter에는 self.vans나 self.trucks 애트리뷰트를 만든다.

```python
    def __call__(self, event):
        if self.anonymous:
            self.count += event.count
        else:
            count = getattr(self, event.name)
            setattr(self, event.name, count + event.count)
```

Counter 인스턴스를 호출하면 그 호출을 특수 메서드로 전달한다. 지정된 이름이 없다면(즉, 전체 카운터라면) self.count를 증가시킨다. 카운터에 이름이 있다면 이벤트 이름에 해당하는 카운터 애트리뷰트를 찾아야 한다. 예를 들어 이벤트가 "trucks"라는 이름이면 self.trucks의 값을 변경해야 한다. 새로운 애트리뷰트의 값은 예전 값에 새로 들어온 이벤트의 카운트를 추가한 값이다.

내장 getattr()에는 기본값을 설정하지 않았기 때문에 애트리뷰트가 없다면(예: "truck") 메서드는 AttributeError를 발생시킨다. 이렇게 기본값을 설정하지 않음으로써 불필요한 애트리뷰트 생성도 줄일 수 있다. 왜냐하면 예외가 발생하면 setattr()을 호출하는 일도 없기 때문이다.

```
class Event:

    def __init__(self, name, count=1):
        if not name.isidentifier():
            raise ValueError("names must be valid identifiers")
        self.name = name
        self.count = count
```

위 코드가 전체 Event 클래스다. 이렇게 단순해진 이유는 Multiplexer 클래스를 활용해 상태 패턴을 구현한 것을 보여주기 위해 최소한의 코드만 넣었기 때문이다. Multiplexer는 관찰자 패턴(§ 3.7)의 한 예이기도 하다.

3.8.1 상태에 따라 메서드의 동작 방식 변경하기

클래스 내에서 상태를 처리하는 방법은 크게 두 가지다. 이번 절에서 살펴볼 방법은 상태에 따라 메서드가 다르게 동작하게 만드는 것이다. 다음 절에서는 상태마다 호출하는 메서드를 바꾸는 방식을 설명하겠다.

```
class Multiplexer:

    ACTIVE, DORMANT = ("ACTIVE", "DORMANT")

    def __init__(self):
        self.callbacksForEvent = collections.defaultdict(list)
        self.state = Multiplexer.ACTIVE
```

Multiplexer 클래스는 ACTIVE와 DORMANT라는 두 가지 상태(또는 모드)를 포함한다. ACTIVE 상태일 때 메서드는 필요한 작업을 수행하지만 DORMANT 상태일 때에는 아무 작업도 하지 않는다. 생성자에서는 새로운 Multiplexer가 생성될 때마다 ACTIVE 상태로 시작하도록 보장한다.

self.callbacksForEvent 딕셔너리의 키는 이벤트 이름이며, 값은 호출 가능한 객체다.

```
    def connect(self, eventName, callback):
        if self.state == Multiplexer.ACTIVE:
            self.callbacksForEvent[eventName].append(callback)
```

이 메서드는 이벤트와 콜백을 연결해 준다. 이벤트 이름으로 딕셔너리 검색을 수행([] 연산)할 때 딕셔너리에 이름이 등록돼 있지 않다면 self.callbacksForEvent의 기본값이 지정돼 있기 때문에 새로운 이름을 키로 하고 빈 리스트를 값으로 하는 새로운 원소가 딕셔너리에 만들어진 다음, 그 빈 리스트를 반환한다. 이름이 딕셔너리에 있다면 그에 대응하는 리스트를 반환한다. 따라서 어느 경우이건 리스트를 받게 되고, 그 뒤에 새로운 콜백을 추가할 수 있다(기본값이 지정된 딕셔너리에 대해서는 앞(§3.5.1)에서 살펴봤다.)

```
def disconnect(self, eventName, callback=None):
    if self.state == Multiplexer.ACTIVE:
        if callback is None:
            del self.callbacksForEvent[eventName]
        else:
            self.callbacksForEvent[eventName].remove(callback)
```

콜백이 지정되지 않고 이 메서드를 호출하면 해당 이벤트에 대한 모든 콜백을 해제하는 것으로 간주한다. 그렇지 않다면 해당 콜백만 해제한다.

```
def send(self, event):
    if self.state == Multiplexer.ACTIVE:
        for callback in self.callbacksForEvent.get(event.name, ()):
            callback(event)
```

이벤트를 Multiplexer에 전달하고, Multiplexer의 상태가 ACTIVE라면 이 메서드는 해당 이벤트에 연결된 모든 콜백(물론 없을 수도 있다)을 순회해서 호출하면서 이벤트를 인자로 전달한다.

3.8.2 상태에 따라 호출되는 메서드 변경하기

multiplexer2.py 프로그램은 multiplexer1.py과 거의 같다. 차이는 Multiplexer 클래스가 상태에 따라 호출하는 메서드가 달라진다는 것뿐이다. Multiplexer 클래스의 상태와 __init__() 메서드는 앞의 절과 동일하지만 self.state 애트리뷰트는 프로퍼티로 구현돼 있다.

```python
@property
def state(self):
    return (Multiplexer.ACTIVE if self.send == self.__active_send
            else Multiplexer.DORMANT)
```

이 버전에서는 상태를 따로 저장하지 않는다. 대신 현재 설정돼 있는 메서드에 따라 적절한 상태를 반환한다.

```python
@state.setter
def state(self, state):
    if state == Multiplexer.ACTIVE:
        self.connect = self.__active_connect
        self.disconnect = self.__active_disconnect
        self.send = self.__active_send
    else:
        self.connect = lambda *args: None
        self.disconnect = lambda *args: None
        self.send = lambda *args: None
```

상태가 바뀔 때마다 state 프로퍼티의 세터 메서드는 각 상태에 맞게 사용할 여러 메서드를 설정한다. 예를 들어, 상태를 DORMANT로 변경할 경우 이름 없는 람다 함수들(아무 일도 안 하는)을 각 공용 메서드에 할당한다.

```python
def __active_connect(self, eventName, callback):
    self.callbacksForEvent[eventName].append(callback)
```

여기서 ACTIVE 상태일 때 사용할 전용 메서드를 만들었다. 어떤 시점에 보든 이 메서드나 "아무 일도 안 하는" 람다 메서드 중 하나를 관련된 공용 메서드에 할당해야 한다. 기본 패턴은 동일하기 때문에 ACTIVE 상태일 때 사용할 disconnect나 send 메서드는 따로 설명하지 않겠다. 핵심은 이러한 여러 메서드 중 어느 것도 인스턴스의 상태를 검사하지 않는다는 점이다(왜냐하면 각 메서드는 적절한 상태에서만 호출하기 때문이다). 따라서 메서드 구조도 조금 더 단순하며, 실행 속도도 조금 더 빠르다.

물론 코루틴 기반의 Multiplexer를 만드는 것도 어렵지 않지만 코루틴을 활용한 예제를 이미 많이 봐왔기 때문에 여기서 다시 반복하지는 않았다. (하지만 별도 예제인 multiplexer3.py에서 코루틴 기반 Multiplexer를 살펴볼 수 있다).

여기서는 Multiplexer를 만들기 위해 상태 패턴을 활용했지만 상태(또는 모드)가 있는 객체는 다양한 환경에서 아주 흔히 활용할 수 있다.

3.9 전략 패턴

전략(Strategy) 패턴은 알고리즘들을 감싸서 사용자의 필요에 따라 서로 바꿔서 사용할 수 있는 수단을 제공한다.

이번 절에서는 임의 개수의 원소가 들어 있는 목록을 특정 줄 수에 따라 표에 넣는 두 가지 알고리즘을 예로 보일 것이다. 한 가지는 HTML 형식의 출력 결과를 만든다. 그림 3.7에서는 각각 2, 3, 4줄짜리 표를 볼 수 있다. 다른 알고리즘은 일반 텍스트 형식의 출력 결과를 만든다. 다음은 4, 5줄 짜리 표에 대한 예다.

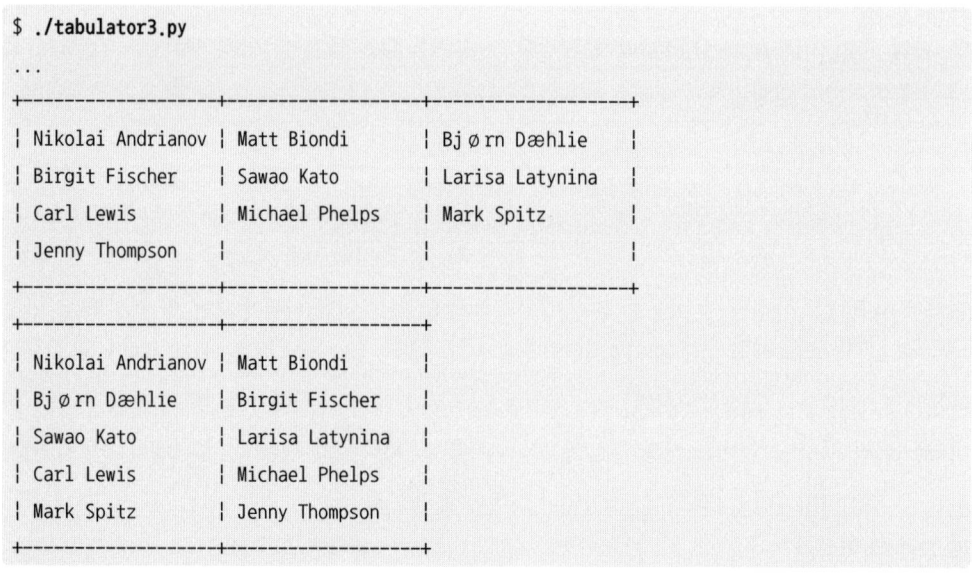

알고리즘을 매개변수화할 때 택할 수 있는 방법은 몇 가지 있다. 한 가지 간단한 방법은 Tabulator 인스턴스를 받는 Layout 클래스를 만드는 것이다. Tabulator는 표의 레이아웃 작업을 수행한다. tabulator1.py 프로그램(책에는 싣지 않았다)에서는 이런 방식을 택했다. 상태를 유지할 필요가 없는 좀 더 다듬은 방식으로는 Tabulator 인스턴스를 전달하는 대신 표를 만드는 정적 메서드가 포함된 클래스를 전달하는 것이다. tabulator2.py 프로그램(이 역시 책에 싣지는 않았다)에서는 이런 방식을 택한다.

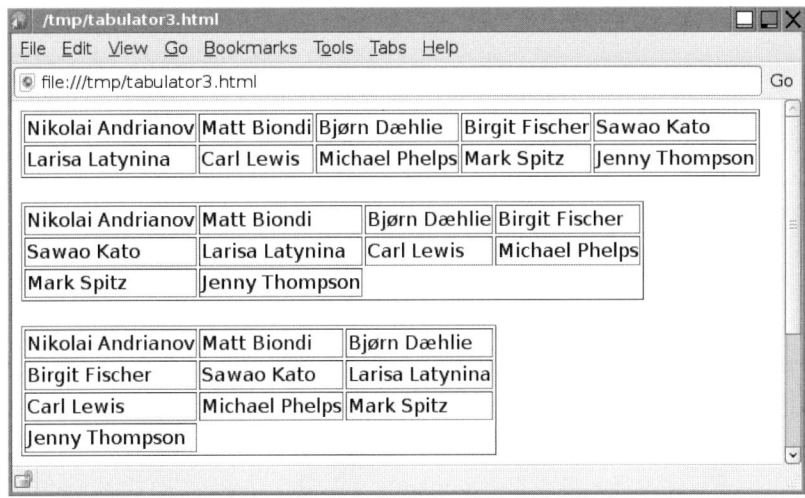

그림 3.7 tabulator 프로그램의 HTML 출력

이번 절에서는 더 단순하고 더 세련된 기법을 보여주겠다. 바로 원하는 표 만들기 알고리즘을 구현한 함수를 받는 Layout 클래스다.

```
WINNERS = ("Nikolai Andrianov", "Matt Biondi", "Bjørn Dæhlie",
    "Birgit Fischer", "Sawao Kato", "Larisa Latynina", "Carl Lewis",
    "Michael Phelps", "Mark Spitz", "Jenny Thompson")

def main():
    htmlLayout = Layout(html_tabulator)
    for rows in range(2, 6):
        print(htmlLayout.tabulate(rows, WINNERS))
    textLayout = Layout(text_tabulator)
    for rows in range(2, 6):
        print(textLayout.tabulate(rows, WINNERS))
```

이 함수에서는 두 Layout 객체를 만든다. 각각은 서로 다른 함수를 인자로 공급받으며, 각 레이아웃 객체에 대해 각각 2~5 줄짜리 표를 출력한다.

```python
class Layout:

    def __init__(self, tabulator):
        self.tabulator = tabulator

    def tabulate(self, rows, items):
        return self.tabulator(rows, items)
```

이 클래스는 한 알고리즘 tabulate만을 지원한다. 이 알고리즘을 구현하는 함수는 열의 개수와 표에 들어갈 항목의 목록을 받는다.

실제로는 이 클래스를 더 짧게 줄일 수도 있다. 다음은 tabulator4.py 버전이다.

```python
class Layout:

    def __init__(self, tabulator):
        self.tabulate = tabulator
```

여기서는 self.tabulate 애트리뷰트를 인자로 받은 tabulator 호출 가능 객체로 설정한다. main()에 있는 호출 부분은 tabulator3.py나 tabulator4.py의 Layout 클래스에서 완전히 동일하게 동작한다.

실제 표 만들기 알고리즘은 디자인 패턴과는 무관하다. 다만 전체 설명을 완결시키기 위해 알고리즘 중 하나만 여기서 설명하겠다.

```python
def html_tabulator(rows, items):
    columns, remainder = divmod(len(items), rows)
    if remainder:
        columns += 1
    column = 0
    table = ['<table border="1">\n']
    for item in items:
        if column == 0:
            table.append("<tr>")
        table.append("<td>{}</td>".format(escape(str(item))))
```

```
        column += 1
        if column == columns:
            table.append("</tr>\n")
        column %= columns
    if table[-1][-1] != "\n":
        table.append("</tr>\n")
    table.append("</table>\n")
    return "".join(table)
```

두 표 만들기 함수 모두 지정된 행의 수대로 표를 만들려면 몇 열로 나열해야 할지를 계산해야만 한다. 일단 열의 개수(columns)를 계산하고 나면 현재 줄에서 몇 번째 열인지를 추적하면서 모든 항목을 순회할 수 있다.

text_tabulator() 함수(책에 싣지는 않았다)는 약간 더 길긴 하지만 기본적으로는 동일한 방식을 사용한다.

좀 더 현실적인 환경에서는 코드나 성능 특성이 극적으로 다른 알고리즘을 사용해야 했을 것이다. 그렇다면 사용자는 필요에 따라 가장 적절한 방안을 선택할 수 있다. 파이썬은 호출 가능 객체(lambda나 함수, 바인드된 메서드)를 일등 객체로 처리해 이것들도 다른 일반적인 객체와 마찬가지로 함수의 인자로 전달하거나 컬렉션 등에 저장할 수 있다. 이로 인해 다른 여러 알고리즘을 호출 가능한 객체로 전달할 수 있다.

3.10 템플릿 메서드 패턴

템플릿 메서드(Template Method) 패턴은 알고리즘의 절차를 정의하되, 그 중 일부는 하위 클래스에 위임하고 싶을 때 활용하는 패턴이다.

이번 절에서는 두 메서드를 제공하는 AbstractWordCounter 클래스를 만들겠다. 첫 번째 메서드인 can_count(filename)는 파일 확장자를 토대로 특정 파일의 단어 개수를 셀 수 있는지 여부를 반환한다. 두 번째 함수인 count(filename)는 단어의 개수를 반환한다. 또한 두 하위 클래스를 만들겠다. 하나는 일반 텍스트 파일의 단어 개수를 세고, 다른 하나는 HTML 파일의 단어 개수를 센다. 먼저 두 하위 클래스가 어떻게 동작하는지 살펴보자(이 코드는 wordcount1.py에서 가져왔다).

```
def count_words(filename):
    for wordCounter in (PlainTextWordCounter, HtmlWordCounter):
        if wordCounter.can_count(filename):
            return wordCounter.count(filename)
```

모든 클래스의 메서드를 전부 다 정적으로 만들었다. 이는 인스턴스별로 상태를 관리하지 않고(왜냐하면 그런 인스턴스가 존재하지 않기 때문이다), 인스턴스 대신 클래스 객체를 바로 사용해서 작업할 수 있음을 의미한다.

위 코드에서는 두 하위 클래스 객체를 순회하면서 단어 개수를 셀 수 있는 파일이라면 단어 수를 세서 반환한다. 두 클래스 모두 개수를 셀 수 없다면 None을 반환해서 단어 수를 셀 수 없음을 나타낸다.

```
class AbstractWordCounter:

    @staticmethod
    def can_count(filename):
        raise NotImplementedError()

    @staticmethod
    def count(filename):
        raise NotImplementedError()
```

```
class AbstractWordCounter(
        metaclass=abc.ABCMeta):

    @staticmethod
    @abc.abstractmethod
    def can_count(filename):
        pass

    @staticmethod
    @abc.abstractmethod
    def count(filename):
        pass
```

이 순수 추상 클래스는 단어 세기 인터페이스를 제공한다. 하위 클래스에서는 각 메서드를 구현해야만 한다. 왼쪽 코드는 wordcount1.py에서 가져왔으며, 전통적인 방식으로 돼 있다. 오른쪽 코드는 wordcount2.py에서 가져왔으며 최신 방식으로 abc(추상 기반 클래스, abstract base class) 모듈을 활용한다.

```
class PlainTextWordCounter(AbstractWordCounter):

    @staticmethod
    def can_count(filename):
        return filename.lower().endswith(".txt")
```

```python
    @staticmethod
    def count(filename):
        if not PlainTextWordCounter.can_count(filename):
            return 0
        regex = re.compile(r"\w+")
        total = 0
        with open(filename, encoding="utf-8") as file:
            for line in file:
                for _ in regex.finditer(line):
                    total += 1
        return total
```

이 하위 클래스는 단어 세기 인터페이스를 구현한다. 이 클래스에서는 아주 단순하게 단어를 판단하며, 모든 .txt 파일은 UTF-8(또는 그 부분집합인 7비트 ASCII)로 인코딩돼 있다고 가정한다.

```python
class HtmlWordCounter(AbstractWordCounter):

    @staticmethod
    def can_count(filename):
        return filename.lower().endswith((".htm", ".html"))

    @staticmethod
    def count(filename):
        if not HtmlWordCounter.can_count(filename):
            return 0
        parser = HtmlWordCounter.__HtmlParser()
        with open(filename, encoding="utf-8") as file:
            parser.feed(file.read())
        return parser.count
```

이 클래스에서는 HTML 파일에 대한 단어 세기 인터페이스를 구현한다. 자체 HTML 파서(html. HTMLParser 하위 클래스가 HtmlWordCounter 클래스 내부에 내장돼 있다. 이에 대해서는 조금 후에 설명하겠다)를 사용한다. 전용 HTML 파서를 가지고 HTML 파일에 있는 단어 개수를 세기 위해 해야 할 일은 파서 인스턴스를 만들고 그 인스턴스에 파싱할 HTML을 넘기는 것뿐이다. 파싱이 완료된 다음 파서가 계산한 단어 개수를 돌려받는다.

설명을 완성하기 위해 실제 단어 개수를 세는 내장 HtmlWordCounter.__HtmlPraser에 대해 설명하겠다. 파이썬 표준 라이브러리의 HTML 파서는 SAX(XML용 단순 API, Simple API for XML) 파서로 동작한다. 따라서 그 파서는 텍스트를 순회하면서 이벤트("태그 시작", "태그 끝" 등)가 발생할 때마다 대응하는 메서드를 호출한다. 따라서 SAX를 사용하려면 파서를 상속해서 우리가 처리하고 싶은 메서드를 재정의해야 한다.

```
class __HtmlParser(html.parser.HTMLParser):
    def __init__(self):
        super().__init__()
        self.regex = re.compile(r"\w+")
        self.inText = True
        self.text = []
        self.count = 0
```

html.parser.HTMLParser를 상속한 파서를 전용으로 만들고, 네 가지 데이터 항목을 추가한다. self.regex에는 우리가 "단어"로 간주하는 문자열 정의(하나 이상의 문자, 숫자, 밑줄로 이뤄진 문자열)를 담는다. self.inText에는 현재 처리 중인 텍스트가 사용자가 볼 수 있는 원소(예를 들어 〈script〉 태그 안은 사용자가 볼 수 없다)인지 여부를 저장한다. self.text에는 현재 텍스트를 저장할 것이고, self.count에는 단어 개수가 들어갈 것이다.

```
    def handle_starttag(self, tag, attrs):
        if tag in {"script", "style"}:
            self.inText = False
```

이 메서드의 이름과 서명(그리고 모든 handle_...() 메서드)은 기반 클래스에 의해 정해진다. 기본 핸들러는 하는 일이 없다. 따라서 대상 메서드는 반드시 재정의해야 한다.

스크립트나 스타일 시트 내부의 단어 개수는 셀 필요가 없다. 따라서 그런 태그를 보게 되면 텍스트 누적 플래그를 끈다.

```
    def handle_endtag(self, tag):
        if tag in {"script", "style"}:
            self.inText = True
        else:
```

```
            for _ in self.regex.finditer(" ".join(self.text)):
                self.count += 1
        self.text = []
```

스크립트나 스타일 태그의 끝을 보면 다시 플래그를 켠다. 다른 경우(눈에 보이는 태그의 끝)에는 누적된 텍스트를 순회하면서 단어 개수를 센다. 그 다음 누적된 텍스트를 비워 빈 리스트로 만든다.

```
    def handle_data(self, text):
        if self.inText:
            text = text.rstrip()
            if text:
                self.text.append(text)
```

텍스트를 받은 경우 스크립트나 스타일 시트 태그의 내부가 아니라면 텍스트를 누적시킨다.

강력하고 유연한 파이썬의 전용 내부 클래스 지원과 파이썬 라이브러리의 html.parser.HTMLParser 모듈 덕분에 상당히 복잡한 파싱 작업의 세부사항을 HTMLWordCounter 클래스를 활용하는 쪽이 못 보게 감출 수 있다.

템플릿 메서드 패턴은 어떤 면에서는 앞에서 살펴본 브리지 패턴(§2.2)과 비슷하다.

3.11 비지터 패턴

비지터(Visitor) 패턴은 컬렉션이나 여러 하위 객체로 구성된 객체(aggregated object)의 모든 원소에 대해 어떤 함수를 적용하고 싶을 때 사용한다. 이 패턴이 전형적인 반복자 패턴(§3.4)과 다른 점은 반복자에서는 컬렉션을 순회하면서 각 객체를 대상으로 메서드를 호출하는 반면 "비지터" 패턴에서는 메서드를 호출하기보다는 외부 함수를 적용한다는 점에 있다.

파이썬에는 이러한 패턴을 지원하는 기능이 이미 내장돼 있다. 예를 들어 newList = map(function, oldSequence)를 하면 oldSequence의 모든 원소에 function()을 적용한 결과를 newList로 얻게 된다. 같은 작업을 리스트 내장을 사용해 newList = [function(item) for item in oldSequence]와 같이 할 수도 있다.

모든 함수를 컬렉션에 적용할 필요가 있다면 for 루프를 for item in collection: function(item) 과 같이 활용해 컬렉션을 순회할 수 있다. 원소의 타입이 다양하다면 if문과 내장 isinstance() 함수를 활용해 각 타입에 맞는 코드를 function() 내부에서 실행할 수 있다.

행위 패턴 중 일부는 파이썬 언어에서 직접적으로 지원한다. 또한 직접적으로 지원하지 않는 패턴을 구현하는 것도 어렵지 않다. 책임 사슬, 조정자, 관찰자 패턴은 모두 전통적인 방법과 코루틴을 사용해 구현할 수 있다. 또한 이것들은 모두 상호 통신하는 객체들을 분리해내는 여러 가지 방식을 보여준다. 커맨드 패턴은 지연 연산(lazy evaluation)이나 실행/실행 취소 기능을 제공하려 할 때 활용할 수 있다. 파이썬은 바이트코드 인터프리터 언어이기 때문에 인터프리터 패턴을 파이썬 자체를 활용해 구현할 수도 있고, 해석 및 실행되는 코드를 별개의 프로세스에 분리할 수도 있다. 파이썬에 이미 반복자 패턴에 대한 지원 기능(이는 비지터 패턴에 대한 묵시적인 지원이기도 하다)이 내장돼 있다. 메멘토 패턴은 파이썬 표준 라이브러리에서 아주 잘 지원되고 있다(예: pickle이나 json 모듈). 상태, 전략, 템플릿 메서드 패턴은 직접 지원하지는 않지만 구현하기 쉽다.

디자인 패턴은 코드를 생각하고 조직하고 구현할 때 유용한 방법이다. 패턴 중 일부는 객체 지향 패러다임에만 적용할 수 있고, 나머지는 객체 지향이나 절차적 프로그래밍에 모두 유용하다. GoF의 디자인 패턴 책이 나온 이래로 이 주제에 대한 연구가 아주 많이 이뤄졌다(앞으로도 계속될 것이다). 패턴에 대해 더 많이 배우는 출발점으로는 비영리 교육기관인 힐사이드(Hillside) 그룹의 웹 사이트(hillside.net)가 좋다.

다음 장에서는 다른 프로그래밍 패러다임인 동시성 프로그래밍을 살펴보겠다. 동시성 프로그래밍은 최근의 다중 코어 하드웨어의 이점을 살려 성능 향상을 꾀하는 프로그래밍 방식이다. 하지만 동시성을 살펴보기 전에 첫 번째 사례 분석으로 앞으로 이 책에서 다양하게 활용할 이미지 처리 패키지 개발을 예로 들어 보자.

3.12 사례 분석: Image 패키지

파이썬 표준 라이브러리에는 이미지 처리 모듈이 없다. 하지만 Tkinter의 tk.PhotoImage 클래스를 활용하면 이미지 생성, 저장, 불러오기가 가능하다(barchart2.py 예제가 이러한 동작 방식을 보여준다). 아쉽게도 Tkinter는 GIF, PPM, PGM 이미지 형식만을 지원하다가 Tcl/Tk 8.6에 와서야 PNG를 지원하기 시작했다. 게다가 tk.PhotoImage 클래스는 단일 스레드(메인 GUI 스레드)만을 지원하기 때문에 동시에 여러 이미지를 처리해야 하는 경우에는 쓸모가 없다.

물론 Pillow(github.com/python-imaging/Pillow) 같은 별도 라이브러리나 다른 GUI 툴킷[8]을 활용할 수도 있다. 하지만 이 책에서 계속 사용하면서 사례 분석으로 활용하기 위해 새로운 이미지 패키지를 만들기로 결정했다.

우리가 만들 이미지 패키지는 이미지를 효율적으로 저장하며, 파이썬에 별다른 추가 모듈 없이 사용할 수 있어야 한다. 이를 위해 이미지를 색의 배열로 표현할 것이다. 각 색(즉, 각 픽셀)은 32비트 정수의 각 바이트를 알파(투명도), 빨강, 녹색, 파랑의 순서로 사용한다. 이런 방식을 ARGB 형식이라고도 한다. 여기서는 1차원 배열을 사용할 것이다. 따라서 이미지의 좌표 x, y에 있는 픽셀은 배열의 (y*width) + x에 있는 원소가 된다. 그림 3.8은 이 같은 관계를 보여준다. 8x8 이미지에서 (5, 1)에 있는 픽셀이 강조돼 있는데, 그 픽셀은 배열 인덱스가 13(= (1*8) + 5)에 해당한다.

파이썬 표준 라이브러리에는 이미 자료형에 따라 1차원 배열을 제공하는 array 모듈이 있다. 이 모듈은 우리가 활용하기에 충분하다. 하지만 외부 numpy 모듈은 더 최적화된 배열 처리(차원과 관계없이 배열을 지원함)를 제공한다. 따라서 이 모듈을 활용할 수 있다면 그 이점을 살리는 것이 좋다. 그렇게 때문에 가능하다면 numpy를 사용하고, 그렇지 않은 경우 대안으로 array 모듈을 사용하도록 설계했다. 이에 따라 어느 경우이건 Image 모듈은 잘 동작할 것이다. 다만 array 모듈을 활용하는 경우에는 numpy의 이점을 누리지 못할 것이다. 이 코드는 array.arrays와 numpy.ndarrays 모두에서 사용 가능해야 하기 때문이다.

아울러 임의의 이미지를 만들고 변경할 수 있게 할 것이다. 또한 기존 이미지 파일을 읽어오거나 만들거나 변경한 이미지를 파일에 저장할 수 있게 만들 것이다. 저장이나 읽어오기는 이미지 형식에 따라 달라지기 때문에 Image 모듈을 설계할 때 일반적인 이미지 처리 모듈과 읽기/쓰기를 담당하는 개별 세부 모듈로 나눌 것이다. 더 나아가 새로운 이미지 처리 모듈을 패키지에 추가한다면(심지어 배포 이후 사용자가 추가하는 경우라도) 해당 모듈이 Image 패키지의 인터페이스 요구사항을 지키는 한 해당 모듈을 제대로 활용할 수 있게 만들 것이다.

---

8 2차원 데이터를 표시하고 싶다면 matplotlib 패키지(matplotlib.org)를 사용할 수도 있다.

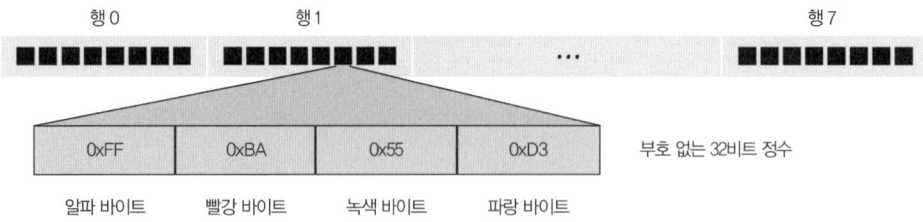

그림 3.8 8×8 이미지의 색깔 값 배열

Image 패키지는 네 가지 모듈로 구성돼 있다. Image/__init__.py 모듈은 일반적인 기능을 모두 제공한다. 다른 세 모듈은 형식에 따른 저장/불러오기 기능을 제공한다. Image/Xbm.py는 XBM(.xbm) 형식의 단색 비트맵, Image/Xpm.py는 XPM(.xpm) 형식의 컬러 픽스맵, Image/Png.py는 PNG(.png) 형식을 지원한다. PNG 형식은 아주 복잡하다. 또한 파이썬에는 이미 PNG 지원 모듈인 PyPNG (github.com/drj11/pypng)가 있다. 따라서 우리가 만들 Png.py 모듈은 단지 PyPNG가 설치된 경우 이에 대해 래퍼를 제공(이때 §2.1의 아답터 패턴을 사용한다)하는 역할만 한다.

먼저 일반 모듈(Image/__init__.py)을 살펴본다. 그런 다음 Image/Xpm.py 모듈을 간략히 보고, 마지막으로 Image/Png.py 래퍼 모듈을 설명할 것이다.

3.12.1 제네릭 Image 모듈

Image 모듈은 Image 클래스와 몇몇 이미지 처리 관련 함수와 상수를 제공한다.

```
try:
    import numpy
except ImportError:
    numpy = None
    import array
```

한 가지 문제는 이미지 데이터를 array.array나 numpy.ndarray 중 어떤 것으로 표현할 것인가다. 따라서 일반 임포트 구문 다음에 numpy를 임포트해 본다. 만약 numpy를 찾을 수 없다면 표준 라이브러리의 array 모듈을 가져와 활용하고, numpy 변수를 None으로 설정해 표준 라이브러리와 numpy가 다른 부분을 처리할 때 참조할 수 있게 한다.

사용자가 간단하게 import Image만 하면 우리 모듈을 활용할 수 있었으면 한다. 따라서 사용 가능한 모든 이미지 형식에 대한 저장 및 불러오기 함수를 자동으로 활용 가능하게끔 만든다. 그럼 사용자는 다음과 같은 코드를 사용해 64x64 크기의 정사각형 이미지를 만들 수 있다.

```python
import Image
image = Image.Image.create(64, 64, Image.color_for_name("red"))
image.save("red_64x64.xpm")
```

사용자가 명시적으로 Image/Xpm.py 모듈을 임포트하지 않아도 위 코드가 동작하게끔 만들 것이다. 물론 Image 디렉터리 아래의 모듈에서 제공하는 다른 이미지 형식에 대해서도 위와 같은 처리가 가능하게 만들 것이다. 심지어 Image 패키지를 설치한 다음 나중에 따로 별도의 이미지 형식 지원 모듈을 설치해도 동작하게 할 것이다.

이를 위해 Image/__init__.py 모듈 코드 안에 이미지 형식을 지원하는 모듈을 자동으로 읽어오는 코드를 추가한다.

```python
_Modules = []
for name in os.listdir(os.path.dirname(__file__)):
    if not name.startswith("_") and name.endswith(".py"):
        name = "." + os.path.splitext(name)[0]
        try:
            module = importlib.import_module(name, "Image")
            _Modules.append(module)
        except ImportError as err:
            warnings.warn("failed to load Image module: {}".format(err))
del name, module
```

이 코드는 전용 _Modules 리스트에 Image 디렉터리에서 찾은 모듈을 넣는다. 이때 __init__.py나 다른 _로 시작하는 모듈은 제외한다.

이 코드는 Image 디렉터리에 있는 파일을 순회하는 방식으로 동작한다. 처리 가능한 .py 파일마다 파일 이름으로부터 모듈 이름을 가져온다. 각 모듈을 Image 패키지에 대해 상대 경로로 임포트하기 위해 모듈 이름 앞에 .을 붙여야만 한다. 이런 식으로 상대적인 이름으로 임포트할 경우 패키지 이름을 importlib.import_module() 함수의 두 번째 인자로 전달해야 한다. 임포트에 성공하면 해당 파이썬 모듈을 모듈 리스트에 추가한다. 각 모듈을 사용하는 방법에 대해서는 조금 후에 설명하겠다.

여기서 활용한 방식은 사용하고 이해하기 쉽고, 대부분의 경우 잘 작동한다. 하지만 제약사항이 있다. 우선 Image 패키지가 .zip 파일 안에 들어있으면 이 방법을 활용할 수가 없다(파이썬은 .zip 파일에 들어있는 모듈을 임포트할 수 있다는 사실을 기억하기 바란다. 따라서 zip 파일을 sys.path 리스트에 추가하고, 일반 모듈을 임포트하듯이 모듈을 임포트하면 된다. 자세한 사항은 docs.python.org/dev/library/zipimport.html를 참고한다). 이 문제에 대한 해결책은 표준 라이브러리의 pkgutil.walk_packages() 함수를 활용하는 것이다(os.listdir()를 walk_packages로 변경하고 다른 코드도 그에 맞게 적절히 수정해야 한다). 이 함수는 일반 패키지와 zip 파일 안의 패키지를 모두 검색할 수 있다. 게다가 C 확장이나 바이트코드 파일(.pyc)로 돼 있는 모듈도 처리할 수 있다.

```python
class Image:
    def __init__(self, width=None, height=None, filename=None,
            background=None, pixels=None):
        assert (width is not None and (height is not None or
                pixels is not None) or (filename is not None))
        if filename is not None: # 파일로부터
            self.load(filename)
        elif pixels is not None: # 데이터로부터
            self.width = width
            self.height = len(pixels) // width
            self.filename = filename
            self.meta = {}
            self.pixels = pixels
        else: # 비어 있다면
            self.width = width
            self.height = height
            self.filename = filename
            self.meta = {}
            self.pixels = create_array(width, height, background)
```

이미지의 __init__() 메서드 서명은 약간 복잡하다. 하지만 문제가 되지는 않을 텐데, 사용자들은 더 단순한 도우미 클래스 메서드(앞에서 본 Image.Image.create() 등)를 활용해 이미지를 만들 것이기 때문이다.

```
    @classmethod
    def from_file(Class, filename):
        return Class(filename=filename)

    @classmethod
    def create(Class, width, height, background=None):
        return Class(width=width, height=height, background=background)

    @classmethod
    def from_data(Class, width, pixels):
        return Class(width=width, pixels=pixels)
```

여기서 세 가지 이미지 생성 팩터리 클래스 메서드를 볼 수 있다. 이 세 메서드는 클래스 자체에서 호출할 수 있으며(image = Image.Image.create(200, 400) 같은 식으로 호출함), Image의 하위 클래스에 대해 잘 동작할 것이다.

from_file() 메서드는 파일을 읽어서 이미지를 만든다. create() 메서드는 지정한 배경색으로 칠해진 이미지를 만든다(만약 색을 지정하지 않으면 투명한 배경을 사용한다). from_data() 메서드는 픽셀의 1차원 배열(array.array나 numpy.ndarray)에서 지정된 너비(width)와 높이(height)에 해당하는 이미지를 만든다.

```
def create_array(width, height, background=None):
    if numpy is not None:
        if background is None:
            return numpy.zeros(width * height, dtype=numpy.uint32)
        else:
            iterable = (background for _ in range(width * height))
            return numpy.fromiter(iterable, numpy.uint32)
    else:
        typecode = "I" if array.array("I").itemsize >= 4 else "L"
        background = (background if background is not None else
                      ColorForName["transparent"])
        return array.array(typecode, [background] * width * height)
```

이 함수는 부호 없는 32비트 정수의 1차원 배열을 만든다(그림 3.8 참고). Numpy를 활용하는 경우를 먼저 살펴보자. 우선 배경이 투명하다면 numpy.zeros()를 사용해 모든 원소가 0(즉, 0x00000000)인 배열을 만든다. 알파값이 0인 색은 완전히 투명해진다. 배경색을 지정했다면

width * height만큼 background 값을 돌려주는 제너레이터 식을 만들고 numpy.fromiter를 사용해 배열을 초기화한다.

numpy가 없는 경우에는 array.array를 만들어야 한다. 이 경우 numpy와 달리 저장할 원소의 크기를 정확히 지정할 수 없기 때문에 가장 적절한 원소 유형을 찾아야 한다. 여기서는 "I"(부호 없는 2바이트 이상의 정수로 정해져 있는)의 크기가 4 이상인 경우 "I"를, 4보다 작은 경우에는 "L"(부호 없는 4바이트 이상의 정수로 정해져 있다)을 택한다. 이는 4바이트를 담을 수 있는 정수 타입 중 가능한 한 크기가 작은 것을 찾기 위해서다(64비트 장비의 경우 보통 부호 없는 정수("I"로 지정되는 타입)가 8바이트일 것이다). 그런 다음 앞에서 선택한 타입 지정자(type specifier)를 사용해 width * height 크기의 배열을 만들고, background 값으로 채운다(ColorForName 딕셔너리에 대해서는 나중에 설명하겠다).

```
class Error(Exception): pass
```

이 클래스는 Image.Error 예외 타입이다. 물론 내장 예외(ValueError등)를 사용할 수도 있다. 하지만 Image를 사용하는 사람들이 이미지 처리 관련 예외만 잡아서 처리할 때 더 편하도록 새로운 예외를 정의했다.

```
def load(self, filename):
    module = Image._choose_module("can_load", filename)
    if module is not None:
        self.width = self.height = None
        self.meta = {}
        module.load(self, filename)
        self.filename = filename
    else:
        raise Error("no Image module can load files of type {}".format(
            os.path.splitext(filename)[1]))
```

Image.__init__.py 모듈에는 파일 형식에 대한 정보가 전혀 없다. 하지만 이미지 형식별 모듈에는 그러한 정보가 있으며, 각 이미지 모듈은 _Modules 리스트에 저장된다. 이미지별 모듈은 템플릿 메서드 패턴(§3.10)이나 전략(§3.9) 패턴의 일종이라 할 수도 있다.

여기서는 지정된 파일명을 로드할 수 있는 모듈을 찾는다. 적당한 모듈을 찾으면 이미지의 인스턴스 변수를 초기화하고 모듈을 활용해 파일을 읽어들인다. 모듈의 load()가 성공한다면 self.pixels를 색상 값의 배열로 채우고 self.width, self.height를 적절히 설정한다. 반대로 실패한다면 예외가 발생할 것이다(§3.12.2와 §3.12.3에서 파일 형식에 따른 load() 함수를 살펴보겠다).

```python
@staticmethod
def _choose_module(actionName, filename):
    bestRating = 0
    bestModule = None
    for module in _Modules:
        action = getattr(module, actionName, None)
        if action is not None:
            rating = action(filename)
            if rating > bestRating:
                bestRating = rating
                bestModule = module
    return bestModule
```

이 정적 메서드에서는 _Modules 리스트의 모듈 중에서 특정 동작(actionName)을 파일(filename)을 대상으로 수행할 수 있는 것을 찾는다. 각 모듈을 순회하면서 각 모듈의 내장 getattr() 함수를 활용해 actionName함수(예: can_load(), can_save() 등)를 찾아본다. 함수가 있다면 그 함수에 filename을 전달한다.

각 함수에서는 모듈이 그 동작을 수행할 수 없으면 0을, 완벽히 수행할 수 있으면 100을 기준으로 파일을 처리할 수 있는 정도를 정수로 돌려준다. 예를 들어, Image/Xbm.py 모듈은 자신이 100% 지원하는 .xbm 파일에 대해 100을 반환하지만 다른 확장자의 파일에 대해서는 0을 반환할 것이다. 반면 Image/Xpm.py 모듈은 .xpm에 대해 80을 반환한다. 왜냐하면 XPM 명세를 전부 다 지원하지 못하기 때문이다(그렇지만 현재까지는 테스트해본 모든 .xpm 파일에 대해 잘 작동했다).

마지막으로 점수가 가장 높은 모듈을 반환하거나 적당한 모듈이 없는 경우 None을 반환한다.

```python
def save(self, filename=None):
    filename = filename if filename is not None else self.filename
    if not filename:
```

```
        raise Error("can't save without a filename")
    module = Image._choose_module("can_save", filename)
    if module is not None:
        module.save(self, filename)
        self.filename = filename
    else:
        raise Error("no Image module can save files of type {}".format(
            os.path.splitext(filename)[1]))
```

이 메서드는 파일명을 가지고 저장할 수 있는 모듈을 찾아 실제 저장을 한다는 점에서 load()와 아주 비슷하다.

```
    def pixel(self, x, y):
        return self.pixels[(y * self.width) + x]
```

pixel() 메서드는 지정된 위치의 픽셀 ARGB 값(부호 없는 32비트 정수)을 반환한다.

```
    def set_pixel(self, x, y, color):
        self.pixels[(y * self.width) + x] = color
```

set_pixel() 메서드는 위치에 해당하는 픽셀을 지정한 ARGB 값으로 설정한다. 위치가 범위를 벗어나면 IndexError 예외가 발생한다. Image 모듈은 line(), ellipse(), rectangle() 같은 기본적인 그리기 함수를 제공한다. 여기서 대표적인 메서드 하나만 살펴보자.

```
    def line(self, x0, y0, x1, y1, color):
        Δx = abs(x1 - x0)
        Δy = abs(y1 - y0)
        xInc = 1 if x0 < x1 else -1
        yInc = 1 if y0 < y1 else -1
        δ = Δx - Δy
        while True:
            self.set_pixel(x0, y0, color)
            if x0 == x1 and y0 == y1:
                break
            δ2 = 2 * δ
```

```
        if δ2 > -Δy:
            δ -= Δy
            x0 += xInc
        if δ2 < Δx:
            δ += Δx
            y0 += yInc
```

위 메서드는 브레슨햄(Bresenham)의 알고리즘[9](정수 연산만 사용해 선을 그림)을 사용해 (x0, y0)부터 (x1, y1)까지 선을 그린다. 파이썬 3는 유니코드를 지원하기 때문에 문맥에 따라 적절한 이름을 사용할 수 있다. 예를 들어, Δx, Δy는 x, y 좌표 값의 차이를 표시하고, δ와 δ2는 에러 값을 표시한다.

```
    def scale(self, ratio):
        assert 0 < ratio < 1
        rows = round(self.height * ratio)
        columns = round(self.width * ratio)
        pixels = create_array(columns, rows)
        yStep = self.height / rows
        xStep = self.width / columns
        index = 0
        for row in range(rows):
            y0 = round(row * yStep)
            y1 = round(y0 + yStep)
            for column in range(columns):
                x0 = round(column * xStep)
                x1 = round(x0 + xStep)
                pixels[index] = self._mean(x0, y0, x1, y1)
                index += 1
        return self.from_data(columns, pixels)
```

이 메서드는 자신을 축소한 새로운 이미지를 만든다. Ratio는 (0.0, 1.0) 범위 안의 값이어야 한다. ratio를 0.75로 지정하면 너비와 높이가 원래 크기의 ¾로, 0.5로 지정하면 절반인 이미지가 만들어진다. 결과 이미지의 각 픽셀(즉, 각각의 색)은 해당 픽셀에 대응하는 원래 이미지의 픽셀 값의 평균이다.

---

[9] 이 알고리즘은 http://en.wikipedia.org/wiki/Bresenham's_line_algorithm에 설명돼 있다.

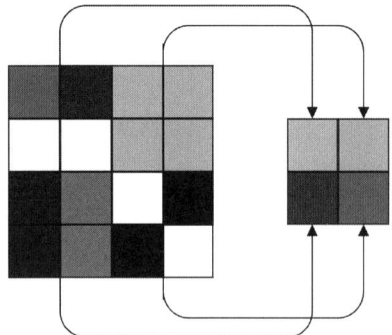

그림 3.9 4x4 이미지를 절반으로 축소하기

이미지의 x, y 좌표는 정수이지만 정확성을 기하기 위해 픽셀을 처리하면서 부동소수점 연산(즉 // 대신 / 사용)을 활용했다. 그렇기 때문에 정수가 필요한 경우 round() 함수를 사용해 변환해야 한다.

마지막에 Image.Image.from_data() 팩터리 클래스 메서드를 활용해 우리가 채워 넣은 픽셀 데이터로부터 새로운 이미지를 만들었다.

```python
def _mean(self, x0, y0, x1, y1):
    αTotal, redTotal, greenTotal, blueTotal, count = 0, 0, 0, 0, 0
    for y in range(y0, y1):
        if y >= self.height:
            break
        offset = y * self.width
        for x in range(x0, x1):
            if x >= self.width:
                break
            α, r, g, b = self.argb_for_color(self.pixels[offset + x])
            αTotal += α
            redTotal += r
            greenTotal += g
            blueTotal += b
            count += 1
    α = round(αTotal / count)
    r = round(redTotal / count)
    g = round(greenTotal / count)
    b = round(blueTotal / count)
    return self.color_for_argb(α, r, g, b)
```

이 메서드는 x0, y0, x1, y1좌표로 정해지는 직사각형 영역의 알파, 적색, 녹색, 청색 요소의 합계를 계산한다. 그다음에 각 합계를 영역의 전체 픽셀 개수로 나눠서 평균 색을 계산한다. 이 과정은 그림 3.9에 표현돼 있다.

```
MAX_ARGB = 0xFFFFFFFF
MAX_COMPONENT = 0xFF
```

최소 32비트 ARGB 값은 0x0 (0x00000000, 투명색. 굳이 정확하게 이야기하자면 투명한 검은색)이다. 반면 위의 두 상수는 최대 ARGB값(흰색)과 각 색 성분의 최댓값(255)을 나타낸다.

```
@staticmethod
def argb_for_color(color):
    if numpy is not None:
        if isinstance(color, numpy.uint32):
            color = int(color)
    if isinstance(color, str):
        color = color_for_name(color)
    elif not isinstance(color, int) or not (0 <= color <= MAX_ARGB):
        raise Error("invalid color {}".format(color))
    α = (color >> 24) & MAX_COMPONENT
    r = (color >> 16) & MAX_COMPONENT
    g = (color >> 8) & MAX_COMPONENT
    b = (color & MAX_COMPONENT)
    return α, r, g, b
```

이 정적 메서드(모듈 함수)는 특정 color로부터 네 가지 색 요소(각각 0부터 255 범위)를 반환한다. 입력으로는 int나 numpy.uint32 또는 문자열로 된 색 이름이 들어올 수 있다. 색을 구성하는 각 요소를 비트 시프트 연산(>>)과 비트 AND 연산(&)을 활용해 정수로 추출한다.

```
@staticmethod
def color_for_name(name):
    if name is None:
        return ColorForName["transparent"]
    if name.startswith("#"):
        name = name[1:]
```

```
            if len(name) == 3: # 불투명하게 알파값 설정
                name = "F" + name # 16진수 4자리로 만든다
            if len(name) == 6: # 불투명하게 알파값 설정
                name = "FF" + name # 16진수 8자리로 만든다
            if len(name) == 4: # 원래 #FFF 또는 #FFFF
                components = []
                for h in name:
                    components.extend([h, h])
                name = "".join(components) # 이제 16진수 8자리가 되었다
            return int(name, 16)
    return ColorForName[name.lower()]
```

이 정적 메서드(모듈 함수)는 특정 색 이름에 대해 32비트 ARGB 값을 반환한다. 색이 None이라면 투명한 색을 반환하며, #로 시작하는 경우에는 HTML 형식처럼 "#HHH", "#HHHH", "#HHHHHH", "#HHHHHHHH"(H는 16진 숫자)으로 된 색으로 인식한다. 지정한 값이 RGB에만 해당할 경우(즉, 최상위 1바이트가 0인 경우), 맨 앞에 "F"를 두 개 더 붙여서 알파 채널 값을 불투명하게 만든다. None이나 #로 시작하는 경우가 아니라면 ColorForName 딕셔너리에서 색을 가져온다. ColorForName은 기본값이 지정된 딕셔너리이기 때문에 이름이 딕셔너리에 없어도 기본값이 반환된다.

```
ColorForName = collections.defaultdict(lambda: 0xFF000000, {
    "transparent": 0x00000000, "aliceblue": 0xFFF0F8FF,
    ...
    "yellow4": 0xFF8B8B00, "yellowgreen": 0xFF9ACD32})
```

ColorForName은 색 이름에 해당하는 RGBA 형식의 32비트 부호 없는 정수를 반환한다. 색을 찾을 수 없는 경우에는 조용히 불투명한 검은색(0xFF000000)을 반환한다. 이 딕셔너리를 사용할지는 사용자 마음이지만 color_for_name() 함수가 더 간편하며 여러 용도로 활용할 수 있다. 색 이름은 X11에서 제공하는 rgb.txt를 참조했으며, 투명색(transparent)을 추가했다.

collections.defaultdict() 함수는 첫 번째 인자로 팩터리 함수를 받으며, 그 뒤에 일반 딕셔너리가 받는 순서대로 인자를 받는다. 잘못된 키가 들어오면 팩터리 함수를 사용해 반환할 값을 만들어낸다. 여기서는 람다식을 이용해 항상 같은 값(검은색)을 반환하게 했다. 딕셔너리를 생성할 때 키

워드 인자를 (예: transparent=0x00000000) 전달할 수도 있다. 하지만 파이썬에서 그런 식으로 전달할 수 있는 개수는 255개가 최대이며, 우리가 제공할 색은 그보다 많다. 따라서 일반적인 딕셔너리에서 사용하는 { 키: 값 } 문법을 활용해 이 딕셔너리를 정의했다. 이렇게 하면 255개 제한에 얽매이지 않아도 된다.

```
argb_for_color = Image.argb_for_color
rgb_for_color = Image.rgb_for_color
color_for_argb = Image.color_for_argb
color_for_rgb = Image.color_for_rgb
color_for_name = Image.color_for_name
```

Image 클래스에 추가로 정적 함수를 기반으로 한 메서드를 만들었다. 이렇게 해두면 Image를 임포트한 다음에 Image.color_for_name()를 활용할 수도 있고, Image.Image 인스턴스가 있는 경우 image.color_for_name()과 같이 호출할 수도 있다.

이제 Image 모듈의 핵심부(Image/__init__.py)를 다 살펴봤다. 일부 상수나 메서드(rectangle(), ellipse(), subsample()), 프로퍼티(높이와 너비 튜플을 반환하는 size)와 색 사용을 위한 여러 정적 메서드 등은 설명을 생략했다. 이 모듈은 XBM, XPM 형식의 이미지를 생성하거나, 읽거나 쓰는 데 활용할 수 있고, PyPNG가 있는 경우 PNG도 다룰 수 있다.

이제 Image 모듈이 의존하는 구체적인 모듈을 살펴보겠다. Image/Xbm.py 모듈은 XBM 형식의 저수준 세부사항을 제외하면 Image/Xpm.py에 비해 그리 배울 것이 많지 않기 때문에 생략한다. 그 후 Image/Png.py 모듈을 살펴보겠다.

3.12.2 Xpm 모듈

각 이미지 포맷에 특화된 모듈에서는 4가지 기능을 제공해야 한다. 그 중 두 가지는 can_load()와 can_save()다. 두 함수 모두 수행 불가능한 경우 0, 완전히 수행 가능한 경우 100, 불완전하지만 가능하기는 한 경우 그 중간의 숫자를 반환해야 한다. 또한 load()와 save() 함수를 제공해야 한다. 이 두 함수는 can_load()나 can_save() 함수가 0이 아닌 값을 반환한 파일명에 대해서만 동작하면 된다.

```python
def can_load(filename):
    return 80 if os.path.splitext(filename)[1].lower() == ".xpm" else 0
def can_save(filename):
    return can_load(filename)
```

Image/Xpm.py 모듈은 XPM 명세 중 거의 활용하지 않는 부분을 제외한 대부분의 사항을 구현했다. 따라서 읽기나 쓰기 모두 80을 반환[10]한다. 따라서 새로운 XPM 모듈을 설치하고 80보다 큰 값을 반환한다면 해당 모듈을 이 모듈 대신 활용할 것이다(이 과정에 대해서는 앞에서 Image._choose_module()를 설명할 때 이야기했다).

```python
(_WANT_XPM, _WANT_NAME, _WANT_VALUES, _WANT_COLOR, _WANT_PIXELS,
 _DONE) = ("WANT_XPM", "WANT_NAME", "WANT_VALUES", "WANT_COLOR",
        "WANT_PIXELS", "DONE")
_CODES = "".join((chr(x) for x in range(32, 127) if chr(x) not in '\\"'))
```

XPM은 일반 텍스트(7비트 아스키) 형식으로서 데이터를 처리하기 위해서는 파싱해야 한다. 데이터 구조는 메타데이터(너비, 높이, 색 개수 등), 색 테이블, 그 뒤에 픽셀 데이터가 오는 식으로 구성돼 있다. 각 픽셀은 색 테이블에 대한 인덱스로 돼 있다. 자세한 데이터 구조는 파이썬과 무관하기 때문에 여기서 설명하지는 않을 것이며, 여기서는 간단한 직접 만든 파서를 사용할 것이다. 위의 상수는 파서의 상태를 표현하기 위한 것이다.

```python
def load(image, filename):
    colors = cpp = count = None
    state = _WANT_XPM
    palette = {}
    index = 0
    with open(filename, "rt", encoding="ascii") as file:
        for lino, line in enumerate(file, start=1):
            line = line.strip()
            ...
```

---

10 (옮긴이) 확장자를 검사하는 것 말고 파일의 유형을 확인하는 방법으로 파일 맨 앞의 몇 바이트(소위 "매직" 넘버라고 하는)를 살펴보는 것이 있다. 예를 들어 XPM은 0x2F 0x2A 0x20 0x58 0x50 0x4D 0x20 0x2A 0x2F ("/* XPM */"), PNG는 0x89 0x50 0x4E 0x47 0x0D 0x0A 0x1A 0x0A (" · PNG · · · · ")으로 시작한다.

위 코드는 모듈의 load() 함수가 시작되는 부분이다. 전달된 image는 Image.Image 타입이며, 함수 내부에서 이미지의 픽셀과 너비, 높이를 직접 설정한다. 픽셀 배열은 Image.create_array() 함수를 활용해 만들기 때문에 Xpm.py는 배열이 array.array인지 numpy.ndarray인지 신경 쓸 필요가 없다. 그렇기 때문에 두 배열에 공통적으로 있는 메서드로만 배열에 접근해야 한다.

```python
def save(image, filename):
    name = Image.sanitized_name(filename)
    palette, cpp = _palette_and_cpp(image.pixels)
    with open(filename, "w+t", encoding="ascii") as file:
        _write_header(image, file, name, cpp, len(palette))
        _write_palette(file, palette)
        _write_pixels(image, file, palette)
```

XBM이나 XPM 형식 모두 실제로 파일 내부에 해당 파일의 이름에 따른 이미지 이름을 담고 있다. 이때 그 이름은 C 언어에서 식별자(identifier)로 사용할 수 있는 이름이어야 한다. 따라서 Image.sanitized_name() 함수를 사용해 식별자를 얻는다. 저장 작업은 대부분 모듈 내부 함수가 수행하며, 여기서 따로 살펴보지는 않겠다.

```python
def sanitized_name(name):
    name = re.sub(r"\W+", "", os.path.basename(os.path.splitext(name)[0]))
    if not name or name[0].isdigit():
        name = "z" + name
    return name
```

Image.sanitized_name() 함수에서는 파일명을 받아 강세 등의 부가 기호가 제거된 영문자, 숫자, 밑줄(_)로 이뤄지고 영문자나 밑줄로 시작하는 단어를 만든다. 정규식 \W+는 하나 이상의 단어를 이룰 수 없는 문자들(즉, C 언어의 식별자가 될 수 없는 문자들)과 매치된다.

다른 이미지 형식을 지원하고 싶다면 적당한 모듈을 Image 디렉터리 아래에 만들면 된다. 이때 모듈은 4가지 함수 can_load(), can_save(), load(), save()를 지원해야 한다. 첫 두 함수는 전달받은 파일명에 따라 적절한 정수값을 반환해야 한다. 유명한 이미지 파일 형식 중 하나로 PNG가 있다. 해당 양식은 매우 복잡하지만 다행히도 PyPNG 모듈을 활용하면 최소한의 노력으로 이를 지원할 수 있다. 따라서 다음 절에는 이와 관련된 내용을 살펴보겠다.

3.12.3 PNG 모듈

PyPNG 모듈(github.com/drj11/pypng)은 PNG를 제대로 지원한다. 하지만 Image에서 PNG에 대해 이를 활용하려면 인터페이스를 맞춰줘야 한다. 따라서 이번 절에서는 Image/Png.py 모듈을 만들겠다. 이때 §2.1에서 다룬 어댑터 패턴을 활용해 Image 모듈에 PNG 지원 기능을 추가한다. 앞에서는 모듈 코드의 일부만 다뤘지만 여기서는 Image/Png.py 모듈의 전체 코드를 살펴보겠다.

```python
try:
    import png
except ImportError:
    png = None
```

먼저 PyPNG의 png 모듈을 임포트한다. 실패하는 경우 png 변수를 None으로 설정해 둔다.

```python
def can_load(filename):
    return (80 if png is not None and
            os.path.splitext(filename)[1].lower() == ".png" else 0)

def can_save(filename):
    return can_load(filename)
```

png 모듈이 임포트됐다면 PNG 지원 여부에 대해 80(지원이 완벽하지는 않음)을 반환한다. 나중에 더 나은 모듈이 있는 경우 이 모듈을 대체할 수 있게 100이 아니라 80을 반환한다. XPM에서와 마찬가지로 읽기와 쓰기에 같은 점수를 반환한다. 물론 두 함수의 반환값을 다르게 만들 수도 있다.

```python
def load(image, filename):
    reader = png.Reader(filename=filename)
    image.width, image.height, pixels, _ = reader.asRGBA8()
    image.pixels = Image.create_array(image.width, image.height)
    index = 0
    for row in pixels:
        for r, g, b, α in zip(row[::4], row[1::4], row[2::4], row[3::4]):
            image.pixels[index] = Image.color_for_argb(α, r, g, b)
            index += 1
```

먼저 파일명을 가지고 png.Reader를 만든다. 그러면 PNG 파일이 읽혀서 reader 인스턴스에 들어간다. 이미지의 너비와 높이, 각 픽셀 정보를 가져온 다음, 메타 정보는 버린다.

PyPNG 모듈에서는 RGBA 형식을 사용하는 반면 우리가 만든 모듈에서는 ARGB 형식을 사용한다. 따라서 이를 반영한다. png모듈이 저장한 픽셀을 png.Reader.asRGBA8() 메서드를 사용하면 이미지의 한 줄을 2차원 배열로 구할 수 있다. 예를 들어, 첫 픽셀이 불투명한 빨간색이고, 두 번째 픽셀이 불투명한 파란색이라면 배열의 첫 목록은 0xFF, 0x00, 0x00, 0xFF, 0x00, 0x00, 0xFF, 0xFF로 시작할 것이다.

RGBA 픽셀을 구한 다음에는, 새로 필요한 크기로 배열을 만들어 각 픽셀을 투명한 색으로 채운다. 그 후 각 줄의 색 성분을 순회하면서 배열 슬라이스를 활용해 각 성분을 분리한다. 가령 빨간색 성분은 0, 4, 8, 12, ⋯, 녹색은 1, 5, 9, 13, ⋯, 파란색은 2, 6, 10, 14, ⋯, 마지막으로 알파값은 3, 7, 11, 15, ⋯순이다. 이 슬라이스에 zip() 함수를 적용해 4-튜플을 만들면 첫 4-튜플은 줄의 인덱스 (0, 1, 2, 3)에서 나오고, 두 번째 튜플은 인덱스 (4, 5, 6, 7)에서 나오게 된다. 이제 각 튜플을 사용해 ARGB 색 값을 만들어 우리가 사용할 이미지의 ARGB 1차원 픽셀 배열에 넣는다.

```python
def save(image, filename):
    with open(filename, "wb") as file:
        writer = png.Writer(width=image.width, height=image.height,
                alpha=True)
        writer.write_array(file, list(_rgba_for_pixels(image.pixels)))
```

save() 함수에서는 작업을 png 모듈에 위임한다. 맨 처음에 적절한 메타데이터를 지정해 png.Writer를 만든다. 그런 다음 모든 픽셀을 writer에 전달한다. 도우미 함수를 활용해 ARGB에서 RGBA로 픽셀을 변환한다.

```python
def _rgba_for_pixels(pixels):
    for color in pixels:
        α, r, g, b = Image.argb_for_color(color)
        for component in (r, g, b, α):
            yield component
```

이 함수에서는 전달받은 배열(image.pixels)을 순회하면서 각 색 성분을 분리한다. 그 후 각 성분(RGBA 순서로)을 반환한다.

이제 이번 절에서 필요한 모든 코드를 전부 살펴본 셈이다. 어려운 작업은 모두 PyPNG의 png 모듈이 담당하기 때문이다.

Image 모듈은 그림을 그릴 때 유용한 인터페이스(set_pixel(), line(), rectangle(), ellipse())와 XBM, XPM, PNG 파일 저장과 읽기를 제공한다(PyPNG가 설치돼 있다면). 또한 빠른 크기 변환을 위한 subsample()과 좀 더 고품질의 크기 변환을 위한 scale() 메서드도 제공한다. 또한 편의를 제공하기 위한 여러 정적 함수도 함께 제공한다.

Image 모듈은 동시성 환경에서도 활용할 수 있다. 예를 들어, 여러 스레드나 프로세스에서 이미지를 만들고, 파일에서 읽고 쓰고, 이미지에 그림을 그릴 수 있다. 따라서 GUI스레드가 따로 존재하는 Tkinter 등에서 더 편리하게 활용할 수 있다. 하지만 아쉽게도 크기 변환 메서드는 속도가 느리다. 이 속도를 향상시키는 방법은(특히 다중 코어 장비에서 여러 이미지를 변환해야 한다면) 동시성을 활용하는 것이다. 이 주제에 관해서는 다음 장에서 살펴볼 것이다. 하지만 크기 변환 작업은 CPU 중심의 작업이기 때문에 최대로 기대할 수 있는 성능 향상은 CPU 코어 개수에 비례한 정도다. 예를 들어, 쿼드코어 CPU라면 4배보다 약간 적은 성능 향상을 기대할 수 있다. 따라서 5장(§5.3)에서는 싸이썬(Cython)을 활용해 어떻게 극적으로 성능을 향상시킬 수 있는지 살펴볼 것이다.

4장

파이썬 고수준 동시성

새천년이 된 이래 동시(concurrent) 프로그래밍에 대한 관심이 급격히 늘어나고 있다. 이 현상은 동시성을 주류 기법이 될 수 있게 해준 자바 언어의 등장과 다중 코어(multi core)의 보급, 대부분의 최신 프로그래밍 언어에서 동시 프로그래밍을 지원하는 추세에 따라 가속돼 왔다.

동시 프로그램을 작성하고 유지보수하는 일은 그렇지 않은 프로그램을 작성하고 유지보수하는 것에 비해 더(때로는 훨씬 더) 어렵다. 더 나아가 동시 프로그램이 동일한 기능의 비동시 프로그램보다 더(때로는 훨씬 더) 나쁜 성능을 보일 수도 있다. 하지만 잘 활용하기만 하면 추가로 들어간 노력이 전혀 아깝지 않을 정도로 성능이 뛰어난 동시성 프로그램을 작성할 수 있다.

대부분의 언어(C++과 자바를 포함)에서는 언어 자체에서 동시성을 지원하며, 보통은 표준 라이브러리를 통해 고급 기능을 추가로 제공한다. 동시성은 여러 방식으로 구현할 수 있다. 여러 방식 사이의 가장 큰 차이는 공유 데이터에 직접 접근하는지(예: 공유 메모리를 활용하는 경우), 간접적으로 접근하는지(예: 프로세스 간 통신[IPC, Inter-Process Communication]을 활용하는 경우)에 있다. 스레드(thread)를 활용한 동시성은 한 프로세스 안에서 여러 제어 흐름을 동시에 실행하는 경우다. 이러한 스레드는 보통 직렬화[1]한 접근을 통해 공유 메모리를 활용한다. 이때 프로그래머는 여러 방식의 락(lock)을 활용해 직렬화를 강제할 수 있다. 프로세스 기반 동시

---

[1] (옮긴이) 여기서는 객체를 영속화 저장소에 저장할 때 사용하는 직렬화가 아니고, 동시성 이론에서의 직렬화를 의미한다. 동기화 같은 의미라 할 수 있다.

성(multiprocessing)은 별개의 프로세스를 서로 독립적으로 실행하는 경우를 의미한다. 일반적으로 동시 프로세스는 IPC를 활용해 공유 데이터에 접근한다. 그렇지만 라이브러리나 언어가 지원하는 경우 공유 메모리를 활용할 수도 있다. 다른 종류의 동시성은 동시 실행 대신 "동시 대기(concurrent waiting)"를 기반으로 한 것이다. 이 같은 접근 방식은 비동기 I/O를 구현할 때 활용한다.

파이썬은 저수준 비동기 I/O를 지원한다(asyncore와 asynchat 모듈). 고수준 지원은 외부 트위스티드(Twisted) 프레임워크(twistedmatrix.com)의 일부로 제공된다. 고수준 비동기 I/O 지원 기능(이벤트 루프를 포함)은 파이썬 3.4부터 파이썬 표준 라이브러리에 추가될 예정이다(www.python.org/dev/peps/pep-3156).

파이썬은 전통적인 스레드 기반 동시성과 프로세스 기반 동시성을 모두 지원한다. 파이썬에서 스레드를 지원하는 모습은 매우 전형적이다. 하지만 다중 프로세스 지원은 다른 대부분의 언어나 라이브러리에서 제공하는 것보다 훨씬 고수준이다. 게다가 파이썬의 다중 프로세스 지원은 스레드와 동일한 추상화를 활용하기 때문에 공유 메모리를 사용하지 않는 한 그 둘 사이를 전환하기가 매우 쉽다.

GIL(전역 인터프리터 락) 때문에 파이썬 인터프리터 자체는 특정 순간에 한 프로세서 코어에서만 실행 가능하다[2]. C 코드는 GIL을 얻거나 해제할 수 있기 때문에 이런 제약에 얽매이지 않는다. 그리고 파이썬(및 파이썬 표준 라이브러리)의 대부분은 C로 작성돼 있다. 그렇다고는 해도 스레드를 활용한 동시성은 우리가 바라는 만큼의 속도 향상을 가져오지 못할 수 있다.

일반적으로 CPU 위주의 처리에서 스레드를 사용하면 이를 사용하지 않는 경우보다 성능이 더 나빠지기 쉽다. 이를 해결하는 방법 중 하나는 코드를 싸이썬(§5.2)으로 작성하는 것이다(싸이썬은 본질적으로 약간의 추가 문법이 포함된 파이썬으로서 작성한 코드가 순수 C 프로그램으로 컴파일된다). 이렇게 하면 100배 이상의 속도 향상을 가져올 수 있는데, 이것은 CPU 코어 수에 비례한 성능 향상을 기대할 수 있는, 일반적인 동시성을 활용한 방법보다 훨씬 더 큰 성능 향상이다. 하지만 동시성이 가장 적절한 성능 향상 수단이라면 CPU 위주의 작업에서는 multiprocessing 모듈을 활용해 GIL을 피하는 것이 가장 좋은 방법이다. multiprocessing을 이용하면 같은 프로세스에서 여러 스레드를 사용하는 대신(이렇게 하면 GIL을 획득하기 위해 각 스레드가 경합한다) 각각 별개

---

2   자이썬(Jython)이나 다른 파이썬 인터프리터에는 이 같은 제약이 없다. 이 책에서 다루는 동시성 예제는 GIL의 유무와 관계 없이 동작한다.

의 파이썬 인터프리터가 실행되는 프로세스를 여럿 사용하게 되며, 그에 따라 경합이 발생하지 않는다.

I/O 위주의 작업(예: 네트워킹)의 경우 동시성을 활용하면 놀라운 성능 향상을 경험할 수 있다. 이러한 경우에는 스레드나 다중 프로세스 사용 여부는 문제가 되지 않고, 네트워크 지연이 가장 결정적인 요소가 될 수 있다.

가능한 한 비동시적인 프로그램을 먼저 작성하길 권장한다. 동시성 프로그램을 작성하는 것보다 훨씬 간단하고 빠르며, 테스트하기도 쉽다. 비동시 프로그램을 올바르게 작성했다면 그 프로그램이 충분히 빠른 것으로 판명될 수도 있다. 프로그램이 충분히 빠르지 않다면 동시 프로그램을 작성해 결과(정확성 측면)와 성능을 비동시 프로그램과 비교할 수 있다. 동시성의 종류에 대해 말하자면 CPU 위주의 프로그램에서는 다중 프로세스를 활용하고, I/O 위주의 프로그램에서는 스레드를 활용하길 권장한다. 어떤 종류의 동시성을 활용할지 여부뿐 아니라 어느 수준까지 동시성을 활용할 것인지도 중요하다.

이 책에서는 동시성 수준을 세 가지로 정의한다.

- **저수준**: 원자적 연산(atomic operation)을 명시적으로 사용하는 경우다. 저수준 동시성은 잘못되기 쉽고, 디버깅이 매우 어렵다. 따라서 애플리케이션 개발보다는 라이브러리 작성을 위한 것이다. 파이썬에서는 이러한 유형의 동시성을 지원하지 않는다. 다만 파이썬의 동시성은 보통 이 같은 저수준 연산을 기반으로 구현한 것이다.
- **중간 수준**: 명시적 원자적 연산을 사용하지는 않지만 명시적 락을 사용하는 경우다. 이는 대부분의 언어가 지원하는 동시성 수준이다. 파이썬은 threading.Semaphore, threading.Lock, multiprocessing.Lock 등의 클래스를 통해 이 수준의 동시성을 지원한다. 이 수준의 도구만을 활용해야 하는 경우도 많기 때문에 애플리케이션 개발자들도 중간 수준의 동시성을 자주 사용하곤 한다.
- **고수준**: 이는 원자적 연산이나 락을 명시적으로 활용하지 않는 경우다(물론 보이지 않는 아랫단에서는 원자적 연산이나 락을 활용할 수도 있겠지만 프로그래머가 이를 신경 쓸 필요는 없다). 최근에 만들어진 언어 중 일부는 고급 동시성 지원을 제공하기 시작했다. 파이썬에서는 concurrent.futures 모듈(파이썬 3.2)과 queue.Queue, multiprocessing 큐 컬렉션 클래스를 통해 이를 지원한다.

중간 수준을 사용하는 것은 어렵지 않지만 오류가 일어나기가 십상이다. 이 경우 특히 식별할 만한 특정 패턴 없이 치명적이고 고치기 어려운 문제가 일어나거나 프로그램이 충돌하거나 응답하지 않는 경우도 생기기 쉽다.

데이터 공유가 가장 큰 문제다. 변경 가능한 공유 데이터에 대한 접근 직렬화(즉, 한 번에 한 스레드나 프로세스만 공유 데이터에 접근함)를 보장하기 위해서는 반드시 락을 사용해 대상 데이터를 보호해야 한다. 더 나아가 여러 스레드나 프로세스가 같은 공유 데이터에 접근하면 그 중 하나를 제외한 나머지 모두는 블록된다(즉, 아무 작업도 하지 못한다). 이는 락이 사용 중이라면 애플리케이션이 오직 한 스레드나 프로세스만을 사용할 수도 있음(즉, 비동시적 프로그램과 마찬가지 상태임)을 의미한다. 따라서 락을 사용하려면 가능한 한 사용 빈도를 줄이고, 개별 사용 시간도 최소화해야 한다. 가장 간단한 해법은 변경 가능한 데이터를 아예 공유하지 않는 것이다. 그러면 명시적으로 락을 사용할 필요도 없어지고, 동시성에서 발생할 수 있는 여러 문제도 눈 녹듯 사라진다.

물론 동시 스레드나 프로세스가 같은 데이터에 접근해야만 하는 경우도 있다. 이를 명시적 락 없이 해결할 수도 있다. 한 가지 방법은 동시 접근을 보장하는 자료구조를 사용하는 것이다. queue 모듈은 몇 가지 스레드 안전한 큐를 제공한다. 또한 다중 프로세스 기반 동시성을 위해서는 multiprocessing.JoinableQueue와 multiprocessing.Queue 클래스를 활용할 수 있다. 여러 동시 실행 스레드에서 공유하는 작업 대상 데이터가 들어있는 저장소나 작업 결과 데이터가 들어갈 저장소로 이러한 큐를 활용할 수 있다. 그러면 모든 락 처리를 자료구조 자체에서 수행하게 된다.

동시 프로그램에서 사용할 데이터에 동시성 지원 큐가 적합하지 않다면 락 없이 이를 해결하는 가장 좋은 방법은 변경 불가능한 데이터(즉, 수나 문자열)를 전달하는 것과 쓰지는 않고 읽기만 할 자료구조를 전달하는 방법이다. 변경 가능한 데이터를 활용해야만 하는 경우 가장 좋은 방법은 깊은 복사(deep copy)이다. 깊은 복사를 하면 자료구조를 복사하기 위한 메모리와 시간 비용이 드는 대신 락을 사용하는 위험과 부가 비용을 덜어낼 수 있다. 다중 프로세스의 경우 또 다른 대안은 동시 접근을 지원하는 자료구조를 활용하는 것이다. 특히 변경 가능한 값이 하나만 있으면 multiprocessing.Value를 활용하고, 여러 개 있으면 multiprocessing.Array를 활용하면 된다. 나중에 보겠지만 이러한 자료구조는 multiprocessing.Manager를 통해 만들어져야 한다.

이번 장의 첫 두 절에서는 각각 CPU 위주와 I/O 위주의 두 애플리케이션을 통해 동시성을 살펴보겠다. 두 경우 모두 파이썬이 제공하는 고수준 동시성 도구(오래된 스레드 안전한 큐와 파이썬 3.2의 새로운 concurrent.futures)를 활용한다. 세 번째 절에서는 GUI 애플리케이션에서 작업 진행 상태를 보여주며, 도중에 취소하는 기능을 지원하는 동시에 다른 작업을 함께 수행하는 사례를 분석해 본다.

4.1 CPU 위주의 동시성

3장의 Image 사례 분석(§3.12)에서는 이미지 크기를 부드럽게 축소/확대하는 코드를 살펴보면서 이런 작업에 오랜 시간이 걸린다고 언급한 바 있다. 이제 모든 이미지를 한꺼번에 부드럽게 축소/확대하고 싶다고 해보자. 또한 가능한 한 다중 코어의 이점을 함께 최대한 살리고 싶다.

이미지 크기 변환은 CPU 위주의 연산이므로 다중 프로세스가 가장 좋은 성능을 낼 것으로 예상된다. 표 4.1이 이를 뒷받침해 준다[3] (나중에 5장의 사례 분석에서 싸이썬과 다중 프로세스를 결합해 더 큰 속도 향상을 달성할 수 있다는 것도 보여주겠다. §5.3을 참고한다).

표 4.1 이미지 크기변환 프로그램 속도 비교

프로그램	동시성	시간(초)	속도 향상
Imagescale-s.py	없음	784	기준점
Imagescale-c.py	4개 코루틴(coroutine)	781	1배
Imagescale-t.py	4개 스레드(스레드 풀 사용)	1339	0.59배
Imagescale-q-m.py	4개 프로세스(큐 사용)	206	3.81배
Imagescale-m.py	4개 프로세스(프로세스 풀 사용)	201	3.90배

스레드를 4개 사용하는 imagescale-t.py 프로그램의 결과는 CPU 위주의 처리에 스레드를 활용하면 동시성을 사용하지 않는 프로그램보다 나쁜 결과를 가져온다는 점을 분명히 보여준다. 이는 파이썬에서는 동일한 코어 상에서 모든 처리가 이뤄지기 때문에 크기 변환 작업 이외에 스레드 간의 문맥 전환에 따른 비용을 많이 요구하기 때문이다. 이와 달리 다중 프로세스 버전은 두 버전 모두 작업량을 각 코어에 분산시킬 수 있다. 큐와 프로세스 풀의 차이는 그리 크지 않고, 둘 다 우리가 예상한 수준(즉, 코어 개수에 비례한)의 속도 향상을 가져온다[4].

모든 이미지 크기 변환 프로그램은 argparse로 파싱할 수 있는 명령행 인자를 받아들인다. 모든 버전에서 인자로 축소 후 얻게 될 이미지 크기, 크기 변환 시 평활화[5] 적용 여부(여기서 만든 프로그

---

[3] 이 표는 부하가 거의 없는 쿼드코어 3 Ghz AMD64 컴퓨터에서 크기가 1MiB에서 12MiB 사이인 이미지를 56개 처리하면서 만든 것이다. 전체 이미지 크기는 316MiB이고, 출력 크기는 67MiB다.

[4] 윈도우의 경우 새 프로세스를 시작하는 비용이 다른 운영체제에 비해 훨씬 더 크다. 하지만 다행히도 파이썬의 큐나 풀에서는 내부적으로 영구적 프로세스 풀을 사용하기 때문에 이러한 프로세스 시작 비용이 반복적으로 발생하지는 않는다.

[5] (옮긴이) 평활화(smoothing)는 근접 화소와의 평균 연산값을 취하는 등의 방법으로 이미지 변환 때 나타날 수 있는 불연속성을 완화해 더 부드럽게 만드는 것이다.

램에서는 항상 평활화를 적용했다), 그리고 입력 디렉터리와 출력 디렉터리를 받게 돼 있다. 지정된 크기보다 작은 이미지는 별도로 확대하지 않고 바로 복사한다. 하지만 여기서는 크기 변환을 해야 하는 이미지만을 사용했다. 동시성 버전의 경우에는 인자로 동시성의 정도(즉, 프로세스나 스레드를 몇 개나 사용할지)를 지정할 수 있다. 이것은 순전히 디버깅과 시간 측정을 위한 것이다. CPU 위주 프로그램에서는 일반적으로 코어 개수만큼의 스레드나 프로세스를 사용한다. I/O 위주 프로그램에서는 네트워크 대역폭에 따라 코어 개수의 정수 배율(x2, x3, x4 또는 그 이상)을 사용한다. 마지막으로 아래는 이러한 인자 처리를 담당하는 동시 이미지 크기 변환 프로그램의 handle_commandline() 함수다.

```python
def handle_commandline():
    parser = argparse.ArgumentParser()
    parser.add_argument("-c", "--concurrency", type=int,
        default=multiprocessing.cpu_count(),
        help="specify the concurrency (for debugging and "
            "timing) [default: %(default)d]")
    parser.add_argument("-s", "--size", default=400, type=int,
        help="make a scaled image that fits the given dimension "
            "[default: %(default)d]")
    parser.add_argument("-S", "--smooth", action="store_true",
        help="use smooth scaling (slow but good for text)")
    parser.add_argument("source",
        help="the directory containing the original .xpm images")
    parser.add_argument("target",
        help="the directory for the scaled .xpm images")
    args = parser.parse_args()
    source = os.path.abspath(args.source)
    target = os.path.abspath(args.target)
    if source == target:
        args.error("source and target must be different")
    if not os.path.exists(args.target):
        os.makedirs(target)
    return args.size, args.smooth, source, target, args.concurrency
```

대개 사용자에게는 동시성 수준을 지정하게 하지 않는다. 하지만 디버깅이나 테스트를 위해서는 유용하기 때문에 이를 포함시켰다. multiprocessing.cpu_count() 함수에서는 해당 장비의 코어 개수를 반환한다(즉 듀얼코어인 경우 2, 쿼드코어 프로세서가 두 개 달린 기계에서는 8을 반환한다).

argparse 모듈을 활용하면 명령행 파서를 선언적으로 만들 수 있다. 파서가 만들어지면 명령행을 파싱해 각 인자를 추출한다. 몇몇 기본적인 정상성 검사(sanity check)를 하고(예: 이미지를 덮어쓰지는 않는지 등) 대상 출력 디렉터리가 없다면 새로 만든다. os.makedirs() 함수는 os.mkdir()와 비슷하다. 다만 전자는 모든 중간 단계의 디렉터리를 만들어주지만 후자는 지정된 하위 디렉터리 하나만 만든다는 차이가 있다.

코드를 들여다 보기 전에 multiprocessing 모듈을 활용하는 파이썬 파일이 지켜야 할 중요한 규칙들을 먼저 살펴보자.

- 파일은 반드시 임포트 가능한 모듈이어야 한다. 예를 들어, my-mod.py는 파이썬 프로그램의 이름으로는 사용할 수 있지만 모듈 이름은 될 수 없다(import my-mod를 하면 문법 오류가 발생하기 때문이다). my_mod.py나 MyMod.py는 둘 다 사용 가능하다.
- 파일에는 반드시 진입점 함수(예: main())가 있어야 하며, 해당 진입점 함수를 호출하는 구문으로 끝나야 한다(예: if __name__ == "__main__": main())
- 윈도우의 경우 파이썬 파일과 파이썬 인터프리터(python.exe나 pythonw.exe)가 반드시 같은 드라이브(예: C:)에 위치해야 한다.

이제부터 두 버전의 다중 프로세스 이미지 크기 변환 프로그램인 imagescale-q-m.py와 imagescale-m.py를 살펴보겠다. 두 프로그램 모두 진행상황을 보고하며(즉, 크기 변환 중인 이미지 파일의 이름을 출력한다), 취소 기능(예: 사용자가 Ctrl+C를 누름)을 지원한다.

4.1.1 큐와 다중 프로세스 활용

imagescale-q-m.py 프로그램에서는 완료해야 할 작업(즉, 변환할 이미지)의 큐를 만들고 결과 큐를 만든다.

```
Result = collections.namedtuple("Result", "copied scaled name")
Summary = collections.namedtuple("Summary", "todo copied scaled canceled")
```

"Result"라는 이름의 튜플은 결과를 하나 저장하는 데 사용된다. 결과는 복사한 이미지 개수와 크기 변환한 이미지 개수(따라서 항상 1과 0이거나 0과 1이다), 그리고 결과 이미지 파일의 이름이다. "Summary" 튜플은 모든 결과의 요약 정보를 저장하는 데 활용한다.

```python
def main():
    size, smooth, source, target, concurrency = handle_commandline()
    Qtrac.report("starting...")
    summary = scale(size, smooth, source, target, concurrency)
    summarize(summary, concurrency)
```

이 main() 함수는 모든 크기 변환 프로그램에서 동일하다. 앞에서 설명한 handle_commandline()을 호출해 명령행 인자를 읽는 것부터 시작한다. 이 함수는 변환 후 이미지 크기, 평활화를 적용할지 여부를 표시하는 불린값, 이미지를 읽어올 입력 디렉터리, 이미지를 출력할 출력 디렉터리, 그리고 (동시성 버전의 경우) 사용할 스레드나 프로세스 수(기본값은 코어 개수다)를 반환한다.

프로그램에서는 변환이 시작됐음을 사용자에게 보고하고, 모든 작업을 수행할 scale() 함수를 호출한다. scale()에서 결과를 반환하면 summarize()를 이용해 결과를 표시한다.

```python
def report(message="", error=False):
    if len(message) >= 70 and not error:
        message = message[:67] + "..."
    sys.stdout.write("\r{:70}{}".format(message, "\n" if error else ""))
    sys.stdout.flush()
```

편의상 이 함수는 Qtrac.py 모듈에 들어 있다. 이번 장의 모든 콘솔 동시성 예제는 이 기능을 활용한다. 이 함수는 콘솔의 현재 라인을 지정한 메시지로 대체(이때 최대 70자까지 길이를 제한한다)하며, 출력을 플러시해서 화면에 바로 표시하게 한다. 메시지가 오류를 표시하는 경우에는 개행문자를 추가해 다음에 표시할 정보가 오류 정보를 덮어쓰지 못하게 방지한다.

```python
def scale(size, smooth, source, target, concurrency):
    canceled = False
    jobs = multiprocessing.JoinableQueue()
    results = multiprocessing.Queue()
    create_processes(size, smooth, jobs, results, concurrency)
    todo = add_jobs(source, target, jobs)
    try:
        jobs.join()
    except KeyboardInterrupt: # 윈도우에서는 동작하지 않을 수도 있음
        Qtrac.report("canceling...")
        canceled = True
    copied = scaled = 0
    while not results.empty(): # 모든 작업이 끝났기 때문에 안전함
        result = results.get_nowait()
        copied += result.copied
        scaled += result.scaled
    return Summary(todo, copied, scaled, canceled)
```

이 함수는 다중 프로세스 큐 기반 동시 이미지 크기 변환 프로그램의 핵심이다. 작업 과정은 그림 4.1에 표현돼 있다. 시작 시 수행할 작업의 병합[6] 가능한 큐(joinable queue)를 만든다. 병합 가능 큐는(큐의 원소가 모두 없어질 때까지) 기다릴 수 있는 큐다. 그 후, 결과를 위한 병합 불가능한 큐를 만든다. 다음으로 작업을 수행할 프로세스를 생성한다. 각 프로세스가 만들어지긴 하지만 아직 작업을 큐에 추가하지 않았기 때문에 블록될 것이다. 그 다음으로 add_jobs() 함수를 호출해 작업을 작업 큐에 추가한다.

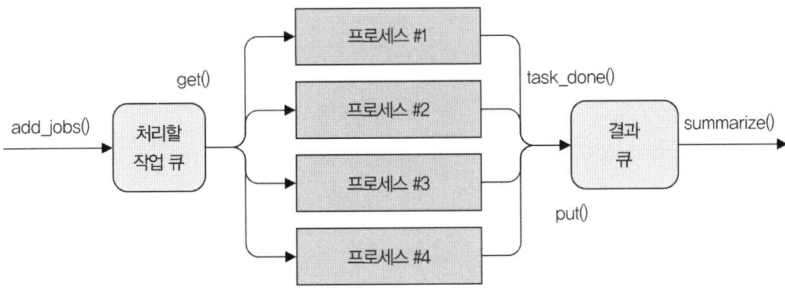

그림 4-1 동시 작업과 결과를 큐로 처리하기

---

[6] 병합(join)이라는 용어는 스레드가 여럿 만들어지면서 생긴 여러 갈래의 제어 흐름이 큐의 join() 호출 지점에서 하나로 합쳐지기 때문에 사용한 것이다.

모든 작업이 큐에 들어간 다음, 작업 큐가 다 빌 때까지 multiprocessing.JoinableQueue. join()을 사용해 기다린다. 이 작업은 사용자가 중단을 원하는 경우(예: 유닉스에서 Ctrl+C를 누름) 이를 깔끔하게 처리하기 위해 try … except 블록 안에서 이뤄진다.

작업이 모두 다 완료되면(또는 프로그램이 중단되면) 결과 큐를 순회한다. 보통 동시성 큐에서 empty()는 신뢰할 수 없다. 하지만 여기서는 문제가 없다. 왜냐하면 모든 작업 프로세스를 완료하고 큐를 더 이상 변경하지 않기 때문이다. 그래서 결과를 읽어오기 위해 블록되는 multiprocessing.Queue.get() 메서드 대신 블록되지 않는 multiprocessing.Queue.get_nowait()을 활용할 수 있다.

모든 결과가 누적된 다음, "Summary" 튜플에 상세 정보를 담아 반환한다. 보통의 경우에는 "todo" 값은 0이고, "canceled"는 False일 것이며, 중단된 경우에는 "todo"는 아마도 0이 아니고 "canceled"는 True일 것이다.

이 함수의 이름이 scale()이긴 하지만 사실은 작업을 프로세스에 공급하고, 결과를 누적하는 아주 일반적인 "동시에 작업하기" 구조다. 따라서 쉽게 다른 경우에도 적용할 수 있다.

```
def create_processes(size, smooth, jobs, results, concurrency):
    for _ in range(concurrency):
        process = multiprocessing.Process(target=worker, args=(size,
            smooth, jobs, results))
        process.daemon = True
        process.start()
```

이 함수에서는 작업을 수행하기 위해 다중 프로세스를 만든다. 각 프로세스에 같은 worker() 함수(모두 동일한 작업을 수행한다)와 수행할 작업의 세부사항을 전달한다. 이 세부사항에는 공유한 작업 큐, 공유한 결과 큐가 포함돼 있다. 물론 큐가 자체적으로 동기화를 수행하기 때문에 공유한 큐에 대해 별도로 잠금을 할 필요가 없다. 일반 프로세스를 만들면 데몬[7]으로 만든다. 이것은 메인 프로세스를 종료할 때 자식 데몬 프로세스를 모두 깔끔하게 함께 종료한다는 것을 의미한다(반대로 비데몬 프로세스는 계속 실행되며, 유닉스에서는 좀비 프로세스가 된다).

---

7 (옮긴이) 일반적으로 많이 사용되는 데몬(백그라운드에서 죽지 않고 계속 도는 서비스 담당 프로세스)과는 다른 의미로서 절대 혼동해서는 안 된다. 파이썬에서 어떤 스레드나 프로세스가 데몬이라고 하면 그 프로세스나 스레드는 그 프로세스의 조상 중 (데몬이 아닌) 주 프로세스/스레드가 종료될 때 자동으로 종료된다는 의미다.

각 프로세스를 만들어 데몬화한 다음, 각 프로세스들이 주어진 작업 함수를 실행하도록 명령한다. 물론 작업 큐에 들어있는 작업이 없기 때문에 프로세스들은 즉시 블록될 것이다. 하지만 이는 문제가 되지 않는다. 왜냐하면 블록킹이 별도의 프로세스 내에서 일어나고 메인 프로세스는 블록되지 않기 때문이다. 이에 따라 모든 동시 처리 프로세스를 빠르게 생성하고, 함수를 호출한 쪽으로 반환한다. 그런 다음 호출한 쪽에서 작업 큐에 작업을 추가하면 블록된 작업 프로세스들이 계속 작업을 수행한다.

```python
def worker(size, smooth, jobs, results):
    while True:
        try:
            sourceImage, targetImage = jobs.get()
            try:
                result = scale_one(size, smooth, sourceImage, targetImage)
                Qtrac.report("{} {}".format("copied" if result.copied else
                    "scaled", os.path.basename(result.name)))
                results.put(result)
            except Image.Error as err:
                Qtrac.report(str(err), True)
        finally:
            jobs.task_done()
```

multiprocessing.Process의 하위 클래스(또는 threading.Thread의 하위 클래스)를 만들어 동시 작업을 수행할 수도 있다. 하지만 여기서는 약간 더 단순한 방식으로, 함수를 만들어 multiprocessing.Process의 target 인자로 지정한다(threading.Thread로도 똑같이 할 수 있다).

작업 프로세스는 무한 루프를 돌면서 공유 작업 큐에서 작업을 가져온다. 무한 루프를 사용해도 안전한데, 왜냐하면 데몬 프로세스는 프로그램을 종료할 때 함께 끝나기 때문이다. multiprocessing.Queue.get() 메서드는 작업을 반환받을 수 있을 때까지 블록된다. 반환되는 작업은 읽기 대상 이미지 이름과 쓰기 대상 이미지 이름의 튜플로 구성돼 있다.

작업을 받으면 scale_one() 함수를 사용해 해당 이미지를 변환(또는 복사)하고 작업 내역을 보고한다. 또한 결과 객체(Result 타입)를 공유 결과 큐에 추가한다.

대기 가능 큐를 사용할 경우 작업이 끝날 때마다 multiprocessing.JoinableQueue.task_done()을 반드시 호출해야만 한다. 그래야 multiprocessing.JoinableQueue.join() 메서드가 언제 큐를 병합할 수 있는지(즉, 더는 처리해야 할 작업이 없는지) 파악할 수 있다.

```
def add_jobs(source, target, jobs):
    for todo, name in enumerate(os.listdir(source), start=1):
        sourceImage = os.path.join(source, name)
        targetImage = os.path.join(target, name)
        jobs.put((sourceImage, targetImage))
    return todo
```

프로세스를 만들어 시작하고 나면 공유 작업 큐에서 작업을 가져오기 위해 블록된다.

이 함수에서는 각 이미지를 처리하기 위해 sourceImage와 targetImage라는 두 개의 문자열을 만든다. sourceImage는 처리 대상 이미지의 전체 경로이고, targetImage는 저장할 전체 경로다. 이 둘의 짝을 튜플로 공유 작업 큐에 추가한다. 그리고 마지막으로 이 함수에서는 처리해야 할 파일의 개수를 반환한다.

첫 번째 작업이 작업 큐에 추가되자마자 블록된 작업 프로세스 중 하나가 이를 받아 처리를 시작한다. 두세 번째 작업 등을 추가하면서 모든 프로세스에 처리 작업을 할당할 때까지 같은 현상이 나타난다. 그 후, 작업 프로세스가 변환을 하는 동안 큐에 더 많은 작업을 추가하고, 작업을 완료한 프로세스는 다시 작업을 읽는다. 결국 작업 큐의 모든 작업을 읽고 나면, 작업을 완료한 프로세스가 작업 큐에서 새 작업을 가져오려고 할 때 블록된다. 그리고 프로그램을 종료할 때 함께 끝난다.

```
def scale_one(size, smooth, sourceImage, targetImage):
    oldImage = Image.from_file(sourceImage)
    if oldImage.width <= size and oldImage.height <= size:
        oldImage.save(targetImage)
        return Result(1, 0, targetImage)
    else:
        if smooth:
            scale = min(size / oldImage.width, size / oldImage.height)
            newImage = oldImage.scale(scale)
        else:
            stride = int(math.ceil(max(oldImage.width / size,
```

```
                oldImage.height / size)))
        newImage = oldImage.subsample(stride)
    newImage.save(targetImage)
    return Result(0, 1, targetImage)
```

이 함수는 실제 변환(또는 복사)이 일어나는 부분이다. cyImage 모듈(§5.3을 참고)을 활용하며, 해당 모듈이 없으면 Image 모듈(§3.12를 참고)을 활용한다. 이미지의 크기가 지정한 변환 후 크기보다 작으면 이미지를 결과 파일로 복사하기만 한다. 그리고 이미지를 하나 복사하고 변환한 이미지는 없다는 정보와 결과 이미지 파일의 이름을 Result에 넣어 반환한다. 그렇지 않다면 이미지를 평활화해서 크기를 변환하거나, 정수 비율로 하위샘플링(subsampling)해서 변환한다. 이 경우 반환하는 Result 자료형에는 복사한 이미지가 없고, 1개의 이미지가 변환됐다는 것과 결과 파일의 이름이 담긴다.

```
def summarize(summary, concurrency):
    message = "copied {} scaled {} ".format(summary.copied, summary.scaled)
    difference = summary.todo - (summary.copied + summary.scaled)
    if difference:
        message += "skipped {} ".format(difference)
    message += "using {} processes".format(concurrency)
    if summary.canceled:
        message += " [canceled]"
    Qtrac.report(message)
    print()
```

모든 이미지를 처리했다면(즉, 작업 큐를 병합하면) Summary를 만들어(이 작업은 scale() 안에서 이뤄진다) 이 함수에 전달한다. 이 함수가 만들어 내는 결과 요약 보고는 아래의 두 번째 줄과 같은 형식이다.

```
$ ./imagescale-m.py -S /tmp/images /tmp/scaled
copied 0 scaled 56 using 4 processes
```

리눅스에서 시간 측정을 위해 time 명령을 활용했다. 윈도우에는 시간 측정을 위한 기본 명령어가 없지만 다른 해법이 있다[8](multiprocessing을 활용하는 프로그램 내에서 시간을 측정하는 방법은 그다지 효과적이지 않다. 실험해 본 결과, 시간을 재면 주 프로세스가 소모한 시간은 보고하지만 작업 프로세스가 소모한 시간은 제외한다는 사실을 발견했다. 참고로 파이썬 3.3의 time 모듈에는 정확한 시간 측정을 위해 몇 가지 새로운 기능이 추가됐다).

imagescale-q-m.py와 imagescale-m.py가 보인 3초 차이는 중요하지 않다. 다시 실행해 보면 쉽게 뒤집힐 수도 있다. 따라서 실질적으로 이 두 버전은 동일하다.

4.1.2 퓨처와 다중 프로세스의 활용

파이썬 3.2부터 여러 스레드나 프로세스를 활용해 더 좋은 고수준의 방법을 제공하는 concurrent. futures 모듈이 도입됐다. 이번 절에서는 imagescalem.py의 함수 중 세 가지를 살펴보겠다(나머지 함수는 앞 절에서 살펴본 imagescale-q-m.py 프로그램과 같다). imagescale-m.py 프로그램은 퓨처(Future)를 활용한다. 문서에 따르면 concurrent.futures.Future는 "호출 가능한 객체의 비동기적 실행을 담아두는" 객체다(docs.python.org/dev/library/concurrent.futures.html#future-objects 참고). 퓨처는 concurrent.futures.Executor.submit() 메서드를 호출해서 만들 수 있으며, 자신의 상태(취소됨, 실행 중, 완료)를 보고하거나 실행 결과 또는 예외를 반환할 수 있다.

추상 기반 클래스인 concurrent.futures.Executor는 직접 사용할 수 없다. 대신 두 구상 하위 클래스 중 하나를 활용해야만 한다. concurrent.futures.ProcessPoolExecutor()은 프로세스를 사용해 동시성을 제공한다. 프로세스 풀을 사용한다는 것은 그와 함께 사용되는 퓨처들이 피클 가능한(pickleable) 객체만을 실행하고 사용할 수 있다는 의미다. 물론, 이때 해당 객체에 중첩된 함수가 있어서는 안 된다. 다중 스레드를 이용하는 concurrent.futures.ThreadPoolExecutor를 활용하면 이 같은 제약이 없어진다.

스레드나 프로세스 풀을 사용하는 것은 그림 4.2에서 볼 수 있듯이 큐를 사용하는 것에 비해 개념상 더 단순하다.

---

[8] 이를테면 stackoverflow.com/questions/673523/how-to-measure-execution-time-of-commandin-windows-command-line를 참고한다.

그림 4.2 풀 실행기(pool executor)를 활용해 동시 작업 처리하기

```
def scale(size, smooth, source, target, concurrency):
    futures = set()
    with concurrent.futures.ProcessPoolExecutor(
            max_workers=concurrency) as executor:
        for sourceImage, targetImage in get_jobs(source, target):
            future = executor.submit(scale_one, size, smooth, sourceImage,
                    targetImage)
            futures.add(future)
        summary = wait_for(futures)
        if summary.canceled:
            executor.shutdown()
        return summary
```

이 함수는 imagescale-q-m.py에 있는 같은 이름의 함수와 서명이 동일하고 하는 일도 같다. 하지만 작업을 수행하는 방법은 매우 다르다. 처음에 빈 퓨처의 집합을 만든다. 그 후 ProcessPoolExecutor를 생성한다. 이 실행기 내부에서는 작업 프로세스를 생성한다. 정확한 개수는 휴리스틱으로 결정하지만 여기서는 디버깅과 시간 측정을 위해 직접 개수를 지정했다.

ProcessPoolExecutor를 만들고 나서 get_jobs() 함수가 반환하는 작업 목록을 순회하면서 각각을 풀에 제출한다. concurrent.futures.ProcessPoolExecutor.submit() 메서드는 작업 함수와 추가 인자를 받아 Future 객체를 반환한다. 이제 만들어진 객체를 futures 집합에 등록한다. 최소 하나 이상의 퓨처를 제출하면 풀이 작업을 시작한다. 모든 퓨처를 생성하면 wait_for() 함수에 futures 집합을 인자로 전달한다. wait_for() 함수는 모든 퓨처가 작업을 완료할 때(또는 사용자가 중단시킬 때)까지 블록된다. 사용자가 도중에 중단시킨 경우라면 수동으로 ProcessPoolExecutor를 종료해야 한다.

```
def get_jobs(source, target):
    for name in os.listdir(source):
        yield os.path.join(source, name), os.path.join(target, name)
```

이 함수는 앞 절에서 다룬 add_jobs() 함수와 같은 기능을 한다. 차이는 큐에 작업을 추가하는 함수가 아니고 요청에 따라 작업을 반환하는 제너레이터 함수라는 점뿐이다.

```python
def wait_for(futures):
    canceled = False
    copied = scaled = 0
    try:
        for future in concurrent.futures.as_completed(futures):
            err = future.exception()
            if err is None:
                result = future.result()
                copied += result.copied
                scaled += result.scaled
                Qtrac.report("{} {}".format("copied" if result.copied else
                    "scaled", os.path.basename(result.name)))
            elif isinstance(err, Image.Error):
                Qtrac.report(str(err), True)
            else:
                raise err # 예상치 못한 오류
    except KeyboardInterrupt:
        Qtrac.report("canceling...")
        canceled = True
        for future in futures:
            future.cancel()
    return Summary(len(futures), copied, scaled, canceled)
```

모든 퓨처를 만들고 난 후, 이 함수를 호출해서 모든 퓨처가 끝나기를 기다린다. concurrent. futures.as_completed() 함수는 퓨처 중 하나가 완료(또는 중단)할 때를 기다렸다가 해당 퓨처를 반환한다. Future.exception() 메서드에서는 퓨처가 실행한 호출 가능 객체가 예외를 발생시켰다면 그 예외를 반환하고, 그렇지 않다면 None을 반환한다. 예외가 None인 경우에는 퓨처의 결과를 가져오고 진행상황을 사용자에게 보고한다. 발생한 예외가 충분히 예상 가능한(예: Image 모듈에서 온 오류) 경우에는 다시 이를 사용자에게 보고한다. 예상치 못한 예외를 만났다면 프로그램에 논리적 오류가 있었거나, 사용자가 Ctrl+C를 눌러 취소한 경우다. 이때는 예외를 다시 발생시킨다.

사용자가 Ctrl+C를 눌러 사용을 중단시켰다면 모든 퓨처를 방문하면서 하나하나 취소해야만 한다. 마지막으로 지금까지 수행한 작업의 결과를 정리해 반환한다.

concurrent.futures를 활용하는 방식이 큐를 활용하는 것보다 더 튼튼하고 깔끔하다. 하지만 두 접근법 모두 다중 스레드와 명시적 락을 사용하는 경우에 비하면 훨씬 더 쉽다. 또한 다중 스레드와 다중 프로세스를 전환하는 것도 쉽다. 단지 concurrent.futures.ProcessPoolExecutor 대신 concurrent.futures.ThreadPoolExecutor를 활용하기만 하면 된다. 어떤 종류의 다중 스레드를 사용하든 공유 데이터에 접근하려면 변경 불가능한 자료형을 사용하거나 깊은 복사(읽기 전용 접근인 경우), 또는 락을 사용해야 한다(읽기와 쓰기 접근을 직렬화하기 위해). 마찬가지로 다중 프로세스를 활용하는 경우에도 변경 불가능한 자료형이나 깊은 복사를 사용하거나, 읽기와 쓰기가 함께 필요한 경우 multiprocessing.Value나 multiprocessing.Array, multiprocessing.Queue 같은 클래스를 사용해야 한다. 이상적으로는 이러한 공유 데이터를 모두 없애야만 한다. 그렇지 못할 경우라면 어쩔 수 없이 공유한 읽기 전용 데이터(즉, 변경 불가능한 자료형이나 깊은 복사로 가져온 데이터)를 활용하거나, 동시 처리에도 안전한 자료구조를 활용해야 한다. 그렇게 하면 명시적 락을 사용하지 않아도 되고, 코드가 명확해져서 읽고 관리하기가 수월해진다.

4.2 I/O 위주의 동시성

인터넷에서 여러 파일이나 웹 페이지를 다운로드하는 경우가 많다. 네트워크에는 지연(latency)이 있기 때문에 여러 다운로드를 동시에 진행하면 여러 파일을 순차적으로 다운로드하는 것보다 훨씬 빨리 데이터 전송을 끝낼 수 있다.

이번 절에서는 whatsnew-q.py와 whatsnew-t.py 프로그램을 살펴본다. 이 둘은 RSS 피드(feed)를 다운로드한다. RSS 피드는 뉴스나 새 글의 목록을 요약하는 XML 문서다. 프로그램은 여러 웹 사이트에서 피드를 가져와 모든 글의 링크를 포함하는 단일 HTML 페이지를 만들어 낸다. 그림 4.3은 만들어진 "새 글(what's new)" 페이지의 일부다. 표 4.2에서는 이 프로그램의 여러 버전에 대한 시간 측정값을 볼 수 있다[9]. "새 글" 프로그램의 속도 향상은 코어 개수에 비례하는 것처럼 보인다. 하지만 이것은 우연이다. 모든 코어는 사용량이 많지 않았고, 대부분 네트워크 I/O를 기다리는 데 시간을 보냈다.

---

9 시간 측정은 부하가 거의 없는 쿼드코어 3Ghz AMD64 장비에서 광대역 네트워크를 사용해 거의 200개의 웹 사이트를 다운로드하는 방식으로 진행했다.

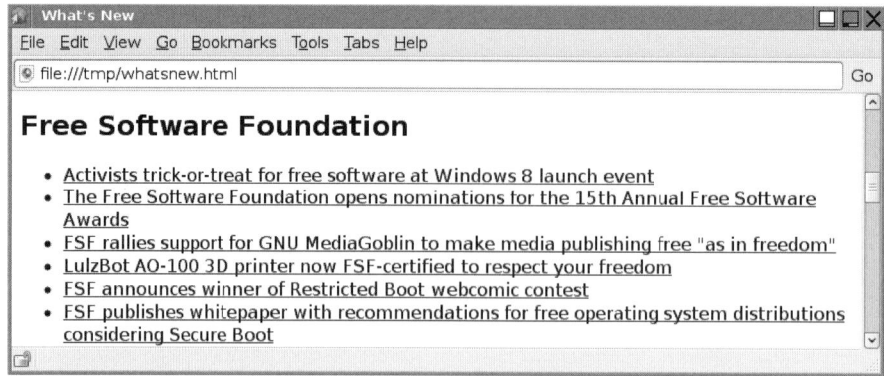

그림 4.3 RSS 피드로 받은 기술 뉴스 링크의 예

또한 이 표에서는 여러 버전의 gigapixel 프로그램(책에는 싣지 않았다)의 시간 측정 결과도 볼 수 있다. gigapixel 프로그램은 www.gigapan.org 웹 사이트를 방문해 500개 정도의 JSON 파일을 다운로드한다. 전체 크기는 기가 픽셀 이미지에 대한 메타데이터를 포함해 1.9 MB 정도다. 성능 향상이 두드러져 보이긴 하지만 모든 프로그램의 구조는 "새 글" 프로그램의 것을 그대로 따른다. 성능이 훨씬 좋아진 이유는 "새 글" 프로그램이 다양한 대역폭의 여러 사이트에 접근하는 반면 gigapixel 프로그램은 대역폭이 큰 한 사이트에만 접근하기 때문이다.

표 4.2 다운로드 속도 비교

프로그램	동시성	시간(초)	속도 개선
whatsnew.py	없음	172	(기준)
whatsnew-c.py	16개 코루틴	180	0.96배
whatsnew-q-m.py	큐를 활용한 16개 프로세스	45	3.82배
whatsnew-m.py	프로세스 풀을 활용한 16개 프로세스	50	3.44배
whatsnew-q.py	큐를 활용한 16개 쓰레드	50	3.44배
whatsnew-t.py	쓰레드 풀을 활용한 16개 쓰레드	48	3.58배
gigapixel.py	없음	238	(기준)
gigapixel-q-m.py	큐를 활용한 16개 프로세스	35	6.80배
gigapixel-m.py	프로세스 풀을 활용한 16개 프로세스	42	5.67배
gigapixel-q.py	큐를 활용한 16개 쓰레드	37	6.43배
gigapixel-t.py	쓰레드 풀을 활용한 16개 쓰레드	37	6.43배

네트워크 지연의 편차가 아주 크기 때문에 속도 향상 비율도 쉽게 바꾸기 어렵다. 동시성 버전의 속도 향상은 접근하는 사이트나 다운로드하는 데이터의 크기, 네트워크 연결 대역폭 등에 따라 2배부터 10배, 또는 그 이상까지 다양하다. 이 같은 관점에서 다중 프로세스 버전과 다중 스레드 버전의 차이는 그리 크지 않으며, 실행할 때마다 우위가 뒤바뀔 수 있다.

표 4.2에서 기억해 둬야 할 핵심은 실제 성능 향상은 환경에 따라 달라질 수 있긴 하지만 동시 다운로드를 활용하면 훨씬 빠른 결과를 가져온다는 점이다.

4.2.1 큐와 스레드의 활용

먼저 다중 스레드와 스레드 안전한 큐 두 개를 사용하는 whatsnew-q.py 프로그램을 살펴보자. 한 큐는 작업 큐로서 각 작업을 URL로 표현한다. 다른 한 큐는 결과 큐다. 각 결과는 True와 결과 HTML 페이지에 들어갈 HTML 코드로 구성된 튜플이나 False와 오류 메시지로 구성된 튜플이 된다.

```
def main():
    limit, concurrency = handle_commandline()
    Qtrac.report("starting...")
    filename = os.path.join(os.path.dirname(__file__), "whatsnew.dat")
    jobs = queue.Queue()
    results = queue.Queue()
    create_threads(limit, jobs, results, concurrency)
    todo = add_jobs(filename, jobs)
    process(todo, jobs, results, concurrency)e
```

main() 함수는 모든 작업을 지휘한다. 명령행을 처리해 한계 값(한 URL에서 읽을 수 있는 최대 새 글 개수)과 동시성의 정도를 가져온다. 동시성의 정도는 시간 측정 및 디버깅을 위한 것이다. 그런 다음 시작했다는 사실을 사용자에게 알린 후 모든 글의 제목과 URL을 저장할 데이터 파일의 전체 경로를 가져온다.

다음으로 이 함수는 스레드 안전한(thread-safe) 큐 두 개와 작업 스레드를 만든다. 모든 작업 스레드를 시작하고 나면(물론 그 스레드들은 큐에 작업이 없기 때문에 블록된다) 모든 작업을 작업 큐에 추가한다. 마지막으로 process() 함수를 호출해 모든 작업이 완료되기를 기다렸다가 결과를 출력한다. 전체 병렬 처리 구조는 그림 4.4에서 볼 수 있다.

추가해야 할 작업이 아주 많거나 작업을 추가하는 데 시간이 오래 걸린다면 별개의 스레드(다중 프로세스를 사용한다면 별도의 프로세스)에서 작업 추가를 진행하는 편이 더 낫다.

```python
def handle_commandline():
    parser = argparse.ArgumentParser()
    parser.add_argument("-l", "--limit", type=int, default=0,
            help="the maximum items per feed [default: unlimited]")
    parser.add_argument("-c", "--concurrency", type=int,
            default=multiprocessing.cpu_count() * 4,
            help="specify the concurrency (for debugging and "
                "timing) [default: %(default)d]")
    args = parser.parse_args()
    return args.limit, args.concurrency
```

"새 글" 프로그램이 I/O 위주이기 때문에 기본 동시성 수준은 코어 숫자의 배수로 지정한다. 여기서는 x4로 지정했다[10].

```python
def create_threads(limit, jobs, results, concurrency):
    for _ in range(concurrency):
        thread = threading.Thread(target=worker, args=(limit, jobs,
                results))
        thread.daemon = True
        thread.start()
```

이 함수는 concurrency 변수에 지정된 개수만큼 작업 스레드를 생성하고, 각 스레드에 작업 함수와 그 함수 호출 시 사용할 인자를 지정한다.

---

[10] 4배로 정한 이유는 실험 결과 가장 좋은 성능을 보였기 때문이다. 시스템마다 상황이 다르기 때문에 먼저 실험해 보고 배수를 결정하길 권장한다.

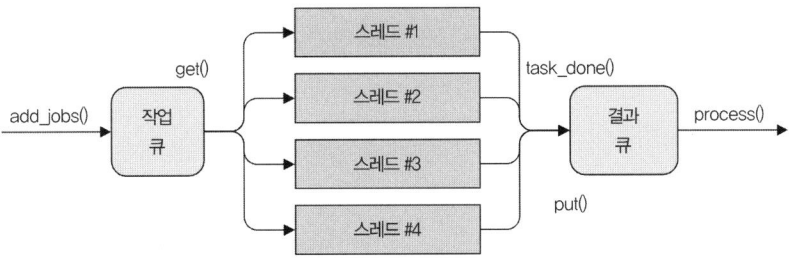

그림 4.4 동시 작업 및 결과를 큐로 처리하기

앞 절에서 본 프로세스를 사용하는 프로그램에서와 마찬가지로 각 스레드를 데몬화해서 프로그램을 종료할 때 스레드도 종료하게 만든다. 각 스레드를 시작하면 작업이 없기 때문에 바로 블록된다. 하지만 블록되는 것은 작업 스레드뿐이고 프로그램의 메인 스레드는 블록되지 않는다.

```
def worker(limit, jobs, results):
    while True:
        try:
            feed = jobs.get()
            ok, result = Feed.read(feed, limit)
            if not ok:
                Qtrac.report(result, True)
            elif result is not None:
                Qtrac.report("read {}".format(result[0][4:-6]))
                results.put(result)
        finally:
            jobs.task_done()
```

이 작업자 함수는 무한 루프를 돈다. 작업 스레드가 데몬이기 때문에 프로그램을 종료할 때 작업 스레드도 종료한다.

이 함수에서는 작업 큐에서 작업을 가져올 때 블록되는 연산을 사용한다. 작업을 가져오고 나면 Feed.py 모듈의 Feed.read() 함수를 사용해 URL에 지정된 파일을 읽어온다. 모든 "새 글" 프로그램은 Feed.py 모듈에서 작업 파일에 대한 반복자와 각 RSS 피드를 읽는 객체를 가져와 활용한다. 읽기가 실패하는 경우에는 ok가 False가 되고 result에 담긴 오류 메시지를 출력한다. 오류가 없었다면 result에 결과(HTML 문자열의 리스트)를 담는다. 이때는 첫 번째 원소(출력을 위해 HTML 태그를 제거한다)를 출력한 다음 결과를 결과 큐에 추가한다.

어떤 큐를 스레드 흐름 병합에 사용하려면 모든 queue.Queue.get() 호출마다 queue.Queue.task_done() 메서드를 호출해야 한다. 여기서는 try ... finally 블록을 활용해 task_done() 메서드 호출을 항상 보장해 준다[11].

```python
def read(feed, limit, timeout=10):
    try:
        with urllib.request.urlopen(feed.url, None, timeout) as file:
            data = file.read()
        body = _parse(data, limit)
        if body:
            body = ["<h2>{}</h2>\n".format(escape(feed.title))] + body
            return True, body
        return True, None
    except (ValueError, urllib.error.HTTPError, urllib.error.URLError,
            etree.ParseError, socket.timeout) as err:
        return False, "Error: {}: {}".format(feed.url, err)
```

Feed.read() 함수는 지정된 URL(feed)을 읽어서 파싱한다. 파싱에 성공하면 True와 HTML 조각(제목과 하나 이상의 링크)의 리스트를 반환한다. 실패하면 False를 반환하고 오류 메시지 또는 None을 반환한다.

```python
def _parse(data, limit):
    output = []
    feed = feedparser.parse(data) # Atom + RSS
    for entry in feed["entries"]:
        title = entry.get("title")
        link = entry.get("link")
        if title:
            if link:
                output.append('<li><a href="{}">{}</a></li>'.format(
                    link, escape(title)))
```

---

11 queue.Queue 클래스는 스레드 안전한 병합 가능 큐였다. 하지만 다중 프로세스의 경우 multiprocessing.JoinableQueue 클래스가 병합 가능 큐이다. multiprocessing.Queue 클래스가 아님에 유의한다.

```
        else:
            output.append('<li>{}</li>'.format(escape(title)))
    if limit and len(output) == limit:
        break
if output:
    return ["<ul>"] + output + ["</ul>"]
```

Feed.py 모듈에는 두 가지 _parse() 함수가 들어 있다. 여기에 나온 것은 Atom이나 RSS 뉴스 피드를 처리할 수 있는 외부 feedparser 모듈(pypi.python.org/pypi/feedparser)을 사용한다. 다른 하나(따로 보여주지는 않음)는 feedparser가 없는 경우를 대비한 것으로 RSS 형식의 피드만을 지원한다.

feedparser.parse() 함수는 뉴스 피드를 파싱하는 귀찮은 작업을 모두 처리해준다. 우리는 그저 그 함수가 만들어 낸 결과를 순회하면서 각 뉴스의 제목과 링크를 가져와 HTML로 된 뉴스 목록을 만들어내기만 하면 된다.

```
def add_jobs(filename, jobs):
    for todo, feed in enumerate(Feed.iter(filename), start=1):
        jobs.put(feed)
    return todo
```

작업 목록의 각 피드는 Feed.iter() 함수가 (title, url) 형식의 튜플로 반환하며, 이것들을 작업 큐에 추가한다. 마지막에 전체 작업 개수를 반환한다.

여기서 직접 개수를 세는 대신 안전하게 jobs.qsize()를 반환할 수도 있을지도 모른다. 하지만 별도의 스레드에서 add_jobs()를 실행한다면 작업 추가와 제거가 동시에 일어날 수 있기 때문에 queue.Queue.qsize()에 의존할 수가 없다.

```
Feed = collections.namedtuple("Feed", "title url")

def iter(filename):
    name = None
    with open(filename, "rt", encoding="utf-8") as file:
        for line in file:
            line = line.rstrip()
```

```
            if not line or line.startswith("#"):
                continue
            if name is None:
                name = line
            else:
                yield Feed(name, line)
                name = None
```

이 코드가 Feed.py 모듈의 Feed.iter() 함수다. whatsnew.dat 파일은 UTF-8로 인코딩한 일반 텍스트 파일이어야 한다. 각 피드는 제목(예: The Guardian Technology)이 한 줄 먼저 오고 다음 줄에 URL(예:http://feeds.pinboard.in/rss/u:guardiantech/)이 와야 한다. 빈 줄이나 주석(즉, #으로 시작하는 줄)은 무시한다.

```
def process(todo, jobs, results, concurrency):
    canceled = False
    try:
        jobs.join() # 모든 작업이 종료되길 기다린다
    except KeyboardInterrupt: # 윈도우에서는 동작하지 않을 수 있음
        Qtrac.report("canceling...")
        canceled = True
    if canceled:
        done = results.qsize()
    else:
        done, filename = output(results)
    Qtrac.report("read {}/{} feeds using {} threads{}".format(done, todo,
            concurrency, " [canceled]" if canceled else ""))
    print()
    if not canceled:
        webbrowser.open(filename)
```

모든 스레드를 만들고 작업을 추가하면 이 함수를 호출한다. 이 함수에서는 queue.Queue.join()를 호출하기 때문에 큐가 다 비거나(즉 작업이 더는 없거나), 사용자가 중단하기까지 블록된다. 사용자가 중단하지 않은 경우에는 output() 함수를 호출해 HTML 파일에 링크 목록을 출력하고, 요약 정보를 화면에 표시한다. 마지막으로 webbrowser 모듈의 open() 함수를 호출해 사용자의 기본 웹 브라우저에 만들어 놓은 HTML 파일을 표시한다(그림 4.3 참고).

```
def output(results):
    done = 0
    filename = os.path.join(tempfile.gettempdir(), "whatsnew.html")
    with open(filename, "wt", encoding="utf-8") as file:
        file.write("<!doctype html>\n")
        file.write("<html><head><title>What's New</title></head>\n")
        file.write("<body><h1>What's New</h1>\n")
        while not results.empty():  # 모든 작업이 끝났기 때문에 안전함
            result = results.get_nowait()
            done += 1
            for item in result:
                file.write(item)
        file.write("</body></html>\n")
    return done, filename
```

모든 작업을 완료하면 이 함수에 결과 큐가 넘어온다. 각 결과에는 HTML 조각(제목과 하나 이상의 링크)의 리스트가 들어있다. 이 함수는 새로운 whatsnew.html 파일을 만들어 모든 뉴스 피드 제목과 링크를 그 파일에 저장한다. 마지막으로 결과 값의 개수(즉, 성공적으로 완료된 작업의 개수)와 만들어 놓은 HTML 파일의 이름을 반환한다. process() 함수는 반환한 정보를 활용해 요약 정보를 출력하고 사용자의 웹 브라우저에 HTML 파일을 표시한다.

4.2.2 퓨처와 스레드의 활용

파이썬 3.2 이후 버전을 사용한다면 concurrent.futures 모듈을 활용해 큐(또는 명시적인 락)를 사용하지 않고 이 프로그램을 작성할 수 있다. 이번 절에서는 futures 모듈을 활용하는 whatsnew-t.py 프로그램을 살펴보겠다. 다만 앞에서 이미 살펴본 함수(예: Feed.py 모듈의 함수나 handle_commandline() 함수)에 대해서는 다시 설명하지 않는다.

```
def main():
    limit, concurrency = handle_commandline()
    Qtrac.report("starting...")
    filename = os.path.join(os.path.dirname(__file__), "whatsnew.dat")
    futures = set()
    with concurrent.futures.ThreadPoolExecutor(
            max_workers=concurrency) as executor:
```

```
            for feed in Feed.iter(filename):
                future = executor.submit(Feed.read, feed, limit)
                futures.add(future)
        done, filename, canceled = process(futures)
        if canceled:
            executor.shutdown()
    Qtrac.report("read {}/{} feeds using {} threads{}".format(done,
            len(futures), concurrency, " [canceled]" if canceled else ""))
    print()
    if not canceled:
        webbrowser.open(filename)
```

이 함수는 처음에 빈 future의 집합을 만들고 ProcessPoolExecutor와 마찬가지로 동작하는 ThreadPoolExecutor를 만든다. 둘의 차이점은 프로세스 대신 스레드를 활용한다는 점뿐이다. 실행기 컨텍스트하에서 데이터 파일을 순회하면서 각 파일에 대해 새로운 future를 생성한다(이때 concurrent.futures.ThreadPoolExecutor.submit() 메서드를 활용). 각 future는 지정된 피드 URL에 대해 Feed.read() 함수를 실행하고, 최대 limit 개의 링크를 반환할 것이다. 그런 다음 만들어진 future를 집합에 추가한다.

모든 future를 만들고 나서 process() 함수를 호출해 모든 future가 작업을 마칠 때까지(또는 사용자가 중단시킬 때까지) 기다린다. 그 후 결과를 요약해 출력한 다음 사용자가 중단시키지 않았다면 생성한 HTML 페이지를 웹 브라우저에서 연다.

```
def process(futures):
    canceled = False
    done = 0
    filename = os.path.join(tempfile.gettempdir(), "whatsnew.html")
    with open(filename, "wt", encoding="utf-8") as file:
        file.write("<!doctype html>\n")
        file.write("<html><head><title>What's New</title></head>\n")
        file.write("<body><h1>What's New</h1>\n")
        canceled, results = wait_for(futures)
        if not canceled:
            for result in (result for ok, result in results if ok and
                    result is not None):
```

```
                done += 1
            for item in result:
                file.write(item)
    else:
        done = sum(1 for ok, result in results if ok and result is not None)
    file.write("</body></html>\n")
    return done, filename, canceled
```

이 함수에서는 HTML 파일의 시작 부분을 쓰고 wait_for() 함수를 호출해 작업이 완료되기를 기다린다. 사용자가 중단시킨 경우가 아니라면 results를 순회[12]하면서(results는 (True, list)이거나 (False, str)이거나 (False, None)인 2-튜플의 리스트다) 저장한 리스트(이 리스트에는 제목 다음에 하나 이상의 링크가 들어가 있다)의 각 원소를 HTML 파일에 쓴다. 사용자가 중단시켰다면 단지 얼마나 많은 피드를 성공적으로 읽었는지만 계산한다. 어느 경우든 읽어온 피드의 개수, HTML 파일의 이름, 그리고 사용자가 중단시켰는지 여부를 반환한다.

```
def wait_for(futures):
    canceled = False
    results = []
    try:
        for future in concurrent.futures.as_completed(futures):
            err = future.exception()
            if err is None:
                ok, result = future.result()
                if not ok:
                    Qtrac.report(result, True)
                elif result is not None:
                    Qtrac.report("read {}".format(result[0][4:-6]))
                results.append((ok, result))
            else:
                raise err # 예상치 못한 오류
```

---

12 (옮긴이) 함수 내 if not canceled: 블록 안의 for result in (result for ok, result in results if ok and result is not None)에서 괄호 부분을 살펴보자.
  1. for ok, result in results는 results 변수(이 변수는 for 이터레이션 가능한 컬렉션이어야 한다)에서 (ok,result) 튜플을 뽑아낸다.
  2. 그 뒤에 붙은 조건문(또는 가드)인 if ok and result is not None은 ok가 참(True) 값이고, result가 None이 아닌 경우에만 for 문이 값을 내놓게 만든다.
  3. result가 for 앞에 있어서 ok, result 튜플 중에서 result만을 순회하게 된다.

```
except KeyboardInterrupt:
    Qtrac.report("canceling...")
    canceled = True
    for future in futures:
        future.cancel()
return canceled, results
```

이 함수는 futures를 순회하면서 각 future가 끝나거나 사용자가 중단할 때까지 블록한다. future에서 결과를 받고 나면 오류 정보나 읽어온 피드를 적절히 보고(Qtrac.report)하며, 어느 경우든 성공 여부를 나타내는 부울값과 결과(문자열의 리스트이거나 오류를 표시하는 문자열이다)를 results 리스트에 덧붙인다.

사용자가 Ctrl+C를 눌러 중단시킨 경우라면 다른 모든 future를 중단시킨다. 마지막 줄에서 사용자가 중간에 중단했는지 여부와 results 리스트를 반환한다.

다중 스레드에서 concurrent.futures를 활용하는 것도 다중 프로세스에서만큼 편하다. 성능 측면에서 보면 어떤 경우에 활용하는 것이 적절한지 명확한데, CPU 중심 작업보다는 I/O 중심의 작업을 할 때 활용하는 것이 좋다. 아울러 다중 스레드를 주의를 기울여 사용한다면 원하는 성능 향상을 얻을 수 있다.

4.3 사례 분석: 동시성 GUI 애플리케이션

동시성 GUI 애플리케이션을 작성하는 것은 힘들 수 있다. 특히 파이썬 표준 GUI 툴킷인 Tkinter를 사용할 때는 더욱 그렇다. 7장에서는 Tkinter GUI 프로그래밍을 간단히 소개하고 있으니 Tkinter를 써 본 적이 없는 독자는 먼저 7장을 살펴보고 이곳으로 오기 바란다.

GUI 애플리케이션에서는 동시성을 달성하기 위해 다중 스레드를 활용할 수 있다는 사실을 알고 있을 것이다. 하지만 실제로 다중 스레드를 활용해 보면 처리할 작업이 많아지면 GUI가 느려지거나 아예 멈춰버리곤 한다. 무엇보다, GUI는 CPU 중심의 작업이다. 또 다른 대안은 다중 프로세스를 활용하는 것이지만 이 경우에도 역시 GUI의 응답성이 매우 나빠질 수 있다.

이번 절에서는 ImageScale 애플리케이션(예제의 imagescale 디렉터리에 있음)을 살펴보겠다. 이 애플리케이션은 그림 4.5와 같다. 이 애플리케이션에서는 사용자가 중단할 수 있게 하고 진행상황을 표시하면서도 응답성이 좋은 GUI를 동시 처리와 함께 엮어내기 위해 정교한 접근법을 취한다.

그림 4.6과 같이 이 애플리케이션은 다중 스레드와 다중 프로세스를 함께 활용한다. 실행 스레드로는 GUI 스레드와 작업을 프로세스 풀에 넘기는 작업자 스레드가 있다. 이런 구조는 항상 GUI의 응답성을 보장해 준다. 왜냐하면 두 스레드(GUI와 작업)가 공유하는 CPU 코어에서 GUI 쪽에 더 많은 시간을 할당하기 때문이다. 작업 스레드에는 남은 시간을 할당한다. 각 작업 프로세스는 (다중 코어 장비의 경우) 자신만의 코어에서 작업을 마친다. 따라서 이들이 GUI와 CPU 코어를 놓고 경쟁하는 일은 없다.

이 프로그램과 같은 콘솔 프로그램인 imagescale-m.py은 130줄 정도 된다(§4.1에서 이미 살펴봤다). 이와 비교해 ImageScale GUI 애플리케이션은 5가지 파일에 나뉘어 있고(그림 4.7), 총 500줄 정도 된다. 이미지 크기를 변경하는 코드는 60줄 정도이고 나머지 대부분은 GUI 코드다.

이번 절에서는 동시성 GUI 프로그래밍에서 가장 중요한 코드를 보고, 관련 맥락을 충분히 이해하는 데 필요한 다른 코드도 다루겠다.

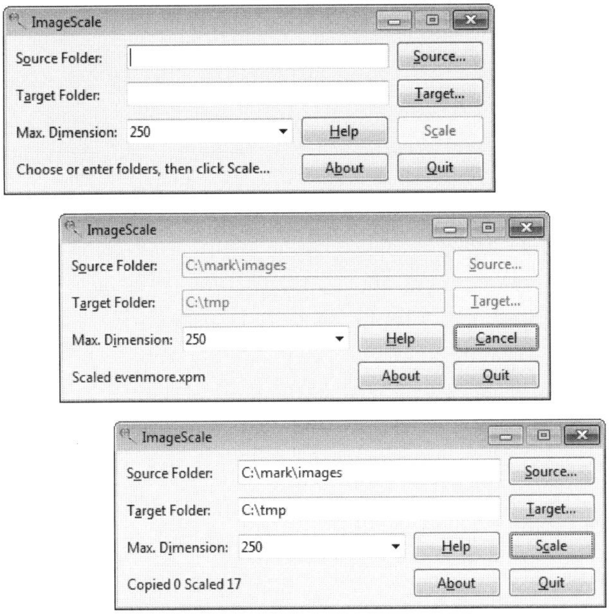

그림 4.5 ImageScale 애플리케이션의 이미지 변환 전, 변환 중, 변환 후 모습

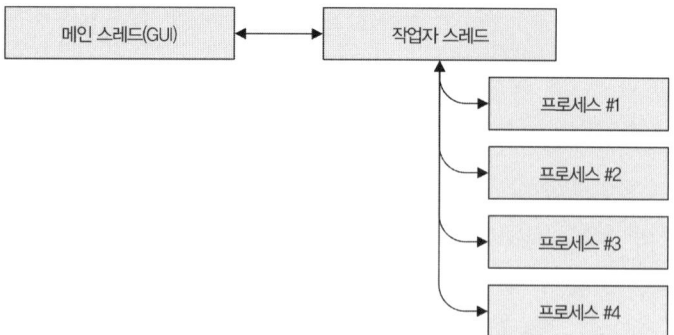

그림 4.6 ImageScale 애플리케이션의 동시성 모델(화살표는 통신을 의미함)

4.3.1 GUI 만들기

이번 절에서는 GUI 생성 및 GUI의 동시성 지원에 관한 가장 중요한 코드를 살펴보겠다. 여기서 다룰 코드는 imagescale/imagescale.pyw와 imagescale/Main.py 파일에서 가져온 것들이다.

```
import tkinter as tk
import tkinter.ttk as ttk
import tkinter.filedialog as filedialog
import tkinter.messagebox as messagebox
```

Main.py 모듈에 있는 GUI와 관련된 임포트 부분이다. Tkinter 사용자는 from tkinter import * 를 하곤 한다. 하지만 우리는 GUI 관련 이름을 각 네임스페이스에 유지하고 싶다. 이때 네임스페이스 이름은 단순하게 만들고 싶다(tkinter 대신 tk를 사용하는 식으로).

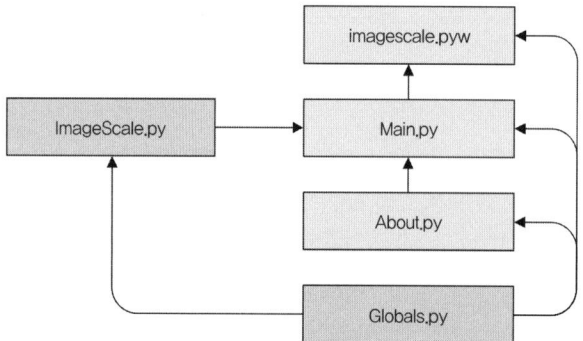

그림 4.7 ImageScale 애플리케이션의 파일 간의 관계(화살표는 임포트를 의미)

```
def main():
    application = tk.Tk()
    application.withdraw() # 준비가 완료될 때까지는 감춰둔다
    window = Main.Window(application)
    application.protocol("WM_DELETE_WINDOW", window.close)
    application.deiconify() # 보여준다
    application.mainloop()
```

이 부분은 imagescale.pyw에 있는 애플리케이션 시작 부분이다. 실제 함수에는 사용자 설정과 애플리케이션 아이콘을 처리하기 위해 여기에 싣지 않은 코드가 약간 추가돼 있다.

여기서 알아둬야 할 핵심은 항상 최상위 tkinter.Tk 객체(궁극적인 부모 객체)를 만들어야 한다는 점이다(이 객체는 보통 화면에 표시되지는 않는다). 그 후 창의 인스턴스(여기서는 tkinter.ttk. Frame을 상속한 객체)를 만들고, 마지막으로 Tkinter 이벤트 루프를 시작한다.

창을 구성하는 중간 단계에서 깜빡이는 현상을 막기 위해 애플리케이션 창을 만들자마자 숨긴다(따라서 이 시점에서 사용자는 창을 절대 볼 수 없다). 나중에 창을 완전히 만들고 난 다음에 화면에 보이게 한다.

tkinter.Tk.protocol()은 사용자가 윈도우의 X 닫기 버튼을 누를 경우 Main.Window.close() 메서드를 호출하도록 Tkinter에게 알려준다[13]. 이 메서드에 대해서는 나중에 설명하겠다(§4.3.4).

일단 시작하고 나면 이벤트가 발생하기를 기다렸다가 응답한다는 점에서 GUI 프로그램은 서버 프로그램과 처리 구조가 비슷하다. 서버에서 이벤트는 네트워크 연결이나 통신이라 할 수 있다. GUI 애플리케이션에서는 이벤트를 사용자가 만들거나(키 입력이나 마우스 클릭 등) 시스템이 발생시킨다(타이머의 시간이 다 된 경우, 창을 덮고 있던 다른 창을 닫거나 이동하는 바람에 창을 화면에 노출했다는 메시지 등). 그림 4.8에서는 이러한 GUI 이벤트 루프를 볼 수 있다. 이벤트 처리의 예는 3장(§3.1)에서 살펴봤다.

---

13 (옮긴이) 맥 OS X에서 닫기 버튼은 보통 동그란 빨간 버튼이다. 만약 애플리케이션에서 저장해야 할 변경사항이 있다면 가운데 검은 점이 생긴다.

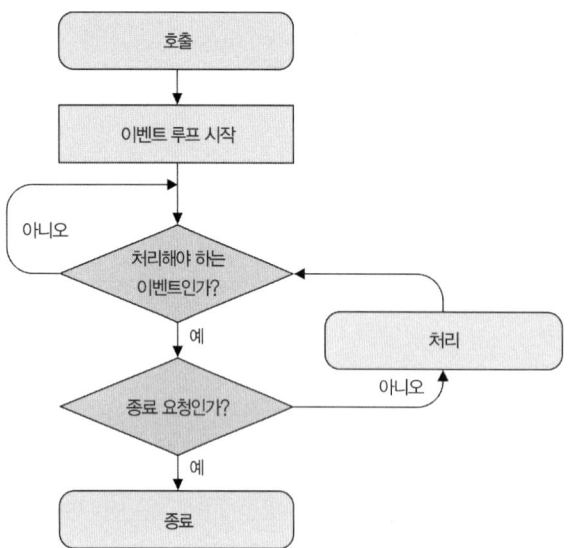

그림 4.8 전형적인 GUI 이벤트 루프

```
PAD = "0.75m"
WORKING, CANCELED, TERMINATING, IDLE = ("WORKING", "CANCELED",
        "TERMINATING", "IDLE")
class Canceled(Exception): pass
```

여기서는 ImageScale의 GUI 모듈에서 활용하기 위해 from Globals import *로 임포트된 상수 중 일부를 보여준다. PAD는 위젯의 위치를 잡을 때 사용한 0.75mm의 여백값이다(여기서는 위치를 잡는 부분은 싣지 않았다). 다른 상수값은 애플리케이션의 상태를 표현하기 위한 것이다. 상태로는 WORKING, CANCELED, TERMINATING, IDLE이 있다. Canceled 예외를 활용하는 방식은 잠시 후에 살펴보겠다.

```
class Window(ttk.Frame):
    def __init__(self, master):
        super().__init__(master, padding=PAD)
        self.create_variables()
        self.create_ui()
        self.sourceEntry.focus()
```

Window를 만들 때는 기반 클래스의 __init__() 메서드를 호출해야만 한다. 여기서 프로그램에서 사용할 변수와 사용자 인터페이스도 만든다. 마지막 부분에서 키보드 포커스를 원본 디렉터리를 입력하는 텍스트 박스로 옮긴다. 따라서 사용자는 바로 원본 파일 경로를 입력할 수 있다. 물론 원한다면 Source 버튼을 눌러 파일 선택 대화창을 열고 경로를 선택할 수도 있다.

create_ui()나 그 메서드가 호출하는 create_widgets(), layout_widgets(), create_bindings() 등은 따로 싣지 않았다. 왜냐하면 동시성 프로그래밍과는 관계가 없고 GUI 생성에만 관련이 있기 때문이다(물론 7장에서 Tkinter를 활용한 GUI 생성에 대한 예제를 보게 될 것이다).

```
def create_variables(self):
    self.sourceText = tk.StringVar()
    self.targetText = tk.StringVar()
    self.statusText = tk.StringVar()
    self.statusText.set("Choose or enter folders, then click Scale...")
    self.dimensionText = tk.StringVar()
    self.total = self.copied = self.scaled = 0
    self.worker = None
    self.state = multiprocessing.Manager().Value("i", IDLE)
```

이 메서드에서 중요한 부분만 추려서 정리한 것이다. tkinter.StringVar 변수에는 사용자 인터페이스 위젯과 관련된 문자열을 저장한다. total, copied, scaled 변수는 개수를 세기 위한 것이다. worker는 처음에 None이며, 여기에 사용자가 작업을 요청하면 만들게 되는 두 번째 스레드를 저장한다.

사용자가 중단시킨 경우(Cancel 버튼을 클릭해), scale_or_cancel() 메서드를 호출한다. 이 메서드는 애플리케이션의 상태를 설정한다(상태는 WORKING, CANCELED, TERMINATING, IDLE 중 하나다). 마찬가지로 사용자가 애플리케이션을 종료하면(Quit 버튼을 클릭해) close() 메서드를 호출한다. 이미지 크기 변환을 하는 도중에 사용자가 작업을 취소하거나 프로그램을 닫으면 당연히 가능한 한 빨리 반응할 수 있어야 한다. 이 경우 Cancel 버튼의 텍스트를 Cancelling...으로 변경하고 비활성화한 다음, 작업 스레드의 프로세스들이 더는 작업을 진행하지 못하게 해야 한다. 작업을 중단하고 난 다음에만 Scale 버튼을 다시 사용 가능하도록 활성화해야 한다. 이를 위해서는 두 스레드와 모든 작업 프로세스가 규칙적으로 애플리케이션 상태를 검사해 사용자 취소나 종료 여부를 파악해야 한다는 뜻이다.

애플리케이션 상태를 접근 가능하게 하는 방법 중 하나는 상태 변수와 락을 활용하는 것이다. 하지만 그렇게 하면 항상 상태 변수에 접근하기 전에 락을 얻어야 하고 접근 후에는 락을 해제해야 한다. 컨텍스트 관리자를 사용하면 그리 어려운 일은 아니지만 락을 활용해야 한다는 사실을 잊어버리기 쉽다. 다행히도 multiprocessing 모듈에서는 multiprocessing.Value 클래스를 제공한다. 이 클래스에는 지정한 자료형의 값을 저장할 수 있고 스레드 안전한 큐처럼 자체적인 락 메커니즘에 의해 안전한 접근을 보장한다. Value 인스턴스를 만들기 위해서는 자료형 식별자(정수를 나타내는 "i"를 사용했다)와 초깃값을 전달해야 한다. 여기서는 IDLE 상수를 넣어 애플리케이션이 IDLE 상태에서 시작한다는 것을 표현한다.

한 가지 짚고 넘어가야 하는 것은 직접 multiprocessing.Value를 만드는 대신 multiprocessing.Manager를 만들고 이를 통해 필요한 Value를 만들었다는 점이다. Value가 제대로 동작하려면 꼭 이렇게 해야 한다(하나 이상의 Value가 있거나 Value 배열이 필요하다면 multiprocessing.Manager 인스턴스는 하나만 만들고 모든 Value에 대해 이를 사용하면 된다).

```python
def create_bindings(self):
    if not TkUtil.mac():
        self.master.bind("<Alt-a>", lambda *args:
                self.targetEntry.focus())
        self.master.bind("<Alt-b>", self.about)
        self.master.bind("<Alt-c>", self.scale_or_cancel)
        ...
    self.sourceEntry.bind("<KeyRelease>", self.update_ui)
    self.targetEntry.bind("<KeyRelease>", self.update_ui)
    self.master.bind("<Return>", self.scale_or_cancel)
```

tkinter.ttk.Button 버튼을 만들 때, 버튼을 클릭하면 Tkinter가 실행해야 하는 커맨드(즉 함수 또는 메서드)를 버튼과 연결한다. 이는 create_widgets() 메서드에 의해 이뤄진다(여기에 따로 싣지는 않았다). 또한 키보드도 지원해야 한다. 예를 들어, 사용자가 Scale 버튼을 클릭하거나 Alt+C 키나 Enter 키를 누르면 scale_or_cancel() 메서드를 호출할 것이다.

애플리케이션을 시작할 때 Scale 버튼은 비활성화 상태다. 원본이나 결과 폴더가 없기 때문이다. 하지만 이 두 폴더를(직접 입력하거나 Source와 Target 버튼을 클릭하면 나타나는 디렉터리 선택 대화창을 통해) 설정하고 나면 Scale 버튼을 활성화해야 한다. 이를 위해 상황에 따라 위젯을 활성화하거나 비활성화하는 update_ui()를 만든 후, 사용자가 텍스트 입력 박스 안에서 키 입력을 하는 경우 해당 메서드를 호출한다.

TkUtil 모듈은 이 책의 예제와 함께 들어 있다. 이 모듈에는 운영체제가 맥 OS X인지 알려주는 TkUtil.mac() 함수와 같은 유틸리티 함수가 여럿 포함돼 있다. 또한 박스나 모달 대화창을 생성하는 각종 함수나 기타 유용한 여러 기능을 제공한다[14].

```
def update_ui(self, *args):
    guiState = self.state.value
    if guiState == WORKING:
        text = "Cancel"
        underline = 0 if not TkUtil.mac() else -1
        state = "!" + tk.DISABLED
    elif guiState in {CANCELED, TERMINATING}:
        text = "Canceling..."
        underline = -1
        state = tk.DISABLED
    elif guiState == IDLE:
        text = "Scale"
        underline = 1 if not TkUtil.mac() else -1
        state = ("!" + tk.DISABLED if self.sourceText.get() and
                 self.targetText.get() else tk.DISABLED)
    self.scaleButton.state((state,))
    self.scaleButton.config(text=text, underline=underline)
    state = tk.DISABLED if guiState != IDLE else "!" + tk.DISABLED
    for widget in (self.sourceEntry, self.sourceButton,
            self.targetEntry, self.targetButton):
        widget.state((state,))
    self.master.update() # GUI를 새로고친다
```

사용자 인터페이스에 영향을 끼칠 수 있는 변화가 일어날 때마다 이 메서드를 호출한다. 애플리케이션이 직접 호출하거나, 이벤트(키 누름, 버튼 클릭 등)가 발생하는 경우 이 함수를 호출할 수 있다. 이벤트를 통해 호출하는 경우 하나 이상의 인자를 추가로 전달하지만 여기서는 무시한다.

---

14 Tkinter(또는 그 하부의 Tcl/Tk 8.5)는 리눅스, 맥 OS X, 윈도우 간의 차이를 일부 처리해 준다. 하지만 여전히 직접 처리해야 할 차이점도(특히 맥 OS X에 대해서는) 많이 남아 있다.

먼저 GUI 상태(WORKING, CANCELED, TERMINATING, IDLE)를 가져온다. 변수를 만들지 않고 if문 안에서 바로 self.state.value를 활용할 수도 있을 것이다. 하지만 내부에서는 락을 활용하기 때문에 이렇게 상태를 저장해서 락이 걸려 있는 시간을 최소화하는 편이 더 낫다. 이 메서드를 실행하는 도중에 state 값이 바뀌더라도 문제가 되지 않는다. 왜냐하면 상태 변경이 일어난다면 어차피 이 함수를 다시 호출할 것이기 때문이다.

애플리케이션이 동작 중이라면 scale 버튼의 텍스트를 Cancel로 바꾼(이 버튼은 변환 시작과 변환 중단 버튼의 역할을 겸한다) 다음 활성화한다. 대부분의 플랫폼에서 밑줄 문자는 키보드 단축키를 의미한다(즉, Cancel 버튼은 Alt+C를 누르면 호출된다). 하지만 밑줄 기능은 맥 OS X에서는 지원하지 않는다. 따라서 OS X에서는 잘못된 위치 값(-1)을 지정해 밑줄 사용을 방지한다.

애플리케이션의 상태를 알고 나면 scale 버튼의 텍스트와 밑줄 값을 변경하고 적절히 위젯을 활성화하거나 비활성화한다. 그리고 마지막으로 update() 메서드를 호출해 Tkinter가 창을 강제로 다시 그리게 만듦으로써 변경 사항을 화면에 반영하게 한다.

```python
def scale_or_cancel(self, event=None):
    if self.scaleButton.instate((tk.DISABLED,)):
        return
    if self.scaleButton.cget("text") == "Cancel":
        self.state.value = CANCELED
        self.update_ui()
    else:
        self.state.value = WORKING
        self.update_ui()
        self.scale()
```

Scale 버튼은 크기 변환을 시작하거나 중단하는 데 사용된다. 따라서 애플리케이션 상태에 따라 텍스트를 변경해야 한다. 사용자가 Alt+C를 누르거나(맥 OS X이 아닌 플랫폼에서) Enter를 누른 경우, 또는 Scale/Cancel 버튼(즉, scale 버튼)을 누른 경우 이 메서드를 호출한다.

버튼이 비활성화 상태라면 아무것도 하지 않아도 안전하다(물론 비활성화 버튼은 클릭할 수 없지만 사용자는 여전히 Alt+C 키를 누르는 등의 방법으로 이 메서드를 호출할 수 있으므로 여기서 상태를 검사할 필요가 있다).

버튼을 활성화하고 텍스트가 Cancel인 경우라면 애플리케이션의 상태를 CANCELED로 바꾸고 사용자 인터페이스를 다시 그린다. 특히 scale 버튼을 비활성화하고 텍스트를 "Canceling…"으로 바꾼다. 앞으로 살펴보겠지만 크기를 변환하는 중간중간 애플리케이션의 상태를 변경했는지 검사하기 때문에 빠른 시간 안에 "취소 중"이라는 사실을 발견하고 처리를 중단할 수 있다. 취소를 완료하면 scale 버튼을 다시 활성화하고, 텍스트를 "Scale"로 변경한다. 그림 4.5에서는 이미지 크기를 변경하기 전, 하는 중, 한 다음의 애플리케이션 화면을 볼 수 있다.

버튼 텍스트가 Scale이라면 상태를 WORKING으로 변경하고 사용자 인터페이스를 다시 그린 다음(따라서 이제 scale 버튼의 텍스트는 Cancel이 될 것이다), 크기 변환을 시작한다.

```python
def scale(self):
    self.total = self.copied = self.scaled = 0
    self.configure(cursor="watch")
    self.statusText.set("Scaling...")
    self.master.update() # GUI 화면이 변경되게 한다
    target = self.targetText.get()
    if not os.path.exists(target):
        os.makedirs(target)
    self.worker = threading.Thread(target=ImageScale.scale, args=(
            int(self.dimensionText.get()), self.sourceText.get(),
            target, self.report_progress, self.state,
            self.when_finished))
    self.worker.daemon = True
    self.worker.start() # 바로 반환한다
```

모든 값을 0으로 만들고 애플리케이션 커서를 "작업 중" 상태로 변경한다. 그리고 상태 라벨을 변경하고 GUI를 다시 그려서 사용자에게 변환 작업이 진행 중임을 알린다. 그다음, 결과 디렉터리가 없다면 새로 만든다.

모든 준비가 끝났다면 새로운 작업 스레드를 만든다(예전에 사용한 작업 스레드에 대한 참조가 사라지기 때문에 이전 스레드의 메모리는 가비지 컬렉터가 수집하게 된다). threading.Thread() 함수를 활용해 작업 스레드를 만든다. 이때 스레드 안에서 실행할 함수와 그 함수에 전달할 인자를 전달한다. 인자로는 변환한 이미지의 최대 크기, 원본과 결과 디렉터리, 각 작업을 완료한 후 호출할 객체(여기서는 self.report_progress() 메서드), 애플리케이션의 상태 Value 객체(self.state

이며 작업 프로세스에서 사용자가 취소를 요청했는지를 주기적으로 검사하는 데 사용함), 전체 작업을 처리하거나 취소하면 호출 가능 객체(여기서는 self.when_finished() 메서드)를 전달한다.

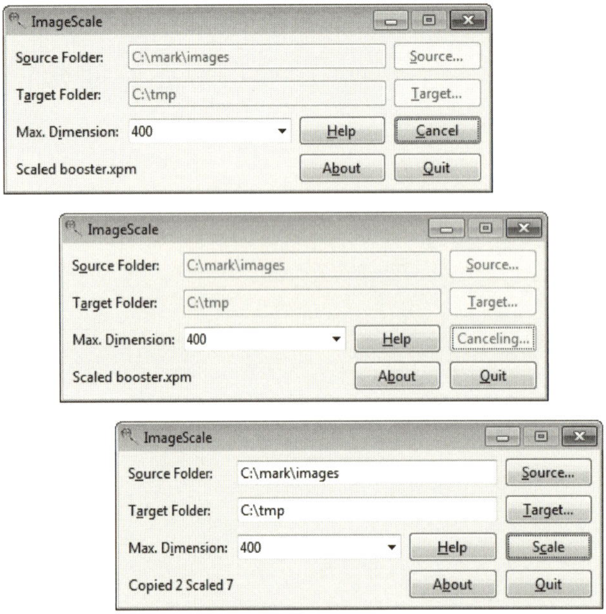

그림 4.9 ImageScale 애플리케이션(크기 변환 전, 크기 변환 중, 사용자 취소 후)

스레드를 생성하고 나면 데몬으로 만들어 애플리케이션을 종료할 때 스레드를 깔끔하게 종료하게 한다. 그 후 스레드를 실행한다.

앞으로 보겠지만 작업자 스레드 자체는 동일 CPU 코어를 공유하는 GUI 스레드에 최대한 많은 시간을 할당하기 위해 거의 하는 일이 없게 설계돼 있다. ImageScale.scale() 함수는 모든 작업을 여러 프로세스에게 위임해 다른 CPU 코어에서(물론 다중 코어 장비인 경우만 해당된다) 실행하게 한다. 이렇게 함으로써 GUI의 응답성을 계속 유지할 수 있다(이런 식으로 구현하는 경우 단일 코어 장비에서도 GUI 응답성을 유지할 수 있다. 왜냐하면 단일 코어라도 여전히 작업자 스레드에 비해 훨씬 더 많은 CPU 시간을 GUI 스레드에 할당하기 때문이다).

4.3.2 ImageScale 작업자 모듈

여기서는 작업자 스레드가 호출하는 함수를 별도의 imagescale/ImageScale.py 모듈로 분리해 뒀다. 이 파일에 이번 절에서 설명하는 모든 코드가 들어 있다. 이는 모듈 구성을 쉽게 하기 위한 측면도 있지만 multiprocessing 모듈에서 모듈 내의 관련 함수를 활용하는 데 꼭 필요한 일이기도 하다. 왜냐하면 어떤 모듈이 임포트 가능하고, 그 모듈의 데이터가 피클 가능할 때만 multiprocessing 모듈에서 활용할 수 있기 때문이다. GUI 위젯을 포함하는 모듈은 이런 방식으로 임포트할 수 없고 그렇게 해서도 안 된다. 왜냐하면 윈도우 시스템에 혼란을 야기할 수 있기 때문이다.

이 모듈에는 세 가지 함수가 있다. 첫 번째 함수인 ImageScale.scale()이 바로 작업 스레드가 호출하는 함수다.

```python
def scale(size, source, target, report_progress, state, when_finished):
    futures = set()
    with concurrent.futures.ProcessPoolExecutor(
            max_workers=multiprocessing.cpu_count()) as executor:
        for sourceImage, targetImage in get_jobs(source, target):
            future = executor.submit(scale_one, size, sourceImage,
                    targetImage, state)
            future.add_done_callback(report_progress)
            futures.add(future)
            if state.value in {CANCELED, TERMINATING}:
                executor.shutdown()
                for future in futures:
                    future.cancel()
                break
        concurrent.futures.wait(futures) # 마칠 때까지 작업을 계속 한다
        if state.value != TERMINATING:
            when_finished()
```

이 함수는 Main.Window.scale() 안에서 만든 self.worker 스레드가 호출한다. 프로세스 풀(다중 스레드가 아니라 다중 프로세스)의 프로세스들이 실제 작업을 수행한다. 따라서 작업 스레드는 이 함수를 호출하기만 하면 되고, 실제 작업은 별도의 프로세스에 위임한다.

ImageScale.get_jobs()에서 가져온 원본과 결과 이미지마다 ImageScale.scale_one() 함수를 실행할 future를 만든다. 이때 future에 최대 크기, 원본과 결과 이미지, Value 타입인 애플리케이션의 state를 전달한다.

앞의 절(§4.2)에서는 모든 future가 작업 종료할 때까지 concurrent.futures.as_completed() 함수를 활용해 기다렸지만 여기서는 각 future마다 콜백 함수(Main.Window.report_progress())를 설정하고 concurrent.futures.wait()를 호출했다.

각 future를 추가한 다음, 사용자가 작업을 중단하거나 프로그램을 종료시켰는지 검사한다. 만약 작업을 중단하거나 프로그램을 종료해야 하는 경우라면 프로세스 풀을 정지시키고 모든 future를 취소한다. 기본적으로 concurrent.futures.Executor.shutdown() 함수는 블록되기 때문에 모든 future를 취소하거나 완료할 때까지 기다리게 된다.

모든 future가 만들어진 후, 이 함수는 concurrent.futures.wait() 호출에서 블록된다(작업자 스레드를 블록하지, GUI 스레드를 블록하지는 않는다). 따라서 모든 future를 만든 다음부터는 사용자가 취소했는지 검사하려면 각 future의 callable(즉 ImageScale.scale_one() 함수) 안에서 검사해야만 한다.

처리를 마쳤거나 취소했는데 아직 종료하지 않았다면 전달받은 when_finished() 콜백을 호출한다. scale() 메서드가 끝나면 스레드가 끝난다.

```
def get_jobs(source, target):
    for name in os.listdir(source):
        yield os.path.join(source, name), os.path.join(target, name)
```

이 제너레이터 함수는 전체 경로로 된 원본과 결과 이미지 이름으로 구성된 2-튜플을 만들어낸다.

```
Result = collections.namedtuple("Result", "name copied scaled")

def scale_one(size, sourceImage, targetImage, state):
    if state.value in {CANCELED, TERMINATING}:
        raise Canceled()
    oldImage = Image.Image.from_file(sourceImage)
    if state.value in {CANCELED, TERMINATING}:
        raise Canceled()
```

```
    if oldImage.width <= size and oldImage.height <= size:
        oldImage.save(targetImage)
        return Result(targetImage, 1, 0)
    else:
        scale = min(size / oldImage.width, size / oldImage.height)
    newImage = oldImage.scale(scale)
    if state.value in {CANCELED, TERMINATING}:
        raise Canceled()
    newImage.save(targetImage)
    return Result(targetImage, 0, 1)
```

이 함수는 실제 크기 변환(또는 복사) 작업을 수행한다. 이 함수에서는 cyImage 모듈을 활용하며(§5.3을 보라) cyImage가 없는 경우 Image 모듈을 대신 활용한다(§3.12를 보라). 이 함수는 각 작업에 대해 Result라는 이름의 튜플을 반환하지만, 사용자가 중단시켰거나 종료시킨 경우에는 Canceled 예외를 발생시킨다.

사용자가 파일을 읽거나 크기를 변경하거나, 결과 파일을 쓰는 도중에 중단 또는 종료시킨 경우 해당 읽기, 변경, 쓰기 작업을 마치기 전에는 이 함수를 중단할 수 없다. 즉, 사용자가 중단이나 종료시킨 경우 n개의 이미지가 읽기, 변경, 또는 쓰기 작업을 마칠 때까지 기다려야 할 수도 있다는 의미다(여기서 n은 중단/종료가 일어나기 직전에 프로세스 풀에 살아 있는 프로세스 개수). 비용이 많이 드는 중단 불가능한 연산(원본 이미지 읽기, 크기 변환, 결과 이미지 쓰기 등)을 실행하기 직전에 중단/종료 여부를 검사하는 것이 애플리케이션의 응답성을 살리기 위해 우리가 할 수 있는 최선이다.

결과를 반환하면(또는 Canceled 예외가 발생하면) 관련 future도 끝나게 된다. 각 future에 callable을 연결해 뒀기 때문에 해당 callable을 호출한다. 여기서는 Main.Window.report_progress() 메서드를 호출한다.

4.3.3 GUI가 진행상황을 처리하는 방법

이번 절에서는 사용자에게 진행상황을 보여주는 GUI 메서드를 살펴보겠다. 관련 메서드는 imagescale/Main.py에 있다.

future를 실행하는 프로세서가 여럿 있기 때문에 둘 이상의 프로세스가 동시에 report_progress()를 호출할 수도 있다. 실제로는 이런 일이 벌어져서는 안 된다. 왜냐하면 future와 연관된 callable을 그 연관관계가 만들어진 스레드(여기서는 작업 스레드) 내부에서 호출하기 때문이다. 여기서는 작업 스레드가 하나밖에 없기 때문에 이론적으로는 동시에 이 함수를 호출할 일이 없다. 하지만 이것은 구현 세부사항에 해당하는 것이므로 구현 세부사항에 의존적인 코드를 작성하는 것은 그리 좋은 습관이 아니다. 물론 최대한 높은 수준에서 동시성을 구현하고 락과 같은 저수준 기능의 사용을 자제하고 싶겠지만 이런 경우에는 실제 다른 대안이 없다. 따라서 락을 하나 만들어 report_progress() 메서드를 항상 동기화하자.

```
ReportLock = threading.Lock()
```

이 락은 Main.py에 있고 한 메서드 안에서만 사용한다.

```
    def report_progress(self, future):
        if self.state.value in {CANCELED, TERMINATING}:
            return
        with ReportLock: # Window.report_progress() 호출을 직렬화한다
            self.total += 1 # 그리고 self.total 등에 액세스한다
            if future.exception() is None:
                result = future.result()
                self.copied += result.copied
                self.scaled += result.scaled
                name = os.path.basename(result.name)
                self.statusText.set("{} {}".format(
                        "Copied" if result.copied else "Scaled", name))
                self.master.update() # GUI 화면이 변경되게 한다
```

이 메서드는 future를 완료하는 경우 호출되는데, 정상 완료 또는 예외 발생 여부와 상관 없이 호출된다. 사용자가 중단시켰다면 when_finished()에 의해 어차피 UI를 변경할 것이기 때문에 아무 동작도 하지 않는다. 사용자가 종료시킨 경우라면 애플리케이션은 종료할 것이므로 UI를 변경할 필요가 없다.

이 메서드의 본문은 대부분 락을 활용해 직렬화한다. 따라서 둘 이상의 future가 동시에 동작을 완료해도 그 중 하나만 이 메서드 내부를 실행할 수 있고, 나머지는 락을 해제할 때까지 블록된다

(Value가 동기화된 자료형이기 때문에 self.state에 대해서는 동기화를 걱정할 필요가 없다). 락을 얻은 상태라면 블록되는 시간을 줄이기 위해 가능한 한 적은 작업만 수행해야 한다.

먼저 전체 작업 개수 값인 total을 증가시킨다. future가 예외(예: Canceled)를 발생시켰다면 더 할 일이 없다. 그렇지 않다면(즉 예외가 아니라면) copied와 scaled 변수를 증가시킨 다음(각각 0, 1씩 증가시키거나, 1, 0씩 증가시킨다), GUI의 상태 라벨을 변경한다. 락 내부에서 GUI의 update()를 실행하는 것이 아주 중요하다. 둘 이상의 GUI 변경이 동시에 일어나는 경우 문제가 생길 수도 있기 때문이다.

```
def when_finished(self):
    self.state.value = IDLE
    self.configure(cursor="arrow")
    self.update_ui()
    result = "Copied {} Scaled {}".format(self.copied, self.scaled)
    difference = self.total - (self.copied + self.scaled)
    if difference: # 사용자가 취소했을 때 나타날 것이다
        result += " Skipped {}".format(difference)
    self.statusText.set(result)
    self.master.update() # GUI 화면이 변경되게 한다
```

이 메서드는 작업자 스레드를 완료하거나 취소하면 호출한다. 하지만 프로그램을 종료할 때는 호출하지 않는다. 이 메서드는 작업자와 관련된 프로세스들을 완료한 경우에만 호출하기 때문에 ReportLock을 사용할 필요가 전혀 없다. 이 메서드는 애플리케이션의 상태를 IDLE로 바꾸고, 원래의 마우스 포인터(화살표)를 복구한 다음, 상태 라벨의 텍스트를 변경해 작업의 완료 또는 사용자 중단 여부를 표시한다.

4.3.4 GUI가 종료를 처리하는 방법

동시성 GUI 프로그램을 종료하는 것은 단지 프로그램(메인 스레드)을 끝내는 문제만은 아니다. 먼저 각 작업자 스레드(그리고 특히 프로세스)를 멈춰야 한다. 그래야 스레드나 프로세스가 깔끔하게 종료되어 자원(예: 메모리)을 불필요하게 소비하는 좀비 프로세스를 방지할 수 있다.

종료 처리는 imagescale/Main.py 모듈의 close() 메서드가 담당한다.

```
def close(self, event=None):
    ...
    if self.worker is not None and self.worker.is_alive():
        self.state.value = TERMINATING
        self.update_ui()
        self.worker.join() # 작업자들이 종료되기를 기다린다
    self.quit()
```

사용자가 Quit 버튼이나 윈도우의 X 닫기 버튼을 클릭하면(또는 맥 OS X이 아닌 플랫폼에서 Alt+Q를 누르면) 이 메서드를 호출한다. 이 메서드는 사용자 설정 값을 저장하고(여기서는 생략됨), 작업자 스레드가 계속 동작 중인지 검사한다(즉, 크기 변환을 수행하는 중에 닫기 버튼을 누른 경우인지 본다). 작업자 스레드가 계속 동작 중이라면 애플리케이션의 상태를 TERMINATING로 변경하고 사용자 인터페이스를 다시 그려서 변환 작업이 취소 중임을 표시한다. 상태 변화는 나중에 작업자 스레드의 프로세스가 감지한다(각 프로세스는 state 값을 주기적으로 체크하기 때문이다). 따라서 프로세스는 상태가 중단 중임을 발견하자마자 작업을 멈춘다. threading.Thread.join()은 작업자 스레드(그리고 작업 프로세스)를 완료할 때까지 블록된다. 만약 기다리지 않는다면 좀비 프로세스가 남을 수 있다(즉, 메모리를 소모하면서 실제 작업은 아무것도 하지 않는 프로세스가 남을 수 있다). 마지막으로 tkinter.ttk.Frame.quit()를 호출해 애플리케이션을 종료한다.

ImageScale 애플리케이션은 다중 스레드와 다중 프로세스를 활용해 동시 작업을 수행하면서도 사용자에 대한 응답성을 유지하는 GUI 애플리케이션을 만들 수 있음을 보여 준다. 게다가 ImageScale의 구조는 진행상황 보고와 작업 취소까지도 지원할 수 있다.

스레드 안전한 큐나 future 같은 고수준 동시성 기능을 활용해(반면 락과 같은 기능의 사용을 최대한 자제하면서) 동시성 프로그래밍을 하는 것은 저수준이나 중간 수준 기능을 활용해 프로그램을 작성하는 것보다 훨씬 쉽다. 물론 작성한 동시적 프로그램이 비동시적 프로그램보다 더 나은 성능을 내는지 꼭 확인해야만 한다. 예를 들어, 파이썬에서는 CPU 위주의 작업에 대해서는 멀티스레드 활용을 피해야만 한다.

또한 실수로 공유 데이터의 상태를 변경하는 일이 없게끔 보장해야 한다. 따라서 항상 변경 불가능한 데이터(예: 정수 등 기본 수 자료형이나 문자열)를 전달하거나, 전달한 가변 데이터는 읽기만

하거나(즉, 동시 작업을 시작하기 전에 해당 데이터에 대한 쓰기는 완료해야 함), 변경 가능한 데이터를 깊게 복사해야만 한다. 하지만 ImageScale의 사례에서 볼 수 있듯이 공유 데이터가 꼭 필요한 경우가 있기 마련이다. 다행히 multiprocessing.Value(또는 multiprocessing.Array)를 활용하면 락을 명시적으로 쓰지 않아도 된다. 다른 방법으로는 애플리케이션 전용의 스레드 안전한 클래스를 만들 수도 있다. 이러한 예는 6장(§6.2.1.1)에서 살펴보겠다.

5장
파이썬 확장하기

파이썬은 대부분의 경우 충분히 빠르다. 그렇지 않은 경우라 해도 동시성을 활용하면 충분히 속도를 향상시킬 수 있다. 하지만 때때로 더 빠른 처리가 필요할 수도 있다. 파이썬 프로그램의 속도를 더 빠르게 만드는 방법은 크게 세 가지가 있다. 즉, JIT(Just In Time) 컴파일러가 내장된 PyPy(pypy.org)를 활용하거나, 성능이 필수적인 경우 C나 C++로 작성한 코드를 활용하거나, 싸이썬(Cython)을 활용해 파이썬(또는 싸이썬) 코드를 C로 컴파일[1]하는 방법이 있다.

PyPy를 설치하고 나면 표준 CPython 인터프리터 대신 PyPy를 활용해 파이썬 프로그램을 실행할 수 있다. 그러면 장시간 실행되는 프로그램에서는 상당한 성능 향상을 볼 수 있다. 그러한 경우 JIT 컴파일에 드는 추가 비용보다 줄어든 실행 시간이 훨씬 더 커지기 때문이다. 하지만 아주 잠깐 실행하는 프로그램의 경우에는 오히려 성능이 나빠질 수도 있다.

직접 작성하거나 별도 라이브러리로 제공된 C나 C++ 코드를 활용해 속도상 이득을 얻고 싶다면 우리가 작성한 파이썬 프로그램에서 그러한 코드를 활용할 수 있게 만들어야 한다. 직접 C/C++ 코드를 작성하고 싶다면 파이썬의 C 인터페이스(docs.python.org/3/extending)를 활용하는 것이 좋은 방법이다. 기존 C/C++ 코드를 활용하고 싶을 때 활용할 만한 몇 가지 접근 방식이 있다. 한 가지 방법은 C/C++ 코드를 가지고 파이썬 인터페이스를 제공하는 래퍼(wrapper)를 활

---

[1] Numba(numba.pydata.org)나 Nuitka(nuitka.net)와 같은 새로운 컴파일러도 있다.

용하는 것이다. 이런 도구로는 SWIG(www.swig.org)와 SIP(www.riverbankcomputing. co.uk/software/sip)이 유명하다. C++의 경우 사용 가능한 또 다른 도구로는 boost::python (www.boost.org/libs/python/doc/)이 있다. 또한 이 분야에 새로 등장한 기술로는 CFFI(파이썬을 위한 C 언어 함수 인터페이스, C Foreign Function Interface for Python)가 있다. CFFI는 비교적 최근에 나왔지만 유명한 PyPy(bitbucket.org/cffi/cffi)에서 채택하고 있다.

> **파이썬을 맥 OS X과 윈도우에서 확장하기!**
>
> 이번 장의 예제는 모두 리눅스에서만 테스트했다. 하지만 맥 OS X이나 윈도우에서도 잘 동작할 것이다. (ctypes나 싸이썬 프로그래머에게는 이 두 OS가 주요 개발 플랫폼이기도 하다.) 하지만 플랫폼에 따라 약간의 변경이 필요할 수도 있다. 이는 대부분의 리눅스 시스템에는 GCC 컴파일러와 해당 장비에 적절한 워드 크기로 컴파일된 시스템 라이브러리가 있는 반면 맥 OS X이나 윈도우 시스템에서는 다소 상황이 다르거나 더 복잡하기 때문이다.
>
> 맥 OS X과 윈도우에서는 보통 파이썬 및 외부 공유 라이브러리(.dylib이나 .DLL 파일), 또는 싸이썬 코드를 컴파일할 때 사용된 컴파일러와 워드 크기(32비트나 64비트)와 똑같이 맞춰줘야 한다. 맥 OS X에서는 보통 GCC 컴파일러를 사용하지만 요즘은 Clang을 활용하기도 한다. 윈도우에서는 GCC의 일종이거나 마이크로소프트 등의 업체에서 구매한 상용 컴파일러가 될 것이다. 더 나아가 맥 OS X이나 윈도우에서는 공유 라이브러리가 시스템 공통의 경로에 있지 않고 애플리케이션 디렉터리에 있고, 헤더 파일도 별도로 설정해야 하는 경우가 있다. 따라서 이 책에서는 여러 플랫폼과 컴파일러에 따라 다른 복잡한 설정 정보를 알려주는 대신(보통 이런 정보는 컴파일러나 운영체제 버전에 따라 쉽게 바뀌기 마련이다), ctypes와 싸이썬을 활용하는 방법 자체에만 초점을 맞췄다. 따라서 리눅스를 사용하지 않는 독자들은 파이썬 확장을 작성하는 법을 익힌 다음, 현재 사용 중인 시스템에 따라 어떤 설정이 필요한지 직접 파악해야 한다.

지금까지 설명한 내용은 모두 다 공부해 둘 만하다. 하지만 이번 장에서는 두 가지 기술에 주력하겠다. 첫째는 파이썬의 표준 라이브러리가 보유하고 있는 ctypes 패키지(docs.python.org/3/library/ctypes.html)이고, 둘째는 싸이썬(cython.org)이다. 두 가지 모두 직접 작성하거나 외부 C/C++ 코드에 대한 파이썬 인터페이스를 만들 수 있다. 또한 싸이썬은 파이썬이나 싸이썬 코드를 C로 컴파일해 성능을 향상시키는 데 활용할 수도 있다. 때때로 매우 극적인 성능 향상을 볼 수도 있다.

5.1 ctypes를 활용한 C 라이브러리 접근

표준 라이브러리의 ctypes 패키지를 이용하면 C나 C++로 작성된(실제로는 C 호출 규약에 따라 컴파일되는 모든 언어) 코드와 별도로 컴파일된 공유 라이브러리(리눅스의 경우 .so, 맥 OS X은 .dylib, 윈도우는 .DLL)에 접근할 수 있다.

이번 절과 다음 §5.2.1에서는 공유 라이브러리에 있는 C 함수를 파이썬에서 접근하도록 돕는 모듈을 만들겠다. 사용할 라이브러리는 libhyphen.so다. 일부 시스템에서는 libhyphen.uno.so("파이썬을 맥 OS X과 윈도우에서 확장하기"를 참고)가 된다. 이 라이브러리는 보통 OpenOffice.org나 LibreOffice가 보유하고 있으며 특정 단어에 대해 제대로 된 위치에 하이픈을 추가한 문자열을 반환해 준다. 간단한 함수라 생각하겠지만 함수의 서명은 아주 복잡하다(그래서 ctypes를 설명하기에 아주 좋은 사례다). 사실은 하이픈 추가를 위해 활용해야만 하는 함수는 모두 세 가지가 있다. 하나는 하이픈 추가 사전을 읽어오는 함수이고, 다른 하나는 하이픈을 실제로 추가하는 함수, 마지막 하나는 활용을 마친 후 자원을 반환하는 함수다.

ctypes를 사용하는 전형적인 패턴은 라이브러리를 메모리로 읽고, 활용하려는 함수에 대한 참조를 얻어와 함수를 호출하는 것이다. Hyphenate1.py 모듈도 이 패턴을 따른다. 우선 모듈을 활용하는 방식을 살펴보자. 다음은(IDLE과 같은) 파이썬 프롬프트 상에서 수행한 대화식 세션이다.

```
>>> import os
>>> import Hyphenate1 as Hyphenate
>>>
>>> # hyph*.dic 파일 위치를 설정한다.
>>> path = "/usr/share/hyph_dic"
>>> if not os.path.exists(path): path = os.path.dirname(__file__)
>>> usHyphDic = os.path.join(path, "hyph_en_US.dic")
>>> deHyphDic = os.path.join(path, "hyph_de_DE.dic")
>>>
>>> # 래퍼를 생성해서 사전 파일을 계속 명시하지 않아도 되게 한다.
>>> hyphenate = lambda word: Hyphenate.hyphenate(word, usHyphDic)
>>> hyphenate_de = lambda word: Hyphenate.hyphenate(word, deHyphDic)
>>>
>>> # 생성한 래퍼를 활용한다.
>>> print(hyphenate("extraordinary"))
ex-traor-di-nary
>>> print(hyphenate_de("außergewöhnlich"))
außerge-wöhn-lich
```

모듈 밖에서 사용하는 유일한 함수는 Hyphenate1.hyphenate()으로 라이브러리의 hyphenation 함수를 호출한다. 모듈 내부에는 라이브러리에서 제공하는 다른 함수를 호출하는 함수(외부에 노출되지 않은)가 여럿 있다. 여기서 하이픈 사전의 형식은 오픈소스 TeX[2] 조판 시스템에서 사용하는 것과 동일하다.

모든 코드는 Hyphenate1.py 모듈에 있다. 라이브러리에서 활용할 함수는 다음 세 가지다.

```
HyphenDict *hnj_hyphen_load(const char *filename);

void hnj_hyphen_free(HyphenDict *hdict);

int hnj_hyphen_hyphenate2(HyphenDict *hdict, const char *word,
    int word_size, char *hyphens, char *hyphenated_word, char ***rep,
    int **pos, int **cut);
```

이 서명은 hyphen.h 헤더 파일에서 가져왔다. C/C++에서 *는 포인터를 나타낸다. 포인터는 연속된 여러 바이트로 이뤄진 메모리 블록의 주소를 저장한다. 블록은 한 바이트짜리에 달하는 작은 것부터 어떤 크기도 될 수 있다. 64비트 정수의 경우에는 8바이트다. 문자열은 보통 문자당 1~4바이트(메모리 저장 시 사용하는 인코딩 방식에 따라 다르다)와 고정된 크기의 부가 정보로 구성된다.

첫 함수인 hnj_hyphen_load()는 첫 번째 인자로 파일명을 표현하는 문자 블록(bytes)에 대한 포인터를 받는다. 이 파일은 TeX 형식의 하이픈 사전이어야 한다. hnj_hyphen_load()는 HyphenDict 구조체(파이썬의 클래스 인스턴스와 같은 여러 필드로 구성된 복합적인 C 데이터 구조)에 대한 포인터를 반환한다. 다행스럽게도 HyphenDict 구조체의 내부에는 신경 쓸 필요가 없다. 따라서 이 포인터를 필요한 곳에 전달하기만 하면 된다.

C-문자열(즉, 여러 바이트로 이뤄진 블록에 대한 포인터)을 받는 C 함수는 보통 두 가지 방식 중 한 가지 방식을 취한다. 첫 번째 방식은 단순히 포인터만을 받는 것으로, 이 경우에는 문자열의 마지막 바이트가 반드시 0x00('₩0')으로 끝나야 한다(즉, C-문자열은 널로 마쳐야만 한다). 두 번째 방식은 포인터와 바이트 수를 함께 받는 것이다. hnj_hyphen_load() 함수는 포인터만을 받는다. 따라서 이 함수에 전달하는 C-문자열은 반드시 널로 끝나야만 한다. 앞으로 보겠지만 ctypes.create_string_buffer() 함수에 파이썬 문자열을 전달하면 동등한 널로 끝나는 C-문자열을 반환한다.

---

[2] (옮긴이) TeX(제목을 알파벳으로만 적을 때는 TeX이라고 가운데 글자를 꼭 소문자로 적어야 한다)는 "TAOCP(The Art of Computer Programming, '컴퓨터 프로그래밍의 예술'이라는 제목으로 번역돼 있다)"이라는 책의 저자이며, 전산학계의 태두인 커누스(Knuth) 교수가 만든 문서 시스템이다.

하이픈 사전을 읽어왔다면 언젠가는 이를 반드시 해제해야만 한다(그렇지 않으면 하이픈 라이브러리가 불필요하게 메모리에 남는다). 두 번째 함수인 hnj_hyphen_free()는 HyphenDict 포인터를 받아 연관된 자원을 반환한다. 이 함수는 반환값이 없다. 일단 해제한 다음에는 해당 포인터를 다시 사용해서는 안 된다. 이는 파이썬에서 del로 삭제한 변수를 사용해서는 안 되는 것과 마찬가지다.

세 번째 함수인 hnj_hyphen_hyphenate2()는 하이픈 서비스를 실제로 제공한다. hdict는 hnj_hyphen_load()가 반환한 HyphenDict에 대한 포인터다(물론 hnj_hyphen_free()로 해제하지 않은 포인터여야 한다). word는 UTF-8로 인코딩된 바이트 블록으로, 하이픈을 추가할 단어다. word_size는 word 블록 안의 바이트 개수다. hyphens는 여기서는 사용하지 않는다. 하지만 함수가 제대로 동작하려면 올바른 포인터를 전달해야만 한다. hyphenated_word는 원래의 단어에 하이픈을 추가해 UTF-8로 인코딩한 결과를 담기에 충분한 크기여야 한다. (실제로 라이브러리에서는 = 문자를 하이픈 대신 넣는다). 최초에 이 블록은 모두 0x00으로 채워져 있어야 한다. rep은 바이트 블록 포인터에 대한 포인터에 대한 포인터다. 여기서는 사용하지 않지만 역시 바른 포인터를 제공해야만 한다. 마찬가지로 pos와 cut도 정수(C int 형) 포인터에 대한 포인터이지만 여기서는 중요하지 않다. 하지만 역시 올바른 포인터 값을 넣어야 한다. 이 함수의 반환값은 실패 시 1, 성공 시 0으로 표현되는 플래그다.

이제 어떤 함수를 활용할지 알았으므로 Hyphenate1.py 모듈의 코드를 살펴보자(항상 그러하듯 임포트 부분은 제외했다). 맨 처음 볼 것은 하이픈 공유 라이브러리를 찾아서 적재하는 부분이다.

```
class Error(Exception): pass
_libraryName = ctypes.util.find_library("hyphen")
if _libraryName is None:
    _libraryName = ctypes.util.find_library("hyphen.uno")
if _libraryName is None:
    raise Error("cannot find hyphenation library")
_LibHyphen = ctypes.CDLL(_libraryName)
```

먼저 예외 클래스인 Hyphenate1.Error를 정의해 모듈에서 발생하는 예외와 ValueError 같은 더 일반적인 예외를 구분한다. ctypes.util.find_library() 함수는 공유 라이브러리를 검색한다. 리눅스에서는 이름 앞에 lib을 붙이고 확장자로 .so가 붙는다. 따라서 첫 번째 호출은 libhyphen.so라는 파일을 라이브러리 검색 위치에서 찾는다. 맥 OS X이라면 hyphen.dylib을 찾고, 윈도우에서는 hyphen.dll을 찾는다. 이 라이브러리는 libhyphen.uno.so로 불릴 때도 있다. 따라서 최초의 검색이 실패하면 이 이름을 찾아본다. 두 이름의 라이브러리를 검색하는 데 모두 실패하면 예외를 발생시킨다.

라이브러리를 찾으면 ctypes.CDLL()를 활용해 메모리로 읽어오고, 모듈 전용 _LibHyphen 변수가 해당 라이브러리를 가리키게 만든다. 윈도우에서 윈도우 전용 인터페이스(OLE나 DLL)를 활용하는 경우에는 해당 라이브러리를 적재하기 위해 ctypes.OleDLL()이나 ctypes.WinDLL() 함수를 활용할 수 있다.

라이브러리를 읽어온 다음에는 사용할 함수에 대한 파이썬 래퍼를 만든다. 일반적인 패턴은 라이브러리 함수를 파이썬 변수에 할당한 다음에 인자의 타입(ctypes에 정의된 타입의 리스트로)과 반환형(ctypes에 정의된 타입 중 하나로)을 지정하는 것이다.

인자의 개수나 타입이 잘못됐거나 반환형을 잘못 지정한 경우 프로그램이 비정상적으로 종료한다. CFFI 패키지(bitbucket.org/cffi/cffi)는 이런 면에서 훨씬 더 튼튼하며, PyPy 인터프리터(pypy.org)와 함께 훨씬 더 잘 동작한다.

```
_load = _LibHyphen.hnj_hyphen_load
_load.argtypes = [ctypes.c_char_p] # const char *filename
_load.restype = ctypes.c_void_p # HyphenDict *
```

여기서 하이픈 라이브러리 함수 hnj_hyphen_load()를 호출하는 전용 함수인 _load()를 정의한다. 일단 라이브러리 함수에 대한 참조를 만들고 나면 인자와 반환형을 지정해야 한다. 여기서는 인자가 단 하나(C const char * 형)이기 때문에 바로 ctypes.c_char_p("C character pointer"를 줄인 것임)로 표현할 수 있다. 함수에서 반환하는 것은 HyphenDict 구조체에 대한 포인터다. ctypes.Structure를 상속해 구조체를 표현하는 클래스를 만들어 해결할 수도 있다. 하지만 여기서는 포인터를 주고받기만 하고 포인터가 가리키는 데이터 구조의 내부에 접근하지는 않기 때문에 임의의 자료형에 대한 포인터를 저장할 수 있는 ctypes.c_void_p("C void pointer")으로 표시하는 것으로 충분하다.

앞에 보여준 세 줄(그 앞에서 보여준 라이브러리를 찾는 부분과 더불어)이 하이픈 사전을 적재하기 위한 _load() 메서드를 만드는 데 필요한 전부다.

```
_unload = _LibHyphen.hnj_hyphen_free
_unload.argtypes = [ctypes.c_void_p] # HyphenDict *hdict
_unload.restype = None
```

이 코드도 앞의 코드와 같은 패턴이다. hnj_hyphen_free() 함수는 인자를 하나만 받는다. 이는 HyphenDict 구조체에 대한 포인터다. 하지만 이를 단지 넘겨주기만 하기 때문에 제대로 된 HyphenDict 구조체에 대한 포인터를 대입해 넘기는 한 void 포인터만 사용해도 충분하다. 이 함수는 반환하는 값이 없다. 따라서 restype은 None이다. (restype을 지정하지 않으면 int를 반환하는 함수로 지정된다.)

```
_int_p = ctypes.POINTER(ctypes.c_int)
_char_p_p = ctypes.POINTER(ctypes.c_char_p)

_hyphenate = _LibHyphen.hnj_hyphen_hyphenate2
_hyphenate.argtypes = [
        ctypes.c_void_p, # HyphenDict *hdict
        ctypes.c_char_p, # const char *word
        ctypes.c_int,    # int word_size
        ctypes.c_char_p, # char *hyphens [필요하지 않음]
        ctypes.c_char_p, # char *hyphenated_word
        _char_p_p,       # char ***rep [필요하지 않음]
        _int_p,          # int **pos [필요하지 않음]
        _int_p]          # int **cut [필요하지 않음]
_hyphenate.restype = ctypes.c_int # int
```

감싸야 하는 함수 중에서는 이 함수가 가장 복잡하다. Hdict는 HyphenDict 구조체에 대한 포인터이며, C void 포인터로 지정해 사용한다. 그다음에는 하이픈을 추가할 단어가 온다. 이는 바이트 블록에 대한 포인터이며, C 문자에 대한 포인터를 사용해 처리한다. 그 후 word_size가 오는데, 정수(ctypes.c_int) 타입으로, 단어의 바이트 크기가 들어간다. 다음으로는 사용하지 않는 hyphens 버퍼가 있고, 그 뒤에 hyphenated_word가 온다. 이 또한 C 문자 포인터를 사용한다. ctypes에는 문자(바이트) 포인터에 대한 포인터가 없다. 따라서 따로 _char_p_p를 만들고 이를 C 문자 포인터에 대한 포인터로 지정한다. 비슷한 방식으로 정수 포인터에 대한 포인터도 처리한다.

엄밀히 말하자면 restype을 지정할 필요는 없다. 왜냐하면 함수의 결과값이 정수 타입이기 때문이다. 하지만 명시적으로 표시하는 방식을 택했다.

모듈 내부에서 활용할 하이픈 라이브러리의 함수에 대한 전용 래퍼 함수를 다 만들었다. 전용으로 만든 이유는 우리가 만든 모듈을 활용하는 쪽에서는 모듈 내부의 저수준 세부사항을 알지 못하도록 만들기 위해서다. 모듈 사용자를 위해서는 외부로 노출된 함수를 hyphenate() 하나만 둔다. hyphenate()는 하이픈을 넣을 단어와 사용할 하이픈 사전, 하이픈 문자를 받는다. 효율성을 위해 특정 하이픈 사전은 오직 한번만 읽어오게 한다. 물론 프로그램을 종료할 때는 읽었던 하이픈 사전을 반드시 해제해야만 한다.

```python
def hyphenate(word, filename, hyphen="-"):
    originalWord = word
    hdict = _get_hdict(filename)
    word = word.encode("utf-8")
    word_size = ctypes.c_int(len(word))
    word = ctypes.create_string_buffer(word)
    hyphens = ctypes.create_string_buffer(len(word) + 5)
    hyphenated_word = ctypes.create_string_buffer(len(word) * 2)
    rep = _char_p_p(ctypes.c_char_p(None))
    pos = _int_p(ctypes.c_int(0))
    cut = _int_p(ctypes.c_int(0))
    if _hyphenate(hdict, word, word_size, hyphens, hyphenated_word, rep,
            pos, cut):
        raise Error("hyphenation failed for '{}'".format(originalWord))
    return hyphenated_word.value.decode("utf-8").replace("=", hyphen)
```

먼저 오류 메시지를 출력할 때 활용하기 위해 하이픈을 추가할 단어를 저장해 둔다. 그 후 하이픈 사전을 가져온다. 전용 함수인 _get_hdict()에서는 특정 파일명에 대응하는 HyphenDict 구조체를 가져온다. 해당 사전을 이미 적재했다면 적재 시 만들어진 포인터를 반환한다. 그렇지 않다면 해당 사전을 최초이자 마지막으로 적재하고 나중에 활용하기 위해 해당 포인터를 저장해 둔 다음 반환한다.

word는 하이픈 함수에 UTF-8 형식으로 인코딩된 바이트에 대한 블록으로 전달돼야만 한다. 이는 str.encode()를 활용해 손쉽게 할 수 있다. 또한 word의 크기가 몇 바이트인지 전달해야 한다.

여기서는 이를 계산해서 파이썬 정수를 C 정수로 변환한다. 파이썬에서 사용 중인 바이트 블록을 C에 넘길 수는 없다. 따라서 word의 바이트를 포함한 문자열 버퍼(실제로는 C 문자의 블록)를 만들어야 한다. ctypes.create_string_buffer()는 지정된 크기나 바이트 객체에 따라 C 문자 블록을 만들어준다. hyphens는 사용하지 않지만 여전히 이를 준비해 제공해야 한다. 문서에 따르면 이는 word의 길이(바이트 단위)보다 5 더 큰 C 문자 블록에 대한 포인터여야 한다. 이에 맞춰 적절한 문자 블록을 만든다. 하이픈이 추가된 단어도 _hyphenate 함수에 전달되는 블록에 저장한다. 따라서 충분히 큰 블록을 만들어 전달해야 한다. 하이픈 라이브러리 문서가 추천하는 크기는 word 길이의 2배다.

rep, pos, cut 인자는 사용하지 않지만 올바른 값을 넘기지 않으면 _hyphenate 함수가 제대로 동작하지 않는다. rep는 C 문자 블록에 대한 포인터의 포인터의 포인터다. 따라서 빈 블록(C에서는 널 포인터로, 아무것도 가리키지 않는 포인터를 의미한다)에 대한 포인터를 만들고, 이를 다시 포인터에 대한 포인터에 대입해 rep 값으로 사용한다. pos나 cut은 정수값 0에 대한 포인터의 포인터를 만든다.

인자가 모두 만들어졌으면 _hyphenate() 함수를 호출한 다음(결과적으로는 하이픈 라이브러리의 hnj_hyphen_hyphenate2() 함수를 호출한다), 해당 함수가 0이 아닌 값(실패를 표현하는 값)을 반환하면 예외를 발생시킨다. 그렇지 않다면(0이 반환 되는 경우) 하이픈을 추가한 단어에서 value 프로퍼티를 활용해 bytes(이는 널, 즉 0x00으로 끝나는 C-문자열이다)를 추출한다. 그리고 이를 UTF-8을 사용해 str에 디코딩해 넣고, 하이픈 라이브러리가 사용하는 = 하이픈 문자를 사용자가 넘긴 hyphen(기본값은 -)으로 치환한다. 이 문자열이 바로 hyphenate() 함수의 결과 값이 된다.

참고로 널로 끝나는 문자열 대신 char *와 문자열 길이를 인자로 받는 C 함수의 경우에는 value 프로퍼티 대신 raw 프로퍼티를 사용해 직접 바이트 블록 데이터에 접근할 수 있다.

```python
_hdictForFilename = {}

def _get_hdict(filename):
    if filename not in _hdictForFilename:
        hdict = _load(ctypes.create_string_buffer(
                filename.encode("utf-8")))
        if hdict is None:
            raise Error("failed to load '{}'".format(filename))
```

```
        _hdictForFilename[filename] = hdict
    hdict = _hdictForFilename.get(filename)
    if hdict is None:
        raise Error("failed to load '{}'".format(filename))
    return hdict
```

이 전용 도우미 함수는 HyphenDict 구조체에 대한 포인터를 전달하며, 이미 적재한 사전에 대한 포인터는 다시 재활용한다.

만약 filename이 _hdictForFilename 사전에 없다면 새로운 하이픈 사전이므로 메모리에 적재해야만 한다. 파일 이름이 C const char *(즉, 변경 불가능함) 타입으로 전달되기 때문에 이를 바로 ctypes의 문자열 버퍼로 만들어 전달할 수 있다. _load() 함수가 None을 반환하면 예외를 발생시킨다. 그렇지 않다면 나중에 활용하기 위해 포인터를 저장해 둔다.

마지막으로 이번 호출에서 하이픈 사전을 메모리로 읽어왔는지 여부와 관계 없이 _hdictForFilename에서 filename에 해당하는 포인터를 검색해 이를 반환한다.

```
def _cleanup():
    for hyphens in _hdictForFilename.values():
        _unload(hyphens)
atexit.register(_cleanup)
```

_hdictForFilename 사전은 앞에서 적재한 모든 하이픈 사전에 대한 포인터를 보관한다. 프로그램을 종료하기 전에 모두 반드시 해제해야만 한다. 이를 위해 전용 _cleanup() 함수를 만들어 모든 하이픈 사전 포인터를 _unload()에 전달해 해제한다(이는 결국 hnj_hyphen_free()를 호출하는 것이다). _hdictForFilename를 반환하는 작업은 굳이 하지 않는데, 왜냐하면 이 함수를 프로그램 종료 시 한 번만 호출하기 때문이다(프로그램을 종료하면 어차피 사전을 삭제한다). 표준 라이브러리의 atexit 모듈의 register() 함수를 활용해 _cleanup()을 "종료 콜백(at exit)" 함수로 등록하면 프로그램 종료 시 호출하도록 만들 수 있다.

이제 모듈 안에서 하이픈 라이브러리의 함수에 접근하는 hyphenate() 함수를 만드는 방법을 살펴봤다. ctypes를 활용하려면 일부 준비 작업(가령 인자의 타입의 지정하거나 인자를 초기화하는 등)이 필요하다. 하지만 이를 통해 C/C++의 기능을 파이썬에서 활용하는 새로운 가능성이 열린다. ctypes를 활용하는 것이 실용적인 사례로는 속도가 중요한 부분을 C나 C++로 작성해 공유 라이브러리로 만들어 파이썬에서도 호출하고 C/C++에서도 호출하는 경우를 들 수 있다. 또한 외부 공유 라이브러리가 제공하는 기능을 활용하는 경우에도 주로 사용할 수 있다. 다만 대부분의 경우 해당 라이브러리를 감싸는, 이미 작성된 표준 라이브러리나 외부 모듈을 찾을 수 있을 것이다.

ctypes 모듈은 복잡하고 기능이 많아서 짧게 설명할 수 없다. ctypes가 CFFI나 싸이썬보다 더 활용하기 어렵긴 하지만 어쩌면 유용성은 이미 검증됐다고 볼 수도 있다. 왜냐하면 파이썬 표준에 포함돼 있기 때문이다.

5.2 싸이썬 활용

싸이썬(cython.org) 웹 페이지의 설명에 따르면 싸이썬은 "파이썬 만큼이나 파이썬을 위한 C 확장을 쉽게 작성할 수 있게" 만들어진 프로그래밍 언어다. 싸이썬은 세 가지 방식으로 활용할 수 있다. 첫 번째 방법은 ctypes와 마찬가지로 C/C++ 코드를 감싸는 용도다. 이견이 있을 수도 있지만 C나 C++에 익숙한 프로그래머에게는 싸이썬이 더 활용하기 쉽다. 두 번째 방법은 파이썬 코드를 실행 속도가 더 빠른 C로 컴파일하는 것이다. 기본적으로는 .py를 .pyx로 바꿔서 컴파일하면 된다. 이 방법만 활용해도 CPU 위주의 작업에 대해 2배 이상의 속도 향상을 가져올 수 있다. 세 번째 방법은 두 번째 방법과 비슷하지만 코드를 .pyx 파일에 두는 대신 싸이썬이 제공하는 확장 언어로 작성해 그 힘을 빌려 더 효율적인 C 코드로 컴파일하는 것이다. 이렇게 하면 CPU 위주 작업에서 100배 이상의 성능 향상을 가져올 수도 있다.

5.2.1 싸이썬을 활용한 C 라이브러리 접근

이번 절에서는 Hyphenate2 모듈을 만든다. 이 모듈이 하는 일은 앞에서 설명한 Hyphenate1.py 모듈과 같지만 이번에는 ctypes가 아니라 싸이썬을 활용한다는 점이 다르다. ctypes 버전은 Hyphenate1.py 파일 하나로 돼 있지만 싸이썬에서는 디렉터리를 만들어 4가지 파일을 추가해야 한다.

첫 번째 파일은 Hyphenate2/setup.py다. 이 파일은 싸이썬에게 하이픈 라이브러리를 어디서 찾아야 할지 알려주는 한 줄의 명령어만 포함하는 파일이다. 두 번째 파일은 Hyphenate2/__

init__.py다. 이 파일은 Hyphenate2.hyphenate() 함수와 Hyphenate2.Error 예외를 외부에 익스포트하는 한 줄로 된 명령어를 포함하는 파일로, 없어도 된다. 세 번째 파일은 Hyphenate2/chyphenate.pxd다. 이 파일도 크기가 작은데, 싸이썬에게 하이픈 라이브러리와 그 안에서 어떤 함수를 활용하는지에 대해 알려준다. 마지막 네 번째 파일은 Hyphenate2/Hyphenate.pyx이다. 이 파일에는 싸이썬 모듈로 익스포트될 hyphenate() 함수와 여러 전용 도우미 함수가 들어 있다. 각 파일을 차례로 살펴보겠다.

```
distutils.core.setup(name="Hyphenate2",
        cmdclass={"build_ext": Cython.Distutils.build_ext},
        ext_modules=[distutils.extension.Extension("Hyphenate",
                ["Hyphenate.pyx"], libraries=["hyphen"])])
```

위 코드는 임포트 문을 제외한 Hyphenate2/setup.py 파일의 내용이다. 파이썬 distutils 패키지[3]를 활용한다. name은 선택적인 인자다. cmdclass는 여기에 나온 대로 입력해야 한다. Extension()에 전달하는 첫 인자는 컴파일된 모듈의 이름(예: Hyphenate.so)이다. 두 번째로는 컴파일해야 할 코드가 들어있는 .pyx 파일의 리스트가 온다. 그리고 마지막으로 외부 C/C++ 라이브러리의 목록을 지정할 수 있다(생략 가능). 여기서는 물론 hyphen 라이브러리를 지정해야 한다.

확장 기능을 빌드하려면 모든 파일이 들어 있는 디렉터리(즉, Hyphenate2)에서 다음을 실행해야 한다.

```
$ cd pipeg/Hyphenate2
$ python3 setup.py build_ext --inplace
running build_ext
cythoning Hyphenate.pyx to Hyphenate.c
building 'Hyphenate' extension
creating build
creating build/temp.linux-x86_64-3.3
...
```

---

[3] 버전 0.6.28 이상의 파이썬 distribute 패키지를 설치하면 가장 좋고, 아니면 버전 0.7 이상의 setuptools 패키지(python-packaging-user-guide.readthedocs.org)를 설치하는 것이 좋을 것이다. 이 책에서 사용하는 여러 패키지를 포함한 다양한 외부 패키지를 설치하려면 최신 패키지 도구가 필요하다.

파이썬 인터프리터가 여럿 설치돼 있다면 사용하고자 하는 인터프리터의 전체 경로를 지정해야만 한다. 파이썬 3.1에서는 Hyphenate.so가 만들어지지만 그 이후의 버전에서는 버전에 따른 공유 라이브러리가 만들어질 것이다. 예를 들어, 파이썬 3.3에서는 Hyphenate.cpython-33m.so가 생성된다.

```
from Hyphenate2.Hyphenate import hyphenate, Error
```

이것은 Hyphenate2/__init__.py 파일의 내용이다. 이 파일은 사용자에게 Hyphenate2.Hyphenate를 임포트해 hyphenate() 함수를 호출하라고 알려주는 역할을 한다. 그렇지 않다면 import Hyphenate2.Hyphenate as Hyphenate와 같은 식의 임포트 문이 될 수도 있다.

```
cdef extern from "hyphen.h":
    ctypedef struct HyphenDict:
        pass

    HyphenDict *hnj_hyphen_load(char *filename)
    void hnj_hyphen_free(HyphenDict *hdict)
    int hnj_hyphen_hyphenate2(HyphenDict *hdict, char *word,
            int word_size, char *hyphens, char *hyphenated_word,
            char ***rep, int **pos, int **cut)
```

이 코드는 Hyphenate2/chyphenate.pxd 파일이다. .pxd 파일은 싸이썬 코드 내에서 외부의 C/C++ 라이브러리에 접근하는 경우 필요하다.

첫 번째 줄에서는 접근할 함수와 타입을 정의한 C나 C++ 헤더 파일의 이름을 선언한다. 그다음 본문 안에서 사용할 함수와 타입을 지정한다. 싸이썬은 C/C++의 구조체의 내부를 다 정의하지 않고도 쉽게 활용할 수 있는 수단을 제공한다. 다만 이 기능은 해당 구조체의 포인터를 주고받기만 하고 내부 필드에 직접 접근하지 않는 경우에만 활용할 수 있다. 하이픈 라이브러리는 바로 그와 같은 경우에 해당한다. 기본적으로 함수 선언은 C나 C++ 헤더 파일에서 복사한 것이다. 다만 C/C++에서 문장의 끝을 의미하는 세미콜론(;)은 없애야 한다.

싸이썬에서는 이 .pxd를 활용해 C 코드와 컴파일된 싸이썬 코드, 그리고 .pxd 파일이 참조하는 외부 라이브러리 사이의 연결 코드를 만들어낸다.

이제 setup.py 파일과 __init__.py 파일, 그리고 chyphenate.pxd 파일이 있으므로 마지막 파일인 Hyphenate.pyx를 작성할 수 있다. 이 파일에는 싸이썬 코드, 즉 파이썬에 싸이썬 확장을 추가한 코드가 들어간다. 임포트 부분을 먼저 살펴보고 각 함수를 순서대로 살펴보겠다.

```
import atexit
cimport chyphenate
cimport cpython.pycapsule as pycapsule
```

읽어온 하이픈 사전을 프로그램 종료 시 해제하기 위해 표준 라이브러리의 atexit 모듈이 필요하다.

싸이썬 파일은 import를 사용해 일반적인 파이썬 모듈을 임포트하거나, cimport를 사용해 .pxd 파일(외부 C 라이브러리에 대한 래퍼)을 임포트할 수 있다. 따라서 여기서 chyphenate.pxd는 chyphenate 모듈로 임포트한다. Chyphenate 모듈은 chyphenate.HyphenDict 타입과 하이픈 라이브러리에서 가져온 세 함수를 제공한다.

이제 키가 하이픈 사전의 파일명이고 값이 chyphenate.HyphenDict인 파이썬 사전을 만들어야 한다. 하지만 파이썬 사전에는 포인터를 넣을 수 없다(포인터는 파이썬의 자료형이 아니다). 다행히 싸이썬은 pycapsule이라는 해법을 제공한다. 싸이썬 모듈은 파이썬 객체에 포인터를 저장할 수 있고, 이 파이썬 객체는 물론 파이썬 컬렉션에 저장할 수 있다. 앞으로 보겠지만 pycapsule는 또한 파이썬 객체에서 포인터를 가져오는 수단도 제공한다.

```
def hyphenate(str word, str filename, str hyphen="-"):
    cdef chyphenate.HyphenDict *hdict = _get_hdict(filename)
    cdef bytes bword = word.encode("utf-8")
    cdef int word_size = len(bword)
    cdef bytes hyphens = b"\x00" * (word_size + 5)
    cdef bytes hyphenated_word = b"\x00" * (word_size * 2)
    cdef char **rep = NULL
    cdef int *pos = NULL
    cdef int *cut = NULL
    cdef int failed = chyphenate.hnj_hyphen_hyphenate2(hdict, bword,
            word_size, hyphens, hyphenated_word, &rep, &pos, &cut)
    if failed:
        raise Error("hyphenation failed for '{}'".format(word))
```

```
    end = hyphenated_word.find(b"\x00")
    return hyphenated_word[:end].decode("utf-8").replace("=", hyphen)
```

이 함수의 구조는 앞에서 다룬 ctypes를 사용하는 버전과 동일하다. 가장 눈에 띄는 차이는 모든 인자와 변수에 대해 자료형을 명시했다는 점이다. 싸이썬에서 꼭 이렇게 할 필요는 없지만 타입을 명시하면 싸이썬이 추가적인 최적화를 할 수 있어 성능을 더 향상시킬 수 있다.

hdict은 HyphenDict 구조체에 대한 포인터다. bword에는 하이픈을 추가할 단어를 UTF-8 형식으로 인코딩한 바이트가 담겨 있다. word_size는 쉽게 만들 수 있다. 실제로는 사용하지 않는 hyphens이지만 충분히 큰 버퍼(즉, C 문자들로 구성된 블록)를 여전히 만들 필요가 있다. 이러한 블록을 만드는 가장 편한 방법은 널 바이트(0x00)를 필요한 크기만큼 곱하는 것이다. 같은 방법으로 hyphenated_word 버퍼도 만들어 준다.

rep, pos, cut도 사용하지 않지만 제대로 전달해야만 함수가 잘 동작한다. 세 변수 모두 C 포인터 문법(즉 cdef char **rep)을 사용하되, 실제 필요한 것보다 포인터의 참조 단계를 하나 줄여서(즉, *를 하나 덜 쓴다) 선언한다. 그리고 나서 함수 호출 시 C의 주소 연산자(&)를 이용해 각 변수의 주소를 전달하면 참조 레벨이 하나 늘어나서 자료형을 일치시킬 수 있다[4]. C의 널 포인터(NULL)를 전달해서는 안 된다. 왜냐하면 포인터가 가리키는 위치에 저장된 값이 NULL이더라도 세 경우 모두 실제 올바른 주소 값이 전달돼야 하기 때문이다. C에서 NULL은 아무것도 가리키지 않는 포인터라는 사실을 명심하자.

모든 인자를 제대로 초기화했으므로 싸이썬의 chyphenate 모듈이(실제로는 chyphenate.pxd 파일에서) 익스포트한 함수를 호출한다. 하이픈 추가에 실패하면 일반적인 파이썬 예외를 발생시키고, 성공하면 하이픈을 추가한 단어를 반환한다. 이를 위해 hyphenated_word 버퍼를 맨 처음 널 바이트가 나올 때까지 잘라낸 다음, 그 부분을 UTF-8 형식으로 디코딩해서 문자열에 넣고, 마지막으로 라이브러리에서 하이픈으로 활용하는 = 문자를 사용자가 지정한 문자(또는 기본값인 -)로 바꾼다.

---

[4] (옮긴이) C에서 char c;라고 선언된 변수의 주소를 &c로 구하면 그 주소는 char *ptr_c = &c와 같은 식으로 char * 타입으로 포인터 참조 레벨이 한 단계 늘어난다. 마찬가지로 char ** 타입의 변수(char **rep라고 선언된)에 대해 &rep로 주소를 취하면 그 값은 char *** 타입의 변수나 인자에 저장하거나 전달할 수 있다. 역으로 char * 형의 변수 ptr_c가 참조하고 있는 원래 타입(char)의 값을 읽고 싶을 때는 *ptr_c와 같이 *를 앞에 붙여서 참조 레벨을 한 단계 줄여야 한다.

```
_hdictForFilename = {}
cdef chyphenate.HyphenDict *_get_hdict(
        str filename) except <chyphenate.HyphenDict*>NULL:
    cdef bytes bfilename = filename.encode("utf-8")
    cdef chyphenate.HyphenDict *hdict = NULL
    if bfilename not in _hdictForFilename:
        hdict = chyphenate.hnj_hyphen_load(bfilename)
        if hdict == NULL:
            raise Error("failed to load '{}'".format(filename))
        _hdictForFilename[bfilename] = pycapsule.PyCapsule_New(
            <void*>hdict, NULL, NULL)
    capsule = _hdictForFilename.get(bfilename)
    if not pycapsule.PyCapsule_IsValid(capsule, NULL):
        raise Error("failed to load '{}'".format(filename))
    return <chyphenate.HyphenDict*>pycapsule.PyCapsule_GetPointer(capsule, NULL)
```

이 전용 함수는 def가 아니라 cdef를 사용해 정의했다. 이는 파이썬 함수가 아니고 싸이썬 함수다. cdef 다음에는 함수의 반환형을 지정한다. 여기서는 chyphenate.HyphenDict에 대한 포인터다. 그다음에는 함수 이름, 인자와 타입이 차례로 온다. 여기서는 단 하나의 문자열 인자인 filename만 있다.

반환형이 파이썬 객체(예: object)가 아니고 포인터이기 때문에 호출한 쪽에 예외를 전달하는 것이 일반적으로 불가능하다. 실제로 어떤 예외가 발생한다고 해도 경고 메시지가 출력되거나, 단순히 무시될 것이다. 하지만 우리는 이 함수가 파이썬 예외를 발생시키기를 바란다. 이는 예외가 발생한 경우를 표시하는 값을 기술함으로써 해결할 수 있다. 여기서는 chyphenate.HyphenDict에 대한 NULL 포인터(<chyphenate.HyphenDict*>NULL)가 그런 값이 된다.

맨 처음에 chyphenate.HyphenDict에 대한 변수인 hdict를 선언하고 NULL로 초기화한다(즉, 아무것도 가리키지 않는다). 그런 다음 하이픈 사전의 파일명이 _hdictForFilename 사전에 이미 들어 있는지 본다. 파일명이 _hdictForFilename 사전에 없다면 새 하이픈 사전을 hnj_hyphen_load() 함수를 이용해 연다. 이 함수는 우리가 만든 chyphenate 모듈을 통해 활용할 수 있다. 하이픈 사전을 불러오는 데 성공하면 널이 아닌 chyphenate.HyphenDict 포인터를 반환하므로 이를 (어떤 것이든 가리킬 수 있는) void 포인터로 변환한 다음 새 캡슐(pycapsule.PyCapsule)을 만들어 저장한다. <type> 싸이썬 문법은 싸이썬에서 어떤 타입의 값을 다른 C 타입의 값으로 변환할 때 사용한다. 예를 들어, 싸이썬 〈int〉(x)는 x 값(이 값은 숫자형이거나 C의 char 타입이어야 한다)을 C의 int로 바꾼다. 이는 파이썬의 int(x)과 비슷하다. 다만 파이썬에서는 x가 파이썬의 int, float 또는 정수를 담아둔 str(예: "123")이어야 하며, 반환하는 값도 파이썬의 int 타입의 값이다.

pycapsule.PyCapsule_New()의 두 번째 인자는 저장되는 포인터에 대한 이름(C의 char * 타입)이며, 세 번째 인자는 소멸자 함수에 대한 포인터. 둘 다 꼭 설정할 필요는 없으므로 널 포인터를 전달한다. 그리고 만들어진 캡슐을 파일명을 키로 파이썬 사전에 추가한다.

맨 밑에서는 하이픈 사전을 이번 호출 시 새로 적재했는지 여부와 관계 없이 캡슐을 찾아본다. 캡슐을 발견하면 제대로 된 포인터가 들어 있는지(즉, 널이 아닌지) pycapsule.PyCapsule_IsValid()를 활용해 검사한다. 여기서는 캡슐을 만들 때 이름을 붙이지 않았기 때문에 널을 넣었다. 캡슐이 정상이라면 pycapsule.PyCapsule_GetPointer() 함수를 호출해 포인터를 뽑아낸다. 여기서도 역시 캡슐과 이름(물론 널)을 전달해야 한다. 뽑아낸 포인터는 void 포인터이기 때문에 이를 다시 chyphenate.HyphenDict 포인터로 형변환한 다음 반환한다.

```
def _cleanup():
    cdef chyphenate.HyphenDict *hdict = NULL
    for capsule in _hdictForFilename.values():
        if pycapsule.PyCapsule_IsValid(capsule, NULL):
            hdict = (<chyphenate.HyphenDict*>
                    pycapsule.PyCapsule_GetPointer(capsule, NULL))
            if hdict != NULL:
                chyphenate.hnj_hyphen_free(hdict)
atexit.register(_cleanup)
```

프로그램을 종료할 때 atexit.register() 함수로 등록한 모든 함수를 호출한다. 이 프로그램에서는 우리가 만든 전용 _cleanup() 함수를 호출한다. 맨 처음 chyphenate.HyphenDict를 NULL로 정의하는 것부터 시작한다. 그다음에 모든 _hdictForFilename 사전의 값을 순회한다. 사전의 값은 chyphenate.HyphenDict에 대한 포인터를 감싼 캡슐이다. 캡슐에 담겨 있는 널이 아닌 포인터에 대해 chyphenate.hnj_hyphen_free() 함수를 호출한다.

하이픈 공유 라이브러리에 대한 싸이썬 래퍼는 자체 디렉터리와 세 개의 지원 파일이 필요하다는 점을 제외하면 ctypes 버전과 아주 비슷하다. 기존 C나 C++ 라이브러리를 파이썬에서 접근하는 것에만 관심이 있다면 ctypes로도 충분하다. 일부 프로그래머에게는 싸이썬(또는 CFFI)이 더 활용하기 쉽게 느껴질 것이다. 하지만 싸이썬을 사용하면 싸이썬 코드(즉 속도가 빠른 C 코드로 컴파일할 수 있는 확장된 파이썬)를 쓸 수 있다. 다음 절에서는 이에 대해 살펴보겠다.

5.2.2 싸이썬 모듈을 활용한 프로그램 속도 향상

대부분의 경우 파이썬 코드의 수행 속도는 만족할 만하거나, 코드 자체의 개선과 관계 없는 외부 조건(예: 네트워크 지연)에 달려 있다. 하지만 CPU 위주의 작업이라면 파이썬 문법에 싸이썬 확장을 사용하면서 컴파일된 C 코드가 주는 속도 향상을 맛볼 수 있다.

어떤 종류의 최적화이건 수행하기 전에 코드를 프로파일링해보는 것이 중요하다. 대부분의 프로그램은 실행 시간의 대부분을 코드의 일부에서만 소모한다. 따라서 그런 부분을 최적화하지 않는다면 최적화를 아무리 열심히 해도 헛수고일 뿐이다. 프로파일링을 하면 병목지점을 판별하고 실제 개선이 필요한 최적화 대상을 쉽게 정할 수 있다. 또한 개선 전과 개선 후의 프로파일링 결과를 비교함으로써 최적화의 효과를 손쉽게 측정할 수 있다.

Image 모듈의 사례 분석에서(§3.12) 평활화하면서 크기 변환을 하는 scale() 메서드가 충분히 빠르지 못하다는 이야기를 한 적이 있다. 이번 절에서는 그 메서드를 최적화하겠다.

```
Scaling using Image.scale()...
        18875915 function calls in 21.587 seconds
 ncalls  tottime  percall  cumtime  percall filename:lineno(function)
       1    0.000    0.000   21.587   21.587 <string>:1(<module>)
       1    1.441    1.441   21.587   21.587 __init__.py:305(scale)
  786432    7.335    0.000   19.187    0.000 __init__.py:333(_mean)
 3145728    6.945    0.000    8.860    0.000 __init__.py:370(argb_for_color)
  786432    1.185    0.000    1.185    0.000 __init__.py:399(color_for_argb)
       1    0.000    0.000    0.000    0.000 __init__.py:461(<lambda>)
       1    0.000    0.000    0.002    0.002 __init__.py:479(create_array)
       1    0.000    0.000    0.000    0.000 __init__.py:75(__init__)
```

위 출력은 메서드(최적화할 수 없는 내장 함수를 제외함)에 대해 표준 라이브러리의 cProfile 모듈이 만들어낸 프로파일링 결과다(예제의 benchmark_Scale.py 프로그램을 참고). 2,048 × 1,536 (3,145,728픽셀) 이미지를 크기 변환하는 데 21초가 넘게 걸린다는 것은 분명 빠른 것은 아니다. 또한 어떻게 21초라는 시간이 흘러 갔는지 알아보는 것도 아주 쉽다. _mean() 메서드와 정적 argb_for_color(), color_for_argb() 메서드에서 시간을 가장 많이 소모했다.

우리는 싸이썬을 가지고 실제 속도 비교해 보고 싶기 때문에 첫 단계로 scale() 메서드와 관련 메서드(_mean() 등)를 함께 Scale/Slow.py 모듈에 복사해서 함수로 변경했다. 그런 다음 다시 프로파일링해봤다.

```
Scaling using Scale.scale_slow()...
      9438727 function calls in 14.397 seconds
ncalls  tottime  percall  cumtime  percall filename:lineno(function)
     1    0.000    0.000   14.396   14.396 <string>:1(<module>)
     1    1.358    1.358   14.396   14.396 Slow.py:18(scale)
786432    6.573    0.000   12.109    0.000 Slow.py:46(_mean)
3145728   3.071    0.000    3.071    0.000 Slow.py:69(_argb_for_color)
786432    0.671    0.000    0.671    0.000 Slow.py:77(_color_for_argb)
```

객체 지향의 부가 비용이 없기 때문에 scale() 함수가 호출하는 함수 호출의 횟수가 절반(1천 8백만 번의 호출에서 9백만 번의 호출로)으로 줄었다. 하지만 성능 향상은 1.5배에 불과하다. 이제 필요한 함수만 분리해 뒀기 때문에 최적화된 싸이썬 버전을 만들어 어떤 차이가 나는지 살펴볼 준비가 끝났다.

싸이썬 코드를 Scale/Fast.pyx 모듈에 두고 cProfile을 사용해 앞에서 사용한 것과 동일한 사진의 크기를 변환하면서 프로파일링했다.

```
Scaling using Scale.scale_fast()...
     4 function calls in 0.114 seconds
ncalls  tottime  percall  cumtime  percall filename:lineno(function)
     1    0.000    0.000    0.114    0.114 <string>:1(<module>)
     1    0.113    0.113    0.113    0.113 Scale.Fast.scale
```

cProfile이 Scale.Fast.scale() 메서드를 분석할 수 없다. 왜냐하면 C로 컴파일되면 더는 파이썬이 아니기 때문이다. 하지만 그와 관계없이 전체 속도는 189배 향상됐다. 물론 이미지 하나를 변환하는 데 걸린 시간만으로 모든 속도 향상을 대표할 수는 없다. 하지만 다양한 이미지를 테스트해봐도 일관된 속도 향상을 관찰할 수 있었으며, 원래의 방식과 비교해 130배 이하의 속도 향상이 측정된 경우는 없었다.

이처럼 인상적인 속도 향상은 다양한 최적화의 결과로 달성할 수 있었다. 일부 기법은 scale() 함수와 그 함수가 활용하는 도우미 함수에만 적용 가능하지만, 일부 기법은 일반적으로 적용 가능하다. 다음은 싸이썬의 scale() 함수의 속도 향상에 가장 중요한 요소다.

- 원래의 파이썬 파일(Slow.py)을 싸이썬 파일(Fast.pyx)로 복사하는 것만으로 2배의 속도 향상이 일어났다.
- 전용 파이썬 함수를 싸이썬 C 함수로 바꾼 결과, 추가로 3배의 속도 향상이 있었다.
- 파이썬의 round() 함수 대신 C libc 라이브러리의 round() 함수를 활용함으로써 4배의 속도 향상을 얻을 수 있었다[5].
- 배열 대신 메모리 뷰를 넘김으로써 3배의 속도 향상이 있었다.

더 나아가 모든 변수에 구체적인 타입을 명시했고, 파이썬 객체 대신 C 구조체를 전달하고, 짧은 함수는 인라인 함수로 최적화했으며, 다른 여러 일반적인 최적화(오프셋을 미리 계산해 두기 등) 기법을 활용했기 때문에 약간의 추가 속도 향상이 가능했다.

지금까지 싸이썬을 활용하면 얼마나 큰 차이를 만들 수 있는지 확인했다. 이제 더 빠른 코드인 Fast.pyx 모듈에서 특히 싸이썬화된 scale() 함수와 도우미 함수인 _mean(), _argb_for_color(), _color_for_argb()를 살펴보자.

원래의 Image.scale() 메서드는 앞에서 설명했다(163쪽 참조). 여기에 나온 함수는 Slow.py의 Scale.Slow.scale()으로 싸이썬 버전이다. _mean()과(164쪽 참조) _argb_for_color()도(165쪽 참조) 마찬가지이다. 각 메서드나 함수 안의 코드는 거의 같다. 차이는 메서드는 픽셀 데이터를 self를 통해 접근하고 다른 메서드를 호출하지만, 함수는 픽셀 데이터를 명시적으로 전달하고, 다른 함수를 직접 호출한다는 점뿐이다.

---

[5] 이 두 함수의 동작 방식이 다른 부분이 있기 때문에 이 둘을 항상 서로 바꿔서 사용할 수 있는 것이 아니다. 하지만 scale()과 _mean() 함수에서는 이 두 함수가 동일하게 동작한다.

먼저 Scale/Fast.pyx 파일의 임포트 문과 선언문부터 살펴보겠다.

```
from libc.math cimport round
import numpy
cimport numpy
cimport cython
```

첫 줄에서는 파이썬 내장 round() 함수를 대체하기 위해 C libc 라이브러리의 round() 함수를 임포트한다. 물론 두 함수 모두 다 필요하다면 cimport libc.math를 한 다음 libc.math.round()로 C 함수를 호출하고 round()로 파이썬 함수를 호출할 수도 있다. 다음으로는 NumPy와 싸이썬이 제공하는 C 수준의 NumPy 접근 모듈인 numpy.pxd를 임포트한다. 싸이썬 scale() 함수에서 빠른 배열 처리를 위해 NumPy를 활용하기로 했다. 또한 싸이썬의 cython.pxd 모듈을 임포트해 싸이썬에서 제공하는 데코레이터를 몇 가지 사용한다.

```
_DTYPE = numpy.uint32
ctypedef numpy.uint32_t _DTYPE_t

cdef struct Argb:
    int alpha
    int red
    int green
    int blue
DEF MAX_COMPONENT = 0xFF
```

맨 앞 두 줄에서는 파이썬 _DTYPE과 C의 _DTYPE_t 타입을 정의한다. 두 가지 모두 NumPy의 부호 없는 32비트 정수에 해당한다. 그 후 Argb라는 C 구조체를 만든다. 이 구조체는 네 개의 정수로 구성된다. (이 선언은 Argb = collections.namedtuple("Argb", "alpha red green blue")와 동등한 C 표현이라 볼 수 있다). 또한 싸이썬의 DEF 명령을 사용해 C 상수를 하나 정의한다.

```
@cython.boundscheck(False)
def scale(_DTYPE_t[:] pixels, int width, int height, double ratio):
    assert 0 < ratio < 1
    cdef int rows = <int>round(height * ratio)
    cdef int columns = <int>round(width * ratio)
```

```
    cdef _DTYPE_t[:] newPixels = numpy.zeros(rows * columns, dtype=_DTYPE)
    cdef double yStep = height / rows
    cdef double xStep = width / columns
    cdef int index = 0
    cdef int row, column, y0, y1, x0, x1
    for row in range(rows):
        y0 = <int>round(row * yStep)
        y1 = <int>round(y0 + yStep)
        for column in range(columns):
            x0 = <int>round(column * xStep)
            x1 = <int>round(x0 + xStep)
            newPixels[index] = _mean(pixels, width, height, x0, y0, x1, y1)
            index += 1
    return columns, newPixels
```

scale() 함수에서는 Image.scale()과 같은 알고리즘을 활용한다. 인자로는 pixels 일차원 배열과 이미지의 크기, 그리고 크기 변환 비율이 온다. 배열의 첨자 검사를 사용하지 않도록 했지만 아쉽게도 여기서는 그로 인한 성능 향상은 없었다. Pixels 배열을 메모리 뷰로 전달한다. 뷰로 전달하면 numpy.ndarrays를 직접 전달하는 것보다 더 효과적이고 파이썬 수준의 부가 비용이 들지 않는다. 물론, 메모리가 특정 바이트 경계를 따라 위치하게 보장(align)하는 등의 그래픽 프로그래밍에 필요한 최적화 기법도 가능하다. 하지만 여기서는 그래픽 프로그래밍보다는 싸이썬에 초점을 맞췄다.

앞에서 다룬 바와 같이 <type> 문법은 싸이썬에서 한 타입을 다른 타입으로 변환할 때 활용한다. 변수 생성은 Image.scale() 메서드에서와 마찬가지다. 물론 여기서는 C 데이터 형을 사용한다 (int는 정수, double은 부동소수점 수를 다룬다). 물론 for ... in 루프와 같은 파이썬 구문도 여전히 활용할 수 있다.

```
@cython.cdivision(True)
@cython.boundscheck(False)
cdef _DTYPE_t _mean(_DTYPE_t[:] pixels, int width, int height, int x0,
        int y0, int x1, int y1):
    cdef int alphaTotal = 0
    cdef int redTotal = 0
    cdef int greenTotal = 0
```

```
        cdef int blueTotal = 0
        cdef int count = 0
        cdef int y, x, offset
        cdef Argb argb
        for y in range(y0, y1):
            if y >= height:
                break
            offset = y * width
            for x in range(x0, x1):
                if x >= width:
                    break
                argb = _argb_for_color(pixels[offset + x])
                alphaTotal += argb.alpha
                redTotal += argb.red
                greenTotal += argb.green
                blueTotal += argb.blue
                count += 1
        cdef int a = <int>round(alphaTotal / count)
        cdef int r = <int>round(redTotal / count)
        cdef int g = <int>round(greenTotal / count)
        cdef int b = <int>round(blueTotal / count)
        return _color_for_argb(a, r, g, b)
```

변환된 결과 이미지에서 각 픽셀의 색 성분은 그 픽셀이 표현하는 원래 이미지 픽셀 집단의 색 성분 평균값이다. 원 픽셀들은 효율을 살리기 위해 메모리 뷰를 사용해 전달된다. 뷰 다음으로는 원 이미지의 차원과 평균을 내야 하는 대상을 표시하는 사각 영역이 인자로 전달된다.

모든 픽셀에 대해 (y × width) + x를 계산하는 대신 행마다 한 번만 첫 번째 부분(오프셋)을 계산한다.

@cython.cdivision 데코레이터를 사용하면 싸이썬이 C의 / 연산자를 사용하게 된다. 이를 통해 속도를 약간 향상시킬 수 있다.

```
cdef inline Argb _argb_for_color(_DTYPE_t color):
    return Argb((color >> 24) & MAX_COMPONENT,
                (color >> 16) & MAX_COMPONENT, (color >> 8) & MAX_COMPONENT,
                (color & MAX_COMPONENT))
```

이 함수는 인라인화했다. 즉, 함수 본문을 함수 호출이 일어나는 위치(_mean() 함수 안에 있다)에 삽입해 함수 호출 비용을 제거함으로써 가능한 한 빨리 수행할 수 있게 한다.

```
cdef inline _DTYPE_t _color_for_argb(int a, int r, int g, int b):
    return (((a & MAX_COMPONENT) << 24) | ((r & MAX_COMPONENT) << 16) |
            ((g & MAX_COMPONENT) << 8) | (b & MAX_COMPONENT))
```

이 함수도 모든 결과 이미지의 픽셀마다 호출하기 때문에 인라인화하여 성능을 향상시킨다.

싸이썬의 inline 명령은 보통 여기서 활용한 바와 같이 크기가 작은 함수에 대해서만 잘 지켜진다. 본 예제에서는 인라인을 통해 성능을 향상시켰지만 성능이 오히려 저하될 수도 있음을 알아두자. 성능 저하는 보통 인라인된 코드가 프로세서의 캐시를 너무 많이 소비하는 경우 일어난다. 언제나 그렇듯이 배포하려는 대상 장비에서 최적화를 적용하기 전후의 프로파일링 결과를 살펴보고 적용 여부를 결정해야 한다.

싸이썬은 본 예에서 활용한 기능 외에도 훨씬 다양한 기능을 제공한다. 싸이썬의 가장 큰 단점은 싸이썬 모듈을 만들고자 하는 모든 플랫폼에서 컴파일러 및 관련 지원 도구를 설치해야만 한다는 점이다. 하지만 모든 도구를 제대로 갖추면 싸이썬을 활용해 CPU 위주의 작업 속도를 믿기 어려울 정도로 빠르게 만들 수 있다.

5.3 사례 분석: Image 패키지의 성능 향상

3장에서 파이썬으로만 구성된 Image 모듈에 대해 다뤘다(§3.12). 이번 절에서는 아주 간략하게 cyImage 모듈에 대해 살펴보겠다. 이 모듈은 Image 모듈이 제공하는 대부분의 기능을 제공하면서 더 빠르게 동작하는 싸이썬 모듈이다.

표 5.1 싸이썬 이미지 크기 변환 속도 비교

프로그램	동시성	싸이썬	걸린 시간(초)	속도 향상
imagescale-s.py	미사용	아니오	780	1배(기준)
imagescale-cy.py	미사용	예	88	8.86배
imagescale-m.py	프로세스 풀에 4개의 프로세스	아니오	206	3.79배
imagescale.py	프로세스 풀에 4개의 프로세스	예	23	33.91배

Image와 cyImage의 가장 큰 차이는 두 가지다. 우선 전자는 이미지 형식에 따라 필요한 모듈을 자동으로 임포트하지만, 후자는 미리 정해진 몇 가지 모듈을 활용한다. 두 번째로 cyImage는 NumPy를 항상 사용하지만 Image는 사용 가능한 경우에만 NumPy를 활용하며, NumPy가 없으면 파이썬 배열을 활용한다.

표 5.1은 싸이썬 cyImage 모듈과 파이썬 Image 모듈을 이미지 크기 변환 프로그램에 활용해 비교한 것이다. 그렇다면 싸이썬 scale() 함수의 경우 130배나 되는 속도 향상이 있었음에도 여기서 싸이썬 모듈이 겨우 8배의 속도 향상만을 보인 것은 왜일까? 기본적으로 싸이썬을 크기 변환에 사용한다면 크기 변환 작업이 거의 시간을 소모하지 않게 된다. 하지만 여전히 모든 이미지를 메모리로 읽고 파일에 쓰는 작업을 수행해야만 한다. 싸이썬을 사용한다고 해서 파일 처리가 엄청나게 빨라지지는 않는다. 왜냐하면 파이썬의 파일 처리도 C를 사용해 이뤄지기 때문이다(파이썬 3.1 이후). 우리가 적용한 성능 개선책으로 인해 성능과 관련된 병목 지점이 크기 변환에서 이제 파일 처리로 바뀌어 버린 것이다. 이 경우 개선의 여지가 그리 많지 않다.

cyImage 모듈을 만들기 위한 첫 단계는 cyImage 디렉터리를 만들어 그 안에 Image 디렉터리의 모듈을 복사해 넣는 것이다. 두 번째 단계는 싸이썬화하고 싶은 모듈의 이름을 바꾸는 것이다. 따라서 __init__.py를 Image.pyx로, Xbm.py를 Xbm.pyx로, Xpm.py를 Xpm.pyx로 바꿔야 한다. 그런 다음 새로운 __init__.py와 setup.py 파일을 만들어야 한다.

실험해 본 결과 Image.Image.scale() 메서드의 본문을 Scale.Fast.scale() 함수의 코드로 바꾸고 Image.Image._mean()을 Scale.Fast._mean()으로 바꾸는 것은 실망스러운 결과를 낳는다. 그 이유는 싸이썬이 메서드보다 함수의 성능을 훨씬 더 잘 향상시킬 수 있기 때문이다. 이런 관점에서 Scale.Fast.pyx 모듈을 cyImage 디렉터리로 복사해 _Scale.pyx로 이름을 바꾼 다음 Image.Image._mean() 메서드를 삭제하고 Image.Image.scale()를 변경해 모든 작업을 _Scale.scale() 함수를 사용해 수행하게 했다. 이렇게 하면 앞 절에서와 마찬가지로 크기 변환에서 130배의 성능 향상을 볼 수 있다. 물론 전체적인 성능은 조금 전에 설명한 이유로 130배보다 훨씬 작다.

```
try:
    import cyImage as Image
except ImportError:
    import Image
```

cyImage가 Image를 완전히 대체할 수는 없지만(cyImage는 PNG를 지원하지 않고, NumPy가 반드시 필요하다), 대체 가능한 경우에는 위의 임포트 패턴을 통해 cyImage를 활용할 수 있다.

```
distutils.core.setup(name="cyImage",
        include_dirs=[numpy.get_include()],
        ext_modules=Cython.Build.cythonize("*.pyx"))
```

위 코드는 임포트 부분을 제외한 cyImage/setup.py 파일이다. 싸이썬이 찾을 NumPy 헤더 파일의 위치를 지정하고, cyImage 디렉터리에 있는 모든 .pyx 파일을 빌드하게 한다.

```
from cyImage.cyImage.Image import (Error, Image, argb_for_color,
        rgb_for_color, color_for_argb, color_for_rgb, color_for_name)
```

Image 모듈에서는 모든 일반적인 기능을 Image/__init__.py에 넣었다. 하지만 cyImage에서는 그런 기능을 cyImage/Image.pyx에 넣고 cyImage/__init__.py 파일에는 위의 코드만 넣었다. 이 파일이 하는 일은 클래스나 예외와 같은 여러 컴파일된 코드를 임포트해서 cyImage.Image.from_file(), cyImage.color_for_name() 등의 같은 방식으로 사용 가능하게 하는 것뿐이다. 모듈을 임포트하는 쪽에서는 as를 사용해 이름을 변경하기 때문에 결과적으로는 Image.Image.from_file()이나 Image.Image.Image()와 같은 이름을 사용할 수 있게 된다.

.pyx 파일들은 다시 살펴보지 않을 텐데, 앞에서 파이썬 코드를 싸이썬 코드로 바꾸는 방법을 설명하면서 이미 들여다 봤기 때문이다. 하지만 cyImage/Image.pyx 파일에서 사용한 임포트 구문과 새로 만든 cyImage.Image.scale() 메서드에 대해서는 설명이 필요하다.

```
import sys
from libc.math cimport round
from libc.stdlib cimport abs
import numpy
cimport numpy
cimport cython
import cyImage.cyImage.Xbm as Xbm
import cyImage.cyImage.Xpm as Xpm
import cyImage.cyImage._Scale as Scale
from cyImage.Globals import *
```

round()와 abs() 함수는 파이썬의 것을 쓰지 않고 C의 것을 쓰기로 결정했다. 또한 Image 모듈에서는 동적으로 임포트했지만, 여기서는 이미지 형식에 따른 모듈을 직접 임포트했다(cyImage/Xbm.pyx, cyImage/Xpm.pyx 등으로 실제로는 싸이썬 컴파일 결과로 생기는 C 라이브러리가 된다).

```
def scale(self, double ratio):
    assert 0 < ratio < 1
    cdef int columns
    cdef _DTYPE_t[:] pixels
    columns, pixels = Scale.scale(self.pixels, self.width, self.height,
            ratio)
    return self.from_data(columns, pixels)
```

이 부분이 전체 cyImage.Image.scale() 메서드다. 크기가 짧은 이유는 대부분의 작업을 cyImage._Scale.scale()에서 수행하기 때문이다(이 함수는 앞의 §5.2.2에서 본 Scala.Fast.scale() 함수의 복사본이다).

싸이썬을 사용하는 것은 순수한 파이썬을 사용하는 것만큼 편리하지 못하다. 따라서 싸이썬을 사용했을 때 들어가는 추가 작업을 정당화하기 위해서는 먼저 파이썬 코드를 프로파일링해서 병목 지점을 찾아야만 한다. 만약 취약 지점이 CPU 위주의 코드라면 싸이썬을 사용해 충분한 성능 향상을 얻을 수 있을 것이다. 그렇다면 싸이썬을 설치하고 컴파일러 및 도구 체인을 설정해야 한다.

어떤 부분을 최적화할지 프로파일링을 통해 결정하고 나면 느린 부분을 별도의 모듈로 분리한 다음 다시 프로파일링해서 병목 지점을 제대로 파악했는지 확인할 수 있다. 다음으로 싸이썬화하고 싶은 모듈을 복사해 이름을 변경하고(.py에서 .pyx로) 적당한 setup.py 파일을 만든다(또한 편의를 위해 __init__.py 파일도 만든다). 이 시점에 다시 프로파일링을 해서 싸이썬이 2배 이상의 성능 향상을 가져왔는지 검토해 볼 수 있다. 이제부터는 자료형을 선언하고 메모리 뷰를 사용하고, 속도가 느린 메서드의 본문을 싸이썬화된 함수를 호출하도록 변경하는 등 코드를 싸이썬화하고, 다시 이를 프로파일링하는 과정을 반복한다. 원하는 성능에 도달하거나 더는 시도해볼 만한 최적화 방법이 없을 때까지 각 최적화 단계마다 불필요한 변경 사항(성능 향상이 없었던)은 버리고 성능이 향상되는 변경 사항은 남길 수 있다.

도널드 커누스(Donald Knuth)는 "우리는 작은 효율성에 대해서는 잊어야 한다. 대략 97%의 경우 어설픈 최적화는 만악의 근원이라 말할 수 있다"라고 말했다("go to 명령어를 사용한 구조적 프로그래밍(Structured Programming with go to Statements)", ACM Journal Computing Surveys Vol.6, No 4, December 1974, p.268). 더 나아가 어떤 최적화도 잘못된 알고리즘을 활용했을 때 발생한 손실을 극복할 수는 없다. 하지만 올바른 알고리즘을 활용했고 프로파일링을 통해 병목 지점을 제대로 찾은 경우라면 ctypes나 싸이썬 같은 도구가 CPU 위주의 작업에 성능 향상을 달성할 수 있는 도구의 좋은 예가 될 수 있다.

ctypes나 싸이썬으로 C 호출 규약을 사용하는 라이브러리의 기능에 접근할 수 있으면 고수준의 파이썬 프로그램이 빠른 저수준 코드를 활용할 수 있다. 더 나아가 우리 스스로 C/C++ 코드를 작성하고 ctypes나 싸이썬, 파이썬 C 인터페이스 등을 활용해 접근할 수 있다. CPU 위주의 프로그램의 성능을 향상시키고자 할 때 동시성을 활용하면 최선의 경우라도 코어 개수에 비례하는 성능 향상을 가져오는 정도밖에 할 수 없다. 하지만 빠르게 동작하는 컴파일된 C 코드를 활용하면 순수한 파이썬과 비교했을 때 100배의 성능 향상을 가져올 수도 있다. 싸이썬은 파이썬의 편리함과 C의 속도를 함께 제공하며, C 라이브러리에 접근할 수 있기 때문에 파이썬과 C 양쪽의 장점을 함께 누릴 수 있다.

6장

파이썬 고수준 네트워킹

파이썬 표준 라이브러리는 저수준부터 고수준까지 네트워킹을 모두 지원한다. 저수준 지원은 socket, ssl, asyncore, asynchat 같은 모듈로 이뤄지며, 중간 수준은 socketserver 같은 모듈을 사용한다. 고수준 지원은 여러 인터넷 프로토콜을 지원하는 모듈을 통해 이뤄진다. 그러한 모듈로 가장 유명한 것으로는 http나 urllib 등이 있다.

또한 네트워킹을 지원하는 외부 모듈도 다양하다. Pyro4(파이썬 원격 객체, Python remote objects; packages.python.org/Pyro4), PyZMQ(C 기반 0MQ 라이브러리에 대한 파이썬 바인딩; zeromq.github.com/pyzmq), Twisted(twistedmatrix.com) 등이 여기에 해당한다. HTTP나 HTTPS에만 관심이 있다면 requests 패키지(python-requests.org)를 쓰면 편할 것이다.

이번 장에서는 고수준 네트워킹을 지원하는 모듈을 두 가지 살펴본다. 바로 표준 라이브러리에 있는 xmlrpc(XML 원격 프로시저 호출, XML Remote Procedure Call) 모듈과 외부 RPyC 모듈 (원격 파이썬 호출, Remote Python Call; rpyc.sourceforge.net)이다. 둘 모두 프로그래머가 저수준/중간수준의 세부 사항을 들여다 보지 않아도 되게끔 만들어준다. 게다가 강력하고 쓰기 편하다.

이번 장에서는 서버 하나와 클라이언트 둘을 각각 xmlrpc와 RPyC로 작성하겠다. 서버와 클라이언트는 동일한 작업을 수행한다. 따라서 쉽게 두 접근법을 비교해볼 수 있다. 서버는 계량기 검침 결과를 관리하며, 클라이언트는 검침원이 사용하며 읽어야 할 계량기 번호를 요청하거나 검침 결과를 올리거나 검침하지 못한 이유를 올리는 데 사용한다.

예제 간의 가장 큰 차이는 xmlrpc 서버는 비동시적이지만 RPyC 서버는 동시성 서버라는 점이다. 앞으로 보겠지만 이러한 차이는 서버가 책임져야 하는 데이터를 관리하는 방식에도 큰 영향을 끼친다.

서버를 가능한 한 단순화하기 위해 검침 값을 관리하는 부분은 별도의 모듈(비동시적인 경우 Meter.py, 동시적인 경우 MeterMT.py)로 분리했다. 이렇게 분리했을 때 얻을 수 있는 이점 하나는 데이터 모듈을 검침 데이터가 아닌 정보를 관리하는 모듈로 쉽게 바꿀 수 있다는 것이다. 따라서 클라이언트와 서버를 쉽게 다른 용도에 활용할 수 있다.

6.1 XML-RPC 애플리케이션

저수준 프로토콜을 활용해 네트워크 통신을 하는 것은 전달하고자 하는 모든 데이터 조각을 직접 엮어서 전송하고, 다시 반대쪽에서 받아 데이터를 푼 다음, 전송받은 데이터에 맞는 연산을 수행해야 한다는 의미다. 이러한 처리 과정은 지겹고 오류도 많이 일어나기 마련이다. 한 가지 방법은 RPC 라이브러리를 사용하는 것이다. RPC를 사용하면 함수에 인자(문자열, 수, 날짜 등)를 넣어 호출하기만 하면 데이터를 감싸서 송신하는 작업과 수신한 데이터를 푼 다음 연산을 수행(즉 함수를 호출)하는 작업을 RPC 라이브러리가 대신해 준다. 가장 유명한 표준화된 RPC 프로토콜은 XML-RPC다. 이 프로토콜을 지원하는 라이브러리는 데이터(함수 이름과 인수)를 XML 형식으로 인코딩하고, HTTP를 데이터 전송에 활용한다.

파이썬 표준 라이브러리에는 XML-RPC를 지원하는 xmlrpc.server와 xmlrpc.client 모듈이 포함돼 있다. 프로토콜 자체는 언어와 무관하기 때문에 XML-RPC 서버를 파이썬으로 작성했더라도 다른 언어로 작성한 XML-RPC 클라이언트에서도 호출할 수 있다. 거꾸로 파이썬 클라이언트를 활용해 다른 언어로 된 XML-RPC 서버를 사용하는 것도 가능하다.

xmlrpc 모듈을 활용할 때 파이썬에서만 사용 가능한 확장도 일부 있다. 예를 들어, 파이썬 객체를 전달할 수도 있는데, 이는 파이썬 클라이언트와 서버만 사용해야 한다는 의미다. 이번 절의 예에서는 이러한 확장 기능을 활용하지 않는다.

XML-RPC보다 더 경량인 것으로는 JSON-RPC가 있다. JSON-RPC는 비슷한 기능을 제공하지만 훨씬 가벼운 데이터 형식(따라서 네트워크를 통해 송수신할 때 훨씬 더 비용이 적게 든다)을 활용한다. 파이썬 라이브러리에는 json 모듈이 있기 때문에 파이썬 데이터를 JSON 형식으로 인코딩하거나 디코딩할 수는 있지만 JSON-RPC 클라이언트나 서버 모듈은 제공하지 않는다. 하지만 파이썬 JSON-RPC 외부 모듈이 많이 있다(en.wikipedia.org/wiki/JSON-RPC). 파이썬 클라이언트와 서버만 쓰는 경우 활용 가능한 대안으로는 RPyC가 있다. 이에 대해서는 다음에 §6.2에서 살펴보겠다.

6.1.1 데이터 래퍼

클라이언트와 서버에서 처리할 데이터는 Meter.py 모듈에 들어있다. 이 모듈은 검침값을 저장하고 검침원 로그인, 검침 대상 획득, 결과 등록 등의 작업을 위한 메서드를 제공하는 Manager 클래스를 포함한다. 이 모듈은 완전히 다른 데이터를 관리하는 다른 모듈로 손쉽게 대체할 수 있다.

```
class Manager:

    SessionId = 0
    UsernameForSessionId = {}
    ReadingForMeter = {}
```

SessionID는 로그인 성공 시 세션 ID를 부여하는 데 사용한다.

이 클래스는 두 딕셔너리를 보유하고 있다. 하나는 세션 ID를 키로 하고 사용자 이름을 값으로 한다. 다른 하나는 계량기 번호를 키로 하며, 검침값을 값으로 한다.

xmlrpc 서버에서는 동시성을 활용하지 않기 때문에 여기에 나온 정적 데이터 중 어느 것도 스레드 안전할 필요가 없다. MeterMT.py 버전은 동시성을 활용한다. 따라서 다음 절(§6.2.1)에서 동시성 버전이 Meter.py와 어떤 차이가 있는지 살펴보겠다.

실제 프로젝트라면 데이터를 DBM 파일이나 데이터베이스에 저장할 것이다. 어느 경우든 여기에 사용된 검침값 딕셔너리를 손쉽게 대체할 수 있다.

```python
def login(self, username, password):
    name = name_for_credentials(username, password)
    if name is None:
        raise Error("Invalid username or password")
    Manager.SessionId += 1
    sessionId = Manager.SessionId
    Manager.UsernameForSessionId[sessionId] = username
    return sessionId, name
```

검침원은 작업 내용을 가져가거나 검침 결과를 올리기 전에 사용자 이름과 비밀번호를 입력해 로그인해야 한다.

사용자 이름과 비밀번호가 정확하면 해당 사용자를 위한 유일한 세션 ID와 사용자의 실제 이름을 반환한다(사용자 인터페이스에 이름을 표시하기 위함). 매번 로그인에 성공할 때마다 다른 유일한 세션 ID를 부여하며, UsernameForSessionId 딕셔너리에 추가한다. 다른 메서드를 호출하려면 세션 ID가 필요하다.

```python
_User = collections.namedtuple("User", "username sha256")
def name_for_credentials(username, password):
    sha = hashlib.sha256()
    sha.update(password.encode("utf-8"))
    user = _User(username, sha.hexdigest())
    return _Users.get(user)
```

이 함수를 호출하면 전달한 비밀번호에 대한 SHA-256 해시를 계산한다. 사용자 이름과 해시가 모듈 안의 전용 _Users 딕셔너리(책에 따로 싣지는 않았다)의 원소 중 하나와 일치한다면 해당 실명을 반환하며, 그렇지 않은 경우 None을 반환한다.

_Users 딕셔너리에는 사용자 이름(예: carol)과 비밀번호의 SHA-256 해시 값, 그리고 실명(예: "Carol Dent")으로 구성된 _User라는 값이 있다. 따라서 비밀번호의 평문이 저장되지는 않는다[1].

---

1 여기서 사용한 방식도 안전하지는 않다. 안전하게 하려면 동일한 비밀번호가 같은 해시 값을 만들어내는 일이 없도록 유일한 "솔트(salt)" 값을 각 비밀번호에 추가해야 한다. 더 나은 방법은 passlib 패키지(code.google.com/p/passlib) 같은 별도 패키지를 사용하는 것이다.

```python
def get_job(self, sessionId):
    self._username_for_sessionid(sessionId)
    while True: # Create fake meter
        kind = random.choice("GE")
        meter = "{}{}".format(kind, random.randint(40000,
                99999 if kind == "G" else 999999))
        if meter not in Manager.ReadingForMeter:
            Manager.ReadingForMeter[meter] = None
            return meter
```

검침원이 로그인하고 나면 이 메서드를 호출해 검침이 필요한 계량기 번호를 가져온다. 메서드는 가장 먼저 세션 ID가 맞는지 검사한다. 세션 ID가 틀린 경우 _username_for_sessionid() 메서드는 Meter.Error 예외를 발생시킨다.

검침원이 작업을 요청할 때마다 가짜 계량기를 만든다. 이는 계량기 번호(예: "E350718"나 "G72168")를 만들어 이 번호를 검침값 None으로 ReadingForMeter 딕셔너리에 등록하는 방식으로 이뤄진다. 이때 이미 딕셔너리에 있는 번호인지 검사한 후 등록한다.

```python
def _username_for_sessionid(self, sessionId):
    try:
        return Manager.UsernameForSessionId[sessionId]
    except KeyError:
        raise Error("Invalid session ID")
```

이 메서드는 특정 세션 ID에 대한 사용자 이름을 반환하거나, 세션 ID가 잘못된 경우 발생하게 되는 딕셔너리의 KeyError를 Meter.Error로 변환하는 역할을 한다.

내장 예외를 발생시키는 것보다 직접 만든 예외를 발생시키는 것이 더 나을 때가 많다. 왜냐하면 직접 만든 예외만 잡아낸다면 더 일반적인 예외를 실수로 잡는 일이 줄어들고, 그에 따라 코드의 오류를 드러낼 수 있는 예상치 못한 예외를 잡아낼 가능성이 높아지기 때문이다.

```
def submit_reading(self, sessionId, meter, when, reading, reason=""):
    if isinstance(when, xmlrpc.client.DateTime):
        when = datetime.datetime.strptime(when.value,
                "%Y%m%dT%H:%M:%S")
    if (not isinstance(reading, int) or reading < 0) and not reason:
        raise Error("Invalid reading")
    if meter not in Manager.ReadingForMeter:
        raise Error("Invalid meter ID")
    username = self._username_for_sessionid(sessionId)
    reading = Reading(when, reading, reason, username)
    Manager.ReadingForMeter[meter] = reading
    return True
```

이 메서드는 세션 ID, 계량기 번호(예: "G72168"), 검침한 날짜와 시간, 검침 값(검침 실패 시 −1, 그렇지 않으면 양의 정수), 그리고 검침이 이뤄지지 못한 이유(성공 시 빈 문자열, 실패 시 내용 있는 문자열)를 받는다.

XML-RPC 서버가 파이썬 내장 자료형을 활용하게 할 수도 있다. 하지만 XML-RPC 프로토콜은 언어 중립적이기 때문에 파이썬 자료형을 활용하는 것이 기본은 아니다(그리고 여기서는 파이썬 자료형을 활용하게 설정하지도 않았다). 따라서 우리가 만든 XML-RPC 서버는 파이썬으로 만들지 않은 클라이언트라도 XML-RPC를 지원하는 언어로 만들어진 경우 서비스가 가능하다. 파이썬 자료형을 활용하지 않는 경우에는 날짜/시간 객체를 xmlrpc.client.DateTime 타입으로 전달하기 때문에, 이를 파이썬의 datetime.datetime으로 변환해야 한다는 점이 불편하다(이를 ISO-8601 형식의 날짜/시간 문자열로 만들어 보내는 방법도 있다).

준비가 끝나고 데이터를 검사한 다음에는 세션 ID를 사용해 검침원의 사용자 이름을 가져와 Meter.Reading 객체를 만든다. 이 객체는 이름이 붙은 튜플이다.

```
Reading = collections.namedtuple("Reading", "when reading reason username")
```

마지막으로 검침 값을 설정한다. 그리고(기본 반환값인 None이 아닌) True를 반환한다. 왜냐하면 우리가 만든 서버가 언어 중립적이어야 하고, 언어 중립적인 설정하에서 xmlrpc.server 모듈은 None을 지원하지 않기 때문이다(RPyC는 모든 파이썬 반환값을 다룰 수 있다).

```python
def get_status(self, sessionId):
    username = self._username_for_sessionid(sessionId)
    count = total = 0
    for reading in Manager.ReadingForMeter.values():
        if reading is not None:
            total += 1
            if reading.username == username:
                count += 1
    return count, total
```

검침원이 검침 값을 제출하고 나면 지금까지의 검침 건수나 서버가 시작된 시점부터 처리된 검침 값의 전체 개수 등의 상태를 알고 싶을 것이다. 이 메서드는 이러한 값을 계산해 반환한다.

```python
def _dump(file=sys.stdout):
    for meter, reading in sorted(Manager.ReadingForMeter.items()):
        if reading is not None:
            print("{}={}@{}[{}]{}".format(meter, reading.reading,
                    reading.when.isoformat()[:16], reading.reason,
                    reading.username), file=file)
```

이 메서드는 디버깅을 위한 것으로 모든 검침 값이 제대로 저장돼 있는지 확인하기 위한 것이다.

Meter.Manager가 제공하는 기능(login(), 데이터 가져오기, 데이터 넣기)은 모두 일반적인 서버에서 데이터를 둘러싼 클래스가 제공해야만 하는 기능이다. 본 장에서 보여주는 서버와 클라이언트를 그대로 활용하면서 이 데이터 클래스만 완전히 다른 데이터에 맞춰 변경하기란 어렵지 않다. 조심해야 할 부분은 동시성 서버를 사용하는 경우 락이나 스레드 안전한 클래스를 사용해 공유 데이터를 보호해야 한다는 것뿐이다. 이에 대해서는 나중에(§6.2.1) 살펴보겠다.

6.1.2 XML-RPC 서버

xmlrpc.server 모듈 덕분에 XML-RPC 서버를 만드는 것은 아주 쉽다. 이번 절에서 사용하는 코드는 meterserver-rpc.py에 있다.

```
def main():
    host, port, notify = handle_commandline()
    manager, server = setup(host, port)
    print("Meter server startup at {} on {}:{}{}".format(
            datetime.datetime.now().isoformat()[:19], host, port, PATH))
    try:
        if notify:
            with open(notify, "wb") as file:
                file.write(b"\n")
        server.serve_forever()
    except KeyboardInterrupt:
        print("\rMeter server shutdown at {}".format(
                datetime.datetime.now().isoformat()[:19]))
        manager._dump()
```

이 함수는 호스트 이름과 포트 번호를 받아 Meter.Manager와 xmlrpc.server.SimpleXMLRPCServer를 만들고 서비스를 시작한다.

notify 변수에 파일명이 포함돼 있다면 그 이름으로 파일을 만들고 만들어진 파일에 개행문자를 쓴다. 서버를 수동으로 시작한 경우 notify는 사용하지 않는다. 그러나 나중에(§6.1.3.2) 보겠지만 서버를 GUI 클라이언트에서 시작하는 경우 서버에 파일명을 전달해야 한다. GUI 클라이언트는 서버를 시작했는지 여부를 확인하기 위해 해당 파일을 만들 때까지 기다린다. 파일을 만든 것을 확인하고 나면 클라이언트는 파일을 삭제하고 서버와의 통신을 계속할 수 있다.

서버는 Ctrl+C를 누르거나 파이썬 인터프리터가 키보드 인터럽트로 해석하는 INT 시그널을 보내 중단할 수 있다(리눅스의 경우 kill -2 pid라고 하면 된다). 이렇게 서버를 중단하는 경우 검토를 위해 manager가 처리한 검침 값을 표시하게 돼 있다(manager 인스턴스를 서버에서 사용하는 유일한 부분이 바로 여기다).

```
HOST = "localhost"
PORT = 11002

def handle_commandline():
    parser = argparse.ArgumentParser(conflict_handler="resolve")
    parser.add_argument("-h", "--host", default=HOST,
            help="hostname [default %(default)s]")
```

```
    parser.add_argument("-p", "--port", default=PORT, type=int,
            help="port number [default %(default)d]")
    parser.add_argument("--notify", help="specify a notification file")
    args = parser.parse_args()
    return args.host, args.port, args.notify
```

여기서 이 함수를 보여주는 이유는 -h(또는 --host) 호스트 설정 옵션 때문이다. 기본적으로 argparse 모듈은 -h(또는 --help) 옵션을 도움말 출력에 사용한다. 하지만 여기서는 이러한 기본 기능을 변경하고 싶기 때문에 인자 파서의 conflict_handler를 설정해 기본 동작 방식을 강제로 변경한다.

아쉽게도 argparse를 파이썬 3로 포팅했을 때, 파이썬 3의 str.format()을 적용하지 않고, 옛 파이썬 2 스타일 그대로 %를 사용하게 했다. 따라서 도움말에 기본값을 넣고자 할 때는 %(default)t 라고 써야 한다(t는 값의 타입으로 십진 정수는 d, 부동 소수점 수는 f, 문자열은 s 등이다).

```
def setup(host, port):
    manager = Meter.Manager()
    server = xmlrpc.server.SimpleXMLRPCServer((host, port),
            requestHandler=RequestHandler, logRequests=False)
    server.register_introspection_functions()
    for method in (manager.login, manager.get_job, manager.submit_reading,
            manager.get_status):
        server.register_function(method)
    return manager, server
```

이 함수는 데이터(즉 계량기) 관리자와 서버를 만든다. register_introspection_functions() 메서드는 클라이언트가 활용 가능한 세 가지 내부 검사용 메서드인 system.listMethods(), system.methodHelp(), system.methodSignature()를 제공한다(여기서 만든 XML-PRC 클라이언트는 이러한 메서드를 활용하지 않는다. 다만 더 복잡한 클라이언트를 디버깅할 때는 필요할 수도 있다). 관리자 메서드 각각에 클라이언트가 접근하게 만들려면 서버에 이를 등록해야만 한다. 등록은 register_function() 메서드를 활용해 간단하게 할 수 있다(§2.5의 "바인드된 메서드와 바인드되지 않은 메서드"를 참고).

```
PATH = "/meter"
class RequestHandler(xmlrpc.server.SimpleXMLRPCRequestHandler):
    rpc_paths = (PATH,)
```

계량 서버는 특별한 요청 처리를 담당하지 않는다. 따라서 요청 핸들러를 가능한 한 간단하게 만들었다. 이 핸들러에서는 xmlrpc.server.SimpleXMLRPCRequestHandler를 상속하고 요청을 식별하기 위해 유일한 경로를 사용한다.

드디어 서버가 완성됐다. 이제 클라이언트를 만들자.

6.1.3 XML-RPC 클라이언트

이번 절에서는 두 가지 종류의 클라이언트를 살펴보겠다. 하나는 콘솔 기반 클라이언트로서, 서버가 이미 작동 중인 경우에만 활용할 수 있고, 다른 하나는 GUI 클라이언트로서 실행 중인 서버를 활용하거나 실행 중인 서버가 없으면 새로 서버를 시작할 수 있다.

6.1.3.1 콘솔 XML-RPC 클라이언트

코드를 들여다 보기 전에 전형적인 대화식 사용 예를 살펴보자. 클라이언트를 실행하려면 meterserver-rpc.py 서버가 미리 실행 중이어야 한다.

```
$ ./meterclient-rpc.py
Username [carol]:
Password:
Welcome, Carol Dent, to Meter RPC
Reading for meter G5248: 5983
Accepted: you have read 1 out of 18 readings
Reading for meter G72168: 2980q
Invalid reading
Reading for meter G72168: 29801
Accepted: you have read 2 out of 21 readings
Reading for meter E445691:
Reason for meter E445691: Couldn't find the meter
Accepted: you have read 3 out of 26 readings
```

```
Reading for meter E432365: 87712
Accepted: you have read 4 out of 28 readings
Reading for meter G40447:
Reason for meter G40447:
$
```

캐롤(Carol)이라는 사용자가 클라이언트를 시작한다. 사용자 이름을 입력하거나 엔터키를 눌러 (각 괄호 안에 표시한) 기본 사용자 이름을 선택할 수 있다는 프롬프트가 뜬다. 캐롤은 엔터를 누른다. 그 후 비밀번호를 입력하라는 문구가 표시되고, 캐롤은 비밀번호를 입력한다. 서버가 캐롤을 인식해 캐롤의 본명을 출력하며 환영한다. 클라이언트는 그 후 서버에서 검침 대상 계량기의 이름을 가져와 캐롤에게 검침 값을 입력하라고 요청한다. 캐롤이 숫자를 입력하면 서버에 그 값을 전달하고 문제가 없다면 그 값을 받아들인다. 만약(두 번째 검침 값에서처럼) 입력상의 실수가 있거나 다른 이유로 검침 값이 올바른 값이 아니라면 그녀는 오류 통지를 보게 되며 검침 값을 다시 입력하도록 요청받는다. 정상적으로 검침 값을 받아들인 경우에는 이번 세션에서 입력한 검침 값 개수와 이번 세션에서 동시에 입력한 전체 검침 값 개수(즉, 같은 서버를 동시에 사용 중인 다른 사람들의 검침 결과까지 포함한 전체 개수)가 표시된다. 캐롤이 검침 값 없이 엔터를 누르면 검침 값을 넣지 못하는 이유가 무엇인지 입력하라는 표시가 뜬다. 만약 검침 값과 이유를 모두 입력하지 않으면 클라이언트가 종료된다.

```python
def main():
    host, port = handle_commandline()
    username, password = login()
    if username is not None:
        try:
            manager = xmlrpc.client.ServerProxy("http://{}:{}{}".format(
                    host, port, PATH))
            sessionId, name = manager.login(username, password)
            print("Welcome, {}, to Meter RPC".format(name))
            interact(manager, sessionId)
        except xmlrpc.client.Fault as err:
            print(err)
        except ConnectionError as err:
            print("Error: Is the meter server running? {}".format(err))
```

맨 먼저 서버의 호스트 이름과 포트 번호(또는 각각의 기본값)를 가져오고 사용자 이름과 비밀번호를 얻는다. 그런 다음 서버가 사용하는 Meter.Manager에 대한 프록시(manager)를 만든다 (프록시 패턴에 대해서는 §2.7에서 이미 다뤘다).

프록시 manager를 만들면 이를 활용해 로그인 후 서버와 상호작용한다. 서버가 실행 중이 아니라면 ConnectionError 예외가 발생한다(파이썬 3.3 이전의 버전이라면 socket.error가 반환된다).

```python
def login():
    loginName = getpass.getuser()
    username = input("Username [{}]: ".format(loginName))
    if not username:
        username = loginName
    password = getpass.getpass()
    if not password:
        return None, None
    return username, password
```

getpass 모듈의 getuser() 함수는 현재 로그인한 사용자의 이름을 반환한다. 따라서 이 값이 기본 사용자명이 된다. getpass() 함수는 비밀번호를 물어보며, 사용자 입력을 화면에 표시하지 않는다. input()이나 getpass.getpass() 모두 맨 뒤의 개행 문자가 없는 문자열을 반환한다.

```python
def interact(manager, sessionId):
    accepted = True
    while True:
        if accepted:
            meter = manager.get_job(sessionId)
            if not meter:
                print("All jobs done")
                break
        accepted, reading, reason = get_reading(meter)
        if not accepted:
            continue
        if (not reading or reading == -1) and not reason:
            break
        accepted = submit(manager, sessionId, meter, reading, reason)
```

로그인에 성공하면 이 함수를 호출해 클라이언트와 서버 간 상호작용을 처리한다. 서버에서 작업 (즉 검침 대상 계량기)을 하나 받아와 검침 값이나 검침이 불가능한 이유를 사용자에게 입력받아 서버에 송신하는 과정을 반복한다. 이 과정은 사용자가 검침 값과 이유를 모두 입력하지 않으면 끝난다.

```python
def get_reading(meter):
    reading = input("Reading for meter {}: ".format(meter))
    if reading:
        try:
            return True, int(reading), ""
        except ValueError:
            print("Invalid reading")
            return False, 0, ""
    else:
        return True, -1, input("Reason for meter {}: ".format(meter))
```

이 함수에서는 사용자가 올바른(정수) 검침 값을 입력하거나, 잘못된 검침 값을 입력하거나, 아무런 값을 입력하지 않는 세 가지 경우를 처리해야 한다. 사용자가 검침 값을 입력하지 않은 경우 이유를 입력할 수도 있고 입력하지 않을 수도 있다(후자의 경우 검침 종료를 의미한다).

```python
def submit(manager, sessionId, meter, reading, reason):
    try:
        now = datetime.datetime.now()
        manager.submit_reading(sessionId, meter, now, reading, reason)
        count, total = manager.get_status(sessionId)
        print("Accepted: you have read {} out of {} readings".format( count, total))
        return True
    except (xmlrpc.client.Fault, ConnectionError) as err:
        print(err)
        return False
```

검침 값이나 이유를 입력한 경우 이 함수를 호출해 프록시를 통해 서버에 데이터를 전송한다. 검침 값이나 이유를 전송한 다음, 함수는 서버에 상태(사용자가 제출한 검침 값 개수와 서버 시작 후 제출된 전체 검침 값 개수)를 요청한다.

클라이언트 코드는 서버 코드보다 길지만 이해하기는 쉽다. XML-RPC를 활용하기 때문에 이를 지원하기만 하면 어떤 언어로든 클라이언트를 만들 수 있다. 또한 다른 사용자 인터페이스를 활용해 클라이언트를 만들 수도 있다. 일례로 유닉스 콘솔의 경우 Urwid(excess.org/urwid)를 활용할 수도 있고, Tkinter와 같은 GUI 툴킷을 활용할 수도 있을 것이다.

6.1.3.2 GUI XML-RPC 클라이언트

Tkinter GUI 프로그래밍은 7장에서 설명하겠다. 따라서 Tkinter에 익숙하지 않은 독자는 7장을 먼저 읽고 본 절을 보기 바란다. 이번 절에서는 GUI meter-rpc.pyw 프로그램 중 계량 서버와의 상호작용과 관련된 부분을 중점적으로 볼 것이다. 프로그램은 그림 6.1과 같다.

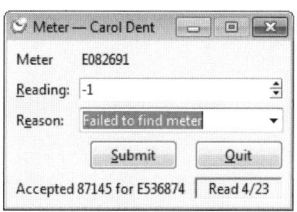

그림 6.1 계량 XML-RPC GUI 애플리케이션의 로그인과 메인 창(윈도우에서 실행)

```
class Window(ttk.Frame):

    def __init__(self, master):
        super().__init__(master, padding=PAD)
        self.serverPid = None
        self.create_variables()
        self.create_ui()
        self.statusText.set("Ready...")
        self.countsText.set("Read 0/0")
        self.master.after(100, self.login)
```

메인 창이 만들어지면 서버 PID(프로세스 ID)를 None으로 설정하고, login() 메서드를 메인 창이 뜬 후 100밀리초가 흐르고 나서 호출한다. 이 시간은 Tkinter가 메인 창을 그리기에는 충분하지만 사용자가 메인 창에 뭔가를 하기에는 짧은 시간이기 때문에 사용자의 간섭 없이 모달 로그인 창을 표시할 것이다. 애플리케이션 모달 창은 어떤 애플리케이션에서 사용자와 상호작용이 가능한

(즉 마우스나 키보드 입력을 받을 수 있는) 유일한 창이다. 따라서 사용자가 메인 창을 볼 수 있기는 하지만 로그인해서 모달 로그인 창이 없어지기 전에는 그 창을 사용할 수 없다.

```
class Result:
    def __init__(self):
        self.username = None
        self.password = None
        self.ok = False
```

이 클래스는(MeterLogin.py에 있음) 모달 로그인 대화 창과 사용자의 상호작용 결과를 저장하는 데 사용된다. 대화 창에 Result 인스턴스에 대한 참조를 넘겨 대화 창이 닫혀서 삭제된 다음에도 사용자가 입력한 결과값을 계속 사용할 수 있게 한다.

```
def login(self):
    result = MeterLogin.Result()
    dialog = MeterLogin.Window(self, result)
    if result.ok and self.connect(result.username, result.password):
        self.get_job()
    else:
        self.close()
```

이 메서드는 result 객체를 만들고 애플리케이션 모달 로그인 대화 창을 만든다. MeterLogin.Window() 호출은 로그인 창을 보여주고 해당 창이 닫힐 때까지 블록된다. 대화 창이 떠 있는 동안에는 사용자가 애플리케이션의 다른 창과 상호작용할 수 없다. 따라서 사용자는 반드시 사용자 이름과 비밀번호를 넣고 OK를 클릭하거나, Cancel을 클릭해 취소할 수밖에 없다.

사용자가 버튼 중 하나를 클릭하면 대화 창을 닫는다(그리고 삭제한다). OK를 클릭한 경우(사용자 이름과 비밀번호를 모두 입력한 경우에만 클릭할 수 있다) 서버에 접속하고 첫 번째 작업을 가져오기 위한 시도를 할 것이다. 사용자가 로그인을 취소하거나 연결이 실패하면 메인 창을 닫고, 애플리케이션을 종료한다.

```python
def connect(self, username, password):
    try:
        self.manager = xmlrpc.client.ServerProxy("http://{}:{}{}"
                .format(HOST, PORT, PATH))
        name = self.login_to_server(username, password)
        self.master.title("Meter \u2014 {}".format(name))
        return True
    except (ConnectionError, xmlrpc.client.Fault) as err:
        self.handle_error(err)
        return False
```

사용자가 사용자 이름과 비밀번호를 입력하고 나면 이 메서드를 호출한다. 먼저 서버의 Meter. Manager 인스턴스에 대한 프록시를 가져와 로그인을 시도한다. 로그인 후, 애플리케이션의 제목을 (애플리케이션 이름 — 사용자 이름)으로 변경하고 True를 반환한다(—는 엠-대시로 유니코드 코드 포인트로 U+2014이다).

오류가 발생하면 오류 대화창에 오류를 표시하고 False를 반환한다.

```python
def login_to_server(self, username, password):
    try:
        self.sessionId, name = self.manager.login(username, password)
    except ConnectionError:
        self.start_server()
        self.sessionId, name = self.manager.login(username, password)
    return name
```

계량 서버가 이미 실행 중이라면 연결 시도에 성공할 것이고, 세션 ID와 사용자 이름을 얻을 수 있다. 하지만 로그인이 ConnectionError로 실패한다면 서버가 실행되지 않았다고 가정하고 서버를 시작한 다음 로그인을 시도한다. 이 두 번째 시도도 실패하면 ConnectionError를 호출한 쪽 (self.login())으로 전달해 사용자에게 오류 대화창을 표시한 다음 애플리케이션을 종료시킨다.

```python
SERVER = os.path.join(os.path.dirname(os.path.realpath(__file__)),
        "meterserver-rpc.py")
```

이 상수는 서버의 이름과 전체 경로를 저장하며, 서버가 GUI 클라이언트와 같은 디렉터리에 있다고 가정한다. 물론 클라이언트와 서버가 서로 다른 기계에 있는 것이 더 일반적이다. 하지만 일부 애플리케이션은 같은 장비에서 실행 중인 서버와 클라이언트로 나뉘어 있는 경우도 있다.

두 부분으로 구분된 애플리케이션 설계 방식은 애플리케이션의 기능과 사용자 인터페이스를 완전히 분리하고 싶을 때 유용하다. 이 같은 접근법의 단점은 실행 파일이 두 가지 모두 있어야만 한다는 점과 통신에 따른 부가 비용이 더 든다는 점이다. 하지만 이 비용은 한 장비에서 서버와 클라이언트가 실행되는 경우 일반 사용자가 알아채기는 어렵다. 장점은 두 부분을 별도로 개발할 수 있고, 새로운 플랫폼으로 포팅하기가 더 쉽다는 점이다. 왜냐하면 서버를 플랫폼에 독립적인 코드로 작성한다면 포팅 시 클라이언트만 주로 신경 쓰면 되기 때문이다. 이는 또한 새로운 사용자 인터페이스 기술(예를 들면, 새 GUI 툴킷)이 주는 장점을 클라이언트만 포팅함으로써 취할 수 있다는 의미도 된다. 또 다른 잠재적 이점은 더 세분화된 보안이 가능하다는 점이다. 예를 들어, 서버는 좀 더 제약이 많은 특정 권한하에 실행시키고, 클라이언트는 사용자 권한으로 실행시킬 수 있을 것이다.

```
def start_server(self):
    filename = os.path.join(tempfile.gettempdir(),
            "M{}.$$$".format(random.randint(1000, 9999)))
    self.serverPid = subprocess.Popen([sys.executable, SERVER,
            "--host", HOST, "--port", str(PORT), "--notify",
            filename]).pid
    print("Starting the server...")
    self.wait_for_server(filename)
```

서버에서는 subprocess.Popen() 함수를 사용해 실행한다. 여기서는 자식 프로세스(여기서는 서버)를 블록시키지 않고 실행한다.

금방 종료될 일반 프로그램을 실행한다면 자식 프로세스가 끝나길 기다려도 될 것이다. 하지만 여기서는 클라이언트가 종료될 때까지 계속 실행할 서버를 실행하는 것이므로 기다릴 수가 없다. 더 나아가 서버가 시작돼야만 클라이언트가 로그인해 볼 수 있다. 이에 대한 해법은 간단하다. 서버 실행 시 임의의 파일 이름을 서버에 전달하고, 서버가 실행되면 그 파일을 생성한다. 따라서 클라이언트는 지정된 파일이 만들어져서 서버가 실행됐다는 사실이 확인될 때까지 기다리면 된다.

```
def wait_for_server(self, filename):
    tries = 100
    while tries:
        if os.path.exists(filename):
            os.remove(filename)
            break
        time.sleep(0.1) # 서버가 시작될 기회를 준다
        tries -= 1
    else:
        self.handle_error("Failed to start the RPC Meter Server")
```

이 메서드는 최대 10초까지(0.1초 간격으로 100회 시도) UI를 블록한다. 실전에서는 대기 시간을 거의 몇 분의 일초 수준으로 제한해야 할 것이다. 서버가 파일을 만들자마자 클라이언트는 이를 삭제하고 이벤트 처리를 계속해 수행한다. 여기서는 사용자가 입력한 로그인 정보로 로그인을 시도하고 메인 창에 계량기 검침 값을 입력하라는 표시를 한다. 서버가 시작되지 않는다면 루프는 break 문을 통하지 않고 종료하기 때문에 루프의 else 구문을 실행한다.

폴링(여기서처럼 계속 기다리는 것)은 특히 GUI 애플리케이션에서는 바람직하지 못하다. 하지만 여기서 우리가 원하는 것은 플랫폼과 관계 없이 동작하는 해결 방법이고, 클라이언트는 서버가 없이는 동작하지 못한다. 따라서 이 방식이 가장 단순하면서도 타당한 해결책이라 할 수 있다.

```
def get_job(self):
    try:
        meter = self.manager.get_job(self.sessionId)
        if not meter:
            messagebox.showinfo("Meter \u2014 Finished",
                "All jobs done", parent=self)
            self.close()
        self.meter.set(meter)
        self.readingSpinbox.focus()
    except (xmlrpc.client.Fault, ConnectionError) as err:
        self.handle_error(err)
```

서버 로그인이 성공하면(필요한 경우 서버를 시작시키는 것을 포함해) 이 메서드를 호출한다. self.meter 변수는 tkinter.StringVar 타입이며, 계량기 번호를 보여주는 라벨과 연동돼 있다.

```python
def submit(self, event=None):
    if self.submitButton.instate((tk.DISABLED,)):
        return
    meter = self.meter.get()
    reading = self.reading.get()
    reading = int(reading) if reading else -1
    reason = self.reason.get()
    if reading > -1 or (reading == -1 and reason and reason != "Read"):
        try:
            self.manager.submit_reading(self.sessionId, meter,
                    datetime.datetime.now(), reading, reason)
            self.after_submit(meter, reading, reason)
        except (xmlrpc.client.Fault, ConnectionError) as err:
            self.handle_error(err)
```

사용자가 Submit 버튼을 클릭하면 이 메서드를 호출한다. Submit 버튼은 검침 값이 0이 아니거나 검침을 못한 이유를 입력한 경우에만 클릭할 수 있다. 사용자 인터페이스의 위젯에서 계량기 번호, 검침 값(정수), 원인을 가져온 다음 프록시를 통해 서버로 전달한다. 검침 값이 받아들여지면 after_submit() 메서드를 호출하고, 오류가 나는 경우에는 handle_error() 메서드에 오류값을 전달한다.

```python
def after_submit(self, meter, reading, reason):
    count, total = self.manager.get_status(self.sessionId)
    self.statusText.set("Accepted {} for {}".format(
            reading if reading != -1 else reason, meter))
    self.countsText.set("Read {}/{}".format(count, total))
    self.reading.set(-1)
    self.reason.set("")
    self.get_job()
```

이 메서드는 프록시를 통해 현재 상태를 얻어와 상태 라벨을 변경한다. 또한 검침 값과 이유 필드를 지우고, 관리자에게 다음 작업을 받아온다.

```python
def handle_error(self, err):
    if isinstance(err, xmlrpc.client.Fault):
        err = err.faultString
    messagebox.showinfo("Meter \u2014 Error",
            "{}\nIs the server still running?\n"
            "Try Quitting and restarting.".format(err), parent=self)
```

오류가 발생하면 이 메서드를 호출한다. 이 메서드 안에서는 OK 버튼만 있는 모달 대화창을 통해 오류를 보여준다.

```python
def close(self, event=None):
    if self.serverPid is not None:
        print("Stopping the server...")
        os.kill(self.serverPid, signal.SIGINT)
        self.serverPid = None
    self.quit()
```

사용자가 애플리케이션을 닫으면 애플리케이션이 계량 서버를 실행했는지 아니면 이미 실행 중인 서버를 사용했는지 검사한다. 전자라면 서버에 인터럽트(파이썬은 이를 KeyboardInterrupt 예외로 변환한다)를 보내 서버를 깔끔하게 종료할 수 있다.

os.kill() 함수는 시그널(signal 모듈에 정의된 상수 값 중 하나)을 특정 프로세스 ID를 가진 프로그램에 보낸다. 파이썬 3.1에서는 유닉스에서만 이 함수를 활용할 수 있었지만 3.2부터는 유닉스와 윈도우에서 모두 활용할 수 있다.

콘솔 클라이언트인 meterclient-rpc.py는 길이가 약 100줄이다. GUI 클라이언트인 meter-rpc.pyw는 250줄 정도 된다(또한 MeterLogin.py의 로그인 대화창 처리에도 100여 줄이 추가로 쓰였다). 양쪽 모두 간단하고 이식성도 높다. UI는 Tkinter의 테마 지원 덕분에 맥 OS X나 윈도우에서 모두 네이티브 앱과 같아 보인다.

6.2 RPyC 애플리케이션

파이썬 서버와 클라이언트만 작성한다면 XML-RPC 같은 복잡한 프로토콜 대신 파이썬만의 프로토콜을 활용할 수 있다. 파이썬-파이썬 간 RPC를 위한 여러 패키지가 있지만 여기서는

RPyC(rpyc.sourceforge.net)를 활용하겠다. 이 모듈은 두 가지 방식으로 활용할 수 있다. 그 둘은 바로 예로부터 내려오는 "고전적" 방법과 새로운 "서비스 기반" 방법이다. 이 책에서는 서비스 기반 방식을 택하겠다.

기본적으로 RPyC 서버는 동시성 서버다. 따라서 앞에서 활용했던(§6.1.1) 비동시적인 데이터 래퍼(Meter.py)는 사용할 수 없다. 대신 새로운 MeterMT.py 모듈을 활용한다. 이 모듈에서는 ThreadSafeDict과 _MeterDict이라는 새 클래스를 정의하고 있고 표준 딕셔너리 대신 이 두 딕셔너리를 활용하도록 Manager 클래스도 변경했다.

6.2.1 스레드 안전한 데이터 래퍼

MeterMT 모듈에는 동시성을 지원하는 Manager 클래스와 두 가지 스레드 안전한 딕셔너리가 정의돼 있다. 먼저 앞 절에서 본 Manager 클래스와 다르게 변경한 정적인 데이터와 메서드를 살펴보자.

```
class Manager:
    SessionId = 0
    SessionIdLock = threading.Lock()
    UsernameForSessionId = ThreadSafeDict()
    ReadingForMeter = _MeterDict()
```

동시성 프로그램이기 때문에 MeterMT.Manager 클래스에서는 공유한 정적 데이터 접근을 직렬화하기 위해 락을 사용해야 한다. 세션 ID에 대해서는 락을 직접 사용하지만, 두 딕셔너리는 앞으로 설명할 직접 구현한 스레드 안전한 딕셔너리를 활용한다.

```
def login(self, username, password):
    name = name_for_credentials(username, password)
    if name is None:
        raise Error("Invalid username or password")
    with Manager.SessionIdLock:
        Manager.SessionId += 1
        sessionId = Manager.SessionId
    Manager.UsernameForSessionId[sessionId] = username
    return sessionId, name
```

원래의 메서드와의 유일한 차이는 락 안에서 정적인 세션 ID를 증가시키고 할당한다는 점뿐이다. 락이 없다면 스레드 A가 세션 ID를 증가시키고 그 직후 스레드 B가 또 ID를 증가시킨 다음 두 스레드가 서로 다른 유일한 세션 ID를 읽는 대신 2 증가한 동일한 세션 ID를 읽는 상황이 벌어질 수도 있다.

```python
def get_status(self, sessionId):
    username = self._username_for_sessionid(sessionId)
    return Manager.ReadingForMeter.status(username)
```

이 메서드는 거의 대부분의 작업을 나중에 살펴볼 _MeterDict.status() 메서드에 의존한다.

```python
def get_job(self, sessionId):
    self._username_for_sessionid(sessionId)
    while True:  # 가짜 계량기 생성
        kind = random.choice("GE")
        meter = "{}{}".format(kind, random.randint(40000,
                99999 if kind == "G" else 999999))
        if Manager.ReadingForMeter.insert_if_missing(meter):
            return meter
```

이전과 다른 부분은 마지막 몇 줄뿐이다. 가짜 계량기가 딕셔너리에 있는지 검사해야 한다. 만약 계량기 이름이 딕셔너리에 없다면 None을 검침 값으로 한 정보를 딕셔너리에 추가한다. 이를 통해 같은 이름을 다시 사용하는 경우를 방지할 수 있다. 예전에는 검사와 추가를 별개의 명령어로 실행했었다. 하지만 동시 프로그램에서는 한 스레드가 두 명령을 실행하는 도중에 다른 스레드가 끼어들 수 있으므로 그와 같은 방법을 활용할 수 없다. 따라서 이제는 이 작업을 직접 만든 _MeterDict.insert_if_missing() 메서드에 위임하고 삽입이 일어나면 그 결과를 반환한다.

```python
def submit_reading(self, sessionId, meter, when, reading, reason=""):
    if (not isinstance(reading, int) or reading < 0) and not reason:
        raise Error("Invalid reading")
    if meter not in Manager.ReadingForMeter:
        raise Error("Invalid meter ID")
    username = self._username_for_sessionid(sessionId)
    reading = Reading(when, reading, reason, username)
    Manager.ReadingForMeter[meter] = reading
```

이 부분은 XML-RPC 버전과 아주 비슷하다. 다만 이제는 날짜/시간 값을 변환한다는 점과 RPyC 에서는 묵시적으로 반환되는 None을 사용해도 아무 문제가 없으므로 True를 직접 반환할 필요가 없다는 점이 다르다.

6.2.1.1 스레드 안전한 딕셔너리

CPython(C로 구현된 표준 파이썬)을 활용하고 있다면 이론상으로는 GIL이 딕셔너리를 스레드 안전하게 해주는 것처럼 보인다. 왜냐하면 파이썬 인터프리터는 특정 순간에 오직 한 스레드만 실행할 수 있기 때문이다(코어 개수와는 관계가 없다). 따라서 각 메서드 호출은 원자적으로 동작한다. 하지만 이는 둘 이상의 딕셔너리 메서드를 한꺼번에 원자적으로 실행해야 하는 경우에는 하등 도움이 되지 않는다. 그리고 어떤 경우에도 인터프리터 구현에 따른 세부 사항에 의존해서는 안 된다. 왜냐하면 다른 파이썬 구현체(자이썬이나 아이언파이썬)에는 GIL이 없기 때문이다. 이런 경우 딕셔너리 메서드 호출이 원자적으로 이뤄진다는 보장이 없다.

스레드 안전한 딕셔너리를 만들고 싶다면 별도로 제공되는 것을 사용하거나 직접 하나 만들어야 한다. 직접 만드는 것은 그리 어렵지 않다. 왜냐하면 기존 딕셔너리를 그대로 가져오되, 그에 대한 접근만 직접 만든 스레드 안전 메서드를 통해 하면 되기 때문이다. 이번 절에서는 스레드 안전한 딕셔너리인 ThreadSafeDict를 살펴보겠다. 이 딕셔너리는 일반 딕셔너리의 기능 중에서 계량기 딕셔너리가 활용하는 부분만을 구현할 것이다.

```
class ThreadSafeDict:

    def __init__(self, *args, **kwargs):
        self._dict = dict(*args, **kwargs)
        self._lock = threading.Lock()
```

ThreadSafeDict는 딕셔너리와 threading.Lock을 함께 활용한다. dict를 상속하지는 않는다. 왜냐하면 모든 접근을 self._dict으로 돌림으로써 항상 직렬화하게(즉, 한 번에 단 한 스레드만 self._dict에 접근하도록) 할 것이기 때문이다.

```
    def copy(self):
        with self._lock:
            return self.__class__(**self._dict)
```

파이썬의 락은 컨텍스트 관리자 프로토콜을 지원한다. 따라서 with 문을 활용해 락이 더는 필요 없을 때 자동으로 해제하게 하면서 편하게 활용할 수 있다. 심지어 with문 안에서 예외가 발생해도 해제를 보장한다.

with self._lock 명령은 다른 스레드가 락을 이미 확보한 경우 블록된다. with 블록 안의 명령어는 락을 얻어야만 실행할 수 있다. 이는 다른 스레드가 락을 잠그지 않았다는 의미다. 따라서 가능한 한 락을 사용하는 컨텍스트하에서는 될 수 있는 한 적은 양의 작업을 최대한 빨리 진행해야만 한다. 본 예제에서는 락 안에서 수행하는 연산이 꽤 복잡한 편이며, 이는 그리 좋은 방식은 아니다.

클래스의 copy() 메서드는 해당 메서드를 호출한 객체를 복사해 돌려준다. 단순히 self._dict.copy()를 반환할 수는 없다. 그렇게 하면 단순한 딕셔너리를 반환하기 때문이다. ThreadSafeDict(**self._dict)을 반환한다면 동작은 하겠지만 하위 클래스의 객체에 대해 호출한 경우라도 항상 ThreadSafeDict 클래스의 인스턴스를 반환한다는 문제가 있다(물론 하위 클래스가 copy() 메서드를 재정의한다면 다른 클래스의 객체를 반환할 것이다). 앞에서 보여준 코드는 ThreadSafeDict이나 그 하위 클래스에서 모두 잘 동작한다(§1.2의 "시퀀스와 맵 풀기" 사이드바 참고).

```
def get(self, key, default=None):
    with self._lock:
        return self._dict.get(key, default)
```

이 메서드는 dict.get()에 대한 스레드 안전한 구현을 제공한다.

```
def __getitem__(self, key):
    with self._lock:
        return self._dict[key]
```

이 특수 메서드는 키로 딕셔너리의 값을 검색하게끔 만들어준다. 즉, value = d[key]와 같은 구문을 활용할 수 있게 한다.

```
def __setitem__(self, key, value):
    with self._lock:
        self._dict[key] = value
```

이 특수 메서드는 d[key] = value와 같은 문법을 활용해 딕셔너리에 원소를 넣거나 기존 원소를 업데이트할 수 있게 해준다.

```python
def __delitem__(self, key):
    with self._lock:
        del self._dict[key]
```

위 메서드는 del 문장을 사용할 수 있도록 지원한다. 즉, del d[key]를 사용할 수 있다.

```python
def __contains__(self, key):
    with self._lock:
        return key in self._dict
```

이 특수 메서드는 키에 대응하는 원소가 딕셔너리에 있는 경우 True를 반환한다. 그렇지 않으면 False를 반환한다. 이 메서드는 in 키워드를 사용할 때 호출된다. 예를 들면, if k in d: ... 과 같은 문장을 들 수 있다.

```python
def __len__(self):
    with self._lock:
        return len(self._dict)
```

이 특수 메서드는 딕셔너리에 들어있는 원소의 개수를 반환한다. 이는 내장 len() 함수를 지원하기 위한 것이다. 예를 들면 count = len(d)과 같이 쓸 수 있다.

ThreadSafeDict에서는 딕셔너리 메서드 중 clear(), fromkeys(), items(), keys(), pop(), popitem(), setdefault(), update(), values() 등을 지원하지 않는다. 이들 대부분을 구현하는 것은 어렵지 않다. 하지만 뷰를 반환하는 메서드(items(), keys(), values() 등)를 구현하는 경우에는 각별히 주의를 기울여야 한다. 가장 간단하고 쉬운 방법은 아예 그런 메서드를 구현하지 않는 것이다. 또 다른 접근법은 데이터의 복사본을 리스트로 반환하는 것이다(예를 들어, keys()는 with self._lock: return list(self._dict.keys())라는 형태로 구현할 수도 있다). 딕셔너리 크기가 큰 경우 이렇게 하면 메모리를 많이 잡아먹고, 딕셔너리에 접근하는 다른 스레드는 이러한 메서드가 실행되는 동안 블록된다.

스레드 안전한 딕셔너리를 만드는 또 다른 방법은 한 스레드 안에서만 일반적인 딕셔너리로 동작하게 하는 것이다. 그 딕셔너리를 만든 스레드에서만 접근하도록 코드를 주의 깊게 작성한다면(또는 락을 사용해 락을 가지고 있는 스레드에서만 딕셔너리를 쓸 수 있게 만든다면) 파이썬 3.3부터 포함된 types.MappingProxyType 클래스를 활용해 다른 스레드에게 읽기 전용(따라서 읽는 것은 스레드 안전하다) 뷰를 제공할 수 있다.

6.2.1.2 검침 값 딕셔너리 하위 클래스

ThreadSafeDict를 단순히 검침 값(키는 계량기 번호, 값은 검침값)을 저장하는 데 사용하는 대신 전용 _MeterDict 클래스를 만들어 두 메서드를 추가한다.

```python
class _MeterDict(ThreadSafeDict):

    def insert_if_missing(self, key, value=None):
        with self._lock:
            if key not in self._dict:
                self._dict[key] = value
                return True
        return False
```

이 메서드는 인자로 전달된 키와 값을 딕셔너리에 추가하고 True를 반환한다. 키(즉 계량기 번호)가 딕셔너리에 이미 있다면 아무 동작도 하지 않고 False를 반환한다. 이는 모든 작업 요청에 대해 유일한 계량기 번호를 반환하기 위한 것이다.

insert_if_missing() 메서드가 실행하는 코드는 기본적으로 다음 코드와 동일하다.

```python
if meter not in ReadingForMeter: # 잘못됨!
    ReadingForMeter[key] = None
```

ReadingForMeter는 _MeterDict의 인스턴스이므로 모든 ThreadSafeDict 클래스의 기능을 상속한다. ReadingForMeter.__contains__() 메서드(in 키워드를 통해 사용)나 ReadingForMeter.__setitem__() 메서드([]를 통해 사용)는 모두 스레드 안전하지만, 위의 코드는 스레드 안전하지 못하다. 왜냐하면 어떤 스레드가 if문을 실행하고 아직 대입문을 실행하기 전에 다른 스레드가 ReadingForMeter를 사용할 수 있기 때문이다. 해결 방법은 같은 락을 사용한 컨텍스트 안에서 두 연산을 함께 실행하는 것이다. 바로 insert_if_missing() 메서드가 이 같은 일을 한다.

```python
def status(self, username):
    count = total = 0
    with self._lock:
        for reading in self._dict.values():
            if reading is not None:
                total += 1
                if reading.username == username:
                    count += 1
    return count, total
```

이 메서드는 락 컨텍스트 내부에서 딕셔너리의 모든 값을 순회하기 때문에 비용이 아주 비싸게 먹힐 수 있다. 락 컨텍스트 내부에서는 values = self._dict.values()라는 문장만을 실행하고 그다음에(락 컨텍스트를 벗어나) 순회하는 것이 한 가지 대안일 수 있다. 환경에 따라 락을 건 상태에서 딕셔너리의 값을 복사하는 것과 락 내에서 각 원소를 하나씩 처리하는 것 중 어느 쪽이 빠른지는 달라질 수 있다. 물론 어느 쪽이 빠른지 확실히 알아보려면 실제와 비슷한 환경에서 두 가지 방법을 다 프로파일링해봐야 한다.

6.2.2 RPyC 서버

앞에서 xmlrpc.server 모듈을 활용해 손쉽게 XML-RPC 서버를 만들 수 있음을 살펴봤다(§ 6.1.2). RPyC 서버를 만드는 것도 방법은 다르지만 아주 쉽다.

```python
import datetime
import threading
import rpyc
import sys
import MeterMT

PORT = 11003

Manager = MeterMT.Manager()
```

위 코드는 meterserver-rpyc.py의 시작 부분이다. 표준 라이브러리 모듈을 임포트하고, rpyc 모듈과 우리가 만든 스레드 안전한 MeterMT 모듈을 임포트한다. 다음으로 포트 번호 상수를 지정한다. 물론 XML-RPC 서버와 마찬가지로 argparse 모듈을 활용해 명령행 옵션으로 지정하게 할 수도 있다. 그런 다음 MeterMT.Manager의 인스턴스를 하나 만든다. RPyC 서버의 스레드 간에 이 인스턴스를 공유한다.

```python
if __name__ == "__main__":
    import rpyc.utils.server
    print("Meter server startup at {}".format(
            datetime.datetime.now().isoformat()[:19]))
    server = rpyc.utils.server.ThreadedServer(MeterService, port=PORT)
    thread = threading.Thread(target=server.start)
    thread.start()
    try:
        if len(sys.argv) > 1: # GUI 클라이언트가 호출했다면 알린다
            with open(sys.argv[1], "wb") as file:
                file.write(b"\n")
        thread.join()
    except KeyboardInterrupt:
        pass
    server.close()
    print("\rMeter server shutdown at {}".format(
            datetime.datetime.now().isoformat()[:19]))
    MeterMT.Manager._dump()
```

이 부분은 서버 프로그램의 마지막 부분이다. RPyC 서버 모듈을 임포트하고 서버 시작을 알린다. 그 후 서버 인스턴스를 만들고 그 인스턴스에 MeterService 클래스를 하나 전달한다. 서버는 필요할 때마다 이 클래스의 인스턴스를 생성하게 된다. MeterService에 대해서는 잠시 후에 살펴보겠다.

서버를 만들고 나면 server.start()를 실행하고 프로그램을 바로 종료할 수도 있다. 그렇게 했다면 서버는 아마도 "영원히" 실행 상태일 것이다. 하지만 여기서는 사용자가 Ctrl+C(또는 INT 시그널)을 눌러 서버를 종료할 수 있고, 서버 종료 시 검침 값 정보를 표시했으면 한다.

이를 위해 서버를 자체 스레드 안에서 실행한다(서버는 그 스레드에서 외부에서 들어오는 연결을 처리하기 위한 스레드 풀을 만든다). 그 후 메인 스레드는 서버 스레드를 완료하기를 기다리면서 블록된다(thread.join()을 사용). 서버에 인터럽트가 걸린 경우 이를 받아서 발생한 예외를 무시하고 서버를 닫는다. close() 호출은 모든 서버가 연결을 닫을 때까지 블록된다. 그 후 서버를 종료한다는 사실을 공지하고, 지금까지 서버에 전달한 검침 값을 표시한다.

GUI 클라이언트에 의해 서버를 실행한 경우에는 서버에 인자로 서버 생성을 통지하기 위한 파일명을 전달한다. 이 인자가 있는 경우라면 해당 파일을 만들고 그 파일에 개행문자를 하나 써서 클라이언트에게 서버 시작 및 동작 중임을 알린다.

서비스로 동작하는 경우 RPyC 서버에는 서비스의 인스턴스를 만들 때 클래스 팩터리로 활용할 수 있는 rpyc.Service의 하위 클래스를 전달한다(팩터리에 대해서는 §1.1과 §1.3에서 다뤘다). MeterService 클래스는 프로그램 시작 시 만든 MeterMT.Manager 인스턴스를 감싸는 래퍼로 만들었다.

```python
class MeterService(rpyc.Service):

    def on_connect(self):
        pass

    def on_disconnect(self):
        pass
```

서비스에 연결이 들어오면 서비스의 on_connect() 메서드를 호출한다. 마찬가지로 연결을 종료하면 on_disconnect() 메서드를 호출한다. 두 경우 모두 별다른 일을 하지 않을 것이므로 위와 같이 "아무 일도 안하는" 메서드를 만든다. 물론 이러한 메서드를 아예 구현하지 않아도 된다. 하지만 여기서는 메서드 서명을 보여주기 위해 일부러 두 메서드를 작성했다.

```python
    exposed_login = Manager.login
    exposed_get_status = Manager.get_status
    exposed_get_job = Manager.get_job
```

서비스는 메서드(또는 클래스나 다른 객체)를 클라이언트에게 노출할 수 있다. 이름이 exposed_로 시작되는 모든 클래스나 메서드는 클라이언트 쪽에서 활용할 수 있다. 메서드의 경우에는 이

접두사가 없어도 호출이 가능하다. 예를 들어, 계량 RPyC 클라이언트는 exposed_login()과 login()을 모두 호출할 수 있다.

exposed_login(), exposed_get_status(), exposed_get_job() 메서드는 단순히 계량기 관리자 인스턴스에 있는 것과 같은 이름으로 지정한다.

```
def exposed_submit_reading(self, sessionId, meter, when, reading,
        reason=""):
    when = datetime.datetime.strptime(str(when)[:19],
            "%Y-%m-%d %H:%M:%S")
    Manager.submit_reading(sessionId, meter, when, reading, reason)
```

이 메서드는 계량기 관리자의 메서드를 한 꺼풀 감싸서 사용한다. 이렇게 하는 이유는 RPyC를 통해 netref로 둘러싼 datetime.datetime을 전달하기 때문이다. 따라서 순수한 datetime.datetime 객체를 전달하지 않는다. 대부분의 경우 이것은 문제가 되지 않는다. 하지만 우리는 실제 datetime.datetime을 검침 정보 딕셔너리에 넣고 싶은 것이지, 원격(즉 클라이언트쪽)의 datetime.datetime에 대한 참조를 넣고자 하는 게 아니다. 따라서 감싸진 날짜/시간을 ISO 8601 날짜/시간 문자열로 변환하고, 이를 서버 쪽의 datetime.datetime으로 파싱해 넣는다. 그다음 다시 그 값을 MeterMT.Manager.submit_reading() 메서드에 전달한다. 이번 절에서 보여준 코드는 완전한 RPyC 계량기 서버다. 만약 on_connect(), on_disconnect() 메서드를 생략했다면 더 짧아질 수도 있다.

6.2.3 RPyC 클라이언트

RPyC 클라이언트를 만드는 것은 XML-RPC 클라이언트를 만드는 것과 비슷하다. 따라서 이번 절에서는 XML-RPC와 다른 부분만 설명하겠다.

6.2.3.1 콘솔 RPyC 클라이언트

XML-RPCclient와 마찬가지로 RPyCclient 또한 서버가 있는 경우에만 동작하고, 서버는 별도로 실행하거나 종료해야 한다.

meterclient-rpyc.py 프로그램은 거의 앞(§6.1.3.1)에서 본 meterclient-rpc.py과 비슷하며, main()과 submit() 함수만 다르다.

```python
def main():
    username, password = login()
    if username is not None:
        try:
            service = rpyc.connect(HOST, PORT)
            manager = service.root
            sessionId, name = manager.login(username, password)
            print("Welcome, {}, to Meter RPYC".format(name))
            interact(manager, sessionId)
        except ConnectionError as err:
            print("Error: Is the meter server running? {}".format(err))
```

첫 번째 차이점은 호스트명과 포트 번호를 하드코딩했다는 점이다. 이것들은 XML-RPC에서 했던 것처럼 변경 가능하게 만들 수도 있다. 두 번째 차이는 관리자에 대한 프록시를 사용하는 대신 서비스를 제공하는 서버에 접속한다는 점이다. 이번 경우 서버가 제공하는 서비스가 단 하나(MeterService)이고, 이를 계량 관리 프록시로 사용할 수 있다. 다른 코드(로그인, 작업 가져오기, 검침 값 등록하기, 상태 가져오기)는 XML-RPC의 경우와 동일하다. submit() 함수가 XML-RPC 클라이언트가 잡아내는 예외와 다른 종류의 예외를 잡아낸다는 점만 다르다.

호스트명과 포트 번호를 동기화하는 것은 지루한 일이다. 특히 충돌로 인해 포트를 사용할 수 없어 다른 포트를 시도해야만 하는 경우에는 더 그렇다. 이 문제는 등록 서버(registry server)를 도입해 해결할 수 있다. 이를 위해서는 RPyC가 제공하는 registry_server.py 서버를 네트워크의 어디엔가 실행해야 한다. RPyC 서버는 시작 시 자동으로 이 서버를 찾는다. 그리고 등록 서버를 찾으면 자신이 제공하는 서비스를 등록한다. 각 클라이언트는 rpyc.connect(host, port)를 활용하는 대신 rpyc.connect_by_service("Meter")와 같이 서비스 이름을 활용해 서비스를 연결할 수 있다.

6.2.3.2 GUI RPyC 클라이언트

그림 6.2는 GUI RPyC 클라이언트인 meter-rpyc.pyw다. 사실 RPyC와 XML-RPyC GUI 클라이언트는 같은 플랫폼에서 실행되는 경우 외형상 구분할 수 없다.

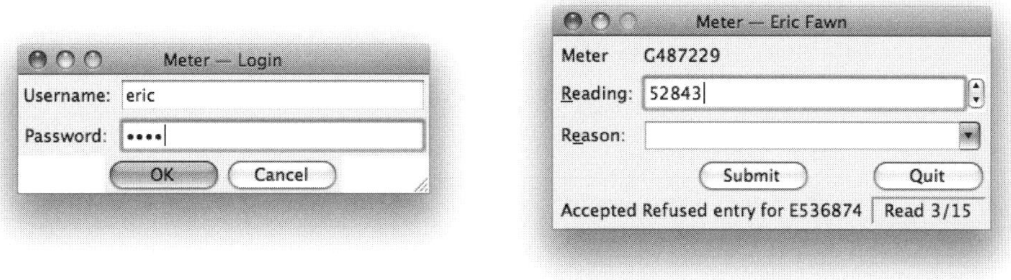

그림 6.2 계량 RPyC GUI 애플리케이션의 로그인과 메인 창(맥 OS X)

RPyC 클라이언트는 Tkinter를 활용하며, 실행 중인 계량 서버를 자동으로 연결하거나 새로 서버를 실행한다. 서버 실행 코드는 거의 GUI XML-RPC 클라이언트와 동일하다. 실제 차이점은 몇몇 메서드가 아주 조금 바뀌었고, 임포트 문과 상수, 사용하는 예외가 바뀌었다는 것뿐이다.

```python
def connect(self, username, password):
    try:
        self.service = rpyc.connect(HOST, PORT)
    except ConnectionError:
        filename = os.path.join(tempfile.gettempdir(),
                "M{}.$$$".format(random.randint(1000, 9999)))
        self.serverPid = subprocess.Popen([sys.executable, SERVER,
                filename]).pid
        self.wait_for_server(filename)
        try:
            self.service = rpyc.connect(HOST, PORT)
        except ConnectionError:
            self.handle_error("Failed to start the RPYC Meter server")
            return False
    self.manager = self.service.root
    return self.login_to_server(username, password)
```

로그인 창에서 사용자 이름과 비밀번호를 입력한 다음 이 메서드를 호출한다. 이 메서드는 서버에 접속해 사용자를 계량 관리자에 로그인한다.

접속에 실패했다면 서버가 실행되지 않았기 때문이라 가정할 수 있다. 따라서 서버를 시작하면서 실행 통지에 사용할 파일명을 인자로 전달한다. 서버는 블록되지 않고 시작한다(즉, 비동기적으로 시작한다). 하지만 서버에 접속하려면 서버가 완전히 시작되기를 기다려야만 한다. wait_for_ server() 메서드는 앞(§6.1.3.2)에서 본 것과 거의 동일하나 여기서는 handle_error()를 호출하는 대신 ConnectionError 예외를 발생시킨다. 연결이 이뤄지면 계량 서버에 대한 프록시를 얻은 것이다. 따라서 해당 서버에 로그인을 시도할 수 있다.

```python
def login_to_server(self, username, password):
    try:
        self.sessionId, name = self.manager.login(username, password)
        self.master.title("Meter \u2014 {}".format(name))
        return True
    except rpyc.core.vinegar.GenericException as err:
        self.handle_error(err)
        return False
```

로그인에 성공하면 세션 ID와 사용자 이름을 애플리케이션의 제목 막대에 표시한다. 로그인에 실패하면 False를 반환하고, 애플리케이션을 종료한다(이때 GUI애플리케이션이 서버를 시작했다면 그 서버도 종료한다).

이번 장의 예제에서는 암호화를 사용하지 않았다. 따라서 클라이언트와 서버 간의 통신 내용이 새어나갈 가능성이 있다. 민감한 정보를 주고받지 않거나, 클라이언트와 서버가 같은 장비에 존재하거나, 클라이언트와 서버가 모두 같은 방화벽 안쪽에 위치해 있거나, 통신이 보안 채널을 통해 이뤄진다면 이는 큰 문제가 되지 않는다. 하지만 암호화가 필요하다면 이 또한 충분히 가능하다. XML-RPC라면 외부 PyCrypto 패키지(www.dlitz.net/software/pycrypto)를 통해 네트워크로 전송되는 모든 데이터를 암호화할 수 있다. 또 다른 방법은 TLS(Transport Layer Security, "안전 소켓")을 사용하는 것이다. 파이썬 ssl 모듈은 이를 지원한다. RPyC의 경우 보안을 추가하는 것이 훨씬 쉽다. RPyC는 키와 인증 정보를 통한 SSL을 기본적으로 지원한다. 더 간단한 방법으로는 SSH(Secure Shell, 보안 셸) 터널링을 활용할 수도 있다.

파이썬은 저수준부터 고수준까지 모든 네트워크 기능을 잘 지원한다. 표준 라이브러리는 유명한 고수준 프로토콜을 대부분 지원한다. 이러한 프로토콜로는 파일 전송을 위한 FTP, 전자우편을 위한 POP3, IMAP4, SMTP, 웹 전송을 위한 HTTP, HTTPS, 그리고 물론 TCP/IP나 다른 저수준 소켓 프로토콜 등이 있다. 전자우편 서버를 smptd 모듈이 제공하고, http.server 모듈이 웹 서버 기능을 제공하며, xmlrpc.server가 XML-RPC 서버를 제공하는 등 고수준 서버 모듈도 있지만 파이썬이 제공하는 중간 수준 socketserver 모듈을 활용해 서버를 만들 수도 있다.

이 밖에도 많은 별도의 네트워크 모듈을 활용할 수 있다. 특히 WSGI(Web Server Gateway Interface, 웹서버 게이트웨이 인터페이스, www.python.org/dev/peps/pep-3333를 참고)를 지원하는 웹 프레임워크도 많은데, 웹 프레임워크에 대한 더 자세한 정보는 wiki.python.org/moin/WebFrameworks를 참고하고, 웹 서버에 대해서는 wiki.python.org/moin/WebServers를 참고한다.

7장
파이썬과 Tkinter를 활용한 GUI

잘 설계된 GUI 애플리케이션은 사용자에게 가장 매력적이고 혁신적이며 사용하기 쉬운 인터페이스를 제공한다. 또한 애플리케이션이 더 복잡할수록 잘 만들어진 자체 GUI의 유용성은 더 커진다. 특히 GUI에 전용 위젯(widget)[1]이 포함돼 있는 경우 더욱 그렇다. 이와 비교해 웹 애플리케이션은 애플리케이션 자체 위젯과 브라우저의 메뉴와 도구 막대가 함께 있기 때문에 더 혼란스럽다. HTML5 캔버스를 널리 활용하기 전까지는 웹 애플리케이션에서는 전용 위젯을 제공할 방법이 그리 많지 않았다. 더 나아가 성능 면에서 웹 애플리케이션은 네이티브 애플리케이션에 대적할 수 없다.

스마트폰 사용자들은 음성 컨트롤을 활용해 앱을 더 많이 제어할 수 있게 됐다. 하지만 데스크톱, 노트북, 태블릿에서는 키보드나 음성과 마우스를 사용하는 전통적인 GUI 애플리케이션이나 터치 애플리케이션 중 하나를 주로 선택하게 된다. 이 책을 쓰는 현재 대부분의 터치 기반 기기는 상용 라이브러리와 특정 언어나 도구를 활용해 개발해야만 한다. 다행히 오픈소스 Kivy 라이브러리(kivy.org)를 활용하면 파이썬을 통해 플랫폼과 무관한 터치 기반 애플리케이션을 만들 수 있다. 물론 그와 같은 플랫폼 무관한 라이브러리가 있다고 해서 대부분의 터치 인터페이스가 처리 능력이 제한적이고 작은 화면 크기를 갖춘, 한 번에 한 애플리케이션만을 이용할 수 있는 기기를 대상으로 설계됐다는 사실을 바꾸지는 못한다.

---

[1] 윈도우에서는 GUI 프로그래머들이 주로 "컨트롤", "컨테이너", "폼"이라는 용어를 사용한다. 하지만 이 책에서는 유닉스 계열의 관례를 따라 더 일반적인 단어인 "위젯"을 사용하겠다.

데스크톱이나 고급 사용자들은 큰 화면과 강력한 프로세서의 이점을 십분 활용하고 싶어한다. 그러한 목표는 전통적인 GUI 애플리케이션을 사용할 때 가장 잘 달성할 수 있다. 더 나아가 음성 컨트롤(예를 들어 최근의 윈도우에 탑재돼 있는 것과 같은)은 기존 GUI 애플리케이션과 함께 활용하게끔 만들어졌다. 파이썬을 활용해 플랫폼과 무관하게 명령행 프로그램을 만들 수 있는 것과 마찬가지로, 파이썬 GUI 프로그램도 적절한 GUI 툴킷을 활용하면 플랫폼과 무관하게 동작 가능하다. 그러한 목적으로 활용할 수 있는 툴킷이 몇 가지 있다. 여기서는 그 중 네 가지 주요 툴킷을 간략히 설명하겠다. 네 가지 모두 파이썬 3로 포팅돼 있고 최소한 리눅스, 맥 OS X, 윈도우에서 네이티브 룩앤필로 동작한다.

- **PyGtk와 PyGObject:** PyGtk(www.pygtk.org)는 안정적이며, 성공한 프로젝트지만 2011년 이후 개발이 중단됐다. 이는 PyGObject(live.gnome.org/PyGObject)라는 후속 기술로 대체하려는 목적이었다. 아쉽게도 이 글을 쓰는 현재 PyGObject의 개발은 유닉스 기반 시스템에 대해서만 이뤄지고 있기 때문에 더는 플랫폼과 무관한 툴킷이라고 생각하기 어렵다.

- **PyQt4와 PySide:** PyQt4(www.riverbankcomputing.co.uk)는 Qt4 GUI 개발 프레임워크(qtproject.org)에 대한 파이썬 바인딩을 제공한다. PySide(www.pyside.org)는 더 최신 프로젝트로서 PyQt4와의 호환성도 상당히 높고 더 자유로운 라이선스를 채택하고 있다. PyQt4가 아마도 가장 안정적이고 성숙한 여러 플랫폼에 활용 가능한 파이썬 GUI 툴킷일 것이다[2](2013년에 PyQt와 PySide 모두 Qt 5 지원 버전이 나올 것으로 예상된다).

- **Tkinter:** Tkinter는 Tcl/Tk GUI 툴킷(www.tcl.tk)에 대한 바인딩을 제공한다. 파이썬 3는 보통 Tcl/Tk 8.5와 함께 제공된다. 파이썬 3.4나 이후 버전에서는 Tcl/ Tk 8.6으로 바뀌어야 할 것이다. 여기서 언급한 다른 툴킷과 달리 Tkinter는 아주 기초적인 도구로, 도구막대나 도킹 창, 상태 막대 등을 기본으로 지원하지 않는다(다만 이것들을 모두 생성할 수 있긴 하다). 또한 다른 여러 툴킷은 자동으로 플랫폼에 따른 고유한 특성과 잘 어울릴 수 있지만(예를 들면 맥 OS X의 메뉴바), Tkinter는 (최소한 Tcl/Tk 8.5에서는) 프로그래머가 직접 플랫폼에 따른 기능을 처리해야 한다. Tkinter의 가장 큰 장점은 표준 파이썬에 기본 포함돼 있다는 점과 다른 툴킷과 비교했을 때 크기가 상당히 작다는 점이다.

- **wxPython:** wxPython(www.wxpython.org)은 wxWidget 툴킷(www.wxwidgets.org)에 대한 바인딩을 제공한다. wxPython 자체는 이미 나온 지 여러 해가 지났지만, 파이썬 3으로 포팅하기 위해 많은 부분을 현재 재작성하고 있는 중이다. 아마 이 책이 출간될 쯤에는 그 결과물이 나와 있을 것이다[3].

위 목록의 툴킷 중 PyGObject를 제외한 모두는 파이썬으로 플랫폼과 무관한 GUI 애플리케이션을 작성하는 데 필요한 모든 기능을 제공한다. 만약 특정 플랫폼에만 관심이 있다면 물론 해당 플랫

2　공표하자면, 필자는 Qt의 문서 관리자였으며 PyQt4 프로그래밍에 관한 책인 " Rapid GUI Programming with Python and Qt"를 쓴 바 있다(참고도서 목록을 보라).
3　(옮긴이) 아직 배포판이 나오지는 않았지만 알파 버전은 나와 있다. http://wiki.wxpython.org/ProjectPhoenix를 참고한다.

폼 전용 GUI 라이브러리에 대한 파이썬 바인딩도 있으며, 자이썬이나 아이언파이썬 같은 플랫폼에 따른 파이썬 인터프리터를 활용할 수도 있다. 3차원 그래픽을 사용해야 하는 경우에도 보통은 이러한 GUI 툴킷 안에서 처리한다. 하지만 그 대신 PyGame(www.pygame.org)을 사용하거나 더 단순하게 직접 파이썬 OpenGL 바인딩을 사용할 수도 있다. 이에 관해서는 다음 장에서 살펴보겠다.

표준 인터프리터에 Tkinter가 제공되기 때문에 배포하기 쉬운 GUI 애플리케이션을 만들 수 있다(필요하다면 파이썬과 Tcl/Tk을 애플리케이션 안에 포함시켜 배포할 수도 있다. cx-freeze. sourceforge.net를 참고). 그러한 애플리케이션은 더 보기 좋고 명령행 프로그램보다 사용하기 편리하며, 사용자(특히 맥 OS X이나 윈도우에서)가 더 받아들이기 쉽다.

이번 장에서는 세 가지 예제를 다루겠다. 아주 작은 "hello world" 애플리케이션과 작은 환율 계산기, 그리고 가장 큰 Gravitate 게임을 만들어본다.

Gravitate는 TileFall/SameGame의 변형으로 타일들이 수직/왼쪽 방향으로 이동하지 않고 중심 방향으로 이동하면서 빈 공간을 채워 넣는다. Gravitate 애플리케이션은 메인 창 스타일의 Tkinter 애플리케이션에 메뉴, 대화창, 상태 막대 등의 위젯을 함께 사용하는 방법을 잘 보여준다. §7.2.2에서 Gravitate의 대화창을 몇 가지 살펴보고 Gravitate의 메인 창 구조를 §7.3에서 살펴보겠다.

7.1 Tkinter 소개

GUI 프로그래밍은 다른 특별한 프로그래밍보다 하나도 더 어렵지 않다. 또한 GUI를 채택하면 사용자가 사용하기 좋고 전문가가 만든 것과 같은 느낌의 애플리케이션을 만들 수도 있다.

그림 7.1 리눅스, OS X, 윈도우에서 본 대화창 기반 Hello World 프로그램

하지만 GUI 프로그래밍이라는 주제는 너무나도 방대하기 때문에 실제로는 책의 한 장만 가지고는 그 주제를 깊이 다룰 수가 없다. 제대로 다루자면 최소한 한 권 이상의 책이 필요할 것이다. 하지만

여기서는 GUI 프로그래밍의 핵심 요소를 살펴보고, 특히 Tkinter가 제공하는 기능 중 부족한 부분을 어떻게 채워 넣을 수 있는지를 다루겠다. 우선, 전통적인 "hello world" 프로그램인 hello.pyw가 실행되는 모습을 그림 7.1에서 볼 수 있다.

```python
import tkinter as tk
import tkinter.ttk as ttk

class Window(ttk.Frame):

    def __init__(self, master=None):
        super().__init__(master) # self.master를 생성한다
        helloLabel = ttk.Label(self, text="Hello Tkinter!")
        quitButton = ttk.Button(self, text="Quit", command=self.quit)
        helloLabel.pack()
        quitButton.pack()
        self.pack()

window = Window() # tk.Tk 객체를 묵시적으로 생성한다
window.master.title("Hello")
window.master.mainloop()
```

위 코드는 hello.pyw 애플리케이션 전체 코드다. 많은 Tkinter 프로그래머들은 Tkinter 내의 이름을 모두 임포트하곤 한다(즉 from tkinter import *). 하지만 우리는 어떤 모듈에서 가져온 기능인지를 명확히 표시하기 위해 네임스페이스를 쓰는 편을 더 선호한다(임의로 더 짧은 이름인 tk와 ttk를 사용한다. 우연의 일치로 공식 Ttk "Tile" tcl/Tk 확장을 감싼 패키지 이름도 ttk다). tkinter.ttk.Frame을 사용하지 않고 tkinter.Frame만 사용하는 식으로 첫 번째 임포트만 사용하는 것도 가능하다. 하지만 tkinter.ttk 내부의 여러 위젯은 테마를 지원한다. 따라서 특히 맥 OS X이나 윈도우라면 ttk 버전을 사용하는 것이 더 바람직하다.

대부분의 tkinter 위젯은 테마를 지원하는 tkinter.ttk 버전을 지원한다. 단순 버전과 테마 지원 버전의 인터페이스가 항상 같은 것은 아니며, 단순 위젯만 활용해야 하는 경우도 있다. 따라서 문서를 읽는 것이 중요하다(Tcl/Tk 코드를 이해할 수 있는 독자에게는 www.tcl.tk에 있는 문서를 권한다. 그렇지 않은 독자에게는 예제를 파이썬과 다른 언어로 보여주는 www.tkdocs.com을 권한다. 또한 infohost.nmt.edu/tcc/help/pubs/tkinter/web도 유용한 Tkinter 자습서와 참고 문서를 제공한다). 또한 일반 tkinter.ttk의 테마 지원 위젯 중 일부는 그에 대응하는 단순 위젯이 없

는 경우도 있다. 그런 위젯으로는 tkinter.ttk.Combobox, tkinter.ttk.Notebook, tkinter.ttk.Treeview 등이 있다).

이 책에서 활용한 GUI 프로그래밍 스타일은 창마다 클래스를 하나씩, 그리고 각각을 보통 별도의 모듈로 만드는 것이다. 최상위 창(예: 애플리케이션의 메인 창)의 경우 tkinter.Toplevel을 상속하거나 이 책에서 하는 것처럼 tkinter.ttk.Frame을 상속하는 것이 일반적이다. Tkinter는 부모와 자식 위젯 사이에 소유 계층 관계를 관리한다(때때로 마스터-슬레이브 관계로 부르는 경우도 있다). 어떤 위젯을 상속하는 클래스를 만들 때 __init__() 메서드 안에서 내장 super() 함수를 호출하기만 하면 대부분의 경우 이러한 계층 구조에 대해 고민할 필요가 없다.

대부분 GUI 애플리케이션을 만들 때는 표준적인 패턴을 따른다. 먼저 하나 이상의 창 클래스를 만든다. 그 중 하나는 애플리케이션의 메인 창이다. 각 창 클래스마다 해당 창 내부 변수를 정의하고(hello.pyw의 경우에는 none이다) 위젯을 만든다. 그 후 자식 위젯의 배치를 지정한다. 다음으로 발생한 이벤트(즉 마우스 클릭, 키 눌림, 타이머 등)를 처리할 메서드를 지정한다. 이 예제에서는 사용자가 quitButton을 클릭하면 상속받은 tkinter.ttk.Frame.quit() 메서드를 호출해 창을 닫게 돼 있다. 이때 닫는 창이 바로 최상위 창이기 때문에 애플리케이션을 깨끗하게 종료할 수 있다. 모든 창 클래스를 준비하면 마지막 단계로 애플리케이션 객체(본 예제에서는 묵시적으로 자동으로 만들어졌다)를 만들고 GUI 이벤트 루프를 시작한다. 이벤트 루프에 대해서는 이 책의 앞 부분에서 설명했다(206쪽 그림 4.8).

물론 대부분의 GUI 애플리케이션은 hello.pyw보다 더 길고 복잡하다. 하지만 사용하는 창 클래스는 보통 여기서 설명한 패턴을 똑같이 따른다. 다른 점은 훨씬 더 많은 위젯을 만들고, 더 많은 이벤트를 연결시켜 처리한다는 것뿐이다.

대부분의 최신 GUI 툴킷에서는 위젯 크기와 위치를 하드코딩하기보다는 배치 관리자 클래스를 활용한다. 이렇게 하면 여러 위젯을 각 내용(라벨이나 버튼의 텍스트 등)에 따라 가장 적절한 크기와 위치로 자동적으로 확장/축소할 수 있다. 내용을 바꾸는 경우에도 각 위젯 간의 상대적 위치를 유지하면서 크기를 바꿀 수 있다. 배치 관리자를 활용하면 프로그래머가 직접 귀찮은 위치/크기 계산을 해야 하는 수고를 덜 수 있다.

Tkinter에는 플레이스(place, 위치를 하드코딩하기 때문에 잘 사용하지 않는다), 팩(pack, 상하좌우등 지정된 제약 사항에 따라 상대적으로 배치), 격자(grid, 위젯을 행과 열로 줄을 맞춰 배치하며, 가장 많이 사용된다)라는 세 가지 배치 관리자가 있다. 본 예제에서는 라벨과 버튼을 서로 팩하고, 다시 전체 창을 팩한다. 본 예제와 같이 아주 단순한 창의 경우 팩을 사용하는 것으로 충분하다. 하지만 격자가 사용하기 가장 쉽기 때문에 이후 예제에서는 격자를 활용할 것이다.

GUI 애플리케이션은 크게 두 종류로 나눌 수 있다. 하나는 대화창 기반이고, 다른 하나는 메인 창 기반이다. 대화창은 메뉴나 도구막대가 없고, 버튼, 콤보박스 등과 같은 위젯을 통해 제어가 이뤄진다. 대화창 방식은 간단한 유틸리티 프로그램이나 미디어 플레이어, 게임 등의 간단한 사용자 인터페이스에 제격이다. 메인창 기반의 애플리케이션은 보통 메뉴와 도구막대가 중앙 영역 위에 있으며, 상태 막대가 맨 아래에 있다. 또한 도킹 가능(dockable) 창이 포함될 수도 있다. 메인 창은 복잡한 애플리케이션에 가장 적합하며, 종종 메뉴나 도구 막대 버튼을 클릭하면 그에 따른 대화창이 나타나곤 한다. 여기서는 두 종류의 애플리케이션을 모두 살펴본다. 먼저 대화창 방식을 살펴보겠다. 왜냐하면 대화창 방식에서 배운 내용을 바로 메인 창 기반의 애플리케이션에서 사용하는 여러 대화창에 적용할 수 있기 때문이다.

7.2 대화창 만들기

대화창에는 네 가지 모달리티(modality, 모드[4])와 여러 지능(intelligence) 수준이 있다. 여기서는 모달리티에 대해 간략히 정리하고, 지능 수준은 나중에 설명한다.

- **전역 모달(Global Modal)**: 전역 모달 창은 다른 모든 애플리케이션을 포함한 전체 사용자 인터페이스를 블록하고 사용자와 자신만 상호작용하게 만드는 창이다. 사용자는 전역 모달 창과 상호작용할 수만 있고, 다른 애플리케이션으로 변경하거나 다른 일을 할 수 없다. 두 가지 가장 흔한 용례는 컴퓨터를 시작할 때 나오는 로그인 대화창과 암호로 보호되는 화면보호기의 암호 입력 창이다. 버그가 있는 경우 전체 시스템을 사용 불가능한 상태로 만들 수 있기 때문에 애플리케이션 프로그래머는 전역 모달 창을 절대로 사용해서는 안 된다.

- **애플리케이션 모달(Application Modal)**: 애플리케이션 모달 창은 사용자가 해당 애플리케이션에 속한 다른 창들과 상호작용하는 것을 막는다. 하지만 다른 애플리케이션으로 포커스를 변경할 수는 있다. 모달 창은 모드리스 창보다 프로그래밍하기 쉽다. 왜냐하면 프로그래머가 모르게 애플리케이션 상태를 변경하는 일이 없기 때문이다. 하지만 이런 창이 불편하다고 생각하는 사용자들도 있다.

---

4 (옮긴이) 사용자 모드, 관리자 모드, 공격 모드, 방어 모드 등의 모드다. 앞의 예에서 모드에 따라 사용 가능한 명령이나 반응이 달라지듯이 GUI 에서도 애플리케이션의 상태에 따라 같은 사용자 입력에 대해 다른 작용이 벌어지는 경우를 모드라고 한다. 쉬운 예로 CAPS LOCK을 누르면 대문자 입력 모드가 되고, 다시 CAPS LOCK을 누르면 일반 입력 모드(소문자 모드)가 된다.
모달(modal)은 mode의 형용사형으로, 모달 대화창이라면 대화창이 뜨면서 모드가 바뀐다는 의미가 된다. 모드리스(modeless)는 모드(mode)가 없는(less)이라는 뜻의 형용사로, 창이 있다고 해도 모드가 바뀌거나 하지 않는다는 의미다.

- **창 모달(Window Modal)**: 창 모달은 애플리케이션 모달과 비슷하다. 다만 애플리케이션에 속한 다른 창과 사용자의 상호작용을 모두 막지는 않고, 같은 창 계층 구조에 속한 창들만 막는다. 예를 들어, 두 최상위 창에 문서가 각각 열려 있는 경우라면 한 문서 창에서 대화창이 떠 있다고 해서 다른 창까지 사용자 상호작용이 불가능해지면 안 될 것이다.
- **모드리스(Modeless)**: 모드리스 대화창은 다른 창의 상호작용을 전혀 블록하지 않는다. 모드리스 창을 만드는 것은 모달 창을 만드는 것보다 잠재적으로 더 어려운 일이다. 왜냐하면 모드리스 창은 사용자가 같은 애플리케이션에 속한 다른 창과 상호작용하는 것과, 자신이 의존하고 있는 다른 창의 상태를 변경하는 경우를 처리할 줄 알아야 하기 때문이다.

Tcl/Tk 용어로는 전역 모달창을 전역 그랩(global grab)을 가졌다고 말한다. 애플리케이션 모달 창과 창 모달 창(보통 단순히 "모달 창"이라 부른다)은 지역 그랩(local grab)을 가졌다고 한다. 맥 OS X의 Tkinter에서는 일부 모달 창을 시트로 표현하곤 한다.

덤(dumb) 대화창은 보통 사용자에게 위젯을 몇 가지 보여주며 애플리케이션에 사용자가 입력한 값을 돌려준다. 그러한 대화창은 애플리케이션 내부에 대해 알고 있지 못한다. 전형적인 예로는 사용자명과 비밀번호를 받아 애플리케이션에 돌려주는 로그인 대화창이 있다(그러한 대화창의 예를 §6.1.3.2에서 살펴본 적이 있다. 코드는 MeterLogin.py에 들어있다).

스마트 대화창은 애플리케이션 내부를 어느 정도 알고 있고, 직접 애플리케이션 데이터에 작업할 수 있게 애플리케이션의 변수나 데이터 구조에 대한 레퍼런스를 가지고 있다.

모달 대화창은 덤, 스마트, 또는 그 중간의 어떤 부류에 속할 수 있다. 아주 스마트한 모달 창은 보통 애플리케이션에 필요한 입력값 검증 기능을 제공할 수 있다. 이때 어떤 한 데이터 아이템에 대한 값 검증만이 아니라 여러 아이템을 연관 지어 검증할 수 있다. 예를 들어, 시작 날짜와 끝 날짜를 입력받기 위한 잘 만든 대화창이라면 시작 날짜 이전의 값을 끝 날짜에 입력하는 경우 이를 거부할 것이다.

모드리스 대화창은 거의 대부분 스마트 대화창이다. 이것들은 보통 적용/닫기(apply/close) 방식과 라이브 방식 중 하나다. 적용/닫기 방식은 사용자가 위젯을 조작한 다음 적용 버튼을 클릭해 애플리케이션 메인 창에서 그 결과를 확인한다. 라이브 대화창은 사용자가 위젯을 조작함에 따라 바로 변경사항을 적용한다. 이는 맥 OS X에서 아주 흔한 방식이다. 더 스마트한 모드리스 대화창은 되돌리기/다시하기 기능이나 "기본값으로"(위젯의 값을 애플리케이션의 기본값으로 되돌리는) 버튼, "처음 값으로"(창이 맨 처음 불렸을 때 설정돼 있던 값으로 위젯을 되돌리기 위한) 버튼 등을 제공한다. 모드리스 대화창도 도움말 창과 같이 단지 정보를 보여주기만 한다면 덤 대화창일 수 있다. 이런 경우 보통 "닫기" 버튼만 제공한다.

모드리스 대화창은 특히 색, 폰트, 형식, 템플릿 등을 변경할 때 유용하다. 왜냐하면 변경을 가할 때마다 그 효과를 확인할 수 있기 때문이다. 이때 모달 대화창을 사용한다면 대화창을 열어 값을 변경한 다음 대화창의 "확인"을 클릭해 결과를 보고, 다시 이런 과정을 만족스러운 결과가 나올 때까지 반복해야 할 것이다.

대화창 형식의 애플리케이션의 메인 창은 본질적으로 모드리스 창이다. 메인 창 스타일의 애플리케이션은 보통 사용자가 메뉴를 선택하거나 특정 도구 막대 버튼을 클릭할 경우 팝업 대화창을 표시하기 때문에 모달 창과 모드리스 창이 섞여 있다.

7.2.1 대화창 스타일 애플리케이션 만들기 - 환율 변환 프로그램

이번 절에서는 아주 간단하지만 유용한 대화창 스타일의 환율 변환 애플리케이션을 살펴보겠다. 소스코드는 currency 디렉터리에 있으며 그림 7.2에서 실행 화면을 볼 수 있다.

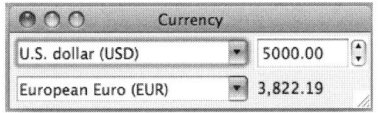 

그림 7.2 대화창 스타일의 환율 변환 애플리케이션(맥 OS X, 윈도우)

애플리케이션에는 통화 식별자와 함께 통화의 종류를 표시하는 콤보 박스가 두 개 있고, 금액을 입력하는 스핀 박스, 위쪽 통화에서 아래쪽 통화로 변환한 결과값을 표시하는 라벨이 포함돼 있다.

애플리케이션 코드는 세 파일에 나뉘어 있다. currency.pyw는 실행해야 하는 프로그램이며, Main.py는 Main.Window 클래스를 포함하고, Rates.py는 앞(§1.5)에서 설명한 Rates.get() 함수를 제공한다. 추가로 리눅스와 윈도우에서 표시될 currency/images/icon_16x16.gif과 currency/images/icon_32x32.gif라는 두 가지 아이콘이 있다.

파이썬 GUI 애플리케이션은 표준 .py 확장자를 사용할 수도 있다. 하지만 맥 OS X이나 윈도우에서는 .pyw 확장자(예를 들어 python.exe가 아니라 pythonw.exe와 같은)를 다른 파이썬 인터프리터에 연결하게 하곤 하다. 이러한 경우 애플리케이션이 콘솔 없이 시작되기 때문에 훨씬 보기 좋다. 하지만 프로그래머에게는 콘솔 내부에서 파이썬 GUI 애플리케이션을 실행하는 것이 가장 좋다. 그렇게 하면 디버깅을 위해 sys.stdout과 sys.stderr 출력을 살펴볼 수 있다.

7.2.1.1 main() 함수

특히 큰 프로그램의 경우 "실행" 모듈은 아주 작게 만들고 나머지 코드는 그 크기와 관계 없이 별도의 .py 모듈 파일에 두는 것이 가장 좋다. 빠른 장비에서 처음 프로그램을 실행할 때는 차이가 거의 없어 보일 것이다. 하지만 처음 실행할 때 .py 모듈 파일("실행" 모듈을 제외한)을 바이트 컴파일해서 .pyc 파일에 저장한다. .py 파일이 변경되지만 않았다면 두 번째 실행부터는 .pyc 파일을 사용한다. 따라서 기동 시간이 훨씬 짧아진다.

환율 변환 애플리케이션의 실행 파일인 currency.pyw에는 작은 main() 함수가 들어 있다.

```
def main():
    application = tk.Tk()
    application.title("Currency")
    TkUtil.set_application_icons(application, os.path.join(
            os.path.dirname(os.path.realpath(__file__)), "images"))
    Main.Window(application)
    application.mainloop()
```

이 함수는 먼저 Tkinter의 "애플리케이션 객체"를 만든다. 보통 이는 애플리케이션의 전체 부모 위젯(마스터 또는 루트) 역할을 하는 눈에 보이지 않는 최상위 창이다. hello.pyw 애플리케이션에서는 묵시적으로 Tkinter가 이를 만들게 했다. 하지만 직접 객체를 만들면 애플리케이션 수준의 설정을 적용할 수 있다. 일례로 여기서는 애플리케이션의 제목을 "Currency"로 지정했다.

이 책의 예제에는 TkUtil 모듈이 포함돼 있다. 그 안에는 Tkinter 프로그래밍을 돕는 여러 내장 도우미 함수 및 여러 모듈을 포함하고 있다. 각각에 대해서는 마주칠 때마다 설명하겠다. 여기서는 TkUtil.set_application_icons() 함수를 사용한다.

제목과 아이콘을 설정하고(맥 OS X에서는 아이콘을 무시한다), 애플리케이션 메인 창의 인스턴스를 만든다. 그 객체에 애플리케이션 객체를 넘기고, GUI 이벤트 루프를 시작한다. tkinter.Tk.quit()를 호출하는 등의 이유로 이벤트 루프를 종료하면 애플리케이션도 종료된다.

```python
def set_application_icons(application, path):
    icon32 = tk.PhotoImage(file=os.path.join(path, "icon_32x32.gif"))
    icon16 = tk.PhotoImage(file=os.path.join(path, "icon_16x16.gif"))
    application.tk.call("wm", "iconphoto", application, "-default", icon32, icon16)
```

이제 TkUtil.set_application_icons() 함수를 설명한다. tk.PhotoImage 클래스는 PGM, PPM, GIF 형식으로 돼 있는 픽스맵(pixmap) 파일을 읽을 수 있다(PNG 지원은 Tcl/Tk 8.6부터 추가됐다). 이미지 두 개를 만든 다음 tkinter.Tk.tk.call() 함수를 호출해 Tcl/Tk 명령에 아이콘을 전달한다. 가능하면 이런 저수준 호출은 피해야 한다. 하지만 필요한 기능을 Tkinter에서 제공하지 않는다면 저수준 기능을 활용할 필요가 있다.

7.2.1.2 Main.Window 클래스

환율 변환 애플리케이션의 메인 창은 앞에서 설명한 패턴을 따른다. 그 패턴은 클래스의 __init__() 내에서 명확히 볼 수 있다. 이번 절의 모든 코드는 currency/Main.py에 들어 있다.

```python
class Window(ttk.Frame):
    def __init__(self, master=None):
        super().__init__(master, padding=2)
        self.create_variables()
        self.create_widgets()
        self.create_layout()
        self.create_bindings()
        self.currencyFromCombobox.focus()
        self.after(10, self.get_rates)
```

위젯을 상속한 클래스를 초기화할 때는 내장 super() 함수를 꼭 호출해야 한다. 여기서는 master(즉 애플리케이션 main() 함수에서 전달받은 "애플리케이션 객체")뿐 아니라 패딩으로 2 픽셀을 지정해 전달한다. 이 패딩은 애플리케이션의 내부 경계와 자식 위젯 사이의 여백을 지정한다.

다음으로는 창(즉, 애플리케이션) 변수와 위젯을 만들고 배치를 정한다. 그런 다음 이벤트를 연결하고 키보드 입력을 맨 위의 콤보박스가 받게 한다. 마지막으로 상속한 Tkinter의 after() 메서드를 호출해 최소한 지정한 시간(밀리 초 단위)이 지난 다음에 get_rates를 호출하게 만든다.

환율은 인터넷에서 받는다. 따라서 시간이 약간 필요하다. 하지만 애플리케이션 화면은 바로 보여야 한다(그렇지 않다면 사용자가 프로그램이 시작되지 않았다고 생각하고 다시 한번 더 실행할 수가 있다). 따라서 화면이 그려질 만큼 충분한 시간이 지난 다음에 환율 정보를 가져오게 한다.

```python
def create_variables(self):
    self.currencyFrom = tk.StringVar()
    self.currencyTo = tk.StringVar()
    self.amount = tk.StringVar()
    self.rates = {}
```

tkinter.StringVar는 문자열을 저장하는 변수로서 위젯과 연관 관계 맺을 수 있다. 따라서 StringVar의 문자열을 바꾸면 자동으로 그 변화를 연관 위젯에 반영한다. 그 반대도 마찬가지다. 여기서는 self.amount를 tkinter.IntVar로 만들었는데, Tcl/Tk는 거의 내부적으로 문자열을 사용하기 때문에 수를 다룰 때라도 문자열을 활용하는 것이 더 편한 경우가 많다. rates는 통화 이름을 키로 하고 변환 비율을 값으로 하는 딕셔너리다.

```python
Spinbox = ttk.Spinbox if hasattr(ttk, "Spinbox") else tk.Spinbox
```

tkinter.ttk.Spinbox 위젯은 파이썬 3의 Tkinter에 추가되지는 않았다. 파이썬 3.4에서는 추가됐으면 한다. 위 코드는 사용 가능한 경우 스핀 박스를 쓸 수 있게 해주며, ttk에 스핀 박스가 없는 경우에는 테마가 없는 스핀 박스를 활용하게 한다. 그 둘의 인터페이스가 동일하지는 않기 때문에 양쪽에 공통된 기능만 활용하도록 주의를 기울여야 한다.

```python
def create_widgets(self):
    self.currencyFromCombobox = ttk.Combobox(self,
            textvariable=self.currencyFrom)
    self.currencyToCombobox = ttk.Combobox(self,
            textvariable=self.currencyTo)
    self.amountSpinbox = Spinbox(self, textvariable=self.amount,
            from_=1.0, to=10e6, validate="all", format="%0.2f", width=8)
    self.amountSpinbox.config(validatecommand=(
            self.amountSpinbox.register(self.validate), "%P"))
    self.resultLabel = ttk.Label(self)
```

모든 위젯은 부모(또는 마스터)가 있어야 한다. 예외로는 tk.Tk 객체가 있는데, 이 객체는 여러 다른 위젯이 놓여지거나 프레임이 될 수 있는 위젯이다. 여기서는 두 콤보 박스를 만들고 각각을 자신만의 StringVar와 연결시킨다.

그 후 최댓값과 최솟값을 지정한 StringVar에 연결한 스핀 박스를 만든다. 스핀 박스의 너비는 문자 개수로 지정한다. 파이썬 2의 % 형식화를 활용해 형식을 지정한다(이는 str.format()의 형식 문자열 "{:0.2f}"과 동일하다). validate 인자는 스핀 박스의 값이 사용자가 수를 입력하거나 스핀 버튼을 누른 경우를 모두 다 검증하도록 지정한다. 스핀 박스가 만들고 나면 검증용 호출 가능 객체를 등록한다. 이 객체에는 특정 형식("%P")과 일치하는 인자가 전달될 것이다. 문자열 "%P"는 파이썬이 아니라 Tcl/Tk의 형식 문자열이다. 스핀 박스에 최초 값을 명시하지 않으면 자동으로 최솟값(from_)을 지정한다(여기서는 1.0이다).

마지막으로 계산한 결과를 표시할 라벨을 만든다. 처음에는 텍스트를 지정하지 않는다.

```python
def validate(self, number):
    return TkUtil.validate_spinbox_float(self.amountSpinbox, number)
```

이 함수는 스핀 박스에 등록할 호출 가능 객체다. Tcl/Tk의 "%P" 형식은 스핀 박스에 있는 텍스트를 지정한다. 따라서 스핀 박스의 값을 변경하면 이 메서드에 스핀박스의 텍스트를 전달한다. 검증 작업은 TkUtil module에 있는 검증 함수가 대신 담당한다.

```python
def validate_spinbox_float(spinbox, number=None):
    if number is None:
        number = spinbox.get()
    if number == "":
        return True
    try:
        x = float(number)
        if float(spinbox.cget("from")) <= x <= float(spinbox.cget("to")):
            return True
    except ValueError:
        pass
    return False
```

이 함수는 스핀 박스와 숫자 값(문자열 또는 None)을 받는다. number에 값을 전달하지 않았다면 스핀 박스에서 텍스트를 가져온다. 빈 스핀 박스에 대해서는 True(즉, "올바름")를 반환해 사용자가 스핀 박스의 값을 지우고 새 값을 입력할 수 있게 허용한다. 그렇지 않다면 텍스트를 부동 소수점 수로 변환해서 스핀 박스의 범위 안에 들어있는지 검사한다.

모든 Tkinter 위젯에는 key=value 인자를 하나 이상 받아 위젯의 애트리뷰트를 설정해주는 config() 메서드와 키를 받아서 대응하는 애트리뷰트 값을 반환하는 cget() 메서드가 있다. 또한 config()의 별칭으로 configure() 메서드도 있다.

```python
def create_layout(self):
    padWE = dict(sticky=(tk.W, tk.E), padx="0.5m", pady="0.5m")
    self.currencyFromCombobox.grid(row=0, column=0, **padWE)
    self.amountSpinbox.grid(row=0, column=1, **padWE)
    self.currencyToCombobox.grid(row=1, column=0, **padWE)
    self.resultLabel.grid(row=1, column=1, **padWE)
    self.grid(row=0, column=0, sticky=(tk.N, tk.S, tk.E, tk.W))
    self.columnconfigure(0, weight=2)
    self.columnconfigure(1, weight=1)
    self.master.columnconfigure(0, weight=1)
    self.master.rowconfigure(0, weight=1)
    self.master.minsize(150, 40)
```

이 메서드는 그림 7.3에 보여준 배치를 만들어낸다. 각 위젯은 지정된 격자 상에 자리잡고, West나 East 방향으로 "붙어있도록(sticky)" 지정할 수 있다. 그러면 해당 위젯의 크기는 상위 창 크기가 재설정될 때 가로 방향으로 늘어나거나 줄어들 수 있지만, 높이는 변하지 않는다. 또한 x 축과 y 축 방향으로 0.5mm(밀리미터)씩 여백을 줬다. 따라서 각 위젯은 주변에 0.5mm의 여백을 포함하게 된다(§1.2의 "시퀀스와 맵 풀기"를 보라).

(0, 0) currencyFromCombobox	(0, 1) amountSpinbox
(1, 0) currencyToCombobox	(1, 1) resultLabel

그림 7.3 환율 변환 애플리케이션의 메인 창 배치

위젯 배치가 끝나고 나면 창 자체도 모든 방향(North, South, East, West)으로 축소 및 확대가 가능한 한 셀로 된 격자상에 위치시킨다. 그리고 위젯의 열에 확대/축소 시 차지하는 비율을 weight로 지정한다. 따라서 창이 가로로 늘어나면 스핀박스와 라벨(둘 다 두번째 열에 있음)이 1픽셀 늘어날 때 콤보박스는 2픽셀 늘어난다. 또한 단일 셀 격자에 대해서도 양수값을 지정해 크기가 늘어날 수 있게 한다. 마지막으로 적절한 최소 크기를 지정해 사용자가 내용이 안 보일 때까지 줄일 수 없게 만든다.

```python
def create_bindings(self):
    self.currencyFromCombobox.bind("<<ComboboxSelected>>",
            self.calculate)
    self.currencyToCombobox.bind("<<ComboboxSelected>>",
            self.calculate)
    self.amountSpinbox.bind("<Return>", self.calculate)
    self.master.bind("<Escape>", lambda event: self.quit())
```

이 메서드는 이벤트에 따른 동작을 연결한다. 여기서 처리하는 이벤트는 "가상 이벤트"와 "실제 이벤트"로 두 가지 종류가 있다. 가상 이벤트는 일부 위젯이 만들어내는 특수한 이벤트이고 실제 이벤트는 키보드 입력이나 창 크기 변경 등 사용자 인터페이스에서 발생한 이벤트다. 가상 이벤트는 이름에 부등호를 두 개 써서 표시하며, 실제 이벤트는 부등호를 하나 써서 표현한다.

콤보 박스는 자신의 선택 값을 바꾸면 《ComboboxSelected》 가상 이벤트를 이벤트 루프 큐에 추가한다. 두 콤보 박스 모두 환율 변환을 다시 하도록 self.calculate() 메서드에 이벤트가 연결돼 있다. 스핀박스의 경우 사용자가 엔터 또는 리턴키를 누른 경우에만 재계산한다. 사용자가 Esc를 누르면 상속받은 tkinter.ttk.Frame.quit() 메서드를 호출해 애플리케이션을 종료한다.

```python
def calculate(self, event=None):
    fromCurrency = self.currencyFrom.get()
    toCurrency = self.currencyTo.get()
    amount = self.amount.get()
    if fromCurrency and toCurrency and amount:
        amount = ((self.rates[fromCurrency] / self.rates[toCurrency]) *
                float(amount))
        self.resultLabel.config(text="{:,.2f}".format(amount))
```

이 메서드는 변환에 사용할 두 통화를 가져와 실제 변환을 수행한다. 마지막으로 변환한 결과 값을 콤마로 천 단위를 구분하고 소수점 이하 2자리를 표시해 결과 라벨 텍스트에 설정한다.

```python
def get_rates(self):
    try:
        self.rates = Rates.get()
        self.populate_comboboxes()
    except urllib.error.URLError as err:
        messagebox.showerror("Currency \u2014 Error", str(err),
            parent=self)
        self.quit()
```

이 메서드는 창이 그려질 시간을 준 다음 타이머가 호출한다. 변환 비율의 딕셔너리(통화 이름을 키로, 변환 비율을 값으로 가지는)를 받아 그에 맞게 콤보 박스를 적절히 설정한다. 비율을 얻을 수 없으면 오류 메시지 상자를 표시하고, 사용자가 메시지 상자를 닫으면(즉, OK를 클릭하면) 애플리케이션을 종료한다.

tkinter.messagebox.showerror() 함수는 제목, 메시지, 부모 위젯(생략 가능하며, 부모가 지정된 경우 부모 위젯의 가운데 위치에 메시지 상자가 표시됨)을 인자로 받는다. 파이썬 3 파일이었다면 UTF-8 인코딩을 사용하기 때문에 엠대시(—)를 그대로 사용해도 됐을 것이다. 하지만 이 책의 고정폭 문자 폰트는 이를 표시하지 못하기 때문에 여기서는 유니코드 이스케이프를 사용했다.

```python
def populate_comboboxes(self):
    currencies = sorted(self.rates.keys())
    for combobox in (self.currencyFromCombobox,
                    self.currencyToCombobox):
        combobox.state(("readonly",))
        combobox.config(values=currencies)
    TkUtil.set_combobox_item(self.currencyFromCombobox, "USD", True)
    TkUtil.set_combobox_item(self.currencyToCombobox, "GBP", True)
    self.calculate()
```

이 메서드는 통화 이름을 알파벳 순서대로 콤보 박스에 넣어준다. 콤보 박스는 읽기 전용으로 돼 있다. 그리고 위에 있는 스핀 박스는 미국 달러(USD)로, 아래에 있는 스핀 박스는 영국 파운드(GBP)로 설정한다. 마지막으로 self.calculate()를 호출해 초기 변환 값을 지정한다.

Tkinter의 테마를 지원하는 위젯에는 하나 이상의 상태를 설정하기 위한 state() 메서드와 특정 상태에 있는지 검사하기 위한 instate() 메서드가 있다. 가장 일반적으로 활용하는 상태는 "disabled", "readonly", "selected" 등이다.

```
def set_combobox_item(comobox, text, fuzzy=False):
    for index, value in enumerate(combobox.cget("values")):
        if (fuzzy and text in value) or (value == text):
            combobox.current(index)
            return
    combobox.current(0 if len(combobox.cget("values")) else -1)
```

이 제네릭 함수는 TkUtil 모듈에 포함돼 있다. 이 함수는 특정 콤보 박스의 값을 text로 지정된 값(또는 fuzzy가 True인 경우 text를 포함하는 값)으로 설정한다.

지금까지 설명한 간단한 환율 변환 애플리케이션은 200여 줄로 돼 있다(표준 라이브러리 모듈이나 이 책에서 사용하는 TkUtil 모듈의 길이는 제외함). 간단한 GUI 유틸리티라도 그와 동등한 명령 행 프로그램보다 훨씬 더 많은 양의 코드가 필요한 경우가 많다. 하지만 애플리케이션이 더 복잡하고 정교해짐에 따라 이러한 차이는 급격히 줄어든다.

7.2.2 애플리케이션 대화창 만들기

대화창 스타일로만 이뤄진 애플리케이션을 만드는 것은 작은 유틸리티나 멀티미디어 플레이어, 게임 등을 만들 경우에는 쉽고 간편하다. 하지만 더 복잡한 애플리케이션의 경우 보통 메인창과 이를 지원하는 대화창을 포함하는 것이 일반적이다. 이번 절에서는 모달 대화창과 모드리스 대화창을 만드는 방법을 살펴보겠다. 위젯이나 배치, 이벤트 연결 등에 있어서는 두 대화창 사이에 차이가 없다. 하지만 모달 대화창은 보통 사용자가 입력한 정보를 변수에 넣는 반면 모드리스 대화창은 사용자의 조작에 따라 애플리케이션의 메서드를 호출하거나 애플리케이션의 데이터를 변경한다. 더 중요한 차이점을 들자면 모달 대화창은 다른 창을 블록하지만, 모드리스 대화창은 그렇지 않다는 것이다. 따라서 코드에서도 이런 차이에 따라 적절한 처리가 필요하다.

7.2.2.1 모달 대화창 만들기

이번 절에서는 Gravitate 애플리케이션의 환경설정 창을 살펴보겠다. 코드는 gravitate/Preferences.py에 있고 화면은 그림 7.4에서 볼 수 있다.

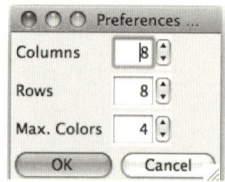 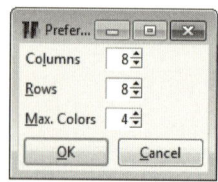

그림 7.4 Gravitate 애플리케이션의 모달 환경설정 대화창(맥 OS X과 윈도우)

리눅스와 윈도우에서 사용자가 Gravitate의 File→Preferences 메뉴를 선택하면 main.Window.preferences() 메서드를 호출한다. 이 메서드는 환경설정 대화창을 표시한다. 맥 OS X에서는 사용자가 메뉴의 환경설정을 클릭하거나 맥 OS X의 관례에 따라 ⌘를 누르면 된다(하지만 애플리케이션에서는 §7.3.2.1에서처럼 이 두 가지 경우를 모두 직접 처리해야만 한다)

```
def preferences(self):
    Preferences.Window(self, self.board)
    self.master.focus()
```

위 메서드는 메인 창에서 환경설정 창을 여는 역할을 한다. 대화창은 스마트 대화창이다. 따라서 사용자가 OK를 클릭하면 값을 전달하는 대신 애플리케이션의 상태를 변경한다. 이를 위해 대화창에 애플리케이션 객체(여기서는 2D 그래픽을 보이기 위해 tkinter.Canvas의 하위 클래스로 정의한 Board 형의 self.board)를 직접 넘긴다.

이 메서드는 새로운 사용자 환경설정 대화창을 만든다. 이 메서드를 호출하면 대화창을 표시하고 사용자가 OK나 Cancel을 누를 때까지 블록된다(그 창이 모달이기 때문에). 대화창이 사용자가 OK를 클릭하면 Board 객체를 변경하는 스마트 창이기 때문에 여기서는 더 이상의 작업을 진행할 필요가 없다. 창이 닫힌 다음 해야 할 일은 메인 창이 키보드 포커스를 되찾게 하는 것뿐이다.

Tkinter에는 대화창을 마음대로 만들 수 있게 다양한 기반 클래스를 제공하는 tkinter.simpledialog 모듈이 있다. 또한 사용자에게서 값을 하나 입력받을 수 있는 대화창을 표시해주는 tkinter.simpledialog.askfloat()과 같은 함수를 몇 가지 제공한다. 미리 만들어진 대화창에는 후

크(hook)가 내장돼 있다. 이를 활용하면 대화창을 상속해 원하는 부분의 위젯을 쉽게 변경할 수 있다. 하지만 이 책을 쓰는 시점을 기준으로 볼 때 상당히 오랫동안 갱신이 이뤄지지 않아서 이러한 대화창은 테마를 지원하지 못한다. 이에 따라 이 책의 여러 예제는 TkUtil/Dialog.py 모듈을 활용해 테마를 지원하며, tkinter.simpledialog.Dialog와 비슷하게 동작하는 커스텀 대화창을 만든다. 이 모듈 안에는 TkUtil.Dialog.get_float()과 같은 지원 함수도 포함돼 있다.

이 책의 모든 대화창은 tkinter.simpledialog이 아니라 TkUtil 모듈에 있는 것을 활용한다. 그렇게 하면 테마 지원 위젯을 사용할 수 있고, 그에 따라 맥 OS X이나 윈도우에서도 플랫폼에 따른 룩 앤필을 제공할 수 있다.

```python
class Window(TkUtil.Dialog.Dialog):

    def __init__(self, master, board):
        self.board = board
        super().__init__(master, "Preferences \u2014 {}".format(APPNAME),
                TkUtil.Dialog.OK_BUTTON|TkUtil.Dialog.CANCEL_BUTTON)
```

대화창은 부모(마스터)와 Board 인스턴스를 받는다. 이 인스턴스는 대화창 위젯을 초기화할 때 활용한다. 또한 사용자가 OK를 클릭하면 이 인스턴스에 사용자가 창이 닫히기 전에 설정했던 위젯 값을 전달한다. APPNAME 상수는 문자열 "Gravitate"를 담고 있다.

TkUtil.Dialog.Dialog를 상속한 객체는 반드시 body() 메서드를 제공해야 한다. 이 메서드는 창에서 버튼을 제외한 여러 위젯을 생성한다. 버튼은 기반 클래스가 생성한다. 대화창 객체는 apply() 메서드도 제공해야 한다. 사용자가 대화창을 수락하면(즉 수락 버튼이 어떤 것으로 지정됐는지에 따라 OK나 Yes 버튼을 클릭하면) apply()를 호출한다. initialize() 메서드나 validate()를 만들 수도 있지만 이번 예제에서는 사용할 필요가 없다.

```python
    def body(self, master):
        self.create_variables()
        self.create_widgets(master)
        self.create_layout()
        self.create_bindings()
        return self.frame, self.columnsSpinbox
```

이 메서드는 대화창의 변수를 만들고 창에 속한 위젯을 배치한 다음, 이벤트를 연결해야만 한다(버튼과 버튼에 연결된 이벤트는 제외). 이 메서드는 만들어둔 모든 위젯을 포함하는 위젯(보통 프레임 위젯이다)을 반환하거나, 또는 그런 위젯과 키보드 입력이 전달될 포커스가 위치할 위젯을 함께 반환한다. 여기서는 모든 위젯이 포함된 프레임과 첫 번째 스핀박스를 반환한다.

```python
def create_variables(self):
    self.columns = tk.StringVar()
    self.columns.set(self.board.columns)
    self.rows = tk.StringVar()
    self.rows.set(self.board.rows)
    self.maxColors = tk.StringVar()
    self.maxColors.set(self.board.maxColors)
```

이 대화창은 라벨과 스핀박스만 사용하기 때문에 아주 단순하다. 스핀박스마다 tkinter.StringVar를 만들어 전달한 Board 인스턴스에 있는 해당 값으로 초기화한다. tkinter.IntVar를 사용하는 것이 더 자연스럽겠지만 내부적으로 Tcl/Tk는 문자열만 활용하기 때문에 StringVar를 사용하는 편이 더 낫다.

```python
def create_widgets(self, master):
    self.frame = ttk.Frame(master)
    self.columnsLabel = TkUtil.Label(self.frame, text="Columns",
            underline=2)
    self.columnsSpinbox = Spinbox(self.frame,
            textvariable=self.columns, from_=Board.MIN_COLUMNS,
            to=Board.MAX_COLUMNS, width=3, justify=tk.RIGHT,
            validate="all")
    self.columnsSpinbox.config(validatecommand=(
            self.columnsSpinbox.register(self.validate_int),
            "columnsSpinbox", "%P"))
    ...
```

이 메서드에서는 위젯을 만든다. 먼저 부모(즉 다른 위젯을 포함하는) 위젯으로 반환할 외부 프레임을 만든다. 이 프레임의 부모는 대화창이 제공하는 것이어야만 한다. 다른 여러 위젯은 여기서 만든 프레임이나 그 자손을 부모로 생성하면 된다.

코드를 다 싣지 않고 컬럼 위젯만 표시했다. 나머지 부분은 이와 구조적으로 동일하기 때문이다. 라벨과 스핀박스를 만들며, 스핀박스는 StringVar와 연관시킨다. width 애트리뷰트는 문자 개수를 단위로 해서 스핀박스의 너비를 지정한다.

라벨 생성 시 underline=-1 if TkUtil.mac() else 0이라고 쓰는 것을 방지하기 위해 tkinter.ttk.Label 대신 TkUtil.Label을 사용했다.

(0, 0) columnsLabel	(0, 1) columnsSpinbox
(1, 0) rowsLabel	(1, 1) rowsSpinbox
(2, 0) maxColorsLabel	(2, 1) maxColorsSpinbox

그림 7.5 Gravitate 애플리케이션의 사용자 설정 대화창의 위젯 배치

```
class Label(ttk.Label):

    def __init__(self, *args, **kwargs):
        super().__init__(*args, **kwargs)
        if mac():
            self.config(underline=-1)
```

이 작은 클래스에서는 키보드 단축키를 표시하기 위해 밑줄을 표시한다. 맥 OS X에서 실행되는 경우에는 -1을 밑줄 값으로 설정하기 때문에 걱정할 필요가 없다. TkUtil/__init__.py에는 버튼(Button), 체크버튼(Checkbutton), 라디오버튼(Radiobutton) 클래스도 포함돼 있다. 각 클래스에는 여기에 보여준 것과 같이 __init__() 메서드가 정의돼 있다.

```
    def validate_int(self, spinboxName, number):
        return TkUtil.validate_spinbox_int(getattr(self, spinboxName),
                number)
```

스핀박스의 입력값을 검증하는 방법과 TkUtil.validate_spinbox_float() 함수에 대해 앞(§ 7.2.1.2)에서 살펴봤다. 여기에 나온 validate_int() 메서드와 앞에서 활용한 validate() 메서드의 차이는(이름과 정수 값을 검증한다는 점은 차치하고) 앞의 예에서는 특정 스핀박스를 검증했지만, 여기서는 검증 대상 스핀박스를 인자로 받는다는 점이다.

등록된 검증 함수는 두 문자열을 받는다. 첫 번째 인자는 대상 스핀박스의 이름이고, 두 번째는 Tcl/Tk 형식 문자열이다. 검증이 일어날 때 이 두 값을 검증 함수에 전달하며, Tcl/Tk는 그 문자열을 파싱한다. TclTk는 스핀박스 이름은 그대로 검증 함수에 전달하지만 "%P"는 해당 스핀박스의 문자열 값으로 바꾼 다음 검증 함수에 전달한다. 하지만 TkUtil.validate_spinbox_int() 함수는 스핀박스 위젯(위젯 이름이 아님에 주의하라)과 문자열을 인자로 받는다. 그래서 getattr() 함수에 대화창(self)과 원하는 애트리뷰트의 이름(spinboxName)을 전달해 대상 스핀박스 위젯에 대한 레퍼런스를 가져온다.

```
def create_layout(self):
    padW = dict(sticky=tk.W, padx=PAD, pady=PAD)
    padWE = dict(sticky=(tk.W, tk.E), padx=PAD, pady=PAD)
    self.columnsLabel.grid(row=0, column=0, **padW)
    self.columnsSpinbox.grid(row=0, column=1, **padWE)
    self.rowsLabel.grid(row=1, column=0, **padW)
    self.rowsSpinbox.grid(row=1, column=1, **padWE)
    self.maxColorsLabel.grid(row=2, column=0, **padW)
    self.maxColorsSpinbox.grid(row=2, column=1, **padWE)
```

이 메서드는 그림 7.5에 보여준 대로 위젯을 배치한다. 배치는 단순하다. 모든 라벨을 왼쪽에 정렬시키고(sticky=tk.W, 즉, West) 모든 스핀박스를 남는 모든 가로 공간을 차지하게 하며, 위젯 간의 여백은 0.75mm(PAD 상수 값)로 지정한다(§1.2의 "시퀀스와 맵 풀기"를 보라).

```
def create_bindings(self):
    if not TkUtil.mac():
        self.bind("<Alt-l>", lambda *args: self.columnsSpinbox.focus())
        self.bind("<Alt-r>", lambda *args: self.rowsSpinbox.focus())
        self.bind("<Alt-m>",
                lambda *args: self.maxColorsSpinbox.focus())
```

맥 OS X이 아닌 플랫폼에서는 스핀박스 간의 이동 또는 버튼 클릭 시 키보드 단축키를 활용할 수 있게 만들 수 있다. 예를 들어, 사용자가 Alt+R을 누르면 rowsSpinbox로 키보드 포커스가 이동한다. 버튼 클릭과 단축키를 연결할 필요는 없다. 기반 클래스에서 그런 작업을 알아서 해준다.

```python
def apply(self):
    columns = int(self.columns.get())
    rows = int(self.rows.get())
    maxColors = int(self.maxColors.get())
    newGame = (columns != self.board.columns or
               rows != self.board.rows or
               maxColors != self.board.maxColors)
    if newGame:
        self.board.columns = columns
        self.board.rows = rows
        self.board.maxColors = maxColors
        self.board.new_game()
```

이 메서드는 사용자가 창의 "수락" 버튼(OK나 Yes)을 클릭한 경우에만 호출된다. StringVar 값을 가져와 이를 정수로 바꾼다(이 변환은 항상 성공한다). 그 후 이 값들을 Board 인스턴스의 애트리뷰트에 설정한다. 변경을 처리하기 위해 값이 바뀐 경우에만 게임을 새로 시작한다.

보통 복잡한 애플리케이션의 경우 어떤 대화창을 테스트하려면 상당히 많은 조작(메뉴 선택 및 대화창 안에서 다른 대화창을 띄우는 것)이 필요하다. 테스트를 더 쉽게 하기 위해 창 클래스를 포함하는 모듈의 끝마다 if __name__ == "__main__": 문을 추가해 창을 테스트하기 위한 코드를 넣어 두는 것이 좋다. 다음은 gravitate/Preferences.py 모듈에 있는 그런 코드를 보여준다.

```python
def close(event):
    application.quit()
application = tk.Tk()
scoreText = tk.StringVar()
board = Board.Board(application, print, scoreText)
window = Window(application, board)
application.bind("<Escape>", close)
board.bind("<Escape>", close)
application.mainloop()
print(board.columns, board.rows, board.maxColors)
```

먼저 애플리케이션을 끝내는 아주 작은 함수를 정의한다. 그런 다음 보통은 감춰져 있는(하지만 여기서는 눈에 보인다) tk.Tk 객체를 만들어 애플리케이션의 루트로 사용한다. 그리고 Esc 키를 close() 함수에 연결해 사용자가 창을 쉽게 닫을 수 있게 한다.

Board 인스턴스는 보통 메인 창 쪽에 있는 것을 대화창을 호출할 때 전달한다. 하지만 여기서는 대화창을 별도로 열기 때문에 직접 인스턴스를 생성해 넣어줘야 한다.

다음으로는 대화창을 연다. 이제 사용자가 OK나 Cancel을 클릭할 때까지 블록될 것이다. 하지만 대화창은 이벤트 루프가 시작된 다음에야 표시된다. 그 후 대화창이 닫히고 나면 사용자가 변경했을 가능성이 있는 Board 애트리뷰트의 값을 출력한다. 사용자가 OK를 눌렀다면 이 값은 사용자가 변경한 결과를 반영해야만 한다. OK를 누르지 않았다면 원래의 값을 그대로 유지해야 한다.

7.2.2.2 모드리스 대화창 만들기

이번 절에서는 그림 7.6에 있는 Gravitate 애플리케이션의 모드리스 도움말 대화창을 살펴보겠다.

앞에서 설명한 바와 같이 모달과 모드리스 대화창 사이에 위젯이나 배치, 이벤트 연결 등은 차이가 없다. 둘 사이에서 차이가 생기는 부분은 모드리스 대화창은 표시돼 있는 경우라도 다른 창으로 가는 이벤트를 막지 않는다는 점이다(반면 모달 창은 이벤트를 독점한다). 따라서 호출하는 창(메인 창)은 자신의 이벤트 루프를 계속 수행하며 사용자와 상호작용할 수 있다. 먼저 창을 호출하는 코드부터 살펴보고, 창 내부 코드를 볼 것이다.

```python
def help(self, event=None):
    if self.helpDialog is None:
        self.helpDialog = Help.Window(self)
    else:
        self.helpDialog.deiconify()
```

이 부분은 Main.Window.help() 메서드다. Main.Window에는 __init__() 메서드 안에서 None으로 초기화하는 인스턴스 변수인 self.helpDialog가 있다. 사용자가 도움말을 호출하면 메인 창을 부모로 한 대화창을 만든다. 창을 생성하면 메인 창 위로 팝업한다. 하지만 대화창이 모드리스이기 때문에 메인창의 이벤트 루프는 계속 작동한다. 따라서 사용자는 도움말 창과 메인창 양쪽과 상호작용할 수 있다.

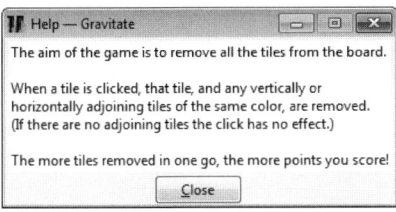

그림 7.6 Gravitate 애플리케이션의 모드리스 도움말 창(윈도우에서 본 모습)

두 번째 도움말 호출부터는 이미 만든 창에 대한 참조를 가지고 있기 때문에 단지 창을 다시 보여주기만 하면 된다(이때 tkinter.Toplevel.deiconify()을 사용한다). 왜냐하면 사용자가 창을 닫을 때 대화창 클래스가 자신을 제거하는 대신 보이지 않게만 만들기 때문이다. 처음 대화창을 사용할 때는 생성 후 보여주고, 감추며, 그 이후로는 보이고 감추기만 한다. 이 경우 새로 만들어 보여주고 감추는 것보다 더 빠르다는 장점도 있다. 또한 창을 감추기만 하면 대화창의 상태를 계속 유지할 수 있다.

```python
class Window(tk.Toplevel):

    def __init__(self, master):
        super().__init__(master)
        self.withdraw()
        self.title("Help \u2014 {}".format(APPNAME))
        self.create_ui()
        self.reposition()
        self.resizable(False, False)
        self.deiconify()
        if self.winfo_viewable():
            self.transient(master)
        self.wait_visibility()
```

모드리스 대화창은 보통 tkinter.ttk.Frame이나 tkinter.Toplevel를 상속한다. 여기서는 후자를 택했다. 창은 부모(마스터)를 받는다. tkinter.Toplevel.withdraw()를 호출하면 창을 바로 감춘다. 사용자가 창을 볼 수 있지 않은 상태에서 이를 실행한 이유는 창이 만들어지는 동안 순간적으로 화면이 깜빡이는 것을 방지하기 위해서다.

다음으로 창의 제목을 "Help – Gravitate"로 설정하고 창의 위젯을 만든다. 도움말 텍스트가 짧기 때문에 대화창의 크기를 고정시키고 Tkinter가 도움말 텍스트의 길이에 맞춰 자동으로 창의 크기와 Close 버튼을 조절하도록 남겨둔다. 도움말이 길다면 tkinter.Text에 스크롤바를 사용하고 대화창의 크기를 변경 가능하게 해야 할 것이다.

모든 위젯을 만들고 배치하면 tkinter.Toplevel.deiconify()를 호출해 창을 보여 준다. 창을 보이면(즉, 시스템의 창 관리자에 의해 보여지면) Tkinter에 창이 일시적(transient)이라는 사실을 통보한다. 이런 정보는 윈도우 시스템이 해당 창을 숨기거나 제거할 때 일어나는 화면 갱신을 최적화하는 힌트로 작용한다.

맨 끝의 tkinter.Toplevel.wait_visibility() 호출은 창이 보여질 때까지 블록된다(사용자가 눈치채지 못할 만큼 짧은 시간만 블록된다). 기본적으로 tkinter.Topleve 창은 모드리스이지만 맨 뒤에 두 문장만 추가하면 모달 창으로 바꿀 수 있다. 이 두 명령은 self.grab_set()과 self.wait_window(self)이다. 첫 문장은 애플리케이션의 포커스(Tck/Tk에서는 "그랩"이라 부름)를 해당 창으로 제한하기 때문에 창이 모달이 된다. 두 번째 문장은 창이 닫힐 때까지 블록된다. 모달 창에 대해 설명할 때는 이 두 문장을 다룬 적이 없다. 왜냐하면 tkinter.simpledialog.Dialog(또는 이 책에서는 TkUtil.Dialog)를 상속해 모달 창을 만드는 것이 표준적인 방법인데, 그 클래스에는 이미 이 두 문장이 포함돼 있기 때문이다.

이제 사용자가 만들어진 창이나 애플리케이션의 메인 창, 또는 애플리케이션에 속한 다른 모든 모드리스 창 가운데 현재 화면에 보이는 것과 상호작용할 수 있다.

```
def create_ui(self):
    self.helpLabel = ttk.Label(self, text=_TEXT, background="white")
    self.closeButton = TkUtil.Button(self, text="Close", underline=0)
    self.helpLabel.pack(anchor=tk.N, expand=True, fill=tk.BOTH,
            padx=PAD, pady=PAD)
    self.closeButton.pack(anchor=tk.S)
    self.protocol("WM_DELETE_WINDOW", self.close)
    if not TkUtil.mac():
        self.bind("<Alt-c>", self.close)
    self.bind("<Escape>", self.close)
    self.bind("<Expose>", self.reposition)
```

창의 UI는 단순하기 때문에 이 메서드 안에서 다 만들어낸다. 우선 도움말(_TEXT 상수에 저장됨)을 표시할 라벨을 만든다. 그리고 Close 버튼을 만든다. TkUtil.Button(tkinter.ttk.Button을 상속한)을 사용해 맥 OS X에서는 밑줄을 그리지 않게 만든다(몇 페이지 앞에서 TkUtil.Label 코드를 통해 이 부분을 설명했다).

위젯이 두 개밖에 없으므로 간단한 배치 관리자를 사용하는 것이 좋다. 따라서 여기서는 라벨을 창의 위에 패킹해 가로세로 방향으로 자랄 수 있게 만들고, 버튼을 맨 아래 패킹했다.

맥 OS X이 아니라면 키보드 단축키 Alt+C를 Close 버튼에 추가한다. 또한 모든 플랫폼에서 Esc 키를 누르면 창이 닫히게 만든다.

모드리스 창은 제거하고 다시 만들기보다는 감췄다 다시 보이기 때문에 사용자가 도움말 창을 본 다음에 이를 닫고(즉, 숨기고), 그 후 메인 창의 위치를 변경한 다음 도움말 창을 다시 보이게 할 수 있다. 도움말 창을 처음 보였던 위치(또는 사용자가 창을 옮겨간 최종 위치)에 그대로 두는 것도 지극히 타당한 방법이다. 하지만 도움말 길이가 짧기 때문에 매번 창을 다시 보일 때마다 위치를 다시 잡는 편이 더 나아 보인다. ⟨Expose⟩ 이벤트(창이 자기 자신을 다시 그려야 할 필요가 있는 경우 발생)를 reposition() 메서드와 연결하면 된다.

```
def reposition(self, event=None):
    if self.master is not None:
        self.geometry("+{}+{}".format(self.master.winfo_rootx() + 50,
            self.master.winfo_rooty() + 50))
```

이 메서드는 창을 master의 위치에서 오른쪽과 아래 방향으로 50픽셀씩 떨어진 위치로 옮긴다.

이론상으로는 이 메서드를 __init__() 메서드에서 부를 필요는 없다. 하지만 __init__() 메서드에서 이 메서드를 호출하면 창이 화면에 표시되기 전에 위치를 제대로 지정한다. 그에 따라 창을 화면에 표시하자마자 위치를 바꾸는 경우를 막을 수 있다.

```
def close(self, event=None):
    self.withdraw()
```

대화창을 닫으면(사용자가 Esc나 Alt+C 키를 누르거나, Close 버튼이나 x 닫기 버튼을 누른 경우)이 메서드를 호출한다. 이 메서드는 창을 제거하지 않고 숨긴다. 따라서 나중에 해당 창에 대해 tkinter.Toplevel.deiconify()를 호출하면 창이 다시 보인다.

7.3 메인 창 애플리케이션 만들기

이번 절에서는 더 일반적인 메인 창 스타일 애플리케이션으로 Graviatate의 여러 부분을 어떻게 만들어낼 수 있는지 살펴본다. 애플리케이션은 그림 7.7에서 볼 수 있고, 게임에 대한 설명은 "Gravitate" 박스에서 찾아볼 수 있다. 사용자 인터페이스는 메뉴 막대, 중앙의 위젯, 상태 막대, 대화창 등 사용자들이 예상할 만한 표준적인 여러 요소로 구성돼 있다. Tkinter는 메뉴를 기본 제공한다. 하지만 가운데의 위젯이나 상태 막대는 직접 만들어야만 한다. Gravitate 애플리케이션의 코드의 기본 골격은 유지한 채, 가운데 영역의 위젯을 변경하고, 메뉴나 상태 막대의 내용을 바꿔 다른 메인 창 스타일의 애플리케이션 개발에 활용하는 것은 어렵지 않을 것이다.

Gravitate는 7개의 파이썬 파일과 9개의 아이콘 이미지로 이뤄져 있다. 애플리케이션의 "실행 파일"은 gravitate/gravitate.pyw이며 메인 창은 gravitate/Main.py에 있다. 세 가지 지원용 대화창이 있는데, 이 책에서 다루지 않을 gravitate/About.py, 앞(§7.2.2.2)에서 설명한 gravitate/Help.py, 그리고 §7.2.2.1에서 설명한 gravitate/Preferences.py이 있다. 메인 창의 가운데 영역은 gravitate/Board.py에서 기술한 Board 객체가 차지한다. 이는 tkinter.Canvas(이 클래스에 대한 설명은 생략한다)의 하위 클래스다.

그림 7.7 Gravitate 애플리케이션(윈도우, 맥 OS X)

> **Gravitate**
>
> 이 게임의 목표는 보드에서 모든 타일을 없애는 것이다. 어떤 타일을 클릭하면 그 타일과 가로 세로 인접한 같은 색깔의 타일은 모두 보드에서 사라진다(만약 같은 색깔의 인접 타일이 없다면 클릭해도 아무 일도 일어나지 않는다). 한 번에 더 많은 타일을 없앨수록 더 많은 점수를 받을 수 있다.
>
> Gravitate의 로직은 Tile Fall이나 Same Game과 같다. 다른 두 게임과 Gravitate의 차이는 Tile Fall이나 Same Game에서는 타일이 사라지면 다른 타일들이 빈 공간을 채우기 위해 아래 방향과 왼쪽 방향으로 이동하는 반면 Gravitate에서는 보드의 가운데 방향으로 작용하는 '중력'에 따라 이동한다는 점에 있다.
>
> 이 책의 예제에는 3가지 버전의 Gravitate가 있다. gravitate에 있는 게임은 본 절에서 설명하는 프로그램이다. 두 번째는 gravitate2에 있으며, 로직은 첫 번째 버전과 같지만 도구막대를 숨길 수 있고, 사용자 설정 창에서 타일 모양이나 확대 비율 등 더 많은 선택사항을 제공한다. 또한 gravitate2에서는 최고 점수를 기억해 뒀다가 다시 프로그램을 실행해도 보여주며, 마우스뿐 아니라 키보드의 화살표키로 선택된 블록을 이동하고 스페이스 바를 눌러 블록을 없앨 수 있다. 세 번째 버전은 3차원 버전으로 8장(§8.2)에서 설명하겠다. 또한 온라인 버전이 www.qtrac.eu/gravitate.html에 있다.

```python
def main():
    application = tk.Tk()
    application.withdraw()
    application.title(APPNAME)
    application.option_add("*tearOff", False)
    TkUtil.set_application_icons(application, os.path.join(
            os.path.dirname(os.path.realpath(__file__)), "images"))
    window = Main.Window(application)
    application.protocol("WM_DELETE_WINDOW", window.close)
    application.deiconify()
    application.mainloop()
```

이 코드는 gravitate/gravitate.pyw 파일의 main() 함수다. 여기서는 보통은 보이지 않는 최상위 tkinter.Tk 객체를 만들고 애플리케이션 창이 생길 때 화면이 깜빡거리지 않게끔 이를 만들자마자 바로 숨긴다. 기본적으로 Tkinter에는 테어 오프(tear off) 메뉴(옛날옛적 모티프 GUI에서 온)가 포함돼 있다. 하지만 최근의 GUI는 테어 오프 기능을 활용하지 않으므로 이 기능을 끈다. 다음으로 앞에서 설명한 set_application_icons()를 활용해 애플리케이션의 아이콘을 설정한다. 그다음 메인 창을 만들고 Tkinter에게 애플리케이션의 x 닫기 버튼을 클릭하면 Main.Window.close() 메서드를 호출하라고 알린다. 마지막으로 애플리케이션을 보이게 만들고(혹은 이벤트 루프에 나중에 애플리케이션을 보여주도록 이벤트를 집어 넣을 수도 있다), 이벤트 루프를 시작한다. 이제 애플리케이션이 화면에 표시될 것이다.

7.3.1 메인 창 만들기

Tkinter 메인 창은 원론적으로는 다른 대화창과 차이가 없다. 하지만 실제로는 메인 창에 메뉴 막대와 상태 막대, 그리고 도구막대나 다른 도킹 가능한 여러 창을 추가한다. 또한 메인창에는 텍스트 에디터나 표(스프레드 시트), 그래픽(게임이나 시뮬레이션, 데이터 시각화) 등 중심이 되는 위젯이 하나 있기 마련이다. Gravitate의 경우 메뉴 막대, 그림을 그릴 수 있는 중심 위젯, 상태 막대가 포함돼 있다.

```python
class Window(ttk.Frame):

    def __init__(self, master):
        super().__init__(master, padding=PAD)
        self.create_variables()
        self.create_images()
        self.create_ui()
```

Gravitate의 Main.Window 클래스는 tkinter.ttk.Frame를 상속하며, 대부분의 작업은 기반 클래스나 세 가지 도우미 메서드에서 담당한다.

```python
    def create_variables(self):
        self.images = {}
        self.statusText = tk.StringVar()
        self.scoreText = tk.StringVar()
        self.helpDialog = None
```

상태 막대에 표시되는 임시 텍스트 메시지는 self.statusText에 저장하며, 계속 표시해야 하는 점수(그리고 최고 점수) 부분 텍스트는 self.scoreText에 저장한다. 도움말 대화창은 None으로 설정한다. 도움말 창에 대해서는 앞(§7.2.2.2)에서 설명했다.

메뉴 텍스트 옆에는 아이콘을 표시하는 경우가 많다. 또한 도구 막대 버튼에서 아이콘은 필수 요소이기도 하다. Gravitate 게임에서는 모든 아이콘 이미지를 gravitate/images 디렉터리에 넣고 각 이름에 대한 상수를 정의해 뒀다(예를 들어, NEW는 "New" 문자열로 돼 있다). Main.Window 창을 만들면 create_images() 메서드를 호출해 필요한 여러 이미지를 self.images 딕셔너리에 넣는다. 이처럼 Tkinter가 읽어온 이미지에 대한 참조를 어딘가에 꼭 유지해 둬야 한다. 그렇지 않으면 각 이미지는 가비지 컬렉터가 제거해 버린다(그리고 화면에서도 사라져 버린다).

```python
def create_images(self):
    imagePath = os.path.join(os.path.dirname(
            os.path.realpath(__file__)), "images")
    for name in (NEW, CLOSE, PREFERENCES, HELP, ABOUT):
        self.images[name] = tk.PhotoImage(
                file=os.path.join(imagePath, name + "_16x16.gif"))
```

16×16 픽셀 이미지를 메뉴에서 사용하기로 결정했기 때문에 각 이미지 상수(NEW, CLOSE 등)에 대해 적절한 이미지를 가져온다.

내장 __file__ 상수에는 파일명과 경로가 들어 있다. os.path.realpath()를 사용해 ".."나 심볼릭 링크 등을 제거한 절대 경로를 가져오고, 그 중 디렉터리 부분만 뽑아내서(즉, 파일명 부분을 제거해), 그 뒤에 "images"를 붙여 애플리케이션의 이미지 경로로 삼는다.

```python
def create_ui(self):
    self.create_board()
    self.create_menubar()
    self.create_statusbar()
    self.create_bindings()
    self.master.resizable(False, False)
```

리팩터링을 철저하게 했기 때문에 이 메서드는 다른 여러 도우미 메서드에 대부분의 작업을 위임한다. 사용자 인터페이스 생성을 완료하고 나면 창의 크기를 변경 불가능하도록 설정한다. 타일 크기가 고정되어 있는 경우 창 크기를 변경하는 것은 불합리하다(Gravitate 2 애플리케이션도 창 크기 변경은 불가능하다. 하지만 사용자가 타일 크기를 변경하면 그에 맞춰 창 크기를 변경한다).

```python
def create_board(self):
    self.board = Board.Board(self.master, self.set_status_text,
            self.scoreText)
```

```
        self.board.update_score()
        self.board.pack(fill=tk.BOTH, expand=True)
```

이 메서드는 Board 인스턴스(tkinter.Canvas를 상속한)를 만들면서 self.set_status_text() 메서드를 전달해 메인 창 상태 막대에 임시 메시지를 표시할 수 있게 해 준다. 또한 self.scoreText를 전달해 점수(최고 점수도 함께)를 변경할 수 있게 해준다.

보드를 만들고 나면 보드의 update_score() 메서드를 호출해 점수 표시에 "0 (0)"을 표시하게 한다. 또한 보드를 메인 창에 팩한다. 이때 가로세로 양방향으로 크기 변경이 가능하게 만든다.

```
    def create_bindings(self):
        modifier = TkUtil.key_modifier()
        self.master.bind("<{}-n>".format(modifier), self.board.new_game)
        self.master.bind("<{}-q>".format(modifier), self.close)
        self.master.bind("<F1>", self.help)
```

여기서는 세 가지 키보드 단축키를 정의한다. Ctrl+N(또는 ⌘N)은 새 게임을 시작하고, Ctrl+Q(또는 ⌘Q)는 종료하며, F1은 모드리스 도움말 창을 생성(또는 숨겨져 있는 경우 보이게)한다. TkUtil.key_modifier() 메서드는 플랫폼에 따라 단축키를 만들기 위한 적절한 특수키 이름("Control"이나 "Command")을 반환한다.

7.3.2 메뉴 만들기

윈도우나 리눅스에서 Tkinter는 전통적으로 메뉴를 창의 타이틀 막대 아래 표시한다. 하지만 맥 OS X에서는 맥 OS X의 화면 최상단에 보이는 단일 맥 OS X 메뉴에 통합한다. 하지만 다음에 설명하듯 이러한 Tkinter의 메뉴 통합 과정을 프로그래머가 도와야만 한다.

메뉴와 하위 메뉴는 tkinter.Menu의 인스턴스다. 메뉴 하나를 반드시 최상위 창의 메뉴 막대로 만들고, 다른 메뉴는 그 메뉴 막대 메뉴의 자식 메뉴로 만들어야 한다.

```
    def create_menubar(self):
        self.menubar = tk.Menu(self.master)
        self.master.config(menu=self.menubar)
```

```
        self.create_file_menu()
        self.create_help_menu()
```

여기서는 새로 빈 메뉴를 만들어 창의 자식으로 만들고, 창의 menu 애트리뷰트(즉, 메뉴 막대)를 이 메뉴(self.mebubar)로 지정한다. 그러고 나서 메뉴 막대에 여러 하위 메뉴를 추가한다. 여기서는 두 가지 하위 메뉴가 있는데, 다음 절에서 살펴보겠다.

7.3.2.1 파일 메뉴 만들기

대부분의 메인 창 형태 애플리케이션에는 파일 메뉴가 있어서 새로운 문서를 만들거나, 기존 문서를 열거나, 현재 문서를 저장하고, 애플리케이션을 종료하는 기능을 제공한다. 하지만 게임의 경우 이런 메뉴는 거의 필요가 없다. 따라서 Gravitate 애플리케이션에서는 그림 7.8과 같이 그 중 일부만을 제공한다.

```
def create_file_menu(self):
    modifier = TkUtil.menu_modifier()
    fileMenu = tk.Menu(self.menubar, name="apple")
    fileMenu.add_command(label=NEW, underline=0,
            command=self.board.new_game, compound=tk.LEFT,
            image=self.images[NEW], accelerator=modifier + "+N")
    if TkUtil.mac():
        self.master.createcommand("exit", self.close)
        self.master.createcommand("::tk::mac::ShowPreferences",
                self.preferences)
    else:
        fileMenu.add_separator()
        fileMenu.add_command(label=PREFERENCES + ELLIPSIS, underline=0,
                command=self.preferences,
                image=self.images[PREFERENCES], compound=tk.LEFT)
    fileMenu.add_separator()
    fileMenu.add_command(label="Quit", underline=0,
            command=self.close, compound=tk.LEFT,
            image=self.images[CLOSE],
            accelerator=modifier + "+Q")
    self.menubar.add_cascade(label="File", underline=0,
            menu=fileMenu)
```

이 메서드는 파일 메뉴를 만든다. 상수 이름은 모두 대문자로 돼 있고, 대부분 이름과 같은 문자열을 저장한다. 예를 들어, NEW는 문자열 "New"를 저장한다.

메서드는 키보드 단축키를 위한 특수키를 가져오는 것으로부터 시작한다(맥 OS X의 경우 ⌘, 리눅스나 윈도우의 경우 Ctrl). 그 후 파일 메뉴를 창 메뉴 막대의 자식으로 만든다. 메뉴에 이름("apple")을 지정한 것은 맥 OS X에서 애플리케이션 메뉴에 메뉴를 통합해야 한다는 사실을 Tkinter에게 알려주기 위함이다. 다른 플랫폼에서는 이 설정을 무시한다.

메뉴 항목은 tkinter.Menu.add_command(), tkinter.Menu.add_checkbutton(), tkinter.Menu.add_radiobutton() 메서드 등을 사용해 추가한다. 여기서는 맨 처음 메서드만을 사용한다. 메뉴 항목 사이의 구분은 tkinter.add_separator()로 추가한다. underline 애트리뷰트는 맥 OS X에서는 무시하며, 윈도우에서는 Alt 키를 누른 경우이거나 밑줄을 보이도록 설정돼 있는 경우에만 보인다. 각 메뉴 항목에 대해 라벨 텍스트를 지정하고, 밑줄(underline), 메뉴를 선택하면 실행할 명령, 그리고 아이콘(image 애트리뷰트)을 지정한다. compound 애트리뷰트는 아이콘과 텍스트를 다루는 방법을 지정한다. tk.LEFT는 두 가지를 다 보여주되 아이콘을 왼쪽에 표시해야 한다는 의미다. 또한 단축키를 지정했다. 예를 들어, File->New의 경우 사용자는 리눅스나 윈도우의 경우 Ctrl+N, 맥 OS X의 경우 ⌘N이다.

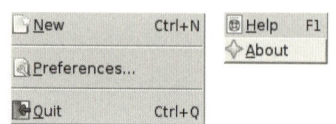

그림 7.8 Gravitate 애플리케이션의 메뉴(리눅스)

맥 OS X에서 사용자 설정과 종료는 애플리케이션 메뉴에 보여야 한다(애플 메뉴 왼쪽이다. 또한 이 메뉴 바로 다음에 애플리케이션의 파일 메뉴가 온다). 맥 OS X과 통합하기 위해 tkinter.Tk.createcommand() 메서드로 Tcl/Tk::tk::mac::ShowPreferences와 exit 명령을 그에 대응하는 Gravitate의 메서드로 설정한다. 다른 플랫폼의 경우 두 메뉴 모드 일반 메뉴 항목으로 등록한다.

파일 메뉴를 다 만들고 나면 이를 메뉴 막대의 서브 메뉴로 등록한다.

```
def menu_modifier():
    return "Command" if mac() else "Ctrl"
```

이 함수는 TkUtil/__init__.py에 있으며, 메뉴의 텍스트에 사용한다. "Command"는 맥 OS X에서 특별히 취급하며, ⌘ 기호로 바꿔 보여준다.

7.3.2.2 도움말 메뉴 만들기

애플리케이션의 도움말 메뉴는 Help와 About의 두 가지 항목밖에 없다. 하지만 맥 OS X은 이 둘을 모두 리눅스나 윈도우와 다르게 처리한다. 따라서 이러한 차이를 코드에 반영해야만 한다.

```python
def create_help_menu(self):
    helpMenu = tk.Menu(self.menubar, name="help")
    if TkUtil.mac():
        self.master.createcommand("tkAboutDialog", self.about)
        self.master.createcommand("::tk::mac::ShowHelp", self.help)
    else:
        helpMenu.add_command(label=HELP, underline=0,
                command=self.help, image=self.images[HELP],
                compound=tk.LEFT, accelerator="F1")
        helpMenu.add_command(label=ABOUT, underline=0,
                command=self.about, image=self.images[ABOUT],
                compound=tk.LEFT)
    self.menubar.add_cascade(label=HELP, underline=0,
            menu=helpMenu)
```

도움말 메뉴를 "help"라는 이름으로 만든다. 리눅스나 윈도우에서는 이 이름을 무시하지만 맥 OS X에서는 이름이 "help"로 돼 있어야만 시스템의 도움말 메뉴와 제대로 통합할 수 있다. 맥 OS X을 사용 중이라면 tkinter.Tk.createcommand() 메서드를 호출해 Tcl/Tk tkAboutDialog와 ::tk::mac::ShowHelp 명령을 적절한 Gravitate 메서드로 연결한다. 다른 플랫폼에서는 Help와 About 메뉴 항목을 전통적인 방식을 사용해 연결한다.

7.3.3 상태 막대와 표시기 만들기

Gravitate 애플리케이션에는 왼쪽에는 메시지를 잠깐씩 표시하고, 오른쪽에는 영구적인 상태 표시기가 있는 전형적인 상태 막대를 포함하고 있다. 그림 7.7은 상태 표시기와 임시 메시지를 보여준다.

```python
def create_statusbar(self):
    statusBar = ttk.Frame(self.master)
    statusLabel = ttk.Label(statusBar, textvariable=self.statusText)
    statusLabel.grid(column=0, row=0, sticky=(tk.W, tk.E))
    scoreLabel = ttk.Label(statusBar, textvariable=self.scoreText,
            relief=tk.SUNKEN)
    scoreLabel.grid(column=1, row=0)
    statusBar.columnconfigure(0, weight=1)
    statusBar.pack(side=tk.BOTTOM, fill=tk.X)
    self.set_status_text("Click a tile or click File®New for a new "
            "game")
```

상태 막대를 만들기 위해 먼저 프레임을 만든다. 그 후 라벨을 추가하고 그 라벨을 self.statusText(StringVar 타입)와 연결한다. 이제 self.statusText를 설정함으로써 상태 텍스트를 변경할 수 있다. 다만 실제로는 관련 메서드를 호출할 것이다. 또한 영구적인 상태 표시기를 추가한다. 이는 점수(및 최고 점수)를 표시하는 라벨로 self.scoreText에 연결돼 있다.

두 라벨을 상태 막대 프레임의 안쪽에 격자로 배치하고 statusLabel(임시 메시지를 표시할 라벨)이 가능한 한 넓게 자리잡게 만든다. 상태 막대 프레임 자체는 메인 창의 맨 바닥에 팩하고 가로 방향으로 창 전체 너비에 맞춰 늘어나도록 설정한다. 마지막으로 set_status_text() 메서드를 사용해 임시 상태 텍스트를 초기화한다.

```python
def set_status_text(self, text):
    self.statusText.set(text)
    self.master.after(SHOW_TIME, lambda: self.statusText.set(""))
```

이 메서드는 text(비어있어도 된다)로 self.statusText를 설정한다. 그 후 SHOW_TIME(예제에서는 5초로 돼 있고, 단위는 밀리초다)이 지나면 텍스트를 삭제한다.

여기서는 상태 막대에 라벨만을 넣었다. 하지만 다른 위젯을 추가하지 말라는 법은 없다. 예를 들어 콤보 박스, 스핀 박스, 버튼 등도 추가할 수 있다.

지면상 기본적인 Tkinter 사용법만을 다룰 수밖에 없다. 파이썬은 Tcl/Tk 8.5(테마가 적용된 첫 버전)을 도입하면서 훨씬 더 매력적으로 변했다. 왜냐하면 이제는 맥 OS X과 윈도우에서 네이티브 룩앤필을 제공하기 때문이다. Tkinter에는 몇 가지 아주 강력하고 유연한 위젯을 제공한다. 가장 유명한 것으로는 텍스트 편집 기능 및 형식화하거나 양식을 적용해 텍스트를 표시하는 기능을 제공하는 tkinter.Text와 2D 그래픽 기능을 제공하는 tkinter.Canvas(Gravitate와 Gravitate 2에서도 활용한)가 있다. 다른 유용한 위젯으로는 항목을 표나 트리로 보여주는 tkinter.ttk.Treeview, 탭을 보여주는 tkinter.ttk.Notebook(Gravitate 2에서 사용자 설정 창에 사용됨), 화면 구획을 나눌 수 있는 스플리터(splitter)를 제공하는 tkinter.ttk.Panedwindow를 들 수 있다.

Tkinter가 다른 GUI 툴킷이 제공하는 고수준 기능을 제공하지 않기는 하지만 우리가 살펴본 것과 같이 임시 메시지 영역과 영구 상태 표시기가 포함된 상태 막대를 만드는 것은 아주 쉽다. Tkinter의 메뉴는 이번 장에서 설명한 것보다 훨씬 복잡하고, 하위 메뉴, 하위 메뉴의 하위 메뉴, 체크 가능 메뉴 항목(체크박스나 라디오버튼 스타일로 사용 가능) 등도 제공한다. 또한 문맥에 따른 메뉴를 만드는 것도 아주 쉽다.

우리가 필요로 하는 기능 중 결여돼 있는 것으로는 도구 막대를 들 수 있다. 이 또한 쉽게 만들 수 있지만 숨기거나 보이게 만들거나, 창 크기를 변경할 때마다 자동으로 배치를 조정하게 하려면 주의가 필요하다. Tkinter가 제공하지 않는 다른 유용한 기능으로는 도킹 가능 창을 들 수 있다. 숨기거나 보일 수 있고, 한 도킹 영역에서 다른 곳으로 드래깅하거나 자유롭게 독립 창으로 뜨는 도킹 가능 창을 만드는 것도 가능하다.

이 책의 예제에는 지면상의 제약으로 이번 장에서 다루지 않은 애플리케이션이 두 가지 더 들어 있다. 바로 texteditor과 texteditor2이며, 후자는 그림 7.9와 같은 모습이다. 두 애플리케이션 모두 숨기거나 보일 수 있고, 창 크기가 변경될 때마다 자동으로 배치를 조정할 수 있는 도구 막대와 하위 메뉴, 체크 박스와 라디오 버튼 스타일의 메뉴 항목, 문맥에 따른 메뉴, 최근 파일 목록을 보여준다. 그 두 애플리케이션 모두 그림 7.10에 있는 확장된 대화창을 사용한다. 또한 tkinter.Text 위젯의 사용법과 클립보드와 상호작용하는 방법도 보여준다. 추가로 texteditor2는 도킹 가능 창을 만드는 방법도 보여준다(다만 맥 OS X에서는 자유롭게 독립 창으로 띄우는 기능은 제대로 동작하지 않는다).

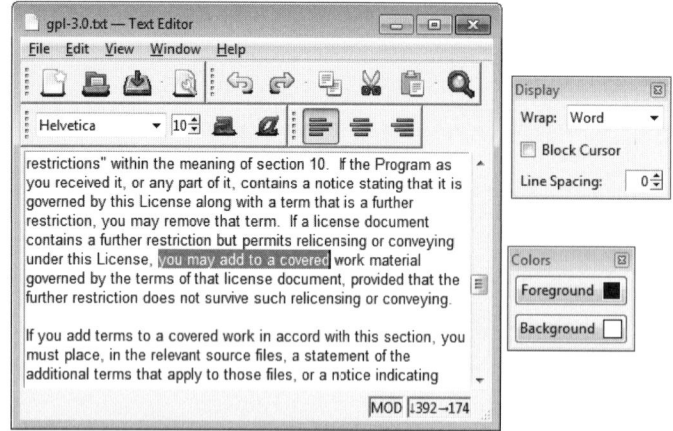

그림 7.9 Text Editor 2 애플리케이션(윈도우)

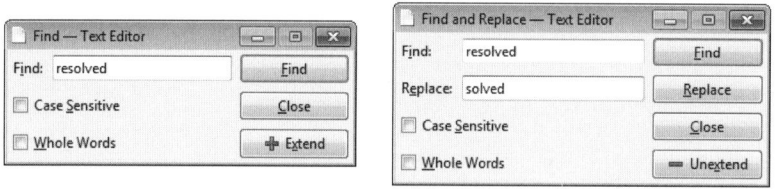

그림 7.10 Text Editor 애플리케이션의 확장 대화창(윈도우)

Tkinter로 다른 GUI 툴킷이 제공하는 것 같은 기본적인 하부구조를 제공하려면 분명 더 많은 노력이 필요하다. 하지만 Tkinter이 그렇게 제약이 많은 것은 아니다. 또한 주의를 충분히 기울여 필요한 하부 기능(예를 들어, 도구 막대나 도킹 가능 창)을 구현한다면 그러한 기능을 모든 애플리케이션에서 재사용할 수 있다. Tkinter는 매우 안정적이며, 파이썬에 기본적으로 탑재된 툴킷이다. 따라서 배포하기 쉬운 GUI 애플리케이션을 작성하는 데는 이상적이다.

8장

파이썬 OpenGL 3차원 그래픽

설계 도구, 데이터 시각화 도구, 게임, 그리고 화면 보호기에 이르기까지 각종 최신 애플리케이션에서는 3D 그래픽을 활용한다. 앞에서 설명한 모든 파이썬 GUI 툴킷은 직접 지원하거나 애드온을 통하거나 모두 3D 그래픽을 지원한다. 3D 그래픽 지원은 보통 시스템의 OpenGL 라이브러리에 대한 인터페이스 형태로 돼 있다.

OpenGL 프로그래밍을 수월하게 만들어주기 위한 고수준 인터페이스를 제공하는 파이썬 3D 그래픽스 패키지가 많다. 이를테면, 파이썬 컴퓨터 그래픽스 키트(Python Computer Graphics Kit, cgkit.sourceforge.net), OpenCASCADE(github.com/tenko/occmodel), VPython(www.vpython.org) 등이 있다.

OpenGL에 더 직접적으로 접근할 수도 있다. 이러한 기능을 제공하는 주요 패키지로는 PyOpenGL(pyopengl.sourceforge.net)과 pyglet(www.pyglet.org)이 있다. 둘 모두 OpenGL 라이브러리를 제대로 감싸준다. 그래서 C(OpenGL의 주 언어로 OpenGL 교재에서도 사용됨) 언어 예제를 파이썬으로 변경하는 것이 아주 쉽고, 두 패키지 모두 독립적인 3D 프로그램을 작성하는 데 활용할 수 있다. PyOpenGL은 OpenGL GLUT GUI 라이브러리를 감싼 클래스를 사용하며, pyglet은 별도의 이벤트 처리와 최상위 창 지원을 제공한다.

독립된 3D 프로그램의 경우 기존 GUI 툴킷을 PyOpenGL과 함께 사용하는 것이 가장 좋을 것이다(PyOpenGL은 Tkinter, PyQt, PySide, wxPython 등과 동작 가능하다). 더 간단한 UI로 충분한 경우라면 pyglet을 사용하면 된다.

OpenGL도 다양한 버전이 있고, OpenGL을 사용하는 방법도 너무 많다. OpenGL 함수를 바로 호출하는 전통적인 방식("다이렉트 모드")은 언제 어디서나 모든 버전에 사용할 수 있다. OpenGL 2.0부터 사용 가능한 더 새로운 접근법은 전통적인 방식을 활용해 장면(Scene)을 구성하고, OpenGL 셰이딩 언어(OpenGL Shading Language, 셰이딩을 위해 C 언어를 특화시킴)를 활용해 프로그램을 작성하는 것이다. 이렇게 작성된 프로그램은 GPU에 일반 텍스트 형식으로 전달된다. GPU는 코드를 컴파일해 실행한다. 이 방식은 전통적인 방식보다 더 다양하게 활용할 수 있고 더 빠르지만, 지원하는 곳이 아직 많지 않다.

이번 장에서는 PyOpenGL 프로그램 하나와 pyglet 프로그램 둘을 살펴보겠다. 각각은 3D OpenGL 프로그래밍의 여러 측면을 보여줄 것이다. 이 책에서는 전통적인 방식만 사용한다. 왜냐하면 OpenGL 셰이딩 언어를 배우는 것보다 함수 호출로 3D 그래픽을 처리하는 방법을 배우는 게 더 쉽기 때문이다. 어느 경우든 우리의 주 목적은 파이썬 프로그램에서 3D를 활용하는 것이다. 이번 장을 읽는 독자는 어느 정도 OpenGL을 알고 있다고 가정한다. 그래서 사용하는 OpenGL 함수에 대해서는 대부분 설명하지 않을 것이다. OpenGL을 처음 접하는 독자라면 참고도서 목록의 "OpenGL SuperBible"부터 시작하는 것이 좋겠다.

한 가지 꼭 일러둘 것은 OpenGL의 명명 규약이다. 많은 OpenGL 함수는 숫자 다음에 오는 하나 이상의 문자로 끝난다. 숫자는 인자 개수이고, 문자는 인자의 타입이다. 예를 들어, glColor3f() 함수는 현재 색상을 지정하는 데 사용하는 세 가지 실수 인자(각각 빨강, 초록, 파랑이며 0.0부터 1.0 사이의 값)를 받는다. 하지만 glColor4ub() 함수는 4가지 부호 없는 바이트 값(각각 빨강, 초록, 파랑, 알파 값이며 범위는 0부터 255까지)을 인자로 받아 색상을 설정한다. 물론 파이썬에서는 아무 타입이나 사용해도 자동으로 형변환이 수행된다.

3D 장면은 보통 2차원 평면(즉, 컴퓨터 화면)에 투영해야 한다. 투영법에는 정사투영법과 원근투영법이 있다. 정사투영(Orthographic Projection)은 물체의 크기가 그대로 나타나며 보통 컴퓨터를 활용한 설계(CAD)에 많이 활용한다. 원근투영(Perspective Projection)은 관찰자 시점에 가까운 물체는 더 크게 보여주고 먼 물체는 더 작게 보여준다. 원근투영은 경치 등을 보여줄 때 더 사실적인 효과를 낸다. 두 가지 투영법 모두 게임에서 활용된다. 이번 장의 첫 번째 절에서는 원근투영을 활용한 장면을 구성하고, 두 번째 절에서는 정사투영을 활용하는 장면을 만들 것이다.

8.1 원근투영 장면

이번 절에서는 그림 8.1에 나온 Cylinder 프로그램을 만든다. 두 프로그램은 모두 3가지 축과 광원에 의해 빛을 받는 속이 빈 원통을 보여준다. 왼쪽의 PyOpenGL 버전은 OpenGL 인터페이스에 충실하다는 측면에서 더 순수하다 할 수 있고, 오른쪽의 pyglet 버전은 조금 더 프로그래밍하기 쉽고, 아주 조금 더 효율적이라 할 수 있다.

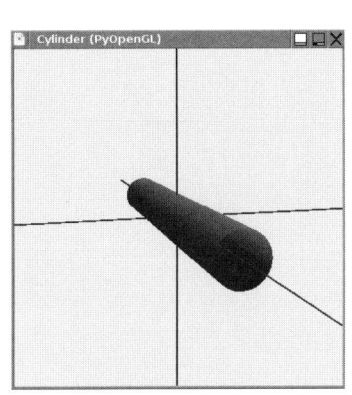
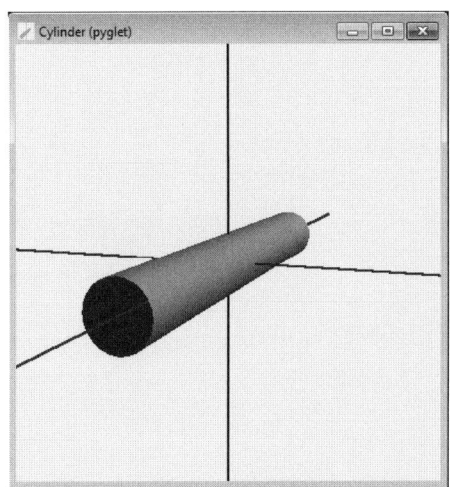

그림 8.1 Cylinder 프로그램(리눅스, 윈도우)

두 프로그램에서 대부분의 코드는 동일하며, 메서드 중 일부의 이름만 다를 뿐이다. 따라서 PyOpenGL 버전을 먼저 철저하게 살펴본 다음, pyglet 버전은 PyOpenGL 버전과의 차이점만을 설명하겠다. pyglet 코드에 대해서는 나중에 더 자세히 살펴본다(§8.2).

8.1.1 PyOpenGL로 원기둥 만들기

cylinder1.pyw 프로그램에서는 사용자가 x축과 y축을 독립적으로 회전할 수 있는 간단한 장면을 만든다. 또한 장면을 표시하는 창의 크기를 바꾸는 경우 장면의 크기를 적절히 변경한다.

```
from OpenGL.GL import *
from OpenGL.GLU import *
from OpenGL.GLUT import *
```

이 프로그램에서는 OpenGL[1]의 GL(핵심 라이브러리), GLU(유틸리티 라이브러리), 그리고 GLUT(창 툴킷)을 사용한다. 모듈을 임포트할 때 import * 문법을 사용하는 것은 피하는 것이 가장 좋지만 PyOpenGL의 경우 임포트하는 모든 이름이 gl, glu, glut, GL 등으로 시작하기 때문에 쉽게 구별되며 이름 충돌도 없다. 따라서 이 경우에는 import *를 쓰는 편이 더 낫다.

```
SIZE = 400
ANGLE_INCREMENT = 5

def main():
    glutInit(sys.argv)
    glutInitWindowSize(SIZE, SIZE)
    window = glutCreateWindow(b"Cylinder (PyOpenGL)")
    glutInitDisplayString(b"double=1 rgb=1 samples=4 depth=16")
    scene = Scene(window)
    glutDisplayFunc(scene.display)
    glutReshapeFunc(scene.reshape)
    glutKeyboardFunc(scene.keyboard)
    glutSpecialFunc(scene.special)
    glutMainLoop()
```

GLUT 라이브러리는 일반적으로는 GUI 툴킷이 제공하는 이벤트 처리와 최상위 창을 제공한다. 이 라이브러리를 활용하려면 glutInit()를 호출하고 여기에 프로그램의 명령행 인자를 전달해야 한다. 그러면 GLUT에서 적용 가능한 것을 적용하고, 적용한 인자는 제거한다. 그러고 나서 초기 창 크기를 설정한다(안 해도 된다). 이어서 창을 하나 만들어 제목을 부여한다. 그 후 glutInitDisplayString()을 호출해 OpenGL의 환경 매개변수를 몇 가지 설정한다. 여기서는 더블 버퍼링을 켜고, RGBA(빨강, 녹색, 파랑, 알파 값) 색 모델을 사용하게 하며, 안티 알리아싱 지원을 활성화하고, 깊이 버퍼를 16비트 정밀도로 설정한다(설정 가능한 옵션과 의미에 대해서는 PyOpenGL 문서를 참고한다).

OpenGL 인터페이스는 8비트 문자열(보통은 ASCII 인코딩)을 사용한다. 이런 문자열을 전달하는 방법 중 하나는 str.encode() 메서드를 활용하는 것이다. 이 메서드는 인코딩된 bytes를 반환

---

[1] (옮긴이) 파이썬 3 pip를 사용한다면 "pip install PyOpenGL" 명령으로 설치할 수 있다. 또한 freeglut3를 설치해야 한다. 우분투라면 "sudo apt-get freeglut3" 명령으로 설치할 수 있다.

한다. 예를 들어 "title".encode("ascii")는 b'title'을 반환한다. 하지만 여기서는 직접 bytes 문자열을 활용했다.

Scene은 OpenGL 그래픽을 창에 그릴 때 사용할 클래스다. 장면을 만들고 나면 Scene의 메서드 중 일부를 GLUT 콜백(즉 OpenGL 이벤트 발생시 호출할 함수)으로 등록한다. Scene.display() 메서드는 창을 보여줄 때, Scene.reshape() 메서드는 창 크기를 변경할 때, Scene.keyboard() 메서드는 사용자가 키(몇몇 키는 제외)를 누른 경우, Scene.special() 메서드는 등록된 키보드 함수가 처리하지 않는 키를 사용자가 누른 경우 호출하도록 연결한다.

창을 만들고 콜백 함수를 등록한 다음, GLUT 이벤트 루프를 시작한다. 이 루프는 프로그램이 종료될 때까지 실행될 것이다.

```python
class Scene:
    def __init__(self, window):
        self.window = window
        self.xAngle = 0
        self.yAngle = 0
        self._initialize_gl()
```

Scene 클래스에서는 OpenGL 창에 대한 참조를 보관하며, x 축과 y 축의 각도를 0으로 설정한다. 모든 OpenGL 관련 초기화는 맨 마지막에 호출한 _initialize_gl() 함수에 위임한다.

```python
    def _initialize_gl(self):
        glClearColor(195/255, 248/255, 248/255, 1)
        glEnable(GL_DEPTH_TEST)
        glEnable(GL_POINT_SMOOTH)
        glHint(GL_POINT_SMOOTH_HINT, GL_NICEST)
        glEnable(GL_LINE_SMOOTH)
        glHint(GL_LINE_SMOOTH_HINT, GL_NICEST)
        glEnable(GL_COLOR_MATERIAL)
        glEnable(GL_LIGHTING)
        glEnable(GL_LIGHT0)
        glLightfv(GL_LIGHT0, GL_POSITION, vector(0.5, 0.5, 1, 0))
        glLightfv(GL_LIGHT0, GL_SPECULAR, vector(0.5, 0.5, 1, 1))
        glLightfv(GL_LIGHT0, GL_DIFFUSE, vector(1, 1, 1, 1))
```

```
glMaterialf(GL_FRONT_AND_BACK, GL_SHININESS, 50)
glMaterialfv(GL_FRONT_AND_BACK, GL_SPECULAR, vector(1, 1, 1, 1))
glColorMaterial(GL_FRONT_AND_BACK, GL_AMBIENT_AND_DIFFUSE)
```

이 메서드에서는 OpenGL 환경을 설정하기 위해 단 한 번만 호출한다. 먼저 지우는 색(배경색)을 밝은 하늘색으로 설정한다. 그 후 여러 OpenGL 기능을 활성화한다. 이 중 가장 중요한 것은 광원 효과를 켜는 것이다. 광원이 있기 때문에 원통에 음영이 생긴다. 그 후 glColor…( ) 함수를 호출해 원통의 기본색(광원이 없는 상황에서의)을 지정한다. 예를 들어, GL_COLOR_MATERIAL를 켠 상태에서 현재 색을 glColor3ub(255, 0, 0)으로 빨간색으로 만들면 물체의 색(여기서는 원통의 색)에도 영향을 끼친다.

```
def vector(*args):
    return (GLfloat * len(args))(*args)
```

이 도우미 함수는 부동소수점 값으로 구성된 OpenGL 변수를 만들어준다(배열 안에 들어갈 값의 타입은 GLfloat이다).

```
def display(self):
    glClear(GL_COLOR_BUFFER_BIT|GL_DEPTH_BUFFER_BIT)
    glMatrixMode(GL_MODELVIEW)
    glPushMatrix()
    glTranslatef(0, 0, -600)
    glRotatef(self.xAngle, 1, 0, 0)
    glRotatef(self.yAngle, 0, 1, 0)
    self._draw_axes()
    self._draw_cylinder()
    glPopMatrix()
    glFlush()                    # flush를 해야 화면에 표시됨
```

이 메서드는 장면을 표시하는 창을 맨 처음 보여주거나 노출할 때(즉, 이 창을 덮고 있던 다른 창을 닫거나 다른 곳으로 옮긴 경우) 호출한다. 앞에서 보는 상태가 되도록 장면을 뒤(z축 방향)로 이동시킨 다음 사용자와의 상호작용 결과에 따라 x축이나 y축 방향으로 회전시킨다(이 회전값은 처음에 0으로 돼 있다). 이동과 회전이 끝나면 축과 원통을 그려준다.

```python
def _draw_axes(self):
    glBegin(GL_LINES)
    glColor3f(1, 0, 0)          # x-축
    glVertex3f(-1000, 0, 0)
    glVertex3f(1000, 0, 0)
    glColor3f(0, 0, 1)          # y-축
    glVertex3f(0, -1000, 0)
    glVertex3f(0, 1000, 0)
    glColor3f(1, 0, 1)          # z-축
    glVertex3f(0, 0, -1000)
    glVertex3f(0, 0, 1000)
    glEnd()
```

꼭짓점(vertex)은 삼차원 공간 상에 있는 점을 일컫는 OpenGL 용어다. 각 축은 동일한 방식으로 그린다. 먼저 축의 색을 지정하고 시작과 끝 꼭짓점을 지정한다. glColor3f()와 glVertex3f() 함수에는 모두 부동소수점 수 3개를 인자로 전달해야 한다. 하지만 여기서는 정수를 사용하고, 파이썬이 변환을 처리하게 했다.

```python
def _draw_cylinder(self):
    glPushMatrix()
    try:
        glTranslatef(0, 0, -200)
        cylinder = gluNewQuadric()
        gluQuadricNormals(cylinder, GLU_SMOOTH)
        glColor3ub(48, 200, 48)
        gluCylinder(cylinder, 25, 25, 400, 24, 24)
    finally:
        gluDeleteQuadric(cylinder)
    glPopMatrix()
```

GLU 유틸리티 라이브러리에서는 원통 등 기본 3D 모양을 만드는 여러 함수를 제공한다. 먼저 시작점을 z축 기준으로 더 뒤로 옮긴다. 그 후 새로운 "쿼드릭(quadric)"을 만든다. 쿼드릭은 여러 3D 모양을 렌더링할 때 쓰는 객체다. 3개의 정수(각각 적, 녹, 청색을 표시하는 0부터 255까지의 값)를 사용해 색깔을 지정한다. gluCylinder()는 쿼드릭과 원통의 양쪽 면의 반지름(여기서는 25), 원통의 높이, 그리고 두 개의 처리 정밀도(이 값이 클수록 더 부드러운 결과를 보이지만 처리

시간은 더 오래 걸린다)를 지정한다. 마지막으로 자원 사용을 최소화하기 위해 파이썬의 쓰레기 수집기에 맡겨두지 않고 명시적으로 쿼드릭을 삭제한다.

```python
def reshape(self, width, height):
    width = width if width else 1
    height = height if height else 1
    aspectRatio = width / height
    glViewport(0, 0, width, height)
    glMatrixMode(GL_PROJECTION)
    glLoadIdentity()
    gluPerspective(35.0, aspectRatio, 1.0, 1000.0)
    glMatrixMode(GL_MODELVIEW)
    glLoadIdentity()
```

장면 창의 크기를 바꾸면 이 함수를 호출한다. 대부분의 작업은 gluPerspective()에서 한다. 또한 방금 살펴본 코드는 원근 투영을 활용하는 장면을 시작하는 데 좋은 예제이기도 하다.

```python
def keyboard(self, key, x, y):
    if key == b"\x1B":  # 이스케이프
        glutDestroyWindow(self.window)
```

사용자가 키를 누르면(기능키나 화살표, 페이지업, 페이지다운, 홈, 엔드, 삽입 키를 제외) 이 메서드를 호출한다(glutKeyboardFunc()으로 등록해야 한다). 여기서는 Esc 키를 눌렀는지 여부를 검사해 해당 키를 누른 경우 창을 닫는다. 다른 창이 존재하지 않기 때문에 애플리케이션을 종료한다.

```python
def special(self, key, x, y):
    if key == GLUT_KEY_UP:
        self.xAngle -= ANGLE_INCREMENT
    elif key == GLUT_KEY_DOWN:
        self.xAngle += ANGLE_INCREMENT
    elif key == GLUT_KEY_LEFT:
        self.yAngle -= ANGLE_INCREMENT
    elif key == GLUT_KEY_RIGHT:
        self.yAngle += ANGLE_INCREMENT
    glutPostRedisplay()
```

이 메서드는 glutSpecialFunc() 함수로 등록하며, 사용자가 기능키, 화살표, 페이지업, 페이지다운, 홈, 엔드, 삽입 키를 눌렀을 때 호출한다. 여기서는 화살표 키만 처리한다. 화살표 키를 누른 경우 x나 y축의 각도를 증가/감소시킨 후 GLUT가 화면을 다시 그리도록 요청한다. 그러면 glutDisplayFunc()에 의해 등록한 함수를 호출한다. 여기서는 Scene.display() 메서드가 바로 그 함수다.

이제 PyOpenGL의 cylinder1.pyw 소스코드를 다 살펴봤다. OpenGL 호출이 C에서와 같기 때문에 OpenGL에 익숙한 독자라면 친숙하게 느껴질 것이다.

8.1.2 pyglet으로 원기둥 만들기

구조적으로 pyglet[2] 버전(cylinder2.pyw)은 PyOpenGL 버전과 아주 비슷하다. 다만 pyglet에는 자체적인 이벤트 처리와 창 생성 인터페이스가 들어 있기 때문에 GLUT를 호출할 필요가 없다는 점이 가장 큰 차이다.

```python
def main():
    caption = "Cylinder (pyglet)"
    width = height = SIZE
    resizable = True
    try:
        config = Config(sample_buffers=1, samples=4, depth_size=16,
                double_buffer=True)
        window = Window(width, height, caption=caption, config=config,
                resizable=resizable)
    except pyglet.window.NoSuchConfigException:
        window = Window(width, height, caption=caption,
                resizable=resizable)
    path = os.path.realpath(os.path.dirname(__file__))
    icon16 = pyglet.image.load(os.path.join(path, "cylinder_16x16.png"))
    icon32 = pyglet.image.load(os.path.join(path, "cylinder_32x32.png"))
    window.set_icon(icon16, icon32)
    pyglet.app.run()
```

---

[2] (옮긴이) 파이썬 3 pip에서 "pip install —upgrade http://pyglet.googlecode.com/archive/tip.zip"을 사용해 최신 베타 개발 버전을 설치해야 테스트할 수 있다. 안정된 배포 버전은 1.1.4인데, 아직 파이썬 3을 지원하지 않는다.

OpenGL 설정을 바이트 문자열로 보내는 대신 pyglet에서는 pyglet.gl.Config 객체를 활용한다. 맨 처음에는 우리가 원하는 설정을 만들고, 그 설정을 따르는 창을 만든다(창은 pyglet.window.Window의 하위 클래스다). 이 과정이 실패한다면 기본 설정으로 된 창을 만든다.

pyglet의 장점 중 하나는 제목 막대나 작업 관리자에 표시하는 애플리케이션의 아이콘을 설정할 수 있다는 점이다. 창을 만들고 아이콘을 설정하고 나면 pyglet 이벤트 루프를 실행한다.

```
class Window(pyglet.window.Window):

    def __init__(self, *args, **kwargs):
        super().__init__(*args, **kwargs)
        self.set_minimum_size(200, 200)
        self.xAngle = 0
        self.yAngle = 0
        self._initialize_gl()
        self._z_axis_list = pyglet.graphics.vertex_list(2,
                ("v3i", (0, 0, -1000, 0, 0, 1000)),
                ("c3B", (255, 0, 255) * 2)) # 꼭짓점 당 색 1가지씩 지정
```

이 메서드는 앞에서 본 Scene의 메서드와 유사하다. 다만 여기서는 창의 최소 크기를 지정했다는 점이 다르다. 뒤에서 살펴보겠지만 pyglet에서 선을 그리는 방법은 세 가지가 있다. 여기서 세 번째 방법이 꼭짓점-색 순서쌍의 리스트를 가지고 선을 그리는 것이다. 여기서는 그릴 때 사용할 리스트를 만든다. 리스트를 만드는 함수(vertex_list)는 첫 번째 인자로 순서쌍의 개수(여기서는 2)를 받고, 그 뒤에 그 개수만큼 원소를 포함하는 꼭짓점과 색을 표현하는 순서쌍이 따라온다. 각 순서쌍은 형식 문자열("v3i" 등)과 순서열("v3i" 다음에 있는 (0,0,−1000,0,0,1000) 등)의 쌍으로 구성된다. 이 예제에서 첫 번째 순서쌍의 "v3i"는 "3개의 정수 좌표 값으로 지정된 꼭짓점"을 의미하며, 두 번째 순서쌍의 "c3B"는 "3개의 부호 없는 바이트로 지정된 색"을 의미한다. 이 예제에서는 두 점(0,0,−1000과 0,0,1000)의 좌표와 그에 따른 두 색(255,0,255가 2개)을 지정했다.

_initialize_gl(), on_draw(), on_resize(), _draw_cylinder() 메서드는 따로 보이지 않는다. _initialize_gl() 메서드는 cylinder1.pyw에서 사용된 것과 아주 비슷하다. 또한 pyglet.window.Window를 상속한 클래스에서 pyglet이 호출하는 on_draw() 메서드는 cylinder1.pyw 프로그램에 있는 Scene.display() 메서드와 동일하다. 마찬가지로 창 크기 변경 시 호출되는 on_resize() 메서드는 앞 절에서 본 프로그램의 Scene.reshape() 메서드와 같다. 두 프로그램의 _draw_cylinder() 메서드(Scene._draw_cylinder()와 Window._draw_cylinder()) 또한 동일하다.

```
def _draw_axes(self):
    glBegin(GL_LINES)                       # x축 (전통적인 방식)
    glColor3f(1, 0, 0)
    glVertex3f(-1000, 0, 0)
    glVertex3f(1000, 0, 0)
    glEnd()
    pyglet.graphics.draw(2, GL_LINES,       # y축 (pyglet-방식 "라이브")
            ("v3i", (0, -1000, 0, 0, 1000, 0)),
            ("c3B", (0, 0, 255) * 2))
    self._z_axis_list.draw(GL_LINES)        # z축 (효율적인 pyglet-방식)
```

선을 그리는 방법을 설명하기 위해 각 축을 서로 다른 방법으로 그렸다. x축은 PyOpenGL에서와 같이 전통적인 OpenGL 함수를 호출해 그렸다. y축은 두 꼭짓점(물론 2개를 초과한 꼭짓점을 사용할 수도 있다[3]) 사이의 선을 그리는 pyglet 명령을 사용했고, 여기서도 각의 점에 대한 좌표와 색을 지정했다. 그려야 할 선의 개수가 많다면 이 방법이 전통적인 방식보다 좀 더 효율적이다. z축을 그린 방법이 가장 효율적이다. 이는 pyglet.graphics.vertex_list으로 저장한 꼭짓점-색 순서쌍을 가지고 각 꼭짓점 사이의 선을 그리는 방식이다.

```
def on_text_motion(self, motion): # x축이나 y축에 대해 회전
    if motion == pyglet.window.key.MOTION_UP:
        self.xAngle -= ANGLE_INCREMENT
    elif motion == pyglet.window.key.MOTION_DOWN:
        self.xAngle += ANGLE_INCREMENT
    elif motion == pyglet.window.key.MOTION_LEFT:
        self.yAngle -= ANGLE_INCREMENT
    elif motion == pyglet.window.key.MOTION_RIGHT:
        self.yAngle += ANGLE_INCREMENT
```

사용자가 화살표 키를 누르면 이 메서드(이 메서드를 정의했다고 가정할 경우)를 호출한다. 이 코드는 앞 절 예제의 special() 메서드와 같은 일을 한다. 차이점은 화살표 키를 나타내는 상수로 GLUT의 상수를 사용하지 않고 pyglet이 제공하는 상수를 사용한다는 것뿐이다.

on_key_press() 메서드를 만들지는 않았다(만들었다면 다른 키를 누르면 호출했을 것이다). 왜냐하면 Esc를 누르면 pyglet의 기본 구현이 창을 닫기 때문이다.

---

[3] (옮긴이) 꼭짓점 개수가 n이라면 n-1개의 선이 그려진다. 시작점과 끝점이 같다면 n-1각형(물론 3각형 이상)이 그려진다.

두 원기둥 프로그램은 모두 140줄 정도 된다. 하지만 pyglet이 제공하는 여러 확장 기능과 pyglet. graphics.vertex_lists 목록을 활용한다면 편리하고도 효율적으로 작업할 수 있다(특히 이벤트와 창을 처리할 때).

8.2 정사투영(Orthographic) 게임

7장에서는 타일을 그리는 부분을 제외하고 2D Gravitate 게임을 살펴봤다. 실제 각 타일은 상하좌우에 사다리꼴이 붙은 사각형 형태로 돼 있다. 위쪽과 왼쪽 사다리꼴은 가운데 사각형의 색보다 더 밝고, 아래쪽과 오른쪽 사다리꼴은 더 어두워서 마치 3D처럼 보인다(§7.3의 그림 7.7과 "Gravitate" 박스를 참고).

이번 절에서는 그림 8.2과 같은 실행 결과를 보이는 Gravitate 3D 프로그램의 코드를 살펴보겠다. 이 프로그램은 타일 대신 구를 사용하고, 각 구 사이에 간격을 둬서 사용자가 장면을 x와 y축 방향으로 회전시키면 3D 구조를 살펴볼 수 있다. 여기서는 게임의 로직을 제외하고 GUI와 3D 처리 코드를 중심으로 살펴보겠다. 전체 소스코드는 gravitate3d.pyw에서 확인할 수 있다.

프로그램의 main() 함수(따로 보이지 않음)는 cylinder2.pyw과 거의 같다. 유일한 차이는 제목과 아이콘 이미지의 이름뿐이다.

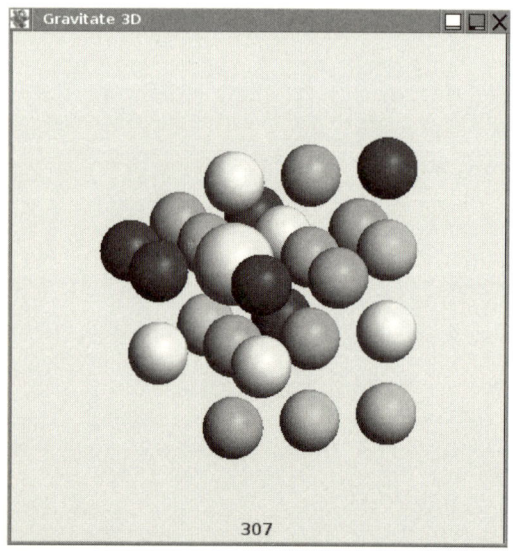

그림 8.2 Gravitate 3D 프로그램(리눅스)

```
BOARD_SIZE = 4          # 1보다 커야 함
ANGLE_INCREMENT = 5
RADIUS_FACTOR = 10
DELAY = 0.5             # 단위: 초
MIN_COLORS = 4
MAX_COLORS = min(len(COLORS), MIN_COLORS)
```

위 코드에서 프로그램에서 사용하는 상수를 볼 수 있다. BOARD_SIZE는 각 축마다 몇 개까지 구가 들어갈 수 있는지 지정한다. 4로 설정한다면 64개의 구로 이뤄진 4×4×4 보드가 된다. 5로 설정한 ANGLE_INCREMENT는 사용자가 화살표 키를 누를 때 5° 단위로 회전시키라는 의미다. DELAY는 사용자가 선택해서 클릭한 구를 삭제하고(이때 같은 색의 여러 인접한 구를 모두 한꺼번에 삭제한다) 다른 모든 구를 중심 지점으로 이동시킬 때 들어갈 지연 시간이다. COLORS는 정수(값의 범위가 0부터 255까지인)로 구성된 3-튜플의 리스트로서, 각 3-튜플은 한 가지 색을 표현한다.

선택하지 않은 구를 사용자가 클릭하면 그 구를 선택한다(이때 기존에 선택했던 구는 선택 해제한다). 선택한 구는 일반적인 구보다 RADIUS_FACTOR만큼 더 크게 그린다. 선택한 구가 클릭하면 그 구와 구에 인접한(대각선은 제외하고 90° 각도로) 같은 색의 여러 구와 그러한 구에서 다시 인접한 같은 색깔의 구를 모두 제거한다(삭제 작업은 인접한 같은 색의 구가 있는 동안 계속 진행된다). 다만 한번에 둘 이상의 구를 삭제할 수 있는 경우에만 삭제가 일어나며, 그렇지 않으면 해당 구를 단순히 선택 해제하고 만다.

```
class Window(pyglet.window.Window):
    def __init__(self, *args, **kwargs):
        super().__init__(*args, **kwargs)
        self.set_minimum_size(200, 200)
        self.xAngle = 10
        self.yAngle = -15
        self.minColors = MIN_COLORS
        self.maxColors = MAX_COLORS
        self.delay = DELAY
        self.board_size = BOARD_SIZE
        self._initialize_gl()
        self.label = pyglet.text.Label("", bold=True, font_size=11,
```

```
                anchor_x="center")
        self._new_game()
```

이 __init__() 메서드에는 원통을 그리는 프로그램의 메서드보다 더 많은 코드가 들어있다. 왜냐하면 색깔, 지연시간, 보드 크기를 설정해야 하기 때문이다. 또한 사용자가 게임이 3D임을 인지할 수 있게 처음에 장면을 약간 회전시킨다.

pyglet이 제공하는 유용한 기능 하나는 텍스트 라벨이다. 여기서는 장면의 맨 아래 중간에 빈 라벨을 만든다. 이 라벨에 메시지와 현재 점수를 표시한다.

_initialize_gl() 메서드(여기에 표시하지는 않았지만 앞에서 본 것과 비슷하다)는 배경과 광원을 설정한다. 게임과 OpenGL에 대한 설정이 모두 끝나면 새 게임을 시작한다.

```python
def _new_game(self):
    self.score = 0
    self.gameOver = False
    self.selected = None
    self.selecting = False
    self.label.text = ("Click to Select • Click again to Delete • "
            "Arrows to Rotate")
    random.shuffle(COLORS)
    colors = COLORS[:self.maxColors]
    self.board = []
    for x in range(self.board_size):
        self.board.append([])
        for y in range(self.board_size):
            self.board[x].append([])
            for z in range(self.board_size):
                color = random.choice(colors)
                self.board[x][y].append(SceneObject(color))
```

이 메서드에서는 COLORS 목록에서 선택된 임의의 색깔의 구로 구성된 보드를 만든다. 최대 self.maxColors만큼 색을 사용할 수 있다. 보드는 SceneObject의 리스트의 리스트의 리스트다. 각 객체에는 색(생성 시 객체에 전달된 색. 구의 색깔을 나타냄)과 선택 색(구 선택 시 사용할 내부 처리용 색으로, 자동으로 만들어 줌. §8.2.2에서 설명하겠다)이 있다.

라벨 텍스트를 변경했으므로 pyglet이 장면을 다시 그릴 것이다(따라서 on_draw() 메서드를 호출한다). 그에 따라 새로운 게임 화면을 보이고, 사용자와의 상호작용을 기다린다.

8.2.1 보드 장면 그리기

장면을 처음 그리거나 어떤 장면을 덮고 있던 다른 창을 닫거나 옮겨서 노출하게 되면 pyglet은 on_draw() 메서드를 호출한다. 장면 크기를 변경하면(즉, 장면을 표시하는 창의 크기를 변경하면) on_resize() 메서드를 호출한다.

```python
def on_resize(self, width, height):
    size = min(self.width, self.height) / 2
    height = height if height else 1
    width = width if width else 1
    glViewport(0, 0, width, height)
    glMatrixMode(GL_PROJECTION)
    glLoadIdentity()
    if width <= height:
        glOrtho(-size, size, -size * height / width,
                size * height / width, -size, size)
    else:
        glOrtho(-size * width / height, size * width / height,
                -size, size, -size, size)
    glMatrixMode(GL_MODELVIEW)
    glLoadIdentity()
```

Gravitate 3D에서는 정사투영을 활용했다. 위 코드는 정사투영을 활용하는 장면에서는 항상 사용 가능한 것이다(만약 PyOpenGL을 사용하고 있었다면 이 메서드를 reshape()라고 부르고 glutReshapeFunc() 함수로 등록했을 것이다).

```python
def on_draw(self):
    diameter = min(self.width, self.height) / (self.board_size * 1.5)
    radius = diameter / 2
    offset = radius - ((diameter * self.board_size) / 2)
    radius = max(RADIUS_FACTOR, radius - RADIUS_FACTOR)
    glClear(GL_COLOR_BUFFER_BIT|GL_DEPTH_BUFFER_BIT)
    glMatrixMode(GL_MODELVIEW)
    glPushMatrix()
    glRotatef(self.xAngle, 1, 0, 0)
    glRotatef(self.yAngle, 0, 1, 0)
```

```
    with Selecting(self.selecting):
        self._draw_spheres(offset, radius, diameter)
glPopMatrix()
if self.label.text:
    self.label.y = (-self.height // 2) + 10
    self.label.draw()
```

이 메서드는 PyOpenGL에서 glutDisplayFunc() 함수로 등록했던 display() 메서드와 같은 일을 한다. 보드는 창을 가능한 한 최대로 채우되, 회전 시 각 구가 잘리는(클리핑되는) 일은 없었으면 한다. 또한 보드의 중심이 화면 중심에 위치하도록 오프셋을 계산한다.

기본적인 요소를 지정하고 나서 장면을 회전시키고(마치 사용자가 화살표 키를 누른 것처럼), Selecting 컨텍스트 관리자하에서 구를 그린다. 이 컨텍스트 관리자는 장면을 사용자에게 보이기 위해 그리는지, 또는 사용자가 클릭한 구가 어떤 것인지를 확인하기 위해(실제로 보이지는 않는 상황에서 내부적으로만) 그리고 있는지에 따라 설정값들이 제대로 지정되도록 관리해 준다(선택에 대해서는 나중에 §8.2.2에서 살펴보겠다).

라벨에 텍스트가 있다면, (윈도우 크기가 조정되었을 것이므로) 라벨의 y 위치가 윈도우의 밑바닥 지점임을 알 수 있기에 라벨 스스로를 다시 그리도록 (즉 텍스트를 표시하도록) 요청한다.

```
def _draw_spheres(self, offset, radius, diameter):
    try:
        sphere = gluNewQuadric()
        gluQuadricNormals(sphere, GLU_SMOOTH)
        for x, y, z in itertools.product(range(self.board_size),
                repeat=3):
            sceneObject = self.board[x][y][z]
            if self.selecting:
                color = sceneObject.selectColor
            else:
                color = sceneObject.color
            if color is not None:
                self._draw_sphere(sphere, x, y, z, offset, radius,
                        diameter, color)
    finally:
        gluDeleteQuadric(sphere)
```

쿼드릭은 원통을 그릴 때처럼 구를 그릴 때도 활용할 수 있다. 하지만 이번에 우리가 그려야 하는 것은 실린더 하나가 아니고 여러 개의 구다(최대 64개). 하지만 모든 구를 그리는 데 같은 쿼드릭을 활용할 수 있다.

for x in range(self.board.size): for y in range(self.board.size): for z in range(self.board.size):라고 루프를 세 개 사용해 모든 보드 리스트의 리스트의 리스트에 대한 x, y, z 3-튜플을 만드는 대신 itertools.product() 함수를 통해 루프 하나만 가지고 같은 작업을 수행한다.

각 3-튜플에 대해 대응하는 장면 객체(삭제돼야 하는 객체라면 색깔이 None이다)를 가져온다. 지금 우리가 구를 클릭했는지를 판단하기 위해, 그리고 있다면 색을 구의 selectColor로 변경한다. 반대로 사용자에게 화면을 표시하기 위해 그리고 있다면 색을 구의 color로 변경한다. 그 후 색이 None이 아니라면 해당 구를 그린다.

```python
def _draw_sphere(self, sphere, x, y, z, offset, radius, diameter,
        color):
    if self.selected == (x, y, z):
        radius += RADIUS_FACTOR
    glPushMatrix()
    x = offset + (x * diameter)
    y = offset + (y * diameter)
    z = offset + (z * diameter)
    glTranslatef(x, y, z)
    glColor3ub(*color)
    gluSphere(sphere, radius, 24, 24)
    glPopMatrix()
```

이 메서드는 각 구를 3D 격자상 정확한 위치에 그려준다. 구가 선택돼 있는 경우에는 조금 더 큰 반지름으로 그린다. gluSphere()의 마지막 두 인자는 처리 정밀도다(더 큰 값을 주면 더 부드러운 결과를 얻을 수 있지만 처리 비용이 더 많이 든다).

8.2.2 객체 선택 처리하기

2차원으로 표시하는 3D 공간에서 객체를 선택하기란 쉽지 않다! 여러 해 동안 많은 기술이 개발돼 왔지만 가장 신뢰성 높고 널리 활용 중인 것은 Gravitate 3D에 채택한 방식이다.

이 기법은 다음과 같이 동작한다. 사용자가 장면을 클릭하면 그 장면을 사용자는 볼 수 없는 화면 버퍼(off screen buffer)에 다시 그린다. 이때 각 객체를 서로 다른 색으로 그린다. 그 후 클릭한 위치의 픽셀의 색을 안 보이는 화면 버퍼에서 읽어오면 그 색과 유일하게 연관된 장면 객체를 판정할 수 있다. 이 방법이 성공하려면 장면을 그릴 때 안티알리아싱(antialiasing)이나 광원(lighting), 텍스쳐(texture) 등을 사용하지 않도록 지정해서 그리는 객체의 색을 이러한 효과에 의해 변경하는 일이 없게끔 만들어야 한다.

먼저 각 구를 표현할 SceneObject를 살펴보겠다. 그런 다음 Selecting 컨텍스트 관리자를 살펴보겠다.

```
class SceneObject:

    __SelectColor = 0
    def __init__(self, color):
        self.color = color
        SceneObject.__SelectColor += 1
        self.selectColor = SceneObject.__SelectColor
```

각 장면 객체에는 유일할 필요가 없는 색(self.color)과 유일해야만 하는 선택색(self.selectColor)을 지정한다. 이 클래스 전용 정적 변수인 __SelectColor는 장면 객체가 새로 생길 때마다 1씩 증가하는 정수다. 이 값을 각 객체의 유일한 selectColor를 지정하는 데 사용한다.

```
    @property
    def selectColor(self):
        return self.__selectColor
```

이 프로퍼티는 장면 객체의 selectColor를 반환한다. 이 값은 None(삭제된 경우)이거나 색을 나타내는 정수 3-튜플이다(각 정수 값의 범위는 0부터 255까지임).

```
    @selectColor.setter
    def selectColor(self, value):
        if value is None or isinstance(value, tuple):
            self.__selectColor = value
        else:
```

```python
        parts = []
        for _ in range(3):
            value, y = divmod(value, 256)
            parts.append(y)
        self.__selectColor = tuple(parts)
```

이 selectColor 세터는 전달된 값이 None이거나 튜플인 경우 이를 받아들인다. 그렇지 않다면 인자로 받은 유일한 정수값인 value를 가지고 색을 표현하는 3-튜플을 만들어 설정한다. 첫 번째 장면 객체는 1을 받기 때문에 색이 (1, 0, 0)이다. 두 번째 객체는 2를 받아서 (2, 0, 0)이 된다. 그런 식으로 진행해 255번째 객체는 (255, 0, 0), 256번째 객체는 (0, 1, 0), 257번째 것은 (1, 1, 0), 258번째는 (2, 1, 0)과 같은 식으로 색을 지정한다. 이런 방식으로는 1천6백만 가지 이상의 유일한 객체를 처리할 수 있다. 대부분의 경우 이 정도면 충분하다.

```python
SELECTING_ENUMS = (GL_ALPHA_TEST, GL_DEPTH_TEST, GL_DITHER,
    GL_LIGHT0, GL_LIGHTING, GL_MULTISAMPLE, GL_TEXTURE_1D,
    GL_TEXTURE_2D, GL_TEXTURE_3D)
```

객체의 색깔을 바꾸는 안티알리아싱, 텍스처 등의 기능은 실제 화면에 표시하기 위해 그리고 있는지 또는 클릭된 객체를 잡기 위해 안 보이는 버퍼에 그리고 있는지에 따라 켜거나 꺼야만 한다. 이것들은 Gravitate 3D 프로그램에서 색에 영향을 끼치는 OpenGL 열거형(enum)이다.

```python
class Selecting:

    def __init__(self, selecting):
        self.selecting = selecting
```

Selecting 컨텍스트 관리자는 이 컨텍스트 하에서 그려지는 여러 구가 화면 표시를 위한 것인지 클릭 검사(즉 장면 객체 선택)를 위한 것인지를 기억한다.

```python
    def __enter__(self):
        if self.selecting:
            for enum in SELECTING_ENUMS:
                glDisable(enum)
            glShadeModel(GL_FLAT)
```

컨텍스트 관리자에 들어갔는데 선택을 위해 그림을 그리는 경우라면 OpenGL에서 색을 변경할 수도 있는 모든 기능을 활용하지 않도록 만들고 음영 모델도 플랫(FLAT)으로 지정한다.

```
def __exit__(self, exc_type, exc_value, traceback):
    if self.selecting:
        for enum in SELECTING_ENUMS:
            glEnable(enum)
        glShadeModel(GL_SMOOTH)
```

컨텍스트 관리자에서 나올 때 선택을 위해 그림을 그리고 있었다면 다시 모든 OpenGL 색 변경 기능을 되살리고, 음영 모델도 부드럽게 처리(SMOOTH)하는 것으로 변경한다.

소스코드에서 두 부분만 고치면 선택이 어떻게 진행되는지 더 쉽게 볼 수 있다. 우선 SceneObject.__init__() 메서드의 += 1을 += 500으로 변경한다. 그런 다음 Window.on_mouse_press() 메서드(다음 절에서 살펴볼 것이다)의 self.selecting = False를 주석으로 가린다. 이제 프로그램을 실행해 아무 구나 클릭해 보자. 화면을 다시 그리면서, 원래는 보이지 않는 버퍼에 그려야 하는 것이 화면에 표시될 것이다. 이때 다른 선택 관련 기능은 다 정상적으로 작동하기 때문에 선택과 관련된 동작을 파악할 수 있다.

8.2.3 사용자와 상호작용하기

Gravitate 3D 게임은 마우스로 조작한다. 하지만 방향키를 사용해 보드를 회전할 수 있고, 게임을 시작하거나 종료할 때도 키를 활용한다.

```
def on_mouse_press(self, x, y, button, modifiers):
    if self.gameOver:
        self._new_game()
        return
    self.selecting = True
    self.on_draw()
    self.selecting = False
    selectColor = (GLubyte * 3)()
    glReadPixels(x, y, 1, 1, GL_RGB, GL_UNSIGNED_BYTE, selectColor)
    selectColor = tuple([component for component in selectColor])
    self._clicked(selectColor)
```

사용자가 마우스 버튼을 클릭하면 pyglet은 이 함수를 호출한다(물론 이 메서드가 정의돼 있는 경우에만 호출된다). 게임이 끝난 상태에서 클릭이 일어나면 새 게임을 시작한다. 게임이 진행 중이었다면 사용자가 구를 클릭한 것으로 가정한다. 따라서 selecting을 True로 설정하고 장면을 다시 그린다(이때 화면에 보이지 않는 버퍼에 화면을 그리기 때문에 사용자는 그 사실을 알 수 없다). 그 후 다시 selecting을 False로 설정한다.

glReadPixels() 함수를 사용해 하나 이상의 점의 색을 읽어올 수 있다. 이를 통해 사용자가 클릭한 위치에 대응하는, 보이지 않는 버퍼 픽셀의 RGB 값을 세 부호 없는 정수(각 값의 범위는 0부터 255 사이다)로 가져온다. 각 구의 유일한 select 색과 비교하기 위해 이 세 바이트를 3-튜플로 만든다.

glReadPixels()를 호출할 때는 y 기준점이 왼쪽 아래에 있는(pyglet의 경우 그렇다) 좌표계로 가정한다. 만약 좌표계의 y 기준점이 왼쪽 위에 있다면 두 가지 추가 작업이 필요하다. 즉, 먼저 viewport = (GLint * 4)(); glGetIntegerv(GL_VIEWPORT, viewport)를 한 후, glReadPixels()를 호출할 때 y값을 viewport[3] - y로 변경해야 한다.

```
def _clicked(self, selectColor):
    for x, y, z in itertools.product(range(self.board_size), repeat=3):
        if selectColor == self.board[x][y][z].selectColor:
            if (x, y, z) == self.selected:
                self._delete() # 두 번째 클릭 시 삭제
            else:
                self.selected = (x, y, z)
            return
```

사용자가 마우스를 클릭했는데 새 게임을 시작하지 않는 경우 이 메서드를 호출한다. itertools. product() 함수를 사용해 보드 검색에 사용할 x, y, z 3-튜플을 만들고 각 3-튜플 위치에 있는 장면 객체의 select 색 값을 클릭한 픽셀의 색과 비교한다. 일치하는 구를 찾을 수 있었다면 사용자가 클릭한 장면 객체를 판별한 것이다. 이 객체를 이미 선택하고 있었다면 두 번째로 클릭한 것이므로 객체를 삭제할 수 있나 살펴본다. 이때 인접한 같은 색의 여러 객체도 한꺼번에 삭제하려고 시도한다. 클릭한 객체가 아직 선택한 상태가 아니라면 이를 선택한다(그리고 이미 선택했던 객체는 선택을 해제한다).

```
def _delete(self):
    x, y, z = self.selected
    self.selected = None
    color = self.board[x][y][z].color
    if not self._is_legal(x, y, z, color):
        return
    self._delete_adjoining(x, y, z, color)
    self.label.text = "{:,}".format(self.score)
    pyglet.clock.schedule_once(self._close_up, self.delay)
```

이 메서드는 클릭한 구와 그에 인접한 같은 색의 구(그리고 그러한 구에 인접한 같은 색의 구)를 삭제하는 데 활용된다. 먼저 선택한 구를 선택 해제한다. 그런 다음 삭제할 수 있는 구인가(즉, 동일한 색의 구가 둘 이상 인접해 있는가)를 본다. 삭제가 가능하다면 _delete_adjoining() 메서드와 관련 도우미 메서드(책에는 싣지 않았다)를 활용해 삭제를 진행한다. 그 후 라벨을 변경해 늘어난 점수를 표시하고 0.5초 후 self._close_up() 메서드(책에는 싣지 않았다)를 호출하도록 예약한다. 이를 통해 어떤 구를 삭제할지를 사용자가 볼 수 있게 한다(좀 더 복잡하게 한 번에 각 구를 몇 픽셀씩 새로운 위치로 이동시키는 애니메이션 처리를 할 수도 있을 것이다).

```
def on_key_press(self, symbol, modifiers):
    if (symbol == pyglet.window.key.ESCAPE or
        ((modifiers & pyglet.window.key.MOD_CTRL or
          modifiers & pyglet.window.key.MOD_COMMAND) and
         symbol == pyglet.window.key.Q)):
        pyglet.app.exit()
    elif ((modifiers & pyglet.window.key.MOD_CTRL or
           modifiers & pyglet.window.key.MOD_COMMAND) and
          symbol == pyglet.window.key.N):
        self._new_game()
    elif (symbol in {pyglet.window.key.DELETE, pyglet.window.key.SPACE,
                     pyglet.window.key.BACKSPACE} and
          self.selected is not None):
        self._delete()
```

닫기 버튼을 클릭하면 프로그램을 끝낼 수 있다. 하지만 ESC나 Ctrl+Q(또는 ⌘Q)도 사용할 수 있게 했다. 게임이 끝났을 때 새로 게임을 시작하려면 화면을 클릭하면 되고, Ctrl+N(또는 ⌘N)

를 누르면 언제든 게임을 새로 시작할 수 있다. 또한 선택한 구를 삭제하려면 그 구를 다시 한번 클릭하거나 Del, Space, Backspace 등을 누르면 된다.

Window에는 on_text_motion() 메서드가 있어서 화살표 키를 처리해 x나 y축 방향으로 장면을 회전시킨다. 그 메서드는 앞에서 설명한 것(§8.1.2)과 같기 때문에 여기에 따로 설명하지는 않는다.

이상으로 Gravitate 3D 게임에 대한 설명을 마무리하겠다. 여기서 설명하지 않은 메서드는 인접한 구를 삭제(select 색과 일반 색을 모두 None으로 지정해)하는 것과 남아 있는 구를 중력 중심 방향으로 이동시키는 방법에 대한 것뿐이다.

프로그램으로 3D 장면을 만드는 것은 아주 어렵다. 전통적인 OpenGL 인터페이스가 완전히 절차 지향적(함수 기반)이고 객체 지향을 활용할 수 없기 때문에 더욱 그렇다. 하지만 PyOpenGL이나 pyglet을 활용한다면 OpenGL C 코드를 직접 파이썬으로 포팅하거나 완전한 OpenGL 인터페이스를 활용하기가 아주 쉬울 것이다. 더 나아가 pyglet은 편하게 이벤트를 처리하거나 창을 생성하도록 지원하며, PyOpenGL은 Tkinter를 포함한 많은 GUI 툴킷에서 통합해 활용할 수 있다.

맺음말

이 책에서 여러 유용한 기법을 설명하고 편리한 라이브러리를 많이 소개하려 했다. 우리가 파이썬 3(www.python.org)로 더 나은 프로그램을 만들 수 있는 아이디어와 영감을 제공했기를 바란다.

파이썬은 더욱더 유명세를 타고 있으며, 활용 분야와 장소도 계속 늘어나고 있다. 파이썬은 절차적 프로그래밍, 객체 지향, 함수형 프로그래밍을 지원하면서도 가볍고 간결하며 일관된 문법을 제공하기 때문에 프로그래밍 입문용 언어로도 이상적이다. 한편 전문적인 분야에서도 파이썬은 매우 훌륭한 언어다(일례로 구글은 이를 여러 해 동안 증명해 왔다). 파이썬은 쾌속 개발(Rapid Development)을 잘 지원하고, 유지보수하기 아주 편한 코드를 만들어낼 수 있게 지원하며, C나 다른 언어로 컴파일한 C 함수 호출 규약을 준수하는 프로그램을 호출하기가 쉽기 때문에 특히 더 그렇다.

파이썬 프로그래밍에서 막다른 골목이란 없다. 항상 더 배워야 할 것이 있고 더 나아갈 곳이 있다. 파이썬은 초보 프로그래머의 필요를 쉽게 채워줄 수 있다. 하지만 가장 요구사항이 많은 전문가도 만족할 만큼 수준 높은 기능과 지적인 깊이 또한 제공한다. 파이썬은 소스코드도 공개돼 있고, 라이선스 측면에서도 열려 있을 뿐 아니라, 원한다면 바이트 코드까지 들여다볼 수 있을 정도로 내부 관찰(introspection)이 가능하다는 점에서도 활짝 열려 있다. 물론 파이썬에 공헌하고자 하는 사람들에게도 마찬가지로 열려 있는 언어다(docs.python.org/devguide).

컴퓨터 언어는 수천 가지에 이른다. 반면 그 언어 가운데 널리 사용 중인 언어는 십여 개 정도에 불과하다. 파이썬은 이 가운데 가장 유명한 언어에 속한다. 다른 언어를 지난 수십 년간 사용해 온 컴퓨터 과학자의 입장에서 말하자면 회사에서 내가 할 수 없이 사용해야만 했던 언어로 인해 좌절했던 적도 가끔 있었다. 또한 다른 컴퓨터 과학자들과 마찬가지로 내가 경험했던 언어들의 나쁘거나 불편한 면은 없애고, 알고 있는 언어들의 좋은 면을 모두 끌어모아 더 나은 언어를 만들어 냈으면 하는 생각을 항상 하곤 했다. 지난 몇 년간, 그런 이상적인 언어를 꿈꿀 때마다 그 언어가 파이썬과 같다는 사실을 깨닫곤 했다. 물론 내가 원하는 파이썬 답지 못한 특징들(상수, 선택적인 타이핑, 접근 제어(전용 애트리뷰트) 등)이 몇 가지 있긴 하지만 말이다. 그래서 이제는 더 이상 이상적인 프로그래밍 언어를 만들 생각을 하지 않는다. 지금 이상적인 언어를 사용하고 있기 때문이다. 귀도 반 로섬과 다른 모든(과거와 현재의) 여러 파이썬 공헌자에게 감사를 보낸다. 이분들의 노력을 통해 사용하기 즐겁고, 어디서나 아주 잘 동작하며, 믿을 수 없을 정도로 강력하고 유용한 프로그래밍 언어 및 그 생태계가 이 세상에 존재할 수 있게 됐기 때문이다.

참고도서

C++ Concurrency in Action: Practical Multithreading
앤서니 윌리엄스(Anthony Williams)
Manning Publications, Co., 2012, ISBN-13: 978-1-933988-77-1
이 책은 C++의 동시성을 다룬다. 하지만 동시성 프로그래밍을 할 때 빠질 수 있는(언어와 관계 없이) 여러 함정과 문제, 그리고 그러한 문제를 피하는 방법을 다루기 때문에 귀중한 책이다.

Clean Code: A Handbook of Agile Software Craftsmanship[1]
로버트 C 마틴(Robert C. Martin)
Prentice Hall, 2009, ISBN-13: 978-0-13-235088-4
이 책은 이름 잘 짓기, 함수 설계, 리팩터링 등 프로그래밍의 "전술적" 문제를 다룬다. 이 책에는 프로그래머가 코딩 스타일을 향상시키고 더 유지보수하기 좋은 프로그램을 작성하는 데 도움이 되는 아이디어가 많이 들어있다(이 책의 예제는 자바로 돼 있다).

Code Complete: A Practical Handbook of Software Construction, Second Edition[2]
스티브 맥코넬(Steve McConnell)
Microsoft Press, 2004, ISBN-13: 978-0-7356-1967-8
이 책은 어떻게 프로그래밍 언어의 세부 사항을 아이디어, 원칙, 실전 영역에 적용해 튼튼한 소프트웨어를 구축할 수 있는지 보여준다. 이 책은 프로그래머라면 누구나 자신의 프로그래밍에 대해 다시 생각하게 만들 수 있을 만큼 유용한 예제로 가득 차 있다.

---

1 Clean Code 클린 코드: 애자일 소프트웨어 장인정신(인사이트, 2013)
2 CODE COMPLETE 2판(정보문화사, 2005)

Design Patterns: Elements of Reusable Object-Oriented Software[3]

에릭 감마(Erich Gamma), 리처드 헬름(Richard Helm), 랄프 존슨(Ralph Johnson), 존 블리시디스(John Vlissides)

Addison-Wesley, 1995, ISBN-13: 978-0-201-63361-0

이 책은 최근 가장 영향력이 큰 프로그래밍 서적 중 하나다. 디자인 패턴은 환상적이며, 매일매일의 프로그래밍 업무에 아주 실용적으로 활용할 수 있다(이 책의 예제는 대부분 C++로 돼 있다).

Domain-Driven Design: Tackling Complexity in the Heart of Software[4]

에릭 에반스(Eric Evans)

Addison-Wesley, 2004, ISBN-13: 978-0-321-12521-7

소프트웨어 설계, 특히 규모가 크고 참여자가 많은 프로젝트에 대한 매우 재미있는 책이다. 이 책은 근본적으로 시스템의 설계 목적을 표현하는 도메인 모델을 만들고 정제해 나가는 방법과, 그 시스템과 관련된 모든 사람들(소프트웨어 엔지니어뿐만 아니라)이 서로 의사소통할 수 있는 보편적인 언어를 만들어 나가는 방법을 설명한다.

Don't Make Me Think!: A Common Sense Approach to Web Usability, Second Edition[5]

스티브 크룩(Steve Krug)

New Riders, 2006, ISBN-13: 978-0-321-34475-5

연구 결과와 경험을 기반으로 웹 사용성에 대해 다루는 짧지만 실용적인 책이다. 이 책에 있는 아이디어는 쉽게 적용할 수 있다. 이 책의 아이디어를 적용하면 웹사이트의 규모나 종류와 관계 없이 더 좋은 사이트가 될 수 있다.

GUI Bloopers 2.0: Common User Interface Design Don'ts and Dos

제프 존슨(Jeff Johnson)

Morgan Kaufmann, 2008, ISBN-13: 978-0-12-370643-0

제목이 엉뚱하다고 이 책을 간과해서는 안 된다. 이 책은 모든 GUI 프로그래머가 꼭 읽어봐야 할 만만찮은 책이다. 이 책이 이야기하는 내용에 모두 동의할 수는 없겠지만 이 책을 읽고 나면 사용자 인터페이스를 설계할 때 더 주의 깊게 생각하고, 더 많은 통찰력을 가지고 생각하게 될 것이다.

Java Concurrency in Practice[6]

브라이언 게츠(Brian Goetz) 외. (Addison-Wesley, 2006, ISBN-13: 978-0-321-34960-6)

이 책은 자바에서의 동시성에 대해 폭넓게 다루고 있다. 이 책에는 다른 모든 언어에서도 적용할 만한 여러 동시성 프로그래밍 기법이 들어 있다.

---

3 GoF의 디자인 패턴: 재사용성을 지닌 객체지향 소프트웨어의 핵심 요소(피어슨에듀케이션코리아(PTG), 2007)
4 도메인 주도 설계: 소프트웨어의 복잡성을 다루는 지혜(위키북스, 2011)
5 상식이 통하는 웹사이트가 성공한다: 절대 불변의 웹 유저빌리티 원칙(대웅출판사, 2006)
6 자바 병렬 프로그래밍: 멀티코어를 100% 활용하는(에이콘출판사, 2008)

The Little Manual of API Design

자스민 브란쳇(Jasmin Blanchette),

Trolltech/Nokia, 2008

아주 짧은 매뉴얼이지만(www21.in.tum.de/~blanchet/api-design.pdf에서 무료로 얻을 수 있다) API 설계에 대해 많은 통찰을 제공한다. 대부분의 예제는 Qt 툴킷에서 가져왔다.

Mastering Regular Expressions, Third Edition[7]

제프리 프리들(Jeffrey E.F. Friedl)

O'Reilly Media, 2006, ISBN-13: 978-0-596-52812-6

이 책은 정규식에 대한 표준 교과서라 할 수 있다. 완전한 설명 및 실용적인 예제를 많이 보유하고 있어 필요할 때 참조할 수 있는 책이다.

OpenGL SuperBible: Comprehensive Tutorial and Reference, Fourth Edition[8]

리차드 라이트 주니어(Richard S. Wright Jr.), 벤자민 립책(Benjamin Lipchak), 니콜라스 해멀(Nicholas Haemel)

Addison-Wesley, 2007, ISBN-13: 978-0-321-49882-3

이 책은 OpenGL을 이용한 3차원 그래픽을 소개하는 훌륭한 책이다. 특히 3차원 그래픽 프로그래밍 경험이 없는 사람들에게 적당하다. 예제는 C++로 돼 있지만, OpenGL API는 pyglet이나 다른 파이썬 OpenGL 모듈에서도 상당히 충실하게 재현돼 있기 때문에 이 책의 예제를 쉽게 포팅할 수 있다.

Programming in Python 3: A Complete Introduction to the Python Language, Second Edition

마크 서머필드(Mark Summerfield)

Addison-Wesley, 2010, ISBN-13: 978-0-321-68056-3

이 책은 다른 절차 지향 언어나 객체 지향 언어(물론 파이썬 2도 포함된다)로 프로그래밍할 수 있는 사람이 파이썬 3 프로그래밍을 학습할 수 있게 해 준다.

Python Cookbook, Third Edition

데이빗 비즐리(David Beazley), 브라이언 존스(Brian K. Jones)

O'Reilly Media, 2013, ISBN-13: 978-1-4493-4037-7

이 책은 파이썬 3 프로그래밍의 모든 분야를 망라하는 재미있고 실용적인 아이디어로 가득 차 있다. 실전에서 파이썬을 활용할 때 활용 가능한 훌륭한 참고서다.

---

[7] 정규 표현식 완전 해부와 실습(개정판)(한빛미디어, 2003)
[8] OpenGL Super Bible 3판 (정보문화사, 2005)

Rapid GUI Programming with Python and Qt: The Definitive Guide to PyQt Programming

마크 서머필드(Mark Summerfield)

Prentice Hall, 2008, ISBN-13: 978-0-13-235418-9

이 책은 파이썬 2와 Qt 4를 활용한 GUI 프로그래밍을 가르쳐 준다. 예제를 파이썬 3로 바꾼 버전을 저자의 웹사이트에서 다운로드할 수 있다. 또한 이 책의 내용 대부분은 PyQt뿐 아니라 PySide에도 적용할 수 있다.

Security in Computing, Fourth Edition[9]

찰스 프리저(Charles P. Pfleeger), 세리 프리저(Shari Lawrence Pfleeger)

Prentice Hall, 2007, ISBN-13: 978-0-13-239077-4

이 책은 컴퓨터 보안과 관련된 재미있고 실용적이며 유용한 주제를 다룬다. 공격 방법과 그러한 공격을 방어하는 방법을 설명한다.

Tcl and the Tk Toolkit, Second Edition

존 오스터하우트(John K. Ousterhout), 켄 존스(Ken Jones)

Addison-Wesley, 2010, ISBN-13: 978-0-321-33633-0

이 책은 Tcl/Tk 8.5에 대한 표준 교과서다. Tcl은 전형적이지 않은, 문법이 자유로운 언어지만 이 책은 Tcl/Tk 문서를 읽는 방법을 배울 때 유용하다. 파이썬/Tkinter 애플리케이션을 작성하려면 이 문서를 참조할 필요가 많기 때문이다.

---

[9] 컴퓨팅 보안 3판(홍릉과학출판사, 2005)

색·인

[기호]

@abstractmethod	29
@abstractproperty	61
__call__()	124
@coroutine	101, 134
@functools.total_ordering	69
@functools.wrap	71
@functools.wraps	101
__getitem__()	122, 126
__init__()	124
_initialize_gl()	323
__iter__()	125
**locals()	24
__mro__()	49
__next__()	125
__setitem__()	126
__subclasshook__()	48
(리스트) 내장(Comprehension)	97

[A – Z]

abc(Abstract Base Class, 추상 기반 클래스) 모듈	29, 47
abc 모듈	54
abc(추상 기반 클래스)	152
ARGB	157, 173
argparse	179
argparse 모듈	256, 275
array 모듈	157
AssertionError	47
asynchat	248
asyncore	248
atexit 모듈	229
Bag1.py	125
Bag2.py	128
Bag3.py	128
barchart1.py	53
barchart3.py	55
benchmark_Scale.py	238
boost::python	221
Borg 클래스	44
calculator.py	110
callable	123
cdef	235
CFFI	221
cget()	294
collections.Counter	128
collections.defaultdict	126
collections.OrderedDict	113
concurrent.futures	178
concurrent.futures.as_completed()	190, 214
concurrent.futures.Executor	188
concurrent.futures.Executor.shutdown()	214
concurrent.futures.ProcessPoolExecutor()	188
concurrent.futures.ThreadPoolExecutor	188
concurrent.futures.wait()	214
concurrent.futures 모듈	177, 188
config()	294
configure()	294
ConnectionError	259, 263

copy.deepcopy()	44	gameboard1.py	34, 35
copy 모듈	45	gameboard3.py	39
cProfile 모듈	238	gameboard4.py	34, 39
CPU 위주의 작업	176	genome1.py	114
CPython	270	genome2.py	117
ctypes.c_char_p	225	genome3.py	117
ctypes.CDLL()	225	getattr()	144
ctypes.create_string_buffer()	223, 228	getpass()	259
ctypes.c_void_p	225	getpass.getpass()	259
ctypes.OleDLL()	225	getpass 모듈	259
ctypes.util.find_library()	224	getuser()	259
ctypes.WinDLL()	225	GIF	56, 157, 291
ctypes 패키지	221	GIL(전역 인터프리터 락)	176
currency/Main.py	291	GL	322
currency.pyw	289	glColor…()	324
cyImage 모듈	57, 92, 215	glColor3f()	320, 325
cylinder1.pyw	321	glColor3ub	324
cylinder2.pyw	327	glColor4ub()	320
datetime.datetime	139, 253, 277	globals()	42, 44, 112
datetime.datetime.fromtimestamp()	138	glReadPixels()	339
DBM	90	GLU	322
DejaVu Sans	34	gluPerspective()	326
diagram2.py	21	GLUT	322
diagram.py	21	glutDisplayFunc()	327
DSL(도메인 특화 언어, Domain Specific Language)	109	glutInit()	322
		glutInitDisplayString()	322
eval()	38, 44, 110	glutKeyboardFunc()	326
exec()	39, 114	glutSpecialFunc()	327
formbuilder.py	27	GLUT 콜백	323
FTP	280	glVertex3f()	325

색·인

GPU	320	Image 모듈	57, 92, 215
gravitate3d.pyw	330	IMAP4	280
gravitate/gravitate.pyw	308	inline	243
gravitate/Main.py	308	I/O 위주의 작업	177
gravitate/Preferences.py	303	isinstance()	53, 156
GUI 툴킷	283	ISO 8601	277
hello.pyw	285	ISO-8601	253
HTML5	282	iter()	122
http	248	itertools.chain()	39, 62, 139
HTTP	248, 280	itertools.product()	339
HTTPS	248, 280	JIT(Just In Time) 컴파일러	220
http.server 모듈	280	JSON-RPC	250
Hyphenate1.py	222	json 모듈	136
Hyphenate2	230	KeyboardInterrupt	267
Hyphenate2/chyphenate.pxd	231	Kivy 라이브러리	282
Hyphenate2/Hyphenate.pyx	231	lambda 함수	42
Hyphenate2/__init__.py	230	libc.math.round()	240
Hyphenate2/setup.py	230	mediator1.py	129
IDLE	110	mediator2.py	133
Image/Png.py	169, 172	meterclient-rpyc.py	278
imageproxy1.py	93	MeterLogin.py	262, 288
imagescale/ImageScale.py	213	MeterMT.py	249
imagescale/imagescale.pyw	204	Meter.py	249, 250
imagescale/Main.py	204, 215	meter-rpc.pyw	261
imagescale-m.py	181, 188	meter-rpyc.pyw	278
imagescale.pyw	205	meterserver-rpc.py	254
imagescale-q-m.py	181	meterserver-rpyc.py	275
imagescale-t.py	179	multiplexer1.py	142
Image/Xbm.py	169	multiplexer2.py	146
Image/Xpm.py	169, 170	multiprocessing.Array	178, 219

색·인

multiprocessing.Manager	178, 208	pycapsule.PyCapsule_New()	236
multiprocessing.Value	178, 208, 219	PyCrypto 패키지	280
multiprocessing 모듈	181	PyGame	284
multiprocessing 큐 컬렉션 클래스	177	pyglet	319, 327
NumPy	240	pyglet.gl.Config	328
numpy 모듈	157	pyglet.graphics.vertex_list	329
observer.py	137	pyglet.window.Window	328
on_draw()	333	PyGObject	283
on_resize()	333	PyGtk	283
OpenCASCADE	319	PyOpenGL	319
OpenGL	284	PyPNG 모듈	172
OpenGL 2.0	320	PyPy	220
OpenGL 라이브러리	319	PyQt	319
OpenGL 셰이딩 언어	320	PyQt4	283
os.kill()	267	Pyro4	248
os.makedirs()	181	PySide	283, 319
os.mkdir()	181	PyZMQ	248
PGM	157, 291	Qt4	283
pickle 모듈	136	queue.Queue	177
Pillow	56, 157	register()	229
pkgutil.walk_packages()	160	render1.py	46
PLY	110	render2.py	49
PNG	56, 58, 157, 291	requests 패키지	248
pointstore1.py	89	re.sub()	117
pointstore2.py	90	re.subn()	117
POP3	280	RGBA	168, 173, 322
PPM	157, 291	rgb.txt	168
property()	69	round()	240
pycapsule.PyCapsule_GetPointer()	236	RPC 라이브러리	249
pycapsule.PyCapsule_IsValid()	236	RPyC	250, 268

색·인

rpyc.connect	278	str.encode()	227, 322
rpyc.connect_by_service	278	str.format_map()	24
rpyc.Service	276	subprocess.Popen()	264
RPyC 라이브러리	92	SVG	21
RPyC 모듈	248	SWIG	221
RSS 피드(feed)	191	sys.executable	118
SAX(XML용 단순 API, Simple API for XML)		sys.exit()	117
파서	154	sys.stderr	137, 290
Scale/Fast.pyx	238	sys.stdout	56, 137, 290
Scale/Slow.py	238	tabulator1.py	149
Scene	323	tabulator2.py	149
Scene.display()	323, 327	tabulator4.py	150
Scene.keyboard()	323	Tcl/Tk	283
Scene.reshape()	323	TCP/IP	280
Scene.special()	323	TeX	223
setattr()	41, 144	texteditor	317
SHA-256	251	texteditor2	317
shelve 모듈	90	texwrap 모듈	50
Singleton 클래스	44	threading.Lock	270
SIP	221	threading.Thread()	211
smptd 모듈	280	threading.Thread.join()	218
SMTP	280	ThreadSafeDict	270
socket	248	time	188
socket.error	259	time 모듈	188
socketserver	248	Tkinter	56, 261, 283, 319
socketserver 모듈	280	tkinter.Canvas	308, 312, 317
SSH(Secure Shell, 보안 셸) 터널링	280	tkinter.Frame	285
ssl	248	tkinter.IntVar	292
stationary1.py	59	tkinter.messagebox.showerror()	296
stationery2.py	65	tkinter.simpledialog	298

tkinter.simpledialog.askfloat()	298	VPython	319
tkinter.simpledialog.Dialog	299, 306	whatsnew-q.py	191
tkinter.StringVar	265, 292	whatsnew-t.py	191, 199
tkinter.Text	317	wordcount1.py	151
tkinter.Tk	205, 309	wordcount2.py	152
tkinter.Tk.createcommand()	314	WSGI	281
tkinter.Tk.quit()	290	wxPython	283, 319
tkinter.Tk.tk.call()	291	wxWidget	283
tkinter.Toplevel	286, 305	XBM	58
tkinter.Toplevel.deiconify()	305, 306	xmlrpc	248
tkinter.Toplevel.wait_visibility()	306	XML-RPC	249
tkinter.Toplevel.withdraw()	305	xmlrpc.client	249
tkinter.ttk	285	xmlrpc.client.DateTime	253
tkinter.ttk.Button	208, 306	xmlrpc.server	249, 280
tkinter.ttk.Frame	205, 285, 305	xmlrpc.server.SimpleXMLRPCRequest	
tkinter.ttk.Frame.quit()	218, 286, 295	Handler	257
tkinter.ttk.Label	301	xmlrpc.server.SimpleXMLRPCServer	255
tkinter.ttk.Notebook	317	XPM	58
tkinter.ttk.Panedwindow	317	yield	100
tkinter.ttk.Treeview	317		
tk.PhotoImage	157		
TLS	280		
Twisted	248		
type()	38		
TypeError	47		
types.MappingProxyType	273		
unbound method)	87		
unittest.mock라이브러리	92		
urllib	248		
Urwid	261		

색·인

[ㄱ - ㅎ]

가방(bag) 클래스	125
가상화 프록시	92
건전지 포함 정책	56
공유 메모리	175
관찰자(Observer) 패턴	136
광원	321, 336
구상 클래스	52
구상 하위 클래스 팩터리	20
구조 디자인 패턴	46
깊은 복사(deep copy)	178
깊이 버퍼	322
꼭짓점(vertex)	325
내부 클래스	25
다중 코어(multi core)	175
덕 타이핑	47
덤(dumb) 대화창	288
데이터베이스 트리거	141
데코레이터	29
데코레이터(decorator)	68
도구 막대	282, 317
도널드 커누스(Donald Knuth)	247
도움말 메뉴	315
도킹 가능 창	317
동시(concurrent) 프로그래밍	175
동시 대기(concurrent waiting)	176
동시성 서버	268
디스크립터	92
라디오버튼	301
라벨	316
라이브 방식	288
락(lock)	175
래퍼(wrapper)	52, 220
멀티플렉싱	135
메뉴	282, 308
메멘토(Memento) 패턴	136
메타클래스	29
메타 프로그래밍	82
명시적 락	177
모달 대화창	288, 298
모달리티	287
모델/뷰/컨트롤러(Model/View/Controller, MVC) 구조	136
모드리스	288
모드리스 대화창	288, 304
바인드되지 않은 메서드(언바운드 메서드)	87
바인드된 메서드(bound method)	86
반복자(Iterator) 패턴	122
반복자 패턴	155
버튼	301
변경 불가능한 데이터	178
병합 가능한 큐	183
병합 불가능한 큐	183
보호 프록시	92
복합 객체(complex object)	27
브리지(Bridge) 패턴	52
브리지 패턴(§2.2)	155
비동기 I/O	176
비지터(Visitor) 패턴	155
빌더 패턴(Builder Pattern)	27

상태 패턴	96, 142	일급 객체(first class object)	109
생성 디자인 패턴	20	잉크스케이프(Inkscape)	59
센티널(sentinel) 값	123	장면(Scene)	320
스레드(thread)를 활용한 동시성	175	저수준 프로토콜	249
스레드 안전한 큐	178	적용/닫기(apply/close) 방식	288
스마트 대화창	288	전략(Strategy) 패턴	148
스텝	92	전역 그랩(global grab)	288
스핀 박스	292	전역 모달	287
슬롯 메커니즘	141	접근 직렬화	178
시그널 시스템	141	정사투영	330, 333
시퀀스와 맵 풀기	29	정사투영법	320
시퀀스 풀기	49	제너레이터	97, 100
시트	288	제목 막대	328
싱글턴(Singleton) 패턴	44	조정자(mediator) 클래스	81
싸이썬	176, 230	조정자(Mediator) 패턴	128
싸이썬(Cython)	220	조정자 패턴	104
안티 알리아싱	322	조합체(composite object)	59
안티알리아싱	336	지역 그랩(local grab)	288
알파(투명도)	57	직렬화한 접근	175
애플리케이션 모달	287	창 모달	288
어댑터 패턴	46	책임 사슬(Chain of Responsibility) 패턴	97
언피클	90	체크버튼	301
언피클링	136	추상 클래스	52
원격 프록시	92	추상 팩터리(Abstract Factory) 패턴	20
원근투영	321	캔버스	282
원근투영법	320	커맨드(Command) 패턴	104
원자적 연산(atomic operation)	177	커맨드 패턴	68, 96
웹 소켓	141	컴포지트(§2.3) 패턴	107
위젯	282	컴포지트(Composite) 패턴	59
음성 컨트롤	283	코루틴	98, 133

색·인

코루틴(coroutine)	101
콤보 박스	293, 296
쾌속 개발(Rapid Development)	342
쿼드릭(quadric)	325
클래스 데코레이터	76
테어 오프(tear off)	309
텍스처	336
텍스트 라벨	332
템플릿 메서드(Template Method) 패턴	151
투명색(transparent)	168
투영	320
트위스티드(Twisted) 프레임워크	176
파사드(Façade) 패턴	82
파이썬 선	97
파이썬 컴퓨터 그래픽스 키트	319
파일 메뉴	313
팩터리 메서드(Factory Method) 패턴	34
편의 문법(syntactic sugar)	70
평활화	179, 237
프레임	316
프로세스 간 통신[IPC, Inter-Process Communication]	175
프로세스 기반 동시성(multiprocessing)	175
프로토타입(Prototype) 패턴	43
프록시(Proxy) 패턴	92
플라이웨이트(Flyweight) 패턴	88
피클	90, 120
픽스맵(pixmap)	291
행위 패턴	97
후크(hook)	298